RENATE SCHOSTACK

Hinter Wahnfrieds Mauern

GERTRUD WAGNER
EIN LEBEN

HOFFMANN UND CAMPE

Die Deutsche Bibliothek – CIP-Einheitsaufnahme

Schostack, Renate:
Hinter Wahnfrieds Mauern: Gertrud Wagner – ein Leben/Renate
Schostack. – 2., veränd. Aufl. – Hamburg: Hoffmann und Campe, 1998
ISBN 3-455-08535-0

Für Bärbel Rudin

INHALT

VORREDE

Die Ausbeutung der Frau als geistiges Wesen, die Unterschlagung ihrer denkerischen, ihrer künstlerischen Fähigkeiten – meist durch den Mann, dem sie in Liebe verbunden ist – zeigt sich als Problem, das in seiner Breite erst allmählich ans Licht kommt. Dabei ist die Frau, deren Rolle, wenn sie überhaupt erwähnt wird, als die einer Helferin, einer Zu-Arbeiterin dargestellt wird, häufig viel wagemutiger als der Mann. Oft ist sie es, die voranschreitet, und, unbelastet von hemmenden theoretischen Erwägungen, die entscheidenden künstlerischen Impulse gibt.

Während Wieland Wagner in den dreißiger Jahren als Kunststudent den längst überholten Idealen eines deutschen Realismus in der Art eines Hans Thoma oder Franz von Lenbach verpflichtet war, stand Gertrud Reissinger durch ihre Ausbildung in einer der renommiertesten Schulen des Freien Künstlerischen Tanzes dem Herzschlag der Moderne selbst dann noch näher, als der Tanz sich in den Dienst der NS-Machthaber stellte. Vom Ausdruckstanz der ersten Jahrzehnte dieses Jahrhunderts gab es vielfältige Verbindungen zu den Malern und Bildhauern der Brücke, des Bauhauses, zum Fauvismus und Futurismus. Selbst als die deutschen Künstler dieser Stilrichtungen im NS-Staat der Ächtung verfielen, ließen sich ihre Spuren, die Auffassung von Raum und Bewegung, von Ausdruck und Abstraktion im Modernen Tanz nicht verwischen.

Wieland, der Schmied der nordischen Sage, gefangen und gelähmt durch sein Geschick, schmiedete sich Flügel, um der Gefangenschaft zu entkommen. Wieland Wagner, gefesselt an seinen Auftrag, das Erbe von Bayreuth zu übernehmen, griff nach der Tänzerin Gertrud als den Flügeln, auf denen er sich in die Lüfte der Kunst schwang. Sie machte den linkischen Mann, der keine Bewegungs-, keine Bühnenphantasie besaß, zum Regisseur. Bis zu seinem Tod wollte er, der zu den wenigen Musiktheatergenies des Jahrhunderts gehört, auf diese Flügel nicht verzichten.

Die Frau, die ihn beflügelte, verschwand darüber. Sie, die nicht nur seine Ideen hervorlockte, die selber welche hatte, wurde totgeschwiegen. Gertrud: »Mich durfte es nicht geben.« Wieland klärte die Welt über den künstlerischen Beitrag dieser Frau, der nicht geringer war als sein eigener, nicht auf. Sie wurde sein »zweites Ich«, über das er kein Wort verlor. Gertrud: »Diese Arbeit, die die meine war, lief unter seinem Namen.«

Und sie ließ es zu. Während Cosima Richard »das Leben tragen helfen« wollte, half Gertrud Wieland, seinen künstlerischen Weg zu gehen. Die Anerkennung, der Ruhm wurden ihr vorenthalten. Gertruds Bereitschaft zu dienen, ihrer unbedingten Wahrheitsliebe stand Wielands Wille zu herrschen gegenüber, verbunden mit einer Unaufrichtigkeit, die sich durch die Familiengeschichte der Wagners zieht.

Was hat sich der Mann dabei gedacht? Der Schweiger hat keine autobiographischen Aufzeichnungen hinterlassen. Gertrud nennt ihn einen »negativen Menschen«, das heißt, einen, der verneinte, vor allem sich selbst und seine Aufgabe, aber auch: die Menschen. Gertrud: »Wieland, der im lebendigen Leben kein Interesse und kaum einen Zugang zum anderen Menschen hatte, nahm auch den Großvater nicht näher wahr – als eben in seinen Werken … Er war nicht fähig, den inneren Faden, den Menschen zu erkennen.«

Dazu paßt, was Gottfried von Einem in seiner Autobiographie »Ich hab unendlich viel erlebt« über eine Begegnung berichtet, die er wenige Monate vor Wielands Tod mit ihm in Wien hatte. »Er begrüßte mich von weitem und sagte: ›Ich bin am Ende.‹ Ich antwortete: ›Ich weiß. Weil Sie Angst haben vor dem menschlichen Gesicht und weil Sie deshalb Angst haben vor der Personenregie. Das ist ja auch der Grund, warum Sie sich in Ihre wunderbare Rhythmenregie flüchten, in die Aufteilung und Gliederung der Szenen und Auftritte.‹ Er nickte.«

Diesem negativen Befund steht ein Wort entgegen, das Ernst Bloch Wieland Wagner bei der Trauerfeier nachrief, als er ihn eine

»anima candidissima« nannte. Auf den ersten Blick ein befremdliches Wort. Wieland Wagner mochte alles mögliche sein, bloß nicht: einfältig, unbedingt, in Übereinstimmung mit sich selbst, was den Begriff der Reinheit ausmacht. Und doch ist es ein hellsichtiges Wort, weil es den Entwurf bezeichnet, der in diesem schwierigen Mann angelegt war. In der Tiefe hatte er etwas Entschiedenes, Einfaches, einen Zug zu Treue und Beharrlichkeit. Seine lebenslange Anhänglichkeit an Gertrud war davon ein Ausfluß. Auch ihm versucht dieses Buch, so weit es möglich ist, eine Stimme zu geben.

Das Leben dieses Paares, das den wesentlichen Brutstätten des deutschen Geistes, dem Schul- und Pfarrhaus sowie dem Theater entstammte, hat häufig exemplarische Bezüge zum Verlauf des Jahrhunderts, nicht nur durch die Nähe der Familie Wagner zum NS-Regime, sondern auch im Blick auf Sozial- und Alltagsgeschichte. Die Wagners taten das, was die Deutschen in diesem Jahrhundert taten, nur ein bißchen mehr und in größerem Stil. Deshalb ist das Buch eine zwar herausgehobene, aber doch auch typische deutsche Familiengeschichte, ein wahrer Familienroman dieses Jahrhunderts.

Im Frühjahr 1994 trat Gertrud Wagner über eine Mittelsperson an mich heran mit der Bitte, ihre Biographie zu schreiben. Rückhaltlos stellte sie mir ihr gesamtes Privatarchiv zur Verfügung. Es wird für dieses Buch erstmals ausgewertet. Dabei lieferte folgendes Material die Basis:

Mehrere Tonbänder, entstanden in den achtziger Jahren, als Gertrud Wagner einem jungen Zuhörer während einiger Ferienwochen ihr Leben erzählte.

Zwölf Aktenordner mit Briefen von und an die Familie Wieland Wagners, die freilich alles andere als vollständig sind.

Aufzeichnungen und Skizzen Gertrud Wagners, vor allem aus ihrer Jugend, sowie ihre allerdings nur sporadisch geführten oder erhaltenen Tage- und Notizbücher.

Mappen mit choreographischen Aufzeichnungen Gertrud Wagners.

Einige wenige Gemälde und Zeichnungen von der Hand Wieland Wagners.

Zwei große Metallkoffer mit ebenfalls unvollständig erhaltenen Fotografien.

Das Buch wird wesentlich durch seine Quellen bestimmt. Wo diese üppig sprudeln, ist die Darstellung breiter. Ferner legte ich Wert darauf, dem weniger oder nicht Bekannten einen größeren Raum zu geben.

Bei Zitaten aus den Briefen sollte der Leser sich vergegenwärtigen, daß es sich um lässig geschriebene, häufig undatierte Privatbriefe handelt, bei denen Orthographie, Grammatik und Zeichensetzung höchst unorthodox gehandhabt werden. So wechseln im selben Dokument »dir« und »Dich«, »dass« und »daß« (was von der Schreibmaschine mit ihrer nicht vorhandenen ß-Type auf die handschriftlichen Briefe abfärbte, allerdings nicht immer). Und stets wird »Bacchanal« mit einem c geschrieben!

Neben der Auswertung dieses Materials bildeten die Basis dieses Buches zahlreiche Gespräche mit Gertrud Wagner, die bis ins hohe Alter über ein bewundernswert gutes Gedächtnis verfügt. Wenn dieses Gedächtnis gelegentlich trügt und das Buch also sachliche Fehler enthält, so ist die Schuld dafür mir anzukreiden, weil ich Fehlleistungen nicht erkannt, Fakten nicht überprüft habe. Gertrud Wagners freundschaftliche Kooperation bei der Entstehung dieses Buches kann nicht hoch genug gerühmt werden. Niemals hat sie versucht, mich zu irgendeiner Interpretation zu bewegen. Dennoch ist dieses Buch naturgemäß aus ihrer Perspektive geschrieben. Es versteht sich als Wiedergutmachung. Einen Akt der Gerechtigkeit zu leisten, war von Anfang an seine Absicht.

Sehr zu Dank verpflichtet für die Abdruckgenehmigung ihrer Aufzeichnungen bin ich Elfriede Fehr, (Bayreuth). Dank für Unterstützung bei Recherchen gebühren dem Richard-Wagner-Archiv, dem Stadtarchiv, der Stadtbibliothek Bayreuth, dem Stadtarchiv Überlingen sowie dem Richard-Wagner-Museum Tribschen/Schweiz. Für weitere Hinweise danke ich: Oswald Georg Bauer (München), Wolfgang Peters (Frankfurt), Ueli Habegger (Luzern), Regina Neupert (München), Marcel Reich-Ranicki (Frankfurt), Bärbel Rudin (Kieselbronn), Susanne Schmerda (München), Albrecht Schöne (Göttingen), Theresa und Jakob Tschopp (Basel).

PASSAUER ANFÄNGE

Vor dem Fenster war das Fließende, graugrün, schlammig, es strömte und glitt und zog dahin.

Das kleine Mädchen, vier Jahre alt, war wie verzaubert, es stand und schaute und träumte und ließ sich mitziehen vom Wasser, bis die Stimme im Hintergrund sich in das Bild drängte, dem Träumen ein Ende machte.

»Wie heißt die Donau?« fragte die Stimme, und das Mädchen antwortete gehorsam, wie man es ihm beigebracht hatte: »Danubius flumen.«

Die Stimme gehörte dem Vater, der am Schreibtisch saß, schnurrbärtig, den Zwicker auf der Nase. Der Vater, Mitte Vierzig, war beides, streng und liebevoll, eine Autorität, ein Mann, ein typisches Produkt des neunzehnten Jahrhunderts.

Die Stimme des Vaters, des Mannes, des Gewissens wird durch das Leben dieses Kindes klingen, heischend, fordernd, und immer, fast immer, wird Gertrud ihr gehorchen, sich der Männerstimme wegen von dem, was sie eigentlich tun möchte, abbringen lassen.

Dieses Eigentliche, welches Gertrud Reissingers erste bewußte Erinnerung festhält, ist das Fließende, die Bewegung, der Rhythmus und alles, was sich daraus ergibt. Tanz, Choreographie, Theater.

Auf der anderen Seite des dunklen Flurs, der Stadt zugewendet, liegt das Reich der Frau. Gertruds erste Erinnerung an diese Mutter: sie hält ein Baby im Arm und weint. Das Kind ist der im Sommer 1920 geborene Bruder Eduard. Warum die Mutter weint, hat Gertrud erst erfahren, als sie erwachsen war. Sobald ein Kind geboren war, wurde das nächste gezeugt. Die Frau mußte wieder das Bett des ungeliebten Mannes teilen, bis die nächste Schwangerschaft sie für einige Zeit von den sogenannten ehelichen Pflichten entband. Als die vierjährige Gertrud die weinende Mutter sah, war es noch nicht soweit. Das nächste Kind, Elfriede, kam erst 1922 zur Welt.

Beim Ehepaar Reissinger waren die Fronten so klar gezogen wie selten: herrschender Mann, weinende Frau, Täter und Erleidende. Dennoch, die junge Frau, Gertruds Mutter, hätte sich selbst nicht als Opfer bezeichnet. Sie verstand durchaus, sich Auswege zu verschaffen aus ihrem Ehe-Unglück, das sie vielleicht selbst so nicht benannt hätte.

Beide stürzten in diese Ehe hinein; der Mann aus dem Pflichtgefühl heraus, nach der Etablierung im Beruf nun den zweiten Auftrag, der einem Mann aufgegeben war, zu erfüllen, die Gründung einer Familie; die Frau, um sich über eine Liebes- und Berufsenttäuschung hinwegzubringen.

Adolf Reissinger, 1877 geboren, stammte aus einer Pfarrfamilie. Er war das sechste Kind, hatte, seinen naturwissenschaftlichen Neigungen entsprechend, Mathematik und Physik studiert und war, der Notwendigkeit gehorchend, einen Brotberuf zu ergreifen, Lehrer geworden. Eigentlich hatte er davon geträumt, Forscher zu werden, notfalls Ingenieur, denn er war auch praktisch begabt, konnte Apparate herstellen, feinmechanische Geräte bauen.

Ehe er sich auf die Schule einließ, die er wohl sein ganzes Leben lang nicht geliebt hat, wovon er aber – das wäre wider seine Natur gewesen – nicht viel hermachte, gab es den Versuch, aus der vorgezeichneten Laufbahn auszubrechen: in Amerika, dem großen Hoffnungshorizont aller europäischen Aussteiger, wollte er sein Glück als Mechaniker, Erfinder, Geologe machen. Adolf Reissinger ging die Sache energisch an, er zog Erkundigungen ein, beschaffte sich Papiere, stellte erste Anträge. Doch in dem Augenblick, da die Genehmigung zur Ausreise kam, machte ihm die Politik einen Strich durch die Rechnung: der Erste Weltkrieg brach aus, kein Mann durfte mehr ausreisen.

An der Königlich-Bayerischen Oberrealschule von Kempten im Allgäu trat Adolf Reissinger seine erste Stelle an. Er untersuchte, so will es die Familienlegende, seine Spermatozoen unter dem eigenen Mikroskop, um seine Zeugungsfähigkeit zu überprüfen. Die Prüfung fiel positiv aus: er war nicht unfruchtbar. Er brauchte jetzt nur noch eine Frau. Der Mann, 37 Jahre alt, sah nicht schlecht aus. Er war hochgewachsen, hatte dichtes, dunkles Haar und, was wichtig war, ein geregeltes Einkommen. Noch war er nur Assessor, aber schon bald würden ihn die Schüler und ihre Eltern mit »Herr Professor« anreden.

Der Rektor der Schule, der Altphilologe Eduard Ströbel, hatte eine Tochter, deren Verheiratung der Vater für dringend wünschenswert hielt. Luise, 1894 geboren und also siebzehn Jahre jünger als der Ehekandidat, hatte eine unglückliche Liebesgeschichte hinter sich. Das Unglück bestand darin, daß sie, die Protestantin, sich in einen Zahnarzt verliebt hatte, der katholisch war. Interkonfessionelle Ehen kamen in der Gesellschaftsschicht, zu der sie gehörte, nicht in Frage. Und Rebellion gegen den Vater auch nicht.

Theoretisch betrachtet, hätte Luise, der ein gewisser Widerspruchsgeist zu eigen war, sagen können: Also gut, keine Heirat, aber dann ergreife ich einen Beruf. Das wäre im Jahr 1914 denkbar gewesen. Die junge Frau hatte nämlich nicht nur eine Höhere-Töchter-Erziehung hinter sich, sondern besaß eine Begabung fürs Klavierspielen. Sie hatte das Aufnahmeexamen für das Konservatorium bestanden und stellte sich vor, einmal als Musiklehrerin tätig zu sein. Ihr machte die Liebe, die unglückliche zu dem katholischen Zahnarzt, einen Strich durch diesen Lebensplan. Die Aussichtslosigkeit, den geliebten Mann heiraten zu können, nahm ihr den Lebensmut. Die zarte Person mit den porzellanblauen Augen, erst neunzehn Jahre alt, wurde »bleichsüchtig«, sie weinte viel und war, was die Eltern völlig ratlos machte, nicht mehr vom Klavier wegzubewegen. Luise brachte keine Kraft auf, um mit dem Vater zu kämpfen. Der freute sich, einen Mann für die Tochter gefunden zu haben, der evangelisch war und der gleichen Schicht angehörte wie er selbst. Nach dem Glück der Tochter wurde nicht gefragt. In der

Mutter, obwohl diese sah, daß der ins Auge gefaßte Mann für ihre Tochter nicht ideal war, fand Luise keine Unterstützung. Die Heirat fand im Oktober 1914 statt.

Die beiden, die sich kaum kannten, die nichts von ihren unterschiedlichen Naturen wußten, gingen also, während der Krieg schon ausgebrochen war, den Bund der Ehe ein. Es gab zwischen ihnen keine Liebe, und die Liebe, was ja oft geschah, stellte sich auch später nicht ein. Sie waren und blieben einander fremd. Die Ehe war ein Auftrag, eine Art Lebenskarriere, der man nicht ausweichen konnte.

Die Familie Ströbel, die mütterliche Seite, spielt in Gertruds Lebensgeschichte eine weitaus geringere Rolle als die des Vaters. Sie galt als ein wenig eng und kleinbürgerlich. Die Reissingers mit ihrer Ahnengalerie von Pfarrern sahen auf sie herunter, obwohl es auch hier beruflich arrivierte Leute gab, ebenfalls Pfarrer und einen Apotheker. Luises Großväter waren Tierarzt der eine, Eisenbahnassistent der andere gewesen. Wie auch immer: der Kontakt zu der mütterlichen Familie war nicht eng, besonders, nachdem das Paar Kempten verlassen hatte. Erst später, als Adolf Reissinger mit seiner Familie in Bayreuth lebte, kam Luises verwitwete und ebenfalls sehr musikalische Mutter regelmäßig zu Besuch.

1915 wurde, nach einem Sturz der Mutter, vorzeitig das erste Kind geboren, ein Sohn. Man gab ihm, den großen Preußenkönig vor Augen, den Namen Fritz. Er starb, als die Mutter noch im Wochenbett lag. Adolf Reissingers Mutter hatte zwölf Kinder geboren, acht erreichten das Erwachsenenalter. Noch zu Beginn dieses Jahrhunderts war der frühe Kindstod keine Seltenheit. Um so mehr überrascht, wie schwer der Vater das Geschick nahm. Er weinte. Haderte der den Realien zugeneigte, so völlig unromantische Mann mit sich selbst, gerade so, als habe er sich ein unverzeihliches Versagen vorzuwerfen? Oder mit dem Himmel, an den er nicht mehr glaubte? Beides mag zutreffen. Indes, er weinte auch, weil 1915, als der Krieg wütete, Männer geboren werden sollten, nicht sterben. Nie mehr später sah Luise ihren Mann weinen.

Nun also das zweite Kind, das erste unter seinen folgenden Geschwistern. Am 31. Dezember, dem Silvestertag 1916, wurde Ger-

*Luise Reissinger mit Tochter Gertrud,
11 Monate alt, November 1917*

trud geboren. Sie kam morgens kurz vor fünf zur Welt, zu Hause, wie es damals weithin üblich war. »A Mädle«, rief die Hebamme dem wartenden Vater ins Nebenzimmer hinüber.

Dem Großvater väterlicherseits, dem in Bayreuth lebenden pensionierten Pfarrer Michael Reissinger, der am gleichen Tag Geburtstag hatte, ging sogleich die Nachricht von der Geburt der Enkelin zu.

Der Vater ließ auf dem Standesamt die Geburt der Tochter Gertrud Ida – der zweite Name stammte von ihrer Taufpatin, einer Schwester der Mutter – registrieren; er konnte sie noch zur Taufe in die Kirche tragen, dann mußte er den Anzug des Oberreallehrers mit der Soldatenuniform vertauschen. Er wurde nach Frankreich eingezogen.

Deutschland war mitten im Krieg. In West und Ost, zu Land und zur See wurde gekämpft, mit einer sinnlosen Unerbittlichkeit. Im Ersten Weltkrieg verloren die europäischen Völker ihre Unschuld. Millionen von Männern, darunter die Blüte der jungen Generation, hatten bei den Grabenkämpfen im Westen schon das Leben gelassen. Der unbeschränkte U-Boot-Krieg, der auch Handels- und Passagierschiffe nicht verschonte und bald die Vereinigten Staaten an die Seite der westlichen Allianz bringen sollte, verbreitete Furcht und Schrecken. Die Politik hatte in Deutschland abgedankt. Regierung und Kaiser waren Marionetten in der Hand der Militärs, die durch Materialschlachten den Sieg auf ihre Seite zu zwingen hofften. Im Land grassierte der Hunger. Die Mortalität unter der Zivilbevölkerung, insbesondere der großstädtischen, stieg, 1916 um vierzehn, 1917 um zweiunddreißig Prozent, bei den Kindern zwischen sechs und fünfzehn Jahren sogar bis zu fünfundfünfzig Prozent.

Das war die Welt, in welche das kleine Mädchen hineingeboren wurde. Doch dieses Kindlein litt keine Not. Im Milch-, Butter-, Käseland des Allgäus war die Kriegsnot kaum zu spüren. Statt des eingezogenen Vaters gab es jetzt die Großmutter Anna, die sich mit Eifer dem Kind ihrer Tochter widmete.

Ob sich die Mutter um den Mann im Feld Sorgen machte, wird nicht überliefert. Adolf Reissinger war nicht bei der kämpfenden Truppe. Er wurde mit der Inspektion der Brunnen betraut, er mußte die Wasserqualität untersuchen. Luise jedenfalls schien aufzuatmen. Sie widmete sich ihrem geliebten Piano, spielte den ganzen Tag lang. Das Kind stand im Wagen neben dem Instrument, es nahm die Klänge auf, die Töne und Rhythmen, es sog sie mit der Muttermilch ein, buchstäblich. Denn die Mutter, durch keine neue Schwangerschaft, kein weiteres Kind in Anspruch genommen, stillte das Baby ein ganzes Jahr. Es war eine glückliche Zeit, für den Säugling, für

Luise, für die Großmutter. Es gab keine Benachteiligung durch ein Geschwisterchen, keine Störung durch den fordernden Mann.

1918, als der Krieg zu Ende war, kam Adolf Reissinger zurück, äußerlich unversehrt, doch innerlich verwandelt. Auf ihn traf in vollem Umfang zu, was der Historiker Michael Freund in seiner »Deutschen Geschichte« schreibt, nämlich, daß diese sinnlose, Hekatomben von Menschen verschlingende Kriegsform »das moralische Rückgrat des Abendlandes« zerbrochen und in den kommenden Jahren »die deutsche Seele« vergiftet habe. Adolf Reissinger hatte sein inneres Gleichgewicht verloren. Dieser Pfarrerssohn mit den starken naturwissenschaftlichen Neigungen, der bald ein überzeugter Nationalsozialist wurde, kehrte als ein verbitterter Mann zurück.

Die Fassade freilich war intakt geblieben. Seine vorgesetzte Behörde ehrte den Kriegsteilnehmer. Er wurde befördert, er rückte in eine höhere Besoldungsstufe auf, wurde Studienprofessor. Verbunden damit war ein Ortswechsel: Adolf Reissinger wurde nach Passau versetzt.

Das war nun nach der alten Reichsstadt Kempten, wo es neben den fürstäbtlichen auch evangelische Traditionen gab, dezidiert katholischer Boden. Die herrliche Stadt, zusammengedrängt auf ihrem Felsbuckel zwischen den beiden Flüssen Donau und Inn, mit ihren barocken Kirchenfassaden, spitzen Türmen, gewölbten Kuppeln, den gepflasterten Gassen, engen Durchlässen, winkligen Treppen, lag verschlafen am Ende der Welt. Die alten Häuser, von denen viele in ihrer Kernsubstanz noch aus dem Mittelalter stammten, moderten, der Putz fiel von den Wänden, aus den Kellern roch es feucht. Die häufigen Überschwemmungen trugen zum Verfall bei.

In der Kleinen Klingengasse bezog die Familie Reissinger 1921 ihre neue Wohnung. Im gleichen Haus wohnte der Dichter Heinrich Lautensack. Man hatte keinen Kontakt zu ihm. Überhaupt gab es in der Stadt niemanden, den man kannte, weder Freunde noch Verwandte. Die Familie war jetzt zu viert: im Juni 1920 war dem Ehepaar der Sohn Eduard geboren worden.

Gertrud hat sich als Kind für ihre Geschwister nicht interessiert. Die Geburt der Schwester Elfriede im Oktober 1922 kommt in ihrer Erinnerung nicht vor. Ein Foto aus der frühen Passauer Zeit, das die Mutter mit ihren beiden Kindern zeigt, macht dies deutlich. Die Mutter, hübsch frisiert, in einer eleganten Bluse, hält freundlich lächelnd den weiß gekleideten Säugling hoch; Gertrud, eine bunte Schleife im Haar, sitzt, ein Bilderbuch betrachtend, desinteressiert daneben. Sie ist, so möchte man pointiert sagen, bereits in ihrer eigenen Welt.

Das kleine Mädchen war hingerissen von der Theaterszenerie, welche die uralte Stadt Passau bot. Da waren die Schiffe auf den Flüssen, die Kähne und Boote, die Kohlenschlepper und Raddampfer, die ihre Schlote umlegten, wenn sie unter der großen Maxbrücke hindurchfuhren. Schiffssirenen heulten, an den Anlegestellen schepperten die Messingglocken. Auf die Fassaden der Häuser waren Heilige gemalt; Geharnischte mit zum Steinwurf erhobenen Händen bewachten den Rathauseingang. Durch die engen Gassen wanden sich Prozessionen zum Dom, aus dem das Gebraus der Orgel klang. An der Innpromenade drehte sich zur Zeit der Mai-Dult das Karussell mit den hölzernen Rappen und Schimmeln, unter der wilden Mähne blinkte die rote Zunge. Wer im Vorüberfahren den goldenen Ring stach, durfte noch einmal umsonst fahren. Jenseits des Wassers auf der Anhöhe stand das Maria-Hilf-Kloster. Im Winter rodelten die Kindern von dort den Berg herunter. »Aus der Bahn, aus der Bahn, wer an Gott ned glauben kann«, schrien die Schlittenfahrer. Bald wird Gertrud unter ihnen sein.

Vorläufig ging das Kind noch an der Hand des Vaters durch die Stadt. Er nahm seine Tochter mit, wenn er unterwegs war, um den Wasserstand der Flüsse zu messen. Das gehörte zu seinen privaten Forschungen. Am liebsten gingen sie zum »Zusammenfluß«, zur Landzunge also, wo sich die Flüsse vermischen. Die Donau war schlammig braun, der Inn vom Gletscherwasser milchig grün, die Ilz, die aus den dunkeln Wäldern im Norden kam, schwarz. Gern spielte das kleine Mädchen hier am Wasser mit anderen Kindern. Sie ließen Steine flach über das Wasser hüpfen, »schusserten« mit bunten Murmeln, während immerzu das Wasser neben ihnen strömte und rauschte.

Adolf Reissinger nahm sich Zeit für seine Älteste, zumal die Mutter durch das neue Baby in Anspruch genommen wurde. Er war es, der dem Kind Geschichten erzählte und es mit der Laterna magica verzauberte, mit ihren bunten Bildern Märchenszenen lebendig werden ließ: die Geißlein und das Rotkäppchen, in beiden der Wolf, der die sieben Zicklein und das kleine Mädchen auffrißt.

Das war der gute Vater. Aber es gab auch den bösen Vater, den strengen, den strafenden. Prügel gehörten in jener Zeit zum bürgerlichen Erziehungsrepertoire, niemand nahm Anstoß daran.

Im Haushaltsbuch, in das der Vater gewissenhaft die Ausgaben für das tägliche Leben eintrug, findet sich im Oktober 1922 nach der Angabe über den monatlichen Gasverbrauch ein Zitat aus dem Alten Testament. »Sprüche Salomonis 13,24: Wer seine Rute schonet, der hasset seinen Sohn, wer ihn aber lieb hat, der züchtigt ihn bald.«

Das bezog sich indessen nicht auf den zweijährigen Sohn und erst recht nicht auf die am 17. Oktober geborene Tochter Elfriede, sondern auf Gertrud, die in die Kinderschule und bald in die »richtige« Schule ging und die Wege dahin und von dort zurück überdehnte, hinauszog, die überall hängenblieb. Der wohl übermäßige Bewegungstrieb des Kindes, seine Neugierde ließen es tausend Wege gehen, nur nicht nach Hause. Es hüpfte über die Pflastersteine, fand ständig neue Variationen von Sprüngen, es schaukelte auf den Ketten, mit denen die Schiffe am Ufer festgemacht waren, es ließ sich von den Kindern der Schiffer an Bord holen – kurz: das Kind kam nicht heim.

Die Eltern machten sich Sorgen. Sie fürchteten, das Kind könne ins Wasser fallen, das die Stadt auf fast allen Seiten umgab. Doch davon abgesehen: Kinder hatten zu »folgen«, zu gehorchen – das war das oberste Prinzip der bürgerlichen Erziehung. Wer nicht folgte, bezog Schläge, denn: wer nicht hören will, muß fühlen. Das galt nicht als Sadismus, sondern als notwendige, allseits akzeptierte Maßnahme. In diesem Punkt war sich das ungleiche Ehepaar Reissinger einig: Gertrud mußte geschlagen werden. »Adolf«, sagte die Mutter, »nun mußt du sie strafen.« Auch das gehörte zum Erziehungsritual: der Mann war es, der schlug.

Der Vater züchtigte das Mädchen mit dem Lineal, er schlug auf das Hinterteil, so wie er Schüler in der Schule bestrafte. Gertrud haßte den Vater darum keineswegs. Sie versuchte nur, den Prügeln auszuweichen. Sie rannte, wenn sie zu spät nach Hause kam, also täglich, ins Klo und schloß sich ein. Dieser Akt kam einer Selbstbestrafung gleich. Denn an dem dicken gußeisernen Abflußrohr, das nach oben ins nächste Stockwerk führte, saßen Spinnen, viele große Spinnen, vor denen das Kind sich fast so sehr fürchtete wie vor dem Stock des Vaters. Kinderängste – aber gibt es schlimmere als diese?

Die Prügel bewirkten im übrigen gar nichts. Das Kind kam weiterhin zu spät nach Hause. Die Eltern waren ratlos. Bald galt Gertrud als nicht erziehbar. Das war ein Ausdruck, der es den Eltern ermöglichte, nachzugeben. Man ließ das Kind, das ja nicht weglief und schließlich immer wiederkam, gewähren.

Hat Gertrud ihren Triumph genossen? Wohl nicht. Denn selbstverständlich war sie von den Vorschriften und Geboten des Vaters tief geprägt und im tiefsten Herzen von ihrer Richtigkeit überzeugt. Das zeigt eine kleine Episode, an die sie sich ihr Leben lang erinnerte, die ihr Gewissen beschwerte, dieses vom Vater, dem Pfarrerssohn, geprägte Gewissen. Gertrud nahm bei einem ihrer neugierigen Gänge durch die Stadt von einem Obststand eine Handvoll Kirschen mit. Das Kind wußte, daß es stahl und daß Stehlen Sünde war, ein Verstoß gegen Gottes und des Vaters Gebote. Es verdrückte sich in einen dunklen Hausflur, wo es die Kirschen aß, die gut schmeckten, und wunderte sich, daß es nicht ertappt wurde. Gertrud scheute sich nicht, aus dieser Petitesse später das schwere Wort »Gewissensnot« abzuleiten. »Für alle Zeiten unvergeßlich«, notierte sie, »blieb ich von daher kuriert und wußte, daß es ein Gewissen gibt und was es verlangt.«

Man war im Haus des Naturwissenschaftlers Adolf Reissinger nicht religiös. Doch die protestantische Gewissensethik galt uneingeschränkt.

Eine ganz andere religiöse Welt lernte Gertrud durch das Dienstmädchen Anni kennen. Die junge Passauerin nahm das Mädchen mit zum Hochamt in den Dom. Die große katholische Welt mit ihren Zeremonien und Ritualen beeindruckte das Kind, so wenig es davon verstand. Es ging auf die Knie, es bekreuzigte sich, mit Inbrust lauschte es den Erzählungen der Anni von Sünde und Beichte, von Fegefeuer und Höllenqualen. Das Paradies kam in diesen Erzählungen wohl weniger vor.

Manchmal durfte Gertrud Anni zu den Besuchen bei deren bäuerlichen Verwandten auf den Hügeln über der Stadt begleiten. Bei der Bauersfamilie gab es zum Mittagessen »Erdäpfel mit Topfen«. Die gekochten Pellkartoffeln wurden auf den Tisch geschüttet, der Quark kam in eine Vertiefung im Holz. Es gab weder Teller noch Besteck, man aß mit den Händen. Mit Staunen sah das frühreife Mädchen die anderen Bräuche, nahm eine andere soziale Welt wahr.

Eine weitere Eßepisode aus der Kindheit wirft wiederum Licht auf den Vater, für den Gertrud, aufgrund dieser Geschichte, zum erstenmal einen Anflug von Haß empfand. Anni hatte aus Schwarzbrotresten eine Suppe gekocht und vermutlich nicht gemerkt, daß im Brot bereits Würmer saßen. Das Kind, mit Augen und Nase dem Teller am nächsten, entdeckte, was in der Brühe schwamm, und wollte nicht essen. Der Vater aber befahl, die Suppe trotzdem zu essen. »Du kannst ja die Würmer auf den Tellerrand legen.« Das Kind gehorchte. Aus Angst und weil es den Vater liebte und weil es mit dieser Liebe nicht anders umgehen konnte, als den väterlichen Geboten zu gehorchen. Doch die Liebe bekam, während das Kind ohne Tränen die Brotsuppe löffelte, einen Riß.

Diese Episode zeigt auch, daß in der Familie von Adolf Reissinger nichts verschwendet wurde. Essensreste wurde verwertet, aus altbackenem Brot Suppen bereitet. Das war kein besonderes Merkmal dieser Familie. Sparsamkeit, Bescheidenheit gehörte, auch ehe die Not der Nachkriegsjahre, die Inflation und Geldentwertung Deutschland in den Würgegriff nahm, zum bürgerlichen Ethos. Eine noch um eine Spur strengere Anwendung erfuhren diese Konventionen in Beamtenfamilien, welchen Adolf und Luise entstammten.

Man aß bescheiden. Fleisch kam nur sonntags auf den Tisch. Häufig gab es, was der Nähe zu Österreich und Böhmen zuzuschreiben war, als Hauptgericht »Mehlspeisen«, wie Dampfnudeln, Grießnockerln, Strudel. Auch die Wohnung, obwohl geräumig, war einfach, eine Etage in einem finsteren, durch die Nähe des Flusses feuchten Haus. Es gab kein warmes Wasser, die Öfen wurden mit der Hand beheizt, in den Zimmern brannte eine nicht sehr helle Gasbeleuchtung. Die Küche war ein dunkles Loch. Düster war auch das Zimmer der Mutter, das auf eine der engen Altstadtgassen ging. Ein bißchen besser hatte es der Vater, dessen Arbeitsraum auf die Donau blickte; da es das beste Zimmer der Wohnung war, diente es auch als Salon, in dem man Besucher und Gäste empfing.

Die Mutter schneiderte Kleidungsstücke für sich, die Kinder und selbst Anzüge für ihren Mann. Dieser, stolz auf seine geschickten Hände und sich dabei auf den Großvater väterlicherseits berufend, einen Regimentsschuhmachermeister, flickte und sohlte das Schuhwerk. Aus Prinzip – »meine Mutter hat mich so erzogen« – besaß er immer nur ein Paar Schuhe, einen Mantel, einen Anzug; er trug sie auf, bis sie fadenscheinig wurden. Eine Krawatte reichte für viele Jahre. Manschetten und Kragen waren aus steifem, abwaschbarem Material, das zwischendurch auch nur mit dem Radiergummi gereinigt wurde.

In dieser genügsamen, gediegenen Welt wuchs Gertrud heran. Nach der Kinderschule kam die Grundschule, damals Volksschule genannt. Es war, in der Diaspora von Passau, eine einklassige evangelische Schule mit nur wenigen Kindern. Der Lehrer, ein gütiger, freundlicher Mann, der seiner Pflicht ohne alle Strenge nachging, der mehr durch gute Laune und Späße als durch Paukerei erreichte, unterrichtete alle sechs Klassen gleichzeitig in einem einzigen Zimmer. Wenn der Studienprofessor Reissinger auf der Straße draußen vorüberging, hob der Lehrer das kleine Mädchen hoch, damit es den Vater sehen, ihm zuwinken konnte.

Gertrud hat diese erste Begegnung mit der Schule stets in freundlicher Erinnerung behalten. Anders war es mit dem ersten Musikunterricht. Das Mädchen war unbestreitbar musikalisch. Wenn es in der Küche Anni zur Hand ging, Geschirr abtrocknete, sangen die beiden mit Lust Heimatlieder und Schnadahüpfl, zweistimmig, wobei sie im Singen der Melodie und der Begleitstimme einander abwechselten.

Am Ende des ersten Volksschuljahres, als Gertrud sieben Jahre alt war, befand die Mutter, daß es nun an der Zeit sei, die Tochter in den Klavierunterricht zu schicken. Die Lehrerin, eine junge, sympathische Person namens Schuler, war nett und freundlich, sie flößte dem Kind keinerlei Angst ein. Dennoch: der Unterricht war ein Desaster. Gertrud war unfähig, gleichzeitig auf dem Stuhl still zu sitzen, Noten vom Blatt zu lesen und ihre Finger, während die Lehrerin den Takt zählte, auf den Tasten zu bewegen. Die beiden Frauen, Lehrerin und Mutter, berieten hin und her. Dann wurde beschlossen, Gertrud zuerst einmal in eine Rhythmische Gymnastikstunde zu schicken.

Die Rhythmische Gymnastik war Anfang der zwanziger Jahre in der Musikpädagogik fest etabliert. Entwickelt hatte sie, in dem nahe Dresden gelegenen Hellerau, der Schweizer Musikpädagoge Émile Jacques-Dalcroze. Musik, Rhythmus sollte in körperliche Bewegung umgesetzt und auf diese Weise erfahren werden. Damit war eine ganze Lebensphilosophie verbunden. Der Moderne Tanz, der um die Jahrhundertwende entstand, wollte seine Anhänger von den körperlichen und mentalen Verkrustungen der zurückliegenden Epoche befreien. Das utopische Ziel war ein mit sich und der Natur in Einklang stehender Mensch. Vielfältige lebensreformerische Ansätze verbanden sich mit diesem »Freien Künstlerischen Tanz«, der in den zwanziger Jahren eine erstaunliche Breitenwirkung hatte. Überall entstanden Tanzschulen; zahlreiche Gastspiele machten den »Freien Tanz« selbst in kleineren Städten populär.

So ist es nicht verwunderlich, daß die Rhythmische Gymnastik sogar im abgelegenen Passau unterrichtet wurde – und zwar von der Schwester der Klavierlehrerin, ebenfalls einem Fräulein Schuler. Für Gertrud war dies ein Glücksfall. Früh wurde so entdeckt und gefördert, was ihre eigentliche angeborene Begabung war: das Talent zur rhythmischen Bewegung, zum Tanz.

Schon in der ersten Unterrichtsstunde war Gertrud von Glücksgefühlen überwältigt. Zum erstenmal ohne Umwege zu machen, stürzte das Mädchen nach Hause, wo es atemlos herausbrachte: »So was will ich werden.« So hatte Gertrud sehr früh die Grundrichtung ihres späteren Lebens gefunden – eine außerordentliche Seltenheit und nur bei starken angeborenen Begabungen möglich.

Die Mutter, die offenbar begriff, was sich hier ereignet hatte, unterstützte ihre Tochter, wo sie nur konnte. Sie nähte dem Kind ein Tanzkleidchen aus schwarzem Satin, das am umhäkelten Halsausschnitt durch ein Band zusammengehalten wurde. Es war ihr eine reine Freude, sich barfuß mit anderen Kindern zur Klavierbegleitung im Raum zu bewegen. Gehen, Hüpfen, in einer Reihe die Arme schwingen, zwei Schritte auf einen geraden Takt, vier kurze in der gleichen Zeit, auf einen ungeraden, einen Dreier-Takt den zweiten Schritt doppelt so lang gehalten wie den ersten, dies alles umgekehrt, im Kreis oder diagonal durch den Raum fliegen: das ging wie von selbst.

Die frühe Ausrichtung auf das Tänzerische zog bei Gertrud ein gewisses Desinteresse an der Schule nach sich. Die Schule, die noch keine geistigen Forderungen stellte, das Lesen, Schreiben, Rechnen wurde zur Nebensache. Viel wichtiger waren da die großen Ferien im Jahr 1924, die dem Kind das erste komödiantische Erlebnis bescherten.

Während der Vater seinen naturwissenschaftlichen Forschungen nachging, begab sich die Mutter mit ihren Kindern und in Begleitung der Anni »aufs Land« in die Sommerfrische. Man fuhr nicht weit, der Bayerische Wald lag vor der Haustür. Ein kleines Dorf am Fuß des Dreisesselbergs war der Ferienort. Die Komödianten, die dort auftraten, waren Seiltänzer. Quer über den Markt, von Haus zu Haus, spannten sie ihr Seil und Netz. Die Zuschauer saßen auf Holzbänken, die Hälse in die Höhe gereckt. »Ein Mädchen, ganz in Weiß, mit glitzerndem Mieder und Ballettröckchen balancierte hoch oben auf dem Seil«, erinnert sich Gertrud. Es war die erste »Schauspielerin«, die sie sah. Gebannt, staunend, hingerissen verfolgte sie die anmutigen Bewegungen in der Luft, das Anhalten, Beinheben, Wenden, das Vibrieren der Balancierstange. Sie hatte in diesen Ferien nur einen Wunsch: Seiltänzerin zu werden.

Der Vater hatte sich inzwischen einen Ruf in der Eiszeitforschung, der Glaziologie, erworben. Sein Schreibtisch im »Salon« war zweigeteilt: rechts die Schulhefte, die zu korrigieren waren; links das Mikroskop, durch das er Boden- und Pflanzenproben betrachtete. Der Tag gehörte der Schule, die Nacht der Forschung. Fleiß, Genauigkeit, Gewissenhaftigkeit, ein wissenschaftlicher Erkenntnistrieb zeichneten diesen Mann aus. Die Neigung zur Wissenschaft, die Seriosität, mit der er sie betrieb – mit der gleichen Hartnäckigkeit seiner eigentlichen Begabung folgend, wie es seine Tochter tun wird –, gibt Adolf Reissinger einen noblen Zug.

Er war kein Kleinbürger, die Konventionen seines Standes bedeuteten ihm nichts. Als ihm in Frankreich der goldene Zwicker in einen Brunnen gefallen war, trug er für den Rest seines Lebens nur noch ein gewöhnliches Metallgestell auf der Nase. Jeden Pfennig, den er von seinem keineswegs üppigen Monatsgehalt abzweigte – das er sonst, wie es üblich war, bei seiner Frau ablieferte –, steckte er in seine Forschungen, die Geräte, die Bohrapparate, die er dafür brauchte und zum großen Teil selbst anfertigte.

Seine Genügsamkeit nahm freilich verschrobene Züge an, etwa wenn das eine Paar Schuhe, das er besaß, selbst von ihm nicht mehr zu reparieren war und er nun, gleichgültig gegen das Gespött der Schüler, mit zerrissenen Schuhen zur Schule kam. Oder wenn er, grundsätzlich nur mit ein paar Stücken trockenem Brot als Vesper versehen, dieses in der großen Pause unverpackt aus der Manteltasche zog, während die Kollegen, vermutlich nicht ohne heimlichen Spott, ihre Wurstsemmeln aus dem Papier wickelten.

Sein Bruder Hans überliefert die Episode, wie Adolf noch vor seiner Verheiratung und »nur mit einem Stück Allgäuer Pressack versehen« nach London gereist sei, um einen bestimmten Walfischknochen im Natural History Museum zu sehen. Nachdem er das Objekt von allen Seiten betrachtet, skizziert und im Kopf vermessen hatte, sei er, ohne die britische Hauptstadt eines weiteren Blickes zu würdigen, »hochbefriedigt wieder heimgefahren«. Lebensgenuß schien Adolf Reissinger, der eine Figur aus einem Roman des großen Bayreuther Romanciers Jean Paul sein könnte, nicht zu kennen. Er rauchte nicht, er trank nicht. Wo immer es möglich war, ging er zu

Adolf Reissinger

Fuß. Und in seinem zerrissenen Geldbeutel waren immer nur wenige Münzen.

Luise hat unter diesem Ehemann, der keinen Sinn für sie, für den Reichtum ihres so anderen Wesens besaß, gelitten. Doch sie hat wohl, nach der Geburt des dritten Kindes, im Leben Tritt gefaßt, zumal der Mann sie gewähren ließ. War es Großzügigkeit oder Gleichgültigkeit? Vermutlich eine Mischung aus beidem, und vor allem Bequemlichkeit. So konnte sich Gertruds Mutter, die noch keine dreißig Jahre alt war, ihr eigenes Leben einrichten.

Die Fotos aus jener Zeit zeigen ein Gesicht, in dessen Zügen Eigensinn, Trotz, eine gewisse Keckheit liegen. Die Hauptrolle in ihrem Leben spielte die Musik. Sie war das Lebenselixier dieser Frau, Quelle der Fröhlichkeit und der Geselligkeit. Wo immer sie war, verschaffte sie sich einen Musikkreis oder zumindest einen Partner zum gemeinsamen Musizieren. In Passau war es Herr Schwingenschlegel. Die beiden spielten die Laute und sangen dazu Lieder aus dem »Zupfgeigenhansl«. Der Musikpartner brachte, wann immer er zum Musizieren kam, seinen blonden Sohn Goggi mit. Er wurde Gertruds erster Freund.

Für ihre drei Kinder und den Goggi nähte Luise zum Kinderfasching weiße Clownsanzüge mit dicken schwarzen Bommeln daran. Sie selbst besuchte mit ihrem Mann, wie es im katholischen Passau üblich war, einen Kostümball, der unter dem Motto »Empfang bei Tut-ench-Amun« stand. 1922 war das Grab des berühmten Pharao entdeckt worden. Die ganze Welt lag seither im Ägyptenfieber. Davon ließ sich sogar Adolf Reissinger anstecken. Er setzte sich einen roten Fez auf, Luise trug einen selbstgemachten Kopfschmuck aus roten Perlenschnüren und ein Gewand aus roter Seide, die sie selbst gefärbt hatte.

Auch diesen Anblick erlebte die junge Gertrud: ein gutgelauntes Ehepaar, zusammengehalten durch drei Kinder und gemeinsam durchstandene Notzeiten, das aufregend kostümiert zum Faschingsball ging.

In der Tat, die finanzielle Situation der Familie schien sich gebessert zu haben. Wie sonst hätte Luise, ohne Mann, eine Schiffsreise nach Wien unternehmen können? Bei der Rückkehr trug sie die neueste Mode: ein helles Strickkostüm mit kurzem Rock, Seidenstrümpfe, Schuhe mit sehr hohen Absätzen und einen atemberaubenden Samthut. Modische Kleidung war das zweite Lebenselixier dieser Frau, die sich in Erinnerung an ihre Erziehung im »Institut«, einer Höheren-Töchter-Anstalt, gern französisch gab. Wo immer es anging, gebrauchte sie französische Wörter. Sie benutzte das Trottoir, wenn sie sich zum Charcutier, zum Wursteinkauf, begab, sie fuhr in der Equipage zum Bahnhof, ging dort auf den Perron. Die junge Gertrud sah diese elegante lebensfrohe Mutter mit tiefer Befriedigung.

Indessen, die Entschlossenheit Luises, aus dem Leben etwas zu machen, erfuhr eine starke Beeinträchtigung: das Asthma, unter dem sie litt, wurde nicht besser, im Gegenteil. Die Ursache schrieb man dem Passauer Klima zu, der Feuchtigkeit, die von den Flüssen kam, dem häufigen Nebel. Die damalige Medizin verfügte nur über unzureichende Behandlungsmethoden. Sie verordnete zur Erleichterung der Atemnot, wenn man das Klima nicht wechseln konnte, die sogenannten Asthmazigaretten. Von den psychischen Ursachen der Krankheit, den psychosomatischen Zusammenhängen wußte man nichts. Luises verschwiegenes Ehe-Unglück, das viel zu ihren Erstickungsanfällen beitrug, kam dem behandelnden Arzt nicht in den Blick. Er riet, was die Schulmedizin damals zu raten pflegte: zu einem Ortswechsel, dem Umzug in ein trockeneres Klima.

Adolf widersetzte sich dem nicht. Er war kein Unmensch. Er sah, daß die Frau mit den drei Kindern, von der das ganze Familienleben abhing, an diesem Ort nicht leben konnte. So reichte er also bei der Schulverwaltung ein Gesuch um Versetzung ein. Der Ort, den er vorschlug, lag seinem Herzen nah. Er hatte dort als junger Mensch das Gymnasium besucht, seine Familie, an der er hing, lebte dort oder in der Nähe. Es war Bayreuth. Luise, die gegenüber dieser Stadt, der dominierenden Verwandtschaft ihres Mannes leise Vorbehalte gehabt haben mochte, wurde nicht gefragt. Das Klima im Fränkischen galt als trocken – damit war die Entscheidung, die Gertruds Leben bestimmen sollte, gefallen.

Die Mutter bestickte für ihren Musikfreund Schwingenschlegel zum Abschied ein grünes Seidenband, das er an seine Laute hängte. Gertrud, die nun schon lesen konnte, entzifferte den zart erotisch getönten Sinnspruch: »Nimmst die Laute du zur Hand, denk an die, von der dies Band.«

Im Frühling 1925 kehrte die Familie den vermaledeiten Gewässern den Rücken. Fast hätten sie Gertrud, die sie so sehr liebte, nicht gehen lassen. Die Sache passierte schon ein Jahr früher, als Gertrud von der Mutter in die Badeanstalt mitgenommen worden war, um schwimmen zu lernen. Es war ein Donau-Flußbad, von dunklen Holzplanken eingezäunt, mit zwei Schwimmbecken, eines für Frauen, eines für Männer. Gertrud, im schwarzweißen Badeanzug, eine rote Gummikappe auf dem Kopf, planschte mit anderen Kindern in der Nichtschwimmer-Abteilung. Die Mutter schwamm dort, wo es tief war. Als die Mutter das Becken verließ, forderte sie die Tochter auf, ebenfalls aus dem Wasser zu gehen. Gertrud tat, als hätte sie es nicht gehört. Die Mutter begab sich in die Umkleidekabine; als sie zurückkam, war das Kind nirgends zu sehen. Es lag, von anderen Kindern umgestoßen, unter Wasser, es schwebte dort, mit offenen Augen wie eine Undine, es war beglückt und selig über den Anblick des hellgrün schimmernden Wassers, das es von allen Seiten umgab, es hatte das Gefühl, während es langsam tiefer sank, in einer neuen Welt zu sein. Auf den Gedanken, Grund unter den Füßen zu suchen, sich nach oben zu strampeln, kam das Kind nicht. Es wurde herausgezogen, am Gürtel seines Badeanzugs, und als es wieder zu sich kam und gefragt wurde: »Warum hast du dich denn nicht auf die Füße gestellt?« antwortete Gertrud: »Es war so schön grün.« Das schöne Grüne, das Fließende hatte hinfort für sie einen dunklen Grund.

Daß es so war, ging der Schwimmerin bald auf. Sie war nicht mehr fähig zu tauchen, die Luft unter Wasser anzuhalten. Selbst das ging nicht mehr: den Kopf unter ein Kissen oder die Decke zu stecken. Gertrud hatte, ohne es deutlich zu verstehen, die Nähe des Todes erlebt, sie hatte die Verschwisterung von Schönheit und Tod erfahren.

ZWEI FAMILIEN IN BAYREUTH

In Bayreuth gibt es – in unserem Zusammenhang – nur *eine* Familie. Oft sind Bayreuth und »die Familie« Synonyme. Indessen, *die* Familie, das Lieblingsobjekt von Historikern, Musikologen, Sozialwissenschaftlern, Nationalpsychologen interessiert für eine kleine Weile noch nicht. Der Gegenstand dieser Betrachtung ist jene andere Familie, die nach Abschluß des Schuljahrs in den Osterferien 1925, einer kränkelnden Mutter wegen, nach Bayreuth umzog.

Adolf Reissingers Vater Michael war Pfarrer im mittelfränkischen Beerbach bei Nürnberg gewesen. Ein Stich des neunzehnten Jahrhunderts hält das idyllische Ensemble fest: spitztürmige Kirche, riesiges Pfarrhaus nebst bescheidener Schule, den »Pfarrgarten«, dazu die Felder und Wiesen der Umgebung. Als der älteste Sohn Karl ins humanistische Gymnasium wechselte, war der Pfarrer mit seiner Frau Julie und seinen sieben Kindern in die Markgrafenstadt umgezogen. Es war nicht üblich, daß fränkische Pfarrer ihre Söhne auf ein Internat schickten. In Franken gab es keine Kaderschmiede für die künftigen Pfarrers des Landes wie es etwa Schulpforta in Thüringen oder Urach und Maulbronn in Württemberg waren. Der Umzug erfolgte im Sommer 1883.

Im Februar war Richard Wagner in Venedig gestorben. Die große Totenfeier in Bayreuth hatte vor dem Umzug der Pfarrersfamilie stattgefunden. Indessen, auch wenn sie bereits in der Stadt gewesen wäre, bedeutet hätte sie ihr vermutlich wenig. Michael Reissinger entstammte einer Handwerkerfamilie. Die Schuhmacherei, die Gertruds Vater als hartnäckig verteidigte Liebhaberei betrieb, läßt sich hier über sechs Generationen zurückverfolgen. Man darf davon ausgehen, daß bei den Reissingers keine großen kulturellen Traditionen entstanden und weitergegeben wurden.

Ganz anders Michael Reissingers Frau Julie. Sie war eine geborene Boeckh, in Beerbach geboren, wo ihr Vater Pfarrer gewesen war. Der Pfarrberuf war in dieser Familie Tradition, er läßt sich über viele Generationen zurückverfolgen. Die Familie stammt ursprünglich aus der fränkischen Reichsstadt Nördlingen; dort hängt ihr Wappen in der Kirche. Sie war, mit der Allgemeinen Deutschen Biographie zu reden, eine »jener alten bürgerlichen Familien, aus deren Mitte die deutsche Poesie und Wissenschaft ihre besten Kräfte gezogen« hat. Zur Verwandtschaft gehörte der schwäbische Dichter-Rebell Schubarth. Der berühmteste der Familie aber war der große, an der neugegründeten Berliner Humboldt-Universität lehrende Gräzist Philipp August Boeckh (1785–1867).

Boeckh hatte bei Schleiermacher und Friedrich August Wolf in Halle studiert, er hatte in Heidelberg, der Stätte seiner ersten Professur, Kontakte zu den Romantikern Brentano, Tieck, Arnim, Görres gehabt, in Berlin die Bekanntschaft von Wilhelm von Humboldt gemacht. Boeckh hatte die Gräzistik revolutioniert, indem er sie von der reinen Sprachwissenschaft auf die Betrachtung der Realien, auf Finanz- und Wirtschaftsleben sowie die Staatswirklichkeit ausgedehnt hatte. Er war einer der ersten Ordenskanzler des neu eingerichteten Ordens Pour le mérite gewesen, in den, hundert Jahre später, Gertruds Mann Wieland Wagner berufen wurde.

Das aus so ungleichen Familientraditionen kommende Ehepaar Reissinger führte eine vorbildliche Ehe, ein Familienleben wie aus dem Bilderbuch. Julie war eine »geborene Pfarrfrau«. Sie ordnete sich ihrem Mann in allem völlig unter, ertrug gottergeben ihr Frauendasein, die nicht abreißenden Schwangerschaften und Geburten. In neun Jahren brachte sie neun Kinder zur Welt, das zehnte wurde mit einigem Abstand 1890 in Bayreuth geboren. Zwei starben in frühester Kindheit, sechs Jungen und zwei Mädchen wuchsen heran.

Alle Söhne ergriffen akademische Berufe. Karl, der Älteste, studierte Germanistik; er verfaßte eine Schulgrammatik, nach der Gertrud unterrichtet wurde. Zwei Söhne studierten Theologie, Adolf Mathematik, einer Forstwirtschaft, der jüngste, Johannes, Architektur. Eltern und Kinder waren einander ihr Leben lang herzlich verbunden. Luise sagte über ihren Mann, er habe eigentlich nur seine Eltern und seine Geschwister geliebt.

Mit dieser festgefügten, hochrespektablen Familie wurde nun die achtjährige Gertrud bekannt. Sie sollte erleben, daß ihr spröder Vater im Umgang, in den Gesprächen und Diskussionen mit seinen Geschwistern auflebte, daß hier gescherzt und gelacht wurde und daß die betagte, seit 1918 verwitwete Großmutter – Mamá genannt –, die bei ihrer unverheirateten Tochter Bertha lebte, wie eine Familienikone verehrt wurde. Die erste Person aus dieser Reissingerwelt, die Gertrud kennenlernte, war die ältere Schwester des Vaters, Else. Sie war Pfarrersfrau in St. Johannis, einem Dorf, das an den Schloßpark der Eremitage grenzt.

Adolf Reissinger war mit seinen beiden älteren Kindern vorausgereist. Die Mutter und das Dienstmädchen Anni waren in Passau noch mit dem Packen beschäftigt. Gertrud erlebte die erste große Eisenbahnfahrt nicht als großes Glück. Zwar gefiel es ihr, noch eine Weile die Donau zur Seite zu haben und die Kirchtürme mit ihren Storchennestern vorüberfliegen zu sehen. Aber der kleine Bruder war lästig, man hätte längst seine Hosen wechseln müssen, und der Vater, ausgestreckt auf der harten Holzbank der dritten Wagenklasse, schlief.

Am kleinen Bahnhof Eremitage holte die Frau Pfarrer ihre Verwandtschaft ab. Sie hatte einen Leiterwagen mitgebracht für das Gepäck und den kleinen Jungen. Gertrud ging hinter dem Wagen her, den die Erwachsenen zogen, und betrachtete voller Neugier die leicht gewellte Landschaft mit Äckern und Wiesen, in welche das Dorf mit seinen einfachen Häusern, der schiefergedeckten Kirche gebettet war. Auf dem Weg begegneten ihnen Bauersfrauen mit gewaltig gebauschten, bis auf den Boden reichenden Röcken, die mit Wasserbütten auf dem Rücken – fließendes Wasser in den Häusern gab es noch nicht – vorsichtig, um nichts zu verschütten, über die holprigen Wege gingen. Sie grüßten respektvoll die »Frau Pfarrn« und lächelten ihren Begleitern zu.

In dem von hohen Sandsteinmauern umgebenen Pfarrhof, der,

wie eine heute noch sichtbare Steintafel besagt, aus der Regierungszeit des Markgrafen Christian Ernst stammt, verbrachten die beiden Kinder die nächsten Wochen. Das Haus war eine feste Burg der Ordnung, des familiären Friedens und der hausfraulichen Perfektion. Tante Else und ihr Mann, Onkel Gottfried, hatten keine Kinder. Bei der Geburt des ersten war ein Unglück geschehen, das Neugeborene war an einem Fehlgriff der Hebamme erstickt, und danach gab es keine Kinder mehr.

Tante Else nahm ihre Kinderlosigkeit so gottergeben an, wie ihre Mutter die vielen Schwangerschaften angenommen hatte. Ihre Energie konzentrierte sie nun auf ihre Pflichten als Pfarrfrau – so unterwies sie zum Beispiel junge Bräute im Kochen –, auf ihren Haushalt und ihre Gärten, von denen es innerhalb und außerhalb der Pfarrhofmauern sieben gab: den Rosengarten, den Obstgarten, den Gemüsegarten, den Blumengarten, den Garten für die Bienen, in dem die Tante mit weißen Tüchern verhüllt und mit einer dunklen Drahtmaske vor dem Gesicht hantierte, und noch zwei weitere hinter und vor der Kirche. Gertrud, die aus der düsteren Etagenwohnung der Passauer Altstadt kam, erschien das Pfarranwesen wie das Paradies.

Die Fußböden des Hauses waren gescheuert, geölt, gebohnert, die Möbel glänzten, jeder Winkel war peinlich sauber. Eine Wunderwelt stellte die Speisekammer dar. Da lag selbstgebackenes Brot neben verschiedenen Arten von Hefezöpfen, es gab Schmalzgebackenes und Spritzkuchen, welche die Pfarrkinder bei jedem Familienfest ihrem geistlichen Hirten ins Haus schickten. Es roch nach getrockneten Birnenschnitzen und Anislaibchen. Butter, selbst hergestellt und in hölzernen Modeln geformt, schwamm in wassergefüllten Schüsseln. Auf den Regalen glänzten in dichten Reihen, säuberlich etikettiert und beschriftet, Einmach- und Marmeladengläser sowie Flaschen mit verschiedenen selbst angesetzten Likören.

Gertrud gefiel auch die kleine Kirche mit ihrem Turm, der typisch fränkisch spitz und bauchig zugleich war. In dem aus dem Mittelalter stammenden, später barockisierten Bau fiel das Sonnenlicht durch hohe Fenster auf das graugrün gestrichene Gestühl. Engel in Weiß und Gold saßen auf rosa Wolken, die wie Zuckerwatte aussahen, über dem Altar. Die stuckverzierte Decke über den hölzernen, den

Raum auf drei Seiten umgebenden Emporen, war, dem Himmel draußen gleich, weiß, blau und golden. Die Kirche, einst als Wehrbau angelegt, überragte das Tal des Roten Mains. Terrassengärten zogen sich hinunter zum Fluß. Gertrud balancierte auf den Mauern, durch die Zweige sah man das Wasser blinken. Je nachdem, wie der Wind wehte, roch man das frischgeschnittene Holz des Sägewerks im Tal oder das süßliche Malz der nahegelegenen Bierbrauerei. Manchmal wartete sie in einem abgelegenen düsteren Teil des Kirchhofs zwischen Zypressen und alten Grabsteinen, ob nicht ein »Gespenst« vorüberkomme. Sie schlich dem Küster nach, wenn er auf den Kirchturm stieg, um die Glocke zu läuten. Außer den schwingenden Glocken gab es dort Käuzchen und Falken.

Schon bald weitete das auf neue Eindrücke versessene Mädchen den Radius seiner Unternehmungen aus. Es erkundete den Park der Eremitage, der hinter dem Dorf lag, die Gartenarchitekturen und Wasserspiele, die Teiche, auf denen Schwäne schwammen, die Laubengänge und Alleen. Die neuen Sinneseindrücke waren denen von Passau ebenbürtig. Ihr Leben lang hielt Gertrud die Pfarrhaus-Idylle von St. Johannis als schönen Traum fest. Und noch oft sollte sie dorthin zurückkehren.

Indessen, diese vollkommene Welt hatte einen Fehler. Gertrud wurde mit Tante und Onkel nicht warm. Die Überlegenheit und Ruhe, mit der Else ihren Hausstand leitete, dem Dienstmädchen Anweisungen gab – keine hielt es bei ihr lange aus –, hatte etwas Furchteinflößendes. Die hochgewachsene, schlanke Person war auch äußerlich das Musterexemplar einer Pfarrfrau. Sie hatte das in der Mitte gescheitelte Haar zu einem Zopf geflochten, der am Hinterkopf zu einem Knoten hochgesteckt war. Fast immer trug sie Grau, hochgeschlossene, bodenlange Kleider mit langen Ärmeln, die an der Kante und am Stehkragen einen kleinen Spitzenbesatz hatten. Am Hals glänzte die immer gleiche silberne Brosche.

Gegen den Onkel, der einen weißen Spitzbart hatte und immer peinlich gebürstetes Schwarz trug, empfand Gertrud eine Abneigung, die sie sich sogar selbst eingestand. Seine Talare und die Samthüte, die er bei Leichenbegängnissen trug, wurden in einem barocken Eichenschrank im Flur aufbewahrt.

Das kleine Mädchen, das Gertrud ja noch war, empfand es schmerzlich, daß Onkel und Tante den kleinen Eduard als Ersatz für ihren toten Sohn liebten und vergötterten und mit all der Wärme bedachten, die sie ihr vorenthielten. Als die Tante einmal einen sehnsüchtigen Blick auffing, sagte sie spitz: »Mädchen müssen immer bescheiden sein.« Indessen, wenn sie den kleinen Jungen sah, trat in das Gesicht der schmallippigen Frau ein unerwartetes Lächeln.

Bei diesem von ihr mit zwiespältigen Gefühlen betrachteten Paar erlebte Gertrud nun zum erstenmal praktizierte evangelische Frömmigkeit. In Passau hatte es das nicht gegeben. Der Vater hatte sich innerlich von der Religion entfernt, die Mutter hatte offenbar keine starke religiöse Bindung. Was Gertrud erlebt hatte, war die katholische Volksfrömmigkeit der Anni gewesen, das Ritual des Kniens und Knicksens und Sichbekreuzigens im weihrauchgeschwängerten Dom, die unverständliche lateinische Liturgie. Nun las der Onkel im Haus aus der Bibel vor, in der Familie betete man beim Mittag- und beim Abendessen zu Tisch, vor und nach den Mahlzeiten, die Tante sprach die Gebete halblaut mit. Gertrud hatte noch nie Menschen in dieser Intimität beten sehen, mit gesenktem Kopf, geschlossenen Lidern, gefalteten Händen. Sie empfand, daß hier ein großer Ernst war, eine gelebte Frömmigkeit, eine gläubige Ergriffenheit. Doch ein Funke sprang nicht über.

Sonntags ging sie in die Kirche, mit der Tante saß sie direkt unter der Kanzel. Gertrud sang die Lieder aus dem Gesangbuch gerne mit, aber die Predigten des Onkels ergriffen sie nicht. Gelangweilt saß das Kind auf der harten Kirchenbank und wunderte sich über die Bauersleute ringsum, die das alles geduldig über sich ergehen ließen. Verstohlen musterte sie die Landfrauen in ihren Trachten, die laut sangen, aber nie auf der gleichen Tonhöhe der Orgel.

Eine gewisse Scheu empfand Gertrud auch gegenüber der Großmutter Julie. Sie hatte eine schöne Wohnung in der Leopoldstraße, wo sie von ihrer Magd liebevoll versorgt wurde. Über dem Schreibtisch hing ein Ölbild ihres verstorbenen Mannes, dessen Andenken nicht nur von der Familie gepflegt wurde. Viele Bayreuther erinnerten sich an den alten gütigen Herrn mit dem weißen Backenbart, den man, um ihn von den vielen Söhnen zu unterscheiden, den »Herrn Senior« nannte. »Das war halt a Pfarra«, sagten die Leute anerkennend, »und wie schee hat er gsunga in der Kerng.«

Nach seinem Tod bildete die Großmutter den Mittelpunkt der Sippe. Ihr Geburtstag, an dem sie, wie eine Göttin in einem Polstersessel thronend, Kinder und Kindeskinder empfing, war jedesmal eine Freudenfest der Familie. Die Großmutter strahlte Zufriedenheit und Güte, aber auch eine gewisse vornehme Distanziertheit aus, so daß Gertrud nie auf den Gedanken gekommen wäre, die alte Dame zu umarmen und zu küssen.

Leichteren Zugang hatte sie zu dem Faktotum der Großmama, der alten Margret, welche die »Frau Pfarrn« schon jahrzehntelang umsorgte. Sie war eine ausgezeichnete Haushälterin und Köchin. Auch in dieser Wohnung glänzten die polierten Möbel, duftete die Speisekammer.

Und dann gab es in diesem kleinen Haushalt noch die Tante Bertha, die zweite Schwester des Vaters. Sie war großgewachsen und dunkel wie Adolf und von einer fast südländischen Schönheit. Auch sie war zur Pfarrersfrau bestimmt gewesen. Doch der Pfarrer, mit dem sie verlobt gewesen war, hatte sein Leben im Krieg gelassen. Die zurückgebliebene Braut war daraufhin in den Johanniterorden eingetreten, der sich der Krankenpflege widmete, und Gemeindeschwester geworden. Sie versah ihren Dienst, in schwarzer Schwesterntracht und weißem Häubchen, das silberne Johanniterkreuz auf der Brust, meistens und bis ins hohe Alter hinein mit dem Fahrrad. Bertha sagte stets direkt heraus, was sie als wahr empfand. Bei den Geschwistern war sie deshalb ein bißchen gefürchtet. Doch ihrer Beliebtheit tat dies keinen Abbruch, versorgte sie doch alle ihre Geschwister, wenn es bei ihnen finanzielle Engpässe gab, mit Geld. Nach ihrem Tod erbten sogar Gertruds Kinder von dieser Großtante ein hübsches Sümmchen.

Zu Berthas Liebhabereien gehörte das Sammeln von Käsespanschachteln. Sie beklebte sie mit Bildchen, die sie aus Zeitschriften ausgeschnitten hatte, und verschenkte sie, mit Bonbons gefüllt, ebenso wie ihre selbstgefertigten Bilderbücher, an Nichten und Neffen. Das alte Fräulein, das eine Pflanzen- und besonders Kakteennärrin war, schien der Welt des Biedermeier entsprungen zu sein. Ihre Gestalt läßt an Kellers Züs Bünzli denken oder an die Bilder von Spitzweg und Ludwig Richter, den sie liebte, weil auf allen seinen Blättern »ein nettes Vögelein« zu sehen sei. Da sie sich gut in der Botanik auskannte, befragte Gertrud sie bei Spaziergängen gern nach den Namen und Eigenarten von Pflanzen. Die Unterhaltung hatte auch den Zweck, die Tante vom Singen geistlicher Lieder – Paul Gerhardt war ihr Favorit – abzuhalten, weil sie sich meistens in der Tonhöhe vertat.

Als sie im Sterben lag, sagte das alte Fräulein, sie könne es kaum erwarten, ihre »himmlische Wohnung« zu sehen. Da war Gertrud bereits erwachsen, als sie das hörte. Sie erinnerte sich an die Ängste der Anni vor Fegefeuer und Höllenqualen, und sie, die inzwischen in großer Distanz zur evangelischen Kirche lebte, wurde von einem seltsamen Stolz auf ihre eigene Konfession erfüllt. So einiges, dachte sie, hat Luther doch verbessert.

In den Erinnerungen von Gertrud Wagner taucht nicht auf, worüber in der Familie der Tante Else und des Onkels Gottfried, im Kreis um die Großmama diskutiert, was außer Bibel und Gesangbuch gelesen, ob und wie über Politik gesprochen wurde. Gertrud war zu jung, nicht nur, um sich an solche Dinge zu erinnern, sondern um sie überhaupt wahrzunehmen. Sie hielt das Schöne fest, das Erfreuliche, wobei sie – und das ist bei einem kaum zehnjährigen Mädchen schon sehr beachtlich – den Hauch von Skurrilität nicht übersah, der über ihrer väterlichen Verwandtschaft lag.

Der Zug zu einer Jean-Paul-haften Versponnenheit, den wir schon an Adolf beobachtet haben, ist hier am Ursprungsort der Familie und im Kernland des großen Dichters der Romantik mit Händen zu greifen. Diese Familie, die in ihrer Gediegenheit, ihrem Lebensernst, ihrem Ordnungssinn typisch ist für ein großes Segment des deutschen Bürgertums, spann sich ein in eine Welt, die sie für respektabel und vornehm hielt, verkapselte sich in den herrlich polierten Nestern, pflegte ihre Behaglichkeit. Sie ließ, was geschah, an sich vorüberziehen, sie erlitt, wie etwa im Weltkrieg, der auch bei ihnen seinen Blutzoll gefordert hatte, was ihr auferlegt war. An der Gestaltung dieser Welt nahm sie kaum teil. Das erschien ihr bei ihrem Selbstverständnis von Bescheidenheit und Sich-klein-Machen als angemessen und richtig. Freilich, auch das ist eine politische Haltung.

Die leichtherzige Luise, die sich mit ihrer Neigung für Musik und Mode in der Reissinger-Sippe wie ein Fremdkörper vorkommen mußte, war inzwischen in Bayreuth eingetroffen. Die Familie bezog eine Wohnung in der Bismarckstraße an der Peripherie der Stadt, wo die Häuser niedrig und die Leute, nach den Vorstellungen der Luise, spießig waren. Gertrud, die der Mutter einen Roller abgetrotzt hatte, auf dem sie das glatte Trottoir entlangsauste, besuchte die Volksschule, die den Namen des Prinzregenten Luitpold trug. Der Vater unterrichtete. Und Luise wurde wieder schwanger. Im August 1926 kam das vierte Kind, Lieselotte, zur Welt.

Da wohnte man bereits in der neuen Wohnung im Alten Schloß, welche die Mutter mit sicherem Instinkt für eine gute Adresse gefunden hatte. Mit der ihr eigenen Tatkraft hatte sie den Umzug organisiert. Eines Morgens legte sie ihrem Mann beim Frühstück einen Zettel hin, des Inhalts: »Wenn du heute nachmittag von der Schule kommst, wohnen wir nicht mehr hier, wir wohnen Maxstraße 8, II. Stock.«

Das Alte Schloß, ein Renaissancebau, liegt mitten in Bayreuth, an dem nach mittelalterlicher Art langgezogenen Straßenmarkt. Markgraf Friedrich und seine Frau Wilhelmine hatten den ungeliebten Bau 1753 gegen das von ihnen im Rokokostil errichtete Neue Schloß am Hofgarten vertauscht. Das Alte Schloß hatte zuletzt allerlei Behörden beherbergt. In der Mitte der zwanziger Jahre, just als Adolf Reissinger nach Bayreuth versetzt wurde, waren im östlichen Teil des Bauwerks Wohnungen zur Miete ausgeschrieben.

Die elegante Adresse, die weitläufigen, großzügig geschnittenen Räume der Wohnung, zu der ein breites, mit roten Läufern ausstaffiertes Treppenhaus mit hölzernen Stufen und einem geschnitzten Geländer hinaufführte, war genau das, wovon Luise geträumt hatte. Ihre Mutter, Anna Ströbel, die seit dem Tod ihres Mannes abwechselnd bei beiden Töchtern wohnte, machte es möglich. Sie trug kräftig zur Finanzierung der Miete bei.

Auch Gertrud, früh empfänglich für den Rhythmus einer Raumabfolge, war von der neuen Wohnung begeistert. Die Räume waren fast fünf Meter hoch, sie hatten schöne Parkettfußböden und waren durch hohe Zweiflügeltüren miteinander verbunden. Auf große quadratische Zimmer folgten halb so große, rechteckige Räume. Damals war der Bau, anders als heute, da die bayerischen Denkmalpfleger ihn in authentisches Weiß und Rot zurückverwandelt haben, in einem verblichenen barocken Gelb gehalten. Die hohen, schmalen Fenster – die meisten nach Süden, zum Markt hin – waren tief in das dicke Mauerwerk eingelassen. Der Blick ging über alte Dächer zum Riesenbau der gotischen Stadtkirche Heilig-Dreifaltigkeit. Im Westen lag das gepflasterte Viereck des Schloßplatzes mit dem Denkmal des bayerischen Königs Max I. Joseph, unter dem das Fürstentum an Bayern gekommen war; im Norden der »Harmoniehof« mit der katholischen Schloßkirche; im Osten, wo eine vorkragende Mauer den Blick verstellte, konnte man das Fichtelgebirge ahnen.

Die Schlafzimmer der Eltern und der Großmutter lagen an den jeweiligen Enden der Wohnung. Im Zentrum, einem der großen Quadraträume, befand sich das Wohn- und Eßzimmer, das zugleich der Arbeitsraum des Vaters war. Die Tatsache, daß hier auch Gertrud sieben Jahre lang ihre Schulaufgaben machte, sagt viel über die bürgerlichen Lebensgewohnheiten jener Zeit. Eigene Arbeitszimmer gab es nicht. Die vielen Zimmer der Wohnung dienten anderen Zwecken; man brauchte sie vor allem als Schlafräume. Anfang der dreißiger Jahre, nach der Geburt eines weiteren Kindes, bestand die Familie mit Großmutter und Dienstmädchen aus neun Personen.

Auch der Wohnkomfort war, gemessen an heutigen Vorstellungen, bescheiden. Auch hier gab es kein fließendes warmes Wasser, auch hier wurde mit Kohleöfen geheizt. Auch das spartanische Badezimmer war mit einem Kohleofen ausgestattet.

Luise und ihre Mutter waren unermüdlich beim Verfertigen der Wohnungsausstattung. Sie nähten die Vorhänge – weißer Voile mit feinen schwarzen Karos – für die vielen hohen Fenster selbst. Sie verfertigten Lampenschirme aus weißer und grüner Seide. Trotz bescheidener Mittel gelang es Luise, die einen guten Geschmack hatte, die

Zimmer großzügig und ästhetisch ansprechend einzurichten. Immer häufiger wurde Gertrud zu Rate gezogen. Zu zweit oder dritt berieten die Frauen, wie Möbel zu stellen, Bilder aufzuhängen seien. Luise, die nach der Geburt des vierten Kindes eine baldige neue Schwangerschaft befürchten mußte, vergaß darüber ihren Eheverdruß.

Gertrud erforschte enthusiastisch die neue Umgebung. Sie rutschte das glatte Treppenhausgeländer hinunter. Mit klopfendem Herzen begleitete sie die Anni in das gruselige Kellergewölbe, wo die Kohlen lagerten. Sie liebte den dicken achteckigen Schloßturm, zu dem man durch den Hinterausgang kam. Zur obersten Plattform führte eine steinerne Spirale, auf der die einstigen Schloßbewohner und ihre Gäste mit Pferd und Kutsche zum Festsaal gelangt waren. Gertrud und ihre Geschwister benutzten den gewendelten Aufgang, in dem die Fenster parallel zum Boden, also schräg in der Mauer saßen, als Rennbahn.

Auch Adolf Reissinger gefiel es in der neuen Wohnung, in die er so handstreichartig versetzt worden war. Von seinem Eckzimmer überblickte er den ganzen Markt. In einer der Fensternischen hatte er sein Fernrohr zur Beobachtung des Nachthimmels aufgestellt. Auf dem Schreibtisch stand neben dem Mikroskop jetzt ein neuer Apparat, ein Theodolit, den er sich, den Bitten der Frau gegenüber taub, statt eines neuen Anzugs gekauft hatte. Dort saß er nachts, blickte durchs Mikroskop, schrieb, zeichnete, entwarf Farbskizzen, die photographisch vergrößert, als bunte Graphiken an die Wände gehängt wurden.

Zwischen ihm und Gertrud, den Studierzimmergefährten, entstand eine herzliche Symbiose. Der Vater zeigte der Tochter Infusorien und Pollen unter dem Mikroskop, er zeichnete Tiere für sie, und gemeinsam beobachteten sie, wie aus der Kaulquappe ein Frosch wird. Von Gertrud, die ja noch ein Kind war, ließ sich der oft so verknöchert wirkende Mann zu Spielen verlocken, bei denen verschüttete Wünsche zum Vorschein kamen, seine Phantasie die merkwürdigsten Blüten trieb. Mit Vorliebe mimte er den Löwen in Afrika, der gern das Fräulein Giraffe verspottete. Damit war Gertruds neue, von ihr gehaßte Klavierlehrerin gemeint.

Der Spott galt aber auch den musikalischen Dressurakten seiner Frau. Luises musikalische Liebhaberei war in der neuen Wohnung voll erblüht. Aufgrund einer kleinen Erbschaft konnte sie sich endlich einen Flügel kaufen, der den Mittelpunkt des neuen Musiksalons bildete. Zur Fortbildung nahm sie wieder Klavierunterricht. Im Kollegenkreis ihres Mannes, gerade unter den Mathematikern, fanden sich Geiger, Cellisten, Bratschenspieler. Jede Woche gab es einen Trio-Abend. Die Männer kamen stets ohne ihre Frauen zu der gutaussehenden, munteren Frau Reissinger. Sie genossen die großzügige Atmosphäre, den eleganten Tee, der die musikalische Soiree beendete.

Gertrud sang, wie in Passau, mit der Anni zweistimmig in der Küche. Ohne diese treue, inzwischen ziemlich beleibte Fee wäre es Luise kaum möglich gewesen, sich in solchem Ausmaß der Musik zu widmen. Anni versorgte nicht nur Haushalt und Küche, sondern übernahm auch weitgehend die Betreuung der Kinder. Auch sie scheint in Bayreuth nicht unglücklich gewesen zu sein. Die alte Schloßkirche lag in nächster Nähe, und von ihrem Küchenfenster konnte sie die Fronleichnamsprozession bequem betrachten, die dort ihren Ausgang nahm.

Noch ein Jahr lang besuchte Gertrud die Luitpoldschule in der Bismarckstraße. Beim Weg dorthin lernte sie die Stadt kennen. Mit dem geschäftigen Handel und Wandel zwischen den bunten Fassaden von Passau konnte sich das verschlafene Beamtenstädtchen Bayreuth nicht messen. Doch mit seinen Schlössern und Kirchen, den markgräflichen Residenzbauten und altväterlichen Straßenzügen war es nicht ohne Poesie.

Zwar mochte das knapp neunjährige Mädchen die Luitpoldschule nicht, die nach ungelüfteten Räumen und Erdöl roch, womit die Fußböden behandelt wurden. Sie mochte nicht den fränkischen Dialekt ihrer Mitschülerinnen. Und am wenigsten mochte sie den Klavierunterricht bei einem alten verbissenen Fräulein, wo es Schelte gab, wenn das Kind nicht geübt hatte oder seine Etüden verpatzte.

Indessen, es gab Dinge, die das ausglichen. Die Stadt mit ihren barocken Straßenzeilen, den Fachwerkgiebeln und gründerzeitlichen, mit Erkern geschmückten Fassaden, den stattlichen Portalen, den schiefergedeckten Walmdächern gefiel Gertrud allmählich; zu Hause war es schön und vor allem: sie durfte wieder zur Rhythmischen Gymnastik gehen. Neben der Lust an der Bewegung entwickelte sie eine räumliche Phantasie. Sie hatte eine ganz eigene Art, Räume zu sehen. Es fing mit der Puppenstube an, die beim ersten Weihnachtsfest in Bayreuth auf dem Gabentisch stand. Gertrud, die nie mit Puppen gespielt hatte, interessierte sich hauptsächlich für die Möbel, die sich verschieben, zu immer neuen Gruppen anordnen ließen. Die Großmutter schuf die Dekoration; unter ihren geschickten Fingern entstanden stets neue Variationen von Teppichen, Vorhängen, Draperien.

Diese Spiele weiteten sich aus. Im Hof gruppierte Gertrud mit Hackklötzen, wie sie jede im Haus lebende Familie zum Zerkleinern von Brennholz besaß, und Spielgefährten »lebende Bilder«: stehende, sitzende, kniende Kinder, Raumskulpturen aus lebendigen Personen und mit wenigen Requisiten und immer in Bewegung. Hier zeigte sich in nuce die spätere Choreographin.

Hinzu kam eine plötzliche Entdeckung. Wenn Gertrud beim Klavierspiel der Mutter die Augen schloß, sah sie Menschen, die sich bewegten, die tanzten. Daß das Schließen der Augen nicht unbedingt die Vorstufe des Schlafes war, konnte Gertrud täglich an ihrem Vater beobachten. Er lag mit geschlossenen Augen auf der Chaiselongue im Wohnzimmer, und wenn Gertrud ihn fragte: »Papa, schläfst du?«, antwortete er: »Nein, ich arbeite.« Oft sah sie ihn auch, nachdem er den Zwicker abgenommen hatte, mit geschlossenen Augen am Schreibtisch sitzen. Sie wußte, daß er in sich hineinsah und Dinge wahrnahm so wie sie. Der künstlerisch so viel begabteren Mutter widerfuhr das nicht.

Gertrud war in dieser Zeit die geduldige und gehorsame Tochter ihres Vaters, der sie zu Ordnung und Wahrhaftigkeit zu erziehen bestrebt war. Sie durfte mit ihrer gestochenen kindlichen Schrift in sein Haushaltsbuch eintragen, wann und wieviel Geld der Vater von seinen Geschwistern auslieh und wann es zurückbezahlt worden war: »Von Papa an Tante Berta sämtliche Schulden (150 M) mit Zinsen heimbezahlt. Bayreuth d. 9. Mai 1926.«

Nach den Osterferien, im Frühjahr 1927, wechselte Gertrud die

Schule. Sie kam, wie ihr Vater und seine Brüder vor ihr, aufs humanistische Gymnasium. In der Klasse gab es Mädchen und Jungen. Einer der Mitschüler hieß Wieland Wagner.

Richard Wagner hatte, nachdem seine Münchner Pläne gescheitert waren, Bayreuth als Festspielort ausgesucht, weil das ehemalige Residenzstädtchen der evangelischen Markgrafen von Ansbach-Bayreuth noch im Königreich seines Mäzens Ludwig II. und doch »dem Mittelpunkt Deutschlands zu« gelegen war, weil es dort kein von den Festspielen ablenkendes stehendes Theater gab und weil es kein Badeort mit einem »ungeeigneten Publikum« war. Ursprünglich hatte ihn auch das prachtvolle Barocktheater gelockt, doch mußte er alsbald erkennen, daß es für sein Musiktheater ungeeignet war. Außerdem gefiel ihm das Städtchen, durch das er auf dem Weg von Karlsbad über Eger nach Nürnberg 1835 erstmals gekommen war.

Mehr als ein Menschenalter später, im Frühjahr 1871, inspizierte er Bayreuth zusammen mit Cosima. Im Spätherbst des gleichen Jahres stellte ihm ein höchst entgegenkommender Gemeinderat ein Grundstück für sein Theater in Aussicht. Schon im nächsten Frühjahr wurde mit dem Erdaushub begonnen. 1875 konnte das Haus eröffnet werden, 1876 fanden die ersten Festspiele statt. Inzwischen hatte sich die Familie in Bayreuth niedergelassen. Ende April war sie in das neu erbaute Haus eingezogen. Wagner gab ihm den, eine alte Wortbedeutung aufgreifenden Namen »Wahnfried«: »Wo mein Wähnen Frieden fand.«

Als Gertrud das Haus kennenlernte, war es weithin noch in dem Zustand, den Richard Wagner geschaffen hatte. Er selbst hatte das Grundstück, das an den Hofgarten des Neuen Schlosses angrenzt, ausgesucht. Das Gelände am östlichen Rand der barocken Stadterweiterung war, wiewohl stadtnah gelegen, noch wenig bebaut. Der König steuerte 12 000 Gulden aus seiner Privatschatulle bei und genehmigte einen direkten Durchgang zum Hofgarten, einem weitläufigen Park mit alten Alleen, Teichen und Kanälen. Einen Ausblick hatte man, im Gegensatz zum etwa drei Kilometer entfernten Festspielhaus, von »Wahnfried« nicht. Es war eine typische Stadtresidenz, wie sie sich das wohlhabende Großbürgertum, Industriemagnaten

47

und Großkaufleute, damals in Deutschland errichtete. Künstler konnten sich solche Häuser – sieht man von den Münchner Maler-fürsten ab – im allgemeinen nicht leisten.

Wagner entwarf das Haus nach seinen und seiner Familie Bedürf-nissen. Die Aufteilung blieb bis zur Zerstörung in den letzten Tagen des Zweiten Weltkriegs weitgehend erhalten. Im Erdgeschoß lagen die Repräsentationsräume. In der Mitte des Hauses befand sich, durch zwei Stockwerke hindurchgehend und von Oberlicht erhellt, die oben von einer Galerie umgegebene, mit den Büsten des Haus-herrn und seiner Gemahlin geschmückte Halle. Rechts trat man in das Eßzimmer, links in Cosimas gelbem Salon.

Das Zentrum des Hauses war der hinter der Halle liegende, mit einem gläsernen Rundbau in den Garten reichende Große Saal, auch die Bibliothek genannt. Der Saal, ursprünglich als Richards Arbeits-zimmer geplant, entwickelte sich immer mehr zum reinen Repräsen-tationsraum. Ausstaffiert war er im Geschmack der Gründerzeit mit Draperien aus rotem Samt, dicken Teppichen, Sofas und gepolster-ten Sesseln, Puffs, seidenbezogenen Stühlchen, kleinen Tischen, auf denen Damastdecken lagen, Stoffarten, die der Hausherr geradezu pathologisch liebte. Selbstverständlich gab es einen Flügel, dazu Schreibtische und Konsolen, auf denen Andenken und Geschenke ausgebreitet waren, niedrige Schränke für Noten und Papiere. Die Wände bedeckten Regale mit Büchern, die Wagner, wie man es in der Epoche liebte, einheitlich hatte binden lassen. Auch die beiden von Lenbach gemalten Porträts Cosimas waren hier zu sehen.

Mehr und mehr verlegte der Komponist sein Arbeitsfeld ins obere Stockwerk. Dort entstand, in einem kleinen, nach Nordosten ge-legenen Arbeitszimmer, die Partitur des »Parsifal«. Dort oben befan-den sich Cosimas »Boudoir«, die Schlaf- und Kinderzimmer und, auf zwei halbhohe Etagen verteilt, die Ankleide- und Badezimmer.

Dem Haushalt stand die eminent tüchtige und, neben ihren son-stigen Fähigkeiten, auch praktisch veranlagte Cosima vor. Sie war die 1835 unehelich geborene Tochter des Komponisten und Pianisten Franz Liszt und der französischen Gräfin d'Agoult. Sie verlebte eine unglückliche Kindheit, heiratete mehr aus Opfermut denn aus Liebe den Liszt-Schüler und Wagner-Anhänger Hans von Bülow. Die Begegnung mit Wagner war das schicksalhafte Ereignis, der »kairos« ihres Lebens. Beide empfanden ihre Liebe als ein Geschenk der Göter, dem sich Cosima demutsvoll und mit dem ihr eigenen Hang zum Leiden unterzog. Berühmt ist Richards Wort über diese Partnerschaft, wenige Stunden vor seinem Tod geäußert: »In fünftausend Jahren gelingt es nur einmal.«

Cosima trauerte wie eine große Tragödin um den Gemahl, der im Februar 1883 in Venedig in ihren Armen einer Herzattacke erlegen war. Sie schnitt zum Zeichen des Opfers ihrer Weiblichkeit ihre prachtvollen Haare ab und legte sie dem Toten, der im Garten von »Wahnfried« beigesetzt wurde, in den Sarg. Wie Königin Victoria nach dem Tod des Prinzgemahls Albert ordnete sie an, im Haus, insbesondere im »Saal«, alles so zu lassen, wie es zu Richards Lebzeiten gewesen war. Niemand durfte in ihrer Gegenwart seinen Namen erwähnen.

Indessen, diese hochdramatische Witwe erschöpfte sich nicht im Trauern. Die »Hohe Mutter«, wie ihr Schwiegersohn Chamberlain sie bei der Brautwerbung nannte, war eine kluge Strategin von großer Energie. Ihrer Tatkraft allein ist es zu verdanken, daß die jungen Festspiele nicht sogleich wieder eingingen. Sorgfältig baute sie über Jahrzehnte das Repertoire auf, etablierte und konsolidierte das Unternehmen, bis sie deren Leitung in die Hände ihres Sohnes Siegfried übergeben konnte.

Der Knabe, am 6. Juni 1869, einem Sonntag, in Tribschen geboren, war der von Richard sehnlichst erwartete, mit tiefer Dankbarkeit begrüßte männliche Sproß: der Erbe. Erst nach seiner Geburt, im Sommer 1870, heiratete Cosima in einer stillen kirchlichen Zeremonie den Mann, von dem sie nun drei Kinder hatte. Der Sohn wuchs heran wie ein Sproß der Götter. »Zu gar nichts wird der Knabe gezwungen«, schrieb Wagner an den königlichen Mäzen in München, »ganz frei unterstützen und leiten wir seine Neigungen.«

Nach dem Tod Richards wurde er, knapp vierzehn Jahre alt, im Frauenhaus von Bayreuth noch mehr verhätschelt und verwöhnt. Die Schwestern liebten ihn abgöttisch, die Mutter las ihm jeden Wunsch an den Lippen ab. Sie erreichte es, daß der weiche Jüngling vom Militärdienst befreit wurde.

Siegfried war ein hübscher junger Mann, ein wenig naiv, doch liebenswürdig, begabt, kultiviert. »Schlicht und rein« nannte ihn seine Mutter. Er war ein typisches Sonntagskind, nach dem Urteil der Familienfreundin Malwida von Meysenbug, »gut, kindlich, heiter«, eine leichtgängige Natur, in seiner Mitte ruhend. Von »innerer Seßhaftigkeit (bei äußerster Beweglichkeit)« spricht sein Biograph Zdenko von Kraft.

Zu welchem Beruf diese »sonnige Schönheitsseele« neigte, wie ihn ein Münchner Kritiker nannte, das kristallisierte sich erst allmählich heraus. Bei dem Komponisten Engelbert Humperdinck, mit dem die Familie befreundet war, trieb er in Frankfurt musikalische Studien, obwohl sein Sinn nach der Architektur stand. Eine Zeitlang ging er in Berlin und Karlsruhe aufs Polytechnikum, was ihn nicht hinderte, in dieser Zeit eifrig Konzerte und die Oper zu besuchen.

Im Januar 1892 machte sich der Zweiundzwanzigjährige mit einem englischen Freund, dessen Vater Schiffe auf den Weltmeeren fahren hatte, zu einer Reise nach Ostasien auf. Dabei fiel die Entscheidung: für die Musik. Angeblich gab ein Chor aus Bachs Johannespassion den letzten Anstoß. Die beiden Freunde hörten ihn während der Karwoche in Hongkong, als sie an einem Haus vorübergingen, in dem die Passion geprobt wurde. Jedenfalls hatte Siegfried von jetzt an nur noch den Wunsch, bis zu den Festspielen im Sommer in Bayreuth zurück zu sein.

Hocherfreut nahm Cosima die Entscheidung entgegen. Siegfrieds musikalische Ausbildung wurde vorangetrieben. Er ließ sich zum Dirigenten ausbilden und wurde dabei auch zum Komponisten. Im Lauf seines Lebens vollendete er vierzehn Opern, heiter gemütvolle Werke, häufig auf Märchenstoffen beruhend, gelegentlich mit einem tragisch mysteriösen Hintergrund. Seine erste, »Der Bärenhäuter«, war die erfolgreichste.

Das Wesentliche aber war: 1908 trat Cosima von der Leitung der Festspiele zurück, sie legte sie in die Hände ihres Sohnes. Siegfried übernahm einen gesunden Betrieb. Cosimas »Finanzchef«, Adolf von Groß, hatte die Festspiele bis zur Jahrhundertwende schuldenfrei gemacht; der gewaltige Kredit, den Ludwig II. dem Unternehmen gewährt hatte, war zurückgezahlt. Nicht nur das: von Groß hatte der Familie Barvermögen von über vier Millionen Goldmark angesammelt. Über all dies war nun der neununddreißigjährige Siegfried der Herr. Daß er schwer am Erbe des Vaters getragen habe, wie Richard prophezeit hatte, kann man nicht behaupten. Auch daß er als Künstler nur mäßig Erfolg hatte, schien er gleichmütig hinzunehmen. Noch immer war er der Hätschelsohn seiner Mutter, der Cosima wie ein eifriger Schuljunge die guten Noten mitteilte, die ihm zuteil geworden waren. Ein Beispiel dafür ist jenes Telegramm vom Februar 1911, als er nach einem von ihm dirigierten Konzert aus Berlin in der Sprache eines Herrenclubs nach Bayreuth telegrafierte: »Es war wirklich kolossal fein … Enorm. Haha! Glänzendes Publikum. Am Ende nicht enden wollendes Gebrüll!«

Fotos, die als Postkarten in Bayreuth zu kaufen waren, zeigen Mutter und Sohn auf Spaziergängen in der Stadt, Cosima mit Hut und Muff, stets schwarz gekleidet, Siegfried verehrungsvoll an ihrer Seite. Er war homosexuell. In den Milieus, in denen er verkehrte, unter Musikern und Künstlern, war es nicht schwer, Gefährten zu finden. Ob sein englischer Freund und die Ostasienreise beim Ausbruch dieser Neigung eine Rolle spielten, ist nicht bekannt. Selbstverständlich hüllt sich Siegfried in seinen 1923 publizierten »Erinnerungen«, die überwiegend aus der Beschreibung jener großen Reise bestehen und wo andere Menschen meist mit freundlichen Klischees bedacht werden, in Schweigen. Das entsprach seiner auf Diskretion bedachten Natur, seinem Selbstverständnis als Gentleman.

In seiner Kleidung gab er sich modisch extravagant, »englisch«. Zu gerne wüßte man, welchen Eindruck er von Oscar Wilde gewann, dem von der Gesellschaft grausamst bestraften, dem berühmt-berüchtigtesten aller Homosexuellen. Zu Beginn der großen Asienreise hatte Wilde Siegfried Wagner und den Freund, wie sogleich brieflich nach Bayreuth vermeldet wurde, zu sich nach Hause eingeladen. Ein Foto aus jener Zeit zeigt den jungen Siegfried als Dandy in selbstbewußter Haltung mit sorgfältig gestylter Haartolle, breiter Clubkrawatte mit Perlnadel, gestreiften Hosen, Cut.

An seiner Veranlagung, die zu seiner Zeit ein Stigma bedeutete, scheint der Sonnyboy auf dem Thron des Festspielleiters nicht gelitten zu haben. War er überhaupt zum Leiden fähig? Noch im reifen Mannesalter strahlte er jene pubertäre Jugendlichkeit aus, die Homosexuelle oft auszeichnet und die wie eine Verweigerung, erwachsen zu werden anmutet. Umspielt von seinen Hunden, in den Breeches und Jacken eines Landedelmannes unternahm der weißblonde, zartfarbige Jüngling weite Spaziergänge.

1894 hatte ihm die Mutter im Garten von »Wahnfried« ein Junggesellenhaus bauen lassen. Dort wohnte, lebte, arbeitete er an seinen Partituren, umgeben von Büchern, Bildern, Reisesouvenirs, von Fotos und Aquarellen, die er in Ostasien gemalt hatte; Cosimas Porträt von Hans Thoma stand auf einer Staffelei. Er war belesen in der Weltliteratur, hochgebildet – man muß das betonen, weil seine Kinder später wie junge Wilde heranwuchsen –, und kultivierte die leise Stimme und gedämpften Gesten eines Herrn. Er war klein und rundlich, weich und biegsam, konnte aber auch Trotz und Starrsinn zeigen, wie es bei verwöhnten Kindern häufig vorkommt.

Dieser merkwürdige Mann hatte in Bayreuth ein uneheliches Kind, einen Sohn – ein Faktum, das seine Biographen wie übrigens auch die Familie nicht wußten, verschwiegen oder vertuschten. Er hatte seine Zeugungsfähigkeit nicht unter dem Mikroskop nachgeprüft wie der Naturwissenschaftler Reissinger, er hatte im Jahr 1900 einen Realtest vorgenommen, angeblich mit der Frau eines Pastors. Der Sohn trug den Namen Walter Aign. Der unauffällige Mann, auch er ein »verlorener Enkel« Richard Wagners, arbeitete bei den Festspielen in den fünfziger Jahren als Repetitor. Offenbar machte er von seiner Abstammung niemals irgendein Aufhebens.

Während des Krieges fanden keine Festspiele statt. »Wahnfried« hatte Zeit, sich auf sich selbst zu besinnen. Gerade war der Prozeß, den Isolde gegen ihre Mutter angestrengt hatte, für die Bayreuther glimpflich ausgegangen. Isolde war das erste der drei im Ehebruch gezeugten Kinder von Richard Wagner und Cosima, deren Ehe erst nach Siegfrieds Geburt geschieden worden war. Stets hatte sich Isolde nach ihrem Nicht-Vater von Bülow genannt. Nun ging es ihr darum, die förmliche Gleichstellung mit ihren Geschwistern zu erreichen, vor allem auch im Interesse ihres 1901 geborenen Sohnes Franz, dem bis dahin einzigen legitimen Enkel des Komponisten.

Die Chancen waren für sie von Anfang an nicht günstig. Ihr Mann, der Dirigent Franz Beidler, der zweimal in Bayreuth dirigiert hatte, war dort, nachdem er auf mehr Einfluß bei den Festspielen gedrängt hatte, mit »Hausverbot« belegt worden. Um den Prozeß zu verhindern, wurde Isolde Geld angeboten. Als sie sich darauf nicht einließ, ging die Familie zum offenen Kampf über.

Siegfried, der das unwürdige Spiel mitmachte, fing Briefe ab; Anwälte wurden bestochen. Dabei spielte Chamberlain, dem daran lag, daß seine Frau Eva vor der Welt als alleinige Tochter Richard Wagners galt, die Schlüsselrolle. Und Cosima log. Sie leugnete Richards Vaterschaft, gab Isolde als Bülow-Tochter aus. Da die Kläger keine Beweise vorlegen konnten, die dem Gericht genügt hätten, wurde die Klage Isoldes abgewiesen.

Während des Prozesses hatte Siegfried befürchten müssen, daß seine bislang geschickt vertuschte, von Bestechungsskandalen begleitete Homosexualität zur Sprache komme. Er stand 1914 im fünfundvierzigsten Lebensjahr. Er konnte die Augen vor der Zukunft nicht länger verschließen. Das Wagner-Unternehmen brauchte einen Erben. Der Mann war nicht dumm. Er hatte begriffen, daß die Leitung der Festspiele eine Machtposition darstellte, die ausgebaut, verteidigt und für die Zukunft gesichert werden mußte.

So fiel der Mahnbrief seiner zwei Jahre älteren Schwester Eva, den sie ihm im Sommer 1915 auf eine Reise nach Berlin mitgab, auf keinen unfruchtbaren Boden. Es ist ein direkter Aufruf, nun endlich zu heiraten, wie es einem Monarchen zukommt, der nicht nur für sich allein verantwortlich ist.

»Gönne dir Zeit«, heißt es unter Punkt 1, »wie sie nötig ist, willst du die Maid finden, die Dir, Wahnfried und unserer Sache not tut.« Unsere Sache: das ist, wie die praktische Eva anmerkt, auch die Frage des Nachlasses. Es muß einen sicheren Ort geben für »meine schönen Schmucksachen von Mama, Papas Briefe an Mama, Mama's Tagebücher«. In Anspielung auf eine Oper Siegfrieds schließen die »Betrachtungen für die Reise«: »Finde also dein Katerlieschen und bringe junges Leben in unser teures Wahnfried! S'ist Zeit.«

Der solchermaßen von der Schwester auf Brautfahrt Geschickte begab sich indessen nicht in jene Häuser mit jungen Damen, die Eva ihm aufgelistet hatte. Er richtete seine Schritte zunächst einmal zu alten Freunden der Familie, dem hochbetagten Ehepaar Klindworth.

Karl Klindworth, Klavierpädagoge, Schüler von Liszt, Gründer eines Berliner Konservatoriums, hatte den ersten Klavierauszug des »Ring« angefertigt. Er war ein glühender Verehrer Richard Wagners und besuchte mit seiner englischen Frau, einer geborenen Karop, häufig die Festspiele. Im Jahr zuvor hatte man sich in Bayreuth zum letztenmal gesehen. Die Klindworths hatten dabei eine Adoptivtochter mitgebracht, ein frisches schönes Mädchen von siebzehn Jahren. Als »Senta Klindworth« war sie Siegfried Wagner vorgestellt worden.

Mit dieser Senta, deren Name selbstverständlich eine Huldigung an Wagner bedeutete, hatte es eine besondere Bewandtnis. Sie war Engländerin, und das hieß im Sommer 1915: feindliche Ausländerin. Ihre Aufenthaltsgenehmigung, die Erlaubnis zum Schulbesuch war befristet, sie konnte jederzeit widerrufen werden.

Als Winifred Marjorie Williams war sie am 23. Juli 1897 in Hastings geboren worden. Über die Eltern ist wenig bekannt. Die Mutter, eine geborene Karop, soll Schauspielerin gewesen sein. Der Vater wird bald als Schriftsteller und Journalist geführt – Berufe, für die das englische Küstenstädtchen wohl wenig Nährboden bot –, bald als Ingenieur und Brückenbauer, der nebenher Romane und Musikkritiken geschrieben habe. Wie auch immer: beide Elternteile, die offenbar keine anderen Kinder hatten, starben früh; im Alter von zwei Jahren war Winifred Vollwaise. Die nächsten Jahre verbrachte das kleine Mädchen teils bei verschiedenen Verwandten, teils in einem Waisenhaus in East Grinstead bei Hastings.

Ein Scherzspiel Wielands aus den fünfziger Jahren nahm darauf Bezug. Gern fragte er seine Kinder: »Was wißt ihr von eurer Großmutter, wer ist sie?« Worauf diese mit hellem Ton im Chor antworteten: »Ein Findelkind aus Hastings!«

Waisenanstalten waren in jener Zeit keine sonnigen Kinderdörfer. Es herrschte dort eiserne Disziplin; die Kinder mußten ihr karges Brot, so gut es ging, von früh an selbst verdienen. Doch woran es am meisten mangelte, waren Verständnis, Zuwendung, Zärtlichkeit. Wer diese Schule überstand, mußte hart sein oder wurde es.

Vieles an Winifreds Charakterzügen, ihre Ellenbogen-Mentalität, ihre Grobkörnigkeit mag auf das Konto von St. Margaret's Orphanage gehen.

Im Alter von neun Jahren wurde das Mädchen schwer krank. Der Arzt befand, sie müsse, um zu gesunden, für eine Weile dringend ein trockeneres Klima aufsuchen. Er empfahl, sie solle »auf den Kontinent« gehen, in die Schweiz oder nach Deutschland.

Winifreds Vormund machte in Oranienburg bei Berlin eine entfernte Verwandte der Mutter ausfindig, die Frau des Musikers Klindworth. Das kinderlose Ehepaar entschloß sich, das fremde kleine Mädchen aufzunehmen. Für die beiden alten Leute, die leicht die Großeltern Winifreds hätten sein können, drehte sich die Welt bald nur noch um ihr »Kindchen«, den »kleinen Kobold«. Bei ihnen erfuhr das Kind zum erstenmal Liebe und Geborgenheit.

Seinetwegen verließ das Paar sein geliebtes Heim und zog nach Berlin, wo Winifred – nach einem Jahr der deutschen Sprache fließend mächtig und von Vater Klindworth in Musikgeschichte und Klavierspiel unterwiesen – eine Höhere Mädchenschule besuchte. 1914 erfolgte die Adoption. Winifred besuchte jetzt ein Berliner »Oberlyzeum« mit einer angeschlossenen »Frauenschule«, in der höhere Töchter das für ihre Bestimmung Notwendige erlernten. Die Begeisterung für Wagner hatte sie von den »Eltern« übernommen. So verwundert es nicht, daß sie nach der Begegnung mit Siegfried Wagner im Sommer 1914 für den Mann, dessen Stimme ihr gefiel, in backfischhafte Schwärmerei verfiel.

Der Boden war also bereitet, als Siegfried im Juli 1915 ins Haus kam. Man machte, begleitet von Freunden, Spaziergänge, Ausflüge, Dampferfahrten. Dem Familienfreund Stassen, einem Kunstmaler, der zum Begleiterkreis gehörte, läßt Siegfried in diesen Tagen einen Zettel zukommen: »Franzl, wenn Du Dein Mäulchen halten kannst, sag' ich Dir was Feines! Ich glaube, es ist gar nicht nötig, Du hast's schon gemerkt! Aber gelt, das Mäulchen halten! S.W.«

Am 5. Juli redet Winifred Siegfried in einem Brief als »verehrter, teuerster Meister« an, zwei Tage später heißt es: »Siegfried, Geliebter!«

Winifred vermochte ihr Glück kaum zu fassen. Die »Eltern« waren über alle Maßen entzückt. Nie hätten sie sich träumen lassen, daß ihre Verehrung für das Haus Wagner, ihre selbstlose Liebe zu dem fremden Kind, das ihnen »vor acht Jahren wie ein unergründliches Rätsel« ins Haus geflogen war, solche Früchte tragen würde.

Siegfried, stets auf Einhaltung von Formen bedacht, hatte schriftlich um »Sentas« Hand angehalten. Karl Klindworths Antwortbrief ist im Ton eines Landedelmannes abgefaßt, der einem regierenden Fürsten schreibt: »Wir haben nur eine einzige, tiefernste Hoffnung, daß Senta des unendlichen Glückes, Ihrem erhabenen Hause angeschlossen zu werden, teilhaftig werde ... und all ihr Sinnen dem Gedanken, nur Ihnen würdig zu sein und Ihres Hauses Segen zu bleiben, geweiht sei.«

Siegfried war entschlossen, das, wozu er sich entschieden hatte, rasch durchzuführen. Als Klindworth fragte, ob Senta zuerst die Frauenschule beenden oder ob sofort geheiratet werden solle, antwortete der Bräutigam: »Sofort!«

Nach »Wahnfried« vermeldete er brieflich, was man konventionellerweise erwartete: »Wir lieben uns von ganzem Herzen.«

Gewiß war Siegfried von der Frische, von der Begeisterungsfähigkeit und Devotion der jungen Person entzückt. Welcher Mann wäre nicht angetan von Briefen, in denen Sätze stehen wie: »Siegfried, ich komme zu Dir, wie ich bin, mit einem Herzen, das in treuer Liebe nur für Dich schlägt und für dich lebt.« Oder: »Mit Leib und Seele vertraue ich mich Dir an, leite Du mich durch's Leben – forme mich so, wie Du mich haben möchtest!«

Das sind schöne große Worte, wenn auch konventionelle, welche die Auffassung der Zeit von der Rolle der Frau spiegeln. Siegfried antwortete darauf schelmisch, kindlich, man möchte eigentlich sagen, kindisch. In seinem trompetenden Ausrufstil schreibt er nach Bayreuth: »Das Winifredchen hat mir wirklich der Himmel gesandt!« Oder: »Ich muß schließen, denn Winichen, das Goldige, rückt an.«

Kontinente liegen zwischen solchen Sätzen und der gewaltigen, Himmel und Hölle zusammenzwingenden Passion seiner Eltern. Es ist ein Temperatursturz ohnegleichen, der zwischen jenem schicksalhaften Bekenntnis: »daß wir ewig nur einander angehören wollten« und diesem banalen: »Wir lieben uns von Herzen« liegt. Der Bräutigam brachte der Braut, die gerne naschte, Eingemachtes und Marmelade mit und war entzückt, wenn »Wini« die Früchte mit den Fingern aus dem Glas fischte.

Der politische Hintergrund, vor dem die Begegnung des Paares stattfand, könnte kaum düsterer gedacht werden. Im Februar des Jahres hatte Deutschland den U-Boot-Krieg gegen England eröffnet. Im späten Frühjahr hatte Deutschland, zum erstenmal an der Westfront, in Ypern, Giftgas angewendet. Anfang Mai war das amerikanische Passagierschiff »Lusitania« von einem deutschen U-Boot versenkt worden. Mehr als tausend Menschen waren dabei ums Leben gekommen. All dies hatte bewirkt, daß die ganze Welt in Haß erglühte gegen Deutschland.

Von all dem ist in Siegfrieds Briefen nichts zu lesen, es gibt keinerlei Anspielungen auf die allgemeine politische Situation. Die Berliner Sommertage waren eitel Vergnügen und Geturtel. Die Verlobungszeit war kurz. Am 22. September 1915 wurde in Bayreuth geheiratet. Die Trauung, kleingehalten wegen des Krieges, wurde, in Anwesenheit der Familie und des Personals, vorgenommen von einem Standesbeamten und dem evangelischen Dekan im Saal von »Wahnfried«.

Mit der Eheschließung wurde Senta Klindworth, der Siegfried schon in Berlin ihren alten Namen Winifred zurückgegeben hatte, nun endgültig deutsche Staatsbürgerin. Anschließend fuhr das Paar mit der Eisenbahn nach Dresden, wo in der Semperoper zu Ehren der Neuvermählten »Der Bärenhäuter« aufgeführt wurde.

Die Berichte, wie sich die junge Frau, die sich in einem Brief an Siegfried noch als »rechten Kindskopf« bezeichnet hatte, in das zu einem starren Hofzeremoniell verfestigte »Wahnfried«-Leben einfügte, sind widersprüchlich. Offiziell waren die Frauen des Hauses begeistert, inoffiziell piesackten sie das junge Wesen, das ja noch nicht einmal die Schule abgeschlossen hatte.

Cosima, 62 Jahre älter als die neue Hausherrin, hatte dem Fürsten Hohenlohe die Verlobung des Sohnes in hohen Worten mitgeteilt: »Keine Wahl könnte mir entsprechender sein ... Die Braut, eine Waise, ist die Enkelin von Karl Klindworth ... Bei diesem wurde Senta Klindworth in strenger Sitte und Abgeschiedenheit erzogen, mit auserlesener Bildung versehen und mit jener hohen Auffassung von Kunst erzogen, wie der Großvater sie in der Weimarer Schule überkam … Daß das achtzehnjährige Kind schön und anmutig ist, scheint mir kein Schaden. So erblicken wir denn in diesem Vorgang eine Fügung des Himmels und danken dafür in Andacht.«

Diese Andacht hinderte Cosima nicht, der Schwiegertochter, sobald sie sich im Haus etabliert hatte, niedere Dienste zuzuweisen. Sie mußte jeden Tag im »Saal« Staub wischen. Außerdem hatte sie auf Cosimas Anordnung hin, der »erlesenen Bildung« zum Trotz, täglich französische Übungsaufsätze zu verfassen. Ihr lautes Reden und Lachen, ihre burschikose Art, die nicht vor Berliner Kraftausdrücken haltmachte, erregte in diesem Haus, in dem die Dienstboten auf Zehenspitzen gingen, Unmut. Winifred kannte nicht die ungeschriebenen Gesetze des Hauses: dies und jenes nicht zu berühren oder zu verrücken, auf irgendwelchen »heiligen Stühlen« nicht zu sitzen, gewisse Namen niemals auszusprechen.

Von der kinderlosen, geschiedenen Daniela, der die junge Frau den vergötterten Halbbruder genommen hatte, wurde Winifred gehaßt, von Eva, die bisher für die Leitung des Hauses zuständig gewesen war, abgelehnt.

Winifred, zäh und blitzschnell im Begreifen, reagierte instinktiv: sie bekam in rascher Folge vier Kinder. Damit war die Machtfrage entschieden. Mit dreiundzwanzig Jahren war die junge Frau die unbestrittene Herrin im Haus. Sie engagierte das Personal, Kindermädchen und Köchin, und ließ nicht länger zu, was sie als »sinnlose Geldverschwendung« empfand. So wurde zum Beispiel der Brauch abgeschafft, alles Essen für »Wahnfried« Tag für Tag aus dem »Hotel Anker« kommen zu lassen.

Winifred war vernarrt in Babys, offenbar brachte sie Kinder leicht zur Welt. Als ihr erstes Kind gerade auf der Welt war, soll sie Siegfried in Gegenwart der Säuglingsschwester entgegengerufen haben: »Gelt, Goldschniggelchen, nächstes Jahr kriegen wir gleich wieder was Kleines.«

Das erste Kind, geboren am 5. Januar 1917, war ein Sohn, der Erbe: Wieland. Vielleicht hatte die begeisterte und, wie es damals üblich war, in der Endphase des Gebärens mit Chloroform betäubte Mutter das Drama im Kreißsaal nicht ganz mitbekommen: das Kind schrie nicht. Es wollte nicht so richtig ins Leben, es mußte dazu gezwungen werden. Die Belebungsmaßnahmen des blau angelaufenen Säuglings dauerten eine Weile, wahrscheinlich wurden dabei Teile der Lunge geschädigt. Mit einem körperlichen Defekt, einer Schwäche, die ihn sein Leben lang belastete und wohl mit zu seinem frühen Tod führte, kam Wieland zur Welt.

Die hochbeglückten Eltern wußten davon nichts. Das Familienalbum des Jahres 1917 enthält entzückende Szenen. Die junge Mutter mit dem weiß gekleideten Baby, das sie ein »ulkiges Gestellchen« nannte, im Garten des Hauses; der Vater, in Breeches, einen Strohhut auf dem Kopf, neben dem Kinderwagen. Das rührendste aber zeigt, in ihrem Zimmer aufgenommen, die weißhaarige Greisin Cosima, in ein besticktes bodenlanges Gewand gehüllt, mit dem Erben auf dem Schoß. Der Blick der sehr alten, zerbrechlich wirkenden Frau ist auf die Kamera gerichtet; aber eigentlich reicht er in eine andere Welt zurück.

Cosima hatte, was jahrzehntelang nicht geschehen war, nach der Geburt des Enkels ein paar Takte auf dem Flügel angeschlagen, selig lächelnd: eine Passage aus dem »Siegfried«. So hatte einst Richard den Sohn begrüßt. Die gleiche Ehre galt nur dem Erben. Keines der folgenden Enkelkinder begrüßte die symbolischer Gesten hochbewußte Großmutter wieder mit Tönen.

Das nächste Baby war, im Frühjahr 1918, Friedelind, auf sie folgte Wolfgang 1919 und im Jahr darauf Verena. Winifred hätte, das ist bezeugt, gern noch mehr Kinder gehabt. Indessen, Siegfried scheint, obwohl er die Familienidylle genoß, der Meinung gewesen zu sein, nun seine Pflicht erfüllt zu haben. Das Familienglück war groß, gewiß. Aber groß war auch die Not, die vor dem »Hohen Haus« nicht haltmachte. Krieg und Inflation hatten das Vermögen der Familie zunichte gemacht. Es gab keine Einnahmen. Siegfrieds Opern wurden kaum gespielt. Der Familienvater griff nach verzweifelten Mitteln, verkaufte Kunstwerke, Schmuck. Um die Heizkosten für das große Haus zu sparen, zog die Familie um ins ehemalige Junggesellenhäuschen. In »Wahnfried« wurden nur die Gemächer Cosimas

Cosima Wagner mit dem kleinen Wieland

und ihrer Pflegerin geheizt. Und im Garten gab es jetzt statt der Blumenrabatten und des Rasens Gemüsebeete und ein Kartoffelfeld.

Um Geld für die ersten Nachkriegsfestspiele einzutreiben, machte sich Siegfried 1924 zu einer Reise in die Vereinigten Staaten auf. Er dirigierte, gab Konzerte, ließ sich ausführlich interviewen. Mit einem Reingewinn von achttausend Dollar kam er zurück. Das war kein schlechtes Ergebnis, reichte aber hinten und vorne nicht.

Von einer Konzertreise, die er im folgenden Jahr in Deutschland unternahm, schrieb er an einen Wiener Freund: »Hätte man auch nicht gedacht, daß man mal noch in Zeitz, Naumburg, Glauchau etc. dirigieren würde! Macht aber nichts! Man lernt überall nette Menschen kennen ...«

Die Reisen waren anstrengend, aber sie mußten sein. Winifred, inzwischen voll in das Festspielunternehmen integriert, begleitete ihn, wann immer es ging. Sie war bei Vorstellungen von Musikern zugegen, wurde bei Engagements zu Rate gezogen, sie führte einen Teil der Korrespondenz. Von Anfang an war sie der Meinung, die sie später an Gertrud weitergab: Kinder kann man Fremden überlassen, doch um den Mann muß eine Frau sich schon selber kümmern.

Zahllose Ablichtungen aus den zwanziger Jahren, aufgenommen von den offiziellen Bayreuther Theaterfotografen oder von kommerziellen Lichtbildnern, welche die »herrschende Dynastie« der Stadt auf Postkarten vertrieben, zeigen die Familie: Siegfried, allmählich kahler werdend, doch stets elegant und selbstbewußt, dem durch die Rolle des Familienvaters eine Aura des Ernstes, der Pflichterfüllung und Verantwortung zugewachsen war; die nach den Geburten fülliger gewordene Winifred, die erst um die Mitte des Jahrzehnts von der spitzen- und rüschenbesetzten Frauenmode der Wilhelminischen Ära zu einer gemäßigten Version der Reformmode der zwanziger Jahre überging; und, an die Eltern geschmiegt oder sich gegenseitig umarmend, die Kinder.

Die Jungen trugen Pagenschnitt, das Haar der Mädchen war mit einer bunten Schleife zusammengebunden. Drei reizende Blondschöpfe und ein dunkler Typ. Dieser Dunkle lächelt fast nie, sein Gesicht ist finster, die Miene grimmig. Es ist Wieland, die »Erzgeburt«, wie ihn seine scharfzüngige Schwester Friedelind nannte. Gertrud gegenüber beschrieb die Mutter ihn später als »mürrisches Kind«. Und fügte hinzu: »Siegfried mochte ihn nicht.« Und Winifred, jedes Jahr mit einem neuen »Kleinen« gesegnet, kümmerte sich um ihren Ältesten wenig. Der Junge fühlte sich beiseitegeschoben. Dabei läßt sich schwer sagen, was Veranlagung, was Vernachlässigung war. Wieland jedenfalls kultivierte von früh an ein Beleidigtsein, eine Miene des Zu-kurz-Gekommenen und Gekränkten. Er verkroch sich in sich selbst.

Friedelind, der von Winifred die gleiche Zurücksetzung widerfuhr, reagierte anders. Sie war dem Naturell nach der Mutter sehr ähnlich, laut, temperamentvoll, wenig differenziert. Sie schlug um sich, schrie und brüllte, klammerte sich an den abgöttisch geliebten Vater.

Wieland hatte niemand, an den er sich klammern konnte. Er sehnte sich nach Liebe und hätte gern Liebe geschenkt. Aber da war niemand, der sie entgegennehmen wollte.

Die beiden jüngeren Kinder hatten es leichter. Wolfgang war von zarter Gesundheit, doch ausgeglichen und ein Kind, das keine Probleme machte, eine Wohltat nach der schrillen Friedelind, die ein Besucher des Hauses »Krachlaute« taufte. Und Verena wurde als hübsches Nesthäkchen verwöhnt. Die Kinder hatten, wie es in großbürgerlichen oder aristokratischen Familien Usus ist, ihre Spitznamen. Verena war Nickel, Wolfgang Wolfi oder Wolf, Friedelind Maus. Nur Wieland, der Außenseiter, verlor früh den ihm von den Eltern im ersten Lebensjahr verliehenen Zärtlichkeitsnamen »Huschele«. Er war Wieland, nichts sonst.

Die Erziehungsmethoden im Hause Wagner waren widersprüchlich. In bürgerlichen Kreisen jener Zeit wurden Kinder gezüchtigt, geschlagen; man hat es bei der Familie Reissinger gesehen. Gregor-Dellin berichtet in seiner Biographie Richard Wagners, daß dies schon eine Generation früher so gehalten worden war. Cosima, der die Kinder beim Eintritt ins Zimmer die Hand zu küssen hatten, züchtigte sie und strafte sie durch Entzug des Essens. Und auch hier wurde die Autorität des Familienvaters bemüht, die Erziehungsmaß-

Siegfried und Winifred Wagner mit ihren Kindern Wolfgang,
Verena, Wieland, Friedelind

nahmen der Mutter zu unterstützen. Von Richard wird berichtet, er habe einmal sehr geweint, nachdem er eines der Kinder geschlagen habe.

Überliefert wird auch das Ach- und Wehgeschrei von Eva. Cosima notierte, wie Richard sich mit den Kindern versöhnte: »Nu, meine Kudsten, bleibt nur da, seid aber hübsch ruhig, das sag ich eich, bedankt eich scheene bei mir, wie sich's geheerd.«

Vermutlich wurde auch der Sohn Siegfried von Schlägen nicht ausgenommen, da sie – man muß das immer wieder betonen – nichts Besonderes waren, sondern das normale gängige Erziehungsmittel darstellten.

Der milde Gentleman aber, der entweder abwesende oder souverän über allem schwebende Paterfamilias, er brach aus der Phalanx der Prügler aus. Sein Erziehungsgrundsatz lautete: Kinder sollen zumindest bis zum sechsten Lebensjahr überhaupt nicht erzogen, sondern ihrer Natur überlassen werden.

Winifred, die vermutlich im Waisenhaus geprügelt worden war, hielt sich nicht an dieses Prinzip. Aus Friedelinds Buch weiß man, auch wenn es eine trübe Quelle ist, in welchem Dauer-Clinch Mutter und Tochter lagen. Friedelind mußte, wenn sie sich schlecht benommen hatte, auf der Treppe essen, und wenn der Teller nicht leer war, wurde sie zum Essen gezwungen. Sie übergab sich, sie mußte trotzdem essen. Das ungebärdige Mädchen reagierte auf die Zwangsmaßnahmen der Mutter mit Hohngelächter, was zur Folge hatte, bei Wasser und Brot ins Bett verbannt zu werden. Vielleicht ist das nur ein einziges Mal in dieser Drastik geschehen. Ungewöhnlich für den Erziehungsstil der Zeit ist es nicht.

Als »Quartett« waren sie eine wilde Bande. Sie kletterten auf den »Reliquien« herum, den Stühlen, auf denen »geheiligte« Personen gesessen hatten, griffen nach den Souvenirs, tobten durch den Garten. Für einen Groschen transportierten sie Besucher in einem Leiterwagen durchs Gelände, fuhren sie zum Grab des Großvaters. Anders als ihr Vater, der von Hauslehrern erzogen worden war, besuchten diese Kinder eine in der Nähe gelegene Lehranstalt, die »Seminarschule«. Es handelte sich um eine vierklassige Grundschule, die an ein Lehrerseminar angeschlossen war.

Trotz Weltkrieg und Geldmangel – im Hause Wagner gab es immer Personal. Sogleich nach Wielands Geburt hatte Winifred ein Kinderfräulein engagiert. Emma Baer war dreißig Jahre alt, als sie zur Familie stieß. Die hochgewachsene Brünette stammte aus Franken, sie hatte zwar nur Volksschulbildung, aber beste Manieren. Ihre Korrektheit und Pflichtauffassung waren vorbildlich. Verena bezeichnete sie später als »die einzig Vornehme in der Familie«. Den Kindern war sie in devoter Liebe zugetan. Wieland war ihr Liebling. Aber auch für die anderen wurde sie bald zur eigentlichen Bezugsperson. Nur sie war immer da. Wieland: »Wenn sie einmal in der Woche Ausgang hatte, sperrten wir uns zu viert vor Angst ins Klo und heulten.«

Abwesende Eltern, die vier Wagner-Kinder weinend in einer der »Wahnfried«-Toiletten – das klingt pathetisch und komisch zugleich, wie eine richtige Kinder-Legende, der man nicht allzuviel Gewicht beizumessen braucht. Doch der Kern der Geschichte, daß die Kinder, der »mürrische« Wieland zumal, mehr an der Emma hingen als an den Eltern, darin steckt mehr als ein Körnchen Wahrheit.

Dabei entsprach die nicht mehr junge, hagere Frau so gar nicht dem Typ der warmherzigen, vollbusigen Märchenamme. Sie war für die Kinder ein merkwürdiges Zwitterwesen – ein bißchen Mutter, ein bißchen Aufseherin und vor allem: ergebene Dienerin. Im Kosmos der Dienerschaft nahm Emma einen herausgehobenen Platz ein. Sie war dort, bei der dicken Köchin Grete, den Zimmermädchen, entsprechend unbeliebt. Getuschelt wurde über ihre Tanzwut, Schmuckliebe, Eitelkeit. Für das Kinderfräulein muß die Position im Haus schwierig gewesen sein. Sie schlief oben bei den Kindern, aß unten im Souterrain am Gesindetisch. Sie vertrat die Mutter, wenn Winifred auf Reisen war, aber nie aß sie mit der Familie am gleichen Tisch. Emma blieb Dienerin; so wurde sie von Winifred definiert.

Fräulein Baer hielt den Bereich der Kinder in Ordnung, ihre Zimmer, ihre Kleidung. Wie eine Glucke wachte sie über ihr Nest. Was nur ging, nahm sie den Kindern ab. Sie band Schulbücher und Schulhefte ein, spitzte die Griffel und Bleistifte, packte die Schultaschen. Die Kinder wiederum kamen zu Emma mit ihren Sorgen und Kümmernissen und übergaben ihr, was ein Zeichen höchsten Vertrauens war, ihre Sparbüchsen zur Aufbewahrung. Wieland gab vor, nicht einschlafen zu können, wenn sie abends nicht an seinem Bett erschien. Der Vorwand, unter dem er sie herbeilockte: im Spielschrank sei nicht alles aufgeräumt.

Schließlich gab es im Hause noch die Großmama. Die Greisin, die kaum noch sehen konnte, verließ das Haus nicht mehr. Wenn das Wetter gut war, saß sie im Rollstuhl auf dem Balkon. Sie hätte, wenn ihre Sehkraft gereicht hätte, Richards Grabstätte sehen können. Es genügte ihr wohl zu wissen, daß sie sich in der Nähe dieses Grabes befand, wo auch ihre eigene Ruhestätte sein würde.

Siegfried zuliebe legte sie wenigstens in der Weihnachtszeit ihr dunkles Gewand ab, kleidete sich weiß. Der 25. Dezember war ihr Geburtstag. Der Sohn besuchte seine Mutter jeden Tag nach dem Tee. Die Visite dauerte gewöhnlich eine Stunde. Dabei mußte nicht unbedingt gesprochen werden. Es genügte, daß man beieinander saß. An einen Freund in Wien meldete Siegfried Mitte der zwanziger Jahre, die Mutter sei »frisch, heiter, an allem teilnehmend, in der Vergangenheit unglaublich klar«.

Manchmal waren die Kinder bei den Visiten dabei. Mit ihnen hatte die Hochbetagte eine rührende Geduld. Von den Mädchen ließ sie sich kämmen; von den Jungen, die vorgaben, ihre Reflexe zu prüfen, an den Fußsohlen kitzeln. »Die Großmama«, so urteilten die vorlauten, ahnungslosen Kinder, »ist nichts Besonderes.«

Verblendete Eltern

Gertrud und Wieland hatten je ein Elternteil, das bereits in den zwanziger Jahren begeisterter Anhänger von Adolf Hitler war. Der Fall Winifred Wagner ist bekannt. Er wurde behandelt, grell und mit erfundenen Einlagen bereits 1944 im Erinnerungsbuch ihrer Tochter Friedelind »The Heritage of Fire«, am ausführlichsten 1976 in dem fünfstündigen Filminterview von Hans Jürgen Syberberg.

Von den Wagners wird später zu handeln sein. Bei den Reissingers war es der Vater, Adolf, der schon früh den nationalsozialistischen Parolen verfiel. Sein Fall ist für das deutsche Bürgertum, dessen Werte er verkörperte, so symptomatisch, daß es sich lohnt, einen genaueren Blick auf ihn zu werfen.

Der Sohn aus einem evangelischen Pfarrhaus glaubte seit seinem zwanzigsten Lebensjahr nicht mehr an die Dogmen der christlichen Religion. Auch darin war er exemplarisch. In der zweiten Hälfte des neunzehnten Jahrhunderts hatte der deutsche Protestantismus den Spagat gewagt, sich als Träger des kulturellen Fortschritts, wie er sich in Technik und naturwissenschaftlicher Forschung manifestierte, und gleichfalls als Bewahrer der evangelischen Traditionen zu verstehen. Doch in der Lebensgeschichte vieler Menschen zerbrach der Bogen; es setzte eine Auswanderung nicht nur aus der Kirche, sondern auch aus den christlichen Werten und dem christlichen Selbstverständnis ein. Begriffe wie Erbsünde, Rechtfertigung durch den Glauben, Erlösung, die Vorstellung von einem persönlichen Gott und von einer Sonderstellung des Menschen im Kosmos verloren ihre Bedeutung. Der Naturwissenschaft allein wurde die Rolle zugeteilt, die Welt zu erklären. »Der Ernst der Forschung«, schreibt

Thomas Nipperdey in seiner Geschichte des neunzehnten Jahrhunderts, »Wahrheit und Wahrheit erkennen hatte für viele Forscher selbst einen religiösen Zug.«

Dies gilt mit Sicherheit für Adolf Reissinger. Vermutlich hat er die Bücher von David Friedrich Strauß, von Theodor Haeckel gelesen und sich die Darwinsche Evolutionstheorie zu eigen gemacht. Aber ein schlechtes Gewissen, Schuldgefühle blieben zurück, insbesondere bei einem Pfarrerssohn. Was heute keinen Naturwissenschaftler mehr in Glaubenszweifel stürzen würde, rief um 1900 schwere innere Konflikte hervor.

Adolf Reissinger war bemüht, die äußeren zu vermeiden. Vor seiner Familie verbarg er sein anderes Denken. Ein Foto der Jahrhundertwende, das ihn im Kreis der Geschwister zeigt, stellt ihn dar als das fleischgewordene Schuldbewußtsein. Der junge Mann sitzt außen am Rand der Gruppe und starrt, den Kopf auf die Hand gestützt, finster vor sich hin.

Adolf erfand einen Ausweg, die Schuldgefühle zu mildern. Er hielt, wenn schon nicht am christlichen Glauben, so doch an den Werten und Bildungsidealen seines Herkommens fest. Das waren nicht nur die vor seinen Kindern häufig zitierten und aufgesagten Schiller- und Goethe-Verse, der griechische Homer, das war vor allem Luther selbst. Luther, der deutsche Mann. Luther, der Antisemit. Seine berüchtigte Schrift »Von den Jüden (sic) und ihren Lügen« aus dem Jahr 1542 lag griffbereit auf dem Schreibtisch.

Es ist schwer zu sagen, welchen politischen Idealen Adolf Reissinger anhing, ehe er Hitler kennenlernte. Ideale der internationalen Arbeiterbewegung, der Demokratie waren es gewiß nicht. Deutschlands evangelische Pfarrhäuser waren in der Regel konservativ, patriotisch, monarchistisch gesonnen. Laut Gertrud war der Vater kein Anhänger der Monarchie. Man darf vermuten, daß er den Glauben an den Kaiser und das Reich im Ersten Weltkrieg verloren hatte. Er war kein zu kurz gekommener Kleinbürger. Doch wie für tausend andere wurde für den politisch enttäuschten und in keinem religiösen Glauben mehr verwurzelten Mann der Nationalsozialismus eine Ersatzreligion, der er bis zu seinem Lebensende – er starb 1954 – mit einem erschreckenden Fanatismus anhing.

Der Funke sprang bereits 1923 in Passau über. Der Funke war der Antisemitismus. Am Schwarzen Brett der Schule hing ein Plakat: »Nationalsozialistische Partei Deutschlands – Es spricht Adolf Hitler.« Dieser Unbekannte interessierte Adolf Reissinger nicht. Was ihn fesselte und bewog, die Veranstaltung zu besuchen, war der Zusatz: »Juden ist der Zutritt verboten.« Es war wie ein religiöses Erweckungserlebnis. Adolf Reissinger trat noch am gleichen Abend der Nationalsozialistischen Deutschen Arbeiterpartei (NSDAP) bei.

Der Antisemitismus gab diesem innerlich verqueren Menschen das Gefühl, sich mit seiner Herkunft zu versöhnen. Er konnte in der Ablehnung der »jüdischen Religion« des Alten Testaments, des Juden Jesus Atheist bleiben und sich, in der Nähe zu Luther, dessen antisemitische Aussagen er gern zitierte, als treuer Sproß des Protestantimus fühlen.

Überall suchte Adolf Reissinger nach Nahrung für seinen neuen Glauben. Der sonst so sparsame Mann kaufte entsprechende Schriften. Das Haushaltsbuch der zwanziger Jahre, in das er Ausgaben und Adressen eintrug, technische Zeichnungen und Vermerke über die Größe der Kinder, wann ihre Zähne kamen, wann sie die ersten Schritte taten, wurde nun mit Zeitungsfotos seiner neuen Heroen beklebt und verzeichnet:

»›Mein Kampf‹ von Adolf Hitler – 12 Mark, Rechnung vom 18.III.25.«

»›Biographie von Richard Wagner‹ von Dr. Julius Knapp 1910« – es folgt ein längeres Zitat, eine Passage, in der es um Wagners Abstammung geht und wo der Autor feststellt, daß der potentielle Vater Geyer kein Jude gewesen sei.

»›Goethe und die Juden‹. Dr. Maurenbrecher. Geheftet, 70 Pfennig.«

»›Die Juden im Heer‹. Otto Arnim. Eine statistische Untersuchung nach amtlichen Quellen. Geheftet, 60 Pfennig. Buchhandlung Frz. Eber Nachf. München Thierschstrasse 15.«

Bald hatte Adolf Reissinger Gelegenheit, seinem neuen Messias und dessen Gefolgsleute direkt unter seinem Fenster zu sehen und zu hören.

Die Mutter fand die Aufzüge und marktschreierischen Reden unangenehm, unappetitlich, vulgär. Vielleicht freute sie sich, nun endlich ein Thema zu haben, mit dem sie gegen den Ehemann opponieren konnte. Beim Essen kam es zu heftigen Streitereien zwischen Luise und Adolf über Hitler und den Rassegedanken. Bei einem Mann, der vor der Eheschließung seinen Samen auf die Fortpflanzungsfähigkeit geprüft hatte, stieß dieser selbstverständlich auf keinen Widerstand.

Im Unterschied zum Haus Wagner, wo Hitler nur bejubelt wurde, erlebte die junge Gertrud immerhin, daß man den Anführer der nationalsozialistischen Partei durchaus unterschiedlich beurteilen konnte. Wenn der Vater der Mutter befahl, keine jüdischen Geschäfte aufzusuchen, bewirkte dies das Gegenteil; Mutter und Tochter ließen es sich nicht nehmen, weiterhin im Schuhhaus Freudenberger einzukaufen.

Adolf Reissinger war in seiner Familie der einzige überzeugte Nationalsozialist. Sein Bruder Johannes, Gertruds geliebter Onkel Hans, der Architekt, wurde zum opportunistischen Mitläufer und Nutznießer des Regimes. Die anderen standen der Bewegung gleichgültig oder distanziert gegenüber. Wenn die Geschwister jetzt zusammenkamen, wurde über Politik geredet. Alle Argumente gegen Hitler glitten an Adolf ab. Seine Tochter Gertrud spricht von einer geistigen Erkrankung, einer Hysterie, einem Wahn. Er kam von seiner Idée fixe nicht los, auch nicht nach dem Krieg. Als die Amerikaner nach dem Zusammenbruch kamen, um den notorischen Nationalsozialisten in ein Entnazifizierungslager zu stecken, empfing er sie, hoch aufgerichtet mitten im Zimmer stehend, das goldene Ehrenzeichen des »Alten Kämpfers« am Revers. Der amerikanische Soldat, gewohnt, daß alle, die er abholen sollte, behaupteten, sie hätten nie etwas damit zu tun gehabt, begann zu stottern: »Was ist das, was haben Sie da am Anzug, was fällt Ihnen ein?« Darauf Adolf Reissinger: »Ich glaube an den Endsieg Adolf Hitlers.« Gertrud kommentiert das als »Märtyreranfall«. Sie vermutet, er wäre zufrieden gewesen, wenn sie ihn niedergeschossen hätten.

Er wurde rasch entlassen und bald darauf pensioniert. Noch einige Jahre trieb er naturwissenschaftliche Studien. Ein Foto, das ein Jahr vor seinem Tod, also 1953, aufgenommen wurde, zeigt einen elegant gekleideten Herrn vor dem Festspielhaus, mit Hut, Zwicker, Schnauzbart, ein Monument des vorigen Jahrhunderts. Sein Sohn Eduard, der die naturwissenschaftlichen Neigungen des Vaters fortsetzte, Neurologe und im Nebenberuf Schmetterlingsforscher, verfaßte zum hundertsten Geburtstag 1977 eine Schrift, in der er das Leben des Vaters nacherzählt und seine Publikationen aufführt. In diesem Aufsatz kommt der politische Sündenfall Adolf Reissingers mit keinem Sterbenswörtlein vor. Es ist, als hätte es diesen Wahn nie gegeben.

Hitler bei den Wagners in Bayreuth – das ist ein Thema, das die Welt nicht zur Ruhe kommen läßt. Die Anfänge sind bekannt. Winifred begegnete Hitler erstmals in München im Hause Bechstein, der Familie des Klavier- und Flügelherstellers, die zu seinen frühesten Förderern gehörte. Man darf annehmen, daß sie seiner Person sofort verfiel. Im Syberberg-Film berichtet sie vom »großen und tiefen Eindruck«, den er bei der Vorstellung auf sie machte. Seine Augen – »ungeheuer anziehend, ganz blau« – schlugen sie in Bann. »Mein Nationalsozialismus«, so bekannte sie, »war nur mit der Persönlichkeit Adolf Hitlers verbunden«, die ihr »einzigartig«, natürlich im positiven Sinn, erschien.

Am 30. September 1923 hielt Hitler seine erste Rede in Bayreuth, wo bereits im Vorjahr eine Ortsgruppe der NSDAP gegründet worden war. Es waren die Wochen vor dem Putsch, der ein Staatsstreich gegen die Republik sein sollte. Die Monate zuvor hatte er versucht, die rechtsgerichteten Kampfbünde zu vereinen, doch die Eifersüchteleien und Intrigen innerhalb dieser Gruppierungen führten immer wieder zu Rückschlägen.

Ende September war in München ein Versammlungsverbot gegen die NSDAP ausgesprochen worden. Was Hitler in diesen Wochen brauchte, war Bestätigung, Ermunterung. Sie wurde ihm im Haus Wagner reichlich zuteil.

Hitler, der ein hochentwickeltes Gespür für symbolische Gesten an symbolischen Orten besaß, nahm den Aufenthalt in der Festspielstadt zum Anlaß, dem reaktionären Historiker und antisemitischen Rassentheoretiker Houston Stewart Chamberlain, dem Mann der Wagner-Tochter Eva, seine Aufwartung zu machen sowie dem Grab Richard Wagners und also auch »Wahnfried« einen Besuch abzustatten.

Das Ehepaar Wagner, dem der Besucher angekündigt war, erwartete und begrüßte ihn an der Tür. Friedelind berichtet, er sei im karierten Hemd und der Lederhose erschienen und habe gesagt, er plane einen Staatsstreich. Das kann man getrost unter ihre Erfindungen rechnen. Glaubwürdiger klingt der Bericht von Ebermayer (»Magisches Bayreuth«), er sei in einem schlecht sitzenden blauen Anzug aufgetreten und habe ungepflegt, mager, blaß, unbeholfen gewirkt. Das Grab des »Meisters« habe er »mit Tränen in den Augen« betrachtet. »Fast schüchtern« habe er die historischen Räume des Hauses besichtigt. Er stellte sich als Wagner-Verehrer vor, zu dem er aufblicke als zu einem der größten Deutschen.

Das klingt authentisch. Ebermayer überliefert den Ausspruch: »Wenn es mir jemals gelingen wird, irgendeinen Einfluß auf die Geschichte Deutschlands auszuüben, dann werde ich dafür sorgen, daß der ›Parsifal‹ wieder nach Bayreuth zurückgegeben wird.«

Solches hörte man in »Wahnfried« natürlich gern. Die Exklusivität der ›Parsifal‹-Rechte war 1913, dreißig Jahre nach der Uraufführung, erloschen – ein Dauerschmerz der Familie. Hitler hatte diesen Nerv geschickt getroffen.

Eine weitere Episode, die Winifred in den dreißiger Jahren oft erzählte, wurde mit diesem Besuch verbunden. Danach soll der Besucher den sechsjährigen Wieland, der gerade aus der Schule kam, auf den Schoß gezogen haben. Der Erstkläßler habe darauf den Ausspruch getan: »Weißt, du solltest eigentlich unser Papa sein, und der Papa der Onkel.« Winifred wurde nicht müde, diesen Satz als Ausspruch eines klugen Kindes zu zitieren. Dabei war es nur der Ausspruch eines vom Vater enttäuschten Kindes, das sich einen anderen Vater wünscht, und sei es der erstbeste, der vorüberkommt.

Falls aber dieser Satz tatsächlich an jenem 1. Oktober 1923 schon gefallen sein sollte, dann dürfte es für Hitler wie ein Ritterschlag gewesen sein. Der Kronprinz hatte ihn in den »Wagner-Stand« erhoben, zum geistigen Nachfahren Richards gemacht. Hitler vergaß dem Jungen diesen Satz nie. Er vergalt ihn mit besonderer Aufmerksamkeit und Bevorzugung, mit kleinen Geschenken, etwa einer eigenhändigen Entwurfszeichnung zu einem Schild, mit Adler und Hakenkreuz, das er ihm nach dem Parteitag 1929 durch Frau Heß zukommen ließ.

Anfang November 1923 weilte das Ehepaar Wagner in München, wo Siegfried ein Konzert dirigieren sollte. Am Abend des 8. November, auf dem Weg zum Konzertsaal, geriet das Paar in den Tumult, der Hitlers Putsch voranging. Bewaffnete verlangten ihre Pässe zu sehen. Sie sagten, im »Bürgerbräukeller« sei soeben die »nationale Revolution« ausgerufen worden. Am nächsten Tag, dem 9. November, als die Wahrheit über den mißglückten Staatsstreich allmählich durchsickerte, geriet Winifred in eine Volksmenge, die mit Gewehrkolben auseinandergetrieben wurde.

Sehr bedrohlich scheint die Situation nicht gewesen zu sein, sonst hätte sich das Paar nicht getrennt. Siegfried reiste weiter nach Süden, um in Innsbruck einen Vortrag zu halten. Dort besuchte er den verwundeten Hitler-Anhänger Göring, der sich nach Österreich geflüchtet hatte. Von ihm hoffte Siegfried Aufklärung über das Geschick des Generals Ludendorff zu erhalten, den er als Repräsentant des »alten Deutschland« verehrte.

Winifred, nach Bayreuth zurückgekehrt, scharte die Ortsgruppe der NSDAP um sich, um ihnen über das Erlebte zu berichten. In Bayreuth kursierten Gerüchte, sie habe am Hitler-Putsch teilgenommen; anonyme Warnungen gingen bei ihr, der Helferin eines Hochverräters, ein. Daraufhin verfaßte sie jenen am 24. November in der »Bayreuther Volkspost« gedruckten offenen Brief, der ein öffentlich abgelegtes Bekenntnis zu Hitler war und den Bund mit ihm schmiedete.

Der Brief, in Tönen schwärmerischer Hingabebereitschaft abgefaßt, zeigt nicht, was Hitler war, sondern was viele damals in ihm sahen und von ihm erwarteten. Winifred beschreibt ihn mit geradezu religiöser Ergriffenheit als eine Art Parsifal, einen »deutschen Mann« von »moralischer Kraft und Reinheit«, der erfüllt von »Inbrunst und Demut« seine »göttliche Bestimmung« zu verwirklichen versuche und immer »unbedingt für das Gute« eintrete. Sein Leben bringe er der »Idee eines geläuterten, einigen, nationalen Großdeutschland zum Opfer«. »Tausenden und Abertausenden Verzweifelnder« habe er »die frohe Hoffnung auf ein wiedererstehendes würdiges Vaterland und den festen Glauben daran wiedergegeben«. Am Schluß heißt es, daß »die wir in den Tagen des Glücks zu ihm standen, nun auch in Tagen der Not ihm die Treue halten«.

Aus diesen Passagen spricht die Sehnsucht der Zeit nach einer charismatischen Erlöserfigur. Und auch eine andere Tendenz der Zeit spricht aus dem Brief: das Leiden an der deutschen Niederlage. 1918 hatte Siegfried den Ausspruch getan: »Am liebsten würde ich Schweizer.« Er meinte: aus Scham. Den »offenen Brief« hat er vermutlich nicht mitformuliert, obwohl Winifred mit einer Ausnahme immer »wir« schreibt. Er war wie ein großer Teil des deutschen Bürgertums Monarchist, national gesonnen, zutiefst konservativ. Er hatte – freilich weniger ausgeprägt als bei seinen Eltern – antisemitische Neigungen, die Republik lehnte er ab.

Gegenüber Hitler hatte er zwiespältige Empfindungen. Er belegte ihn wie alle, denen er begegnete, mit hochtrabenden, oberflächlichen Formeln: »prachtvoller Mensch«, »echte deutsche Volksseele«, für den seine Frau »wie eine Löwin« kämpfe, was er in seinem gewohnten Ausrufstil als »großartig!« empfand. Auch er war von Hitlers hypnotisch wirkenden Augen beeindruckt. 1924, nach einem Treffen mit Mussolini, notierte er über den Italiener: »Fanatisches Auge, aber keine Liebeskraft darin wie bei Hitler und Ludendorff.«

Doch seinem aristokratischen Wesen müssen Hitlers Person und sein Haufen auch fremd und anstößig gewesen sein. Mit dem mehrdeutigen Beiwort »schlicht« stilisierte er ihn zu einem annehmbaren Menschen; freilich, die innere Distanz ist fühlbar. Über die Schwärmerei seiner Gemahlin sah der Gentleman, der wieder diskret seinen alten Neigungen nachging, zunächst generös hinweg. Hatte er seine Aberration, so sollte auch sie die ihre haben dürfen. Milder, toleranter Spott war seine Haltung. Indessen ärgerte er sich, wie Emma Gertrud in späteren Jahren berichtete, wenn seine Frau Hitler nachfuhr und ihn nachts durch die Gegend chauffierte. Er soll es ihr nach einiger Zeit sogar verboten haben.

Daß Winifred sich zumindest anfangs von Hitler erotisch angezogen fühlte, spiegelt selbst der offene Brief. Im letzten Satz heißt es: »Ich gebe unumwunden zu, daß auch wir unter dem Banne dieser Persönlichkeit stehen.« Winifred war, als sie Hitler erstmals empfing, sechsundzwanzig Jahre alt; der Gast acht Jahre älter. Sie war eine Frau ohne Sexualleben. Der Ausspruch ihrer geschwätzigen Tochter Friedelind, die, Anfang der dreißiger Jahre befragt, ob am Gerücht einer Heirat zwischen Hitler und ihrer Mutter etwas Wahres sei, die Antwort gab: »Mei Mudder mecherd« – möchte – »scho, aber der moch halt ned«, besagt wenig. In dem Ausspruch steckt etwas von der Boshaftigkeit der Friedelind, die ihrer Mutter mehr als kritisch gegenüberstand, aber sie mag auch geheime Wünsche der Mutter gespürt haben. Freilich, an Heirat konnte Winifred kaum denken. Siegfrieds Testament stand dem entgegen. Er hatte dem, vielleicht, weil er ein Gespür für derartige Neigungen hatte, einen Riegel vorgeschoben. Winifred, so bestimmte das Testament, ist nur solange Herrin in Bayreuth, wie sie – nach seinem Tode – unverheiratet bleibt.

Es mag ein erotisches Spiel gewesen sein, das Hitler hinnahm, vielleicht sogar ein wenig mitmachte. Doch hat er wohl auch Winifred gegenüber nie einen Hehl daraus gemacht, daß er »sich für Deutschland aufopfern« und also ehelos bleiben würde.

Doch um Heirat ging es nicht. Es ging um sexuelle Attraktion, die Winifred in Schwärmerei umsetzte. Verhüllt sprach sie im offenen Brief davon, daß ein »solcher Mann ... die Menschen begeistern, hinreißen, mit aufopfernder Liebe und Hingebung für seine Person beseelen« müsse.

Sie war ohne besondere Bildung, kein sensibles Gemüt. Ihre Berliner Schnoddrigkeit wurde durch keinerlei Beimischung irgendeiner feineren englischen Art gemildert. Gertrud empfand sie als »gewaltsame Natur«. Zwischen Winifred, dem Kind aus dem Waisenhaus, und dem Mann aus dem Männerheim gab es Ähnlichkeiten, die nicht mit dem Kopf, sondern emotional und unbewußt wahrgenommen werden. Es war die Verwandtschaft von Kellerkindern. Der Gast mag ihr, obwohl sie ihn »körperlich zart« nennt, als Mannsnatur gefallen haben; vielleicht spürte sie, das Kraftweib, eine ähnliche

Energie. Vielleicht gefiel es ihr, der frustrierten Gattin, auch ganz einfach, sich einem Mann zuzuwenden, den der Gatte nicht ganz billigte.

Daß es einen Ehekonflikt gab, darf man aus dem Verhalten des Paars zu Beginn des Jahres 1925 ablesen. Hitler wollte nach seiner zu Weihnachten 1924 erfolgten Entlassung aus dem Gefängnis, in das Winifred eifrig Briefe und Päckchen gesandt hatte, sogleich »Wahnfried« einen Besuch abstatten. Siegfried untersagte es. Er schob die Polizei vor, die angeblich Maßnahmen ergriffen hatte, um »Wahnfried« zu besetzen, falls es zu Kundgebungen zugunsten Hitlers kommen sollte. Winifred reiste daraufhin allein nach München, um den Mann, den sie anbetete, bei seiner ersten Kundgebung nach der Haftentlassung zu sehen. Am 25. Februar 1925 übernachtete Hitler zum erstenmal in »Wahnfried«. Winifred hatte den ehelichen Machtkampf gewonnen. Im Sommer besuchte Hitler erstmals die Festspiele. Dabei tat er einen seiner sentimentalen Schwüre, die etwas vom dämonischen Zauber im Märchen an sich haben: Er komme erst wieder, wenn er wirklich in der Lage sei, für Bayreuth etwas zu tun.

Das hieß indessen nicht, daß er in den Jahren bis 1933 nicht häufig Hausgast bei den Wagners gewesen wäre. Bayreuth lag auf dem Weg von München nach Berlin etwa in der Mitte. Es war ein günstiger Etappenort. Einen bevorstehenden Besuch kündigten Telegramme an, die zwecks Verschleierung mit dem Namen »Wolf« unterschrieben waren.

Nomen est omen. Der böse Wolf, der Kreide gefressen hatte, umgarnte die Kinder in »Wahnfried«. Stets sei er, auch wenn er spät des Nachts ankam, noch an die Kinderbetten gekommen. Man sieht den Mann in dieser Rolle in Friedelinds Buch. Dieses, noch im Krieg für den amerikanischen Leser im Hollywood-Stil geschrieben, macht Hitler zu einem theatralischen Räuberhauptmann. Da sitzt er nun, der »Onkel Wolf«, bei den Kindern, erzählt von seinen Abenteuern, zeigt ihnen wie ein richtiger Bandit seine Pistole.

Gertrud weist dies, wie auch die Anrede mit »Onkel Wolf«, ins Reich der Erfindungen. Die Kinder duzten ihn, aber sie vermieden die Anrede. Später sagten sie, wenn es unumgänglich war: »Mein Führer«.

Wie auch immer: die Kinder liebten ihn. Selbst Friedelind schreibt nicht, daß sie ihn damals gehaßt habe.

Auch Joseph Goebbels, den Hitler 1926 in »Wahnfried« einführte, sonnte sich in der Gunst der »herzigen Kinder«. In seinem Tagebuch notierte er: »Ich spiele so gern mit den Wagnerkindern.« Oder: »Dann tolle ich mit der Wagnerbagage eine Stunde im Heu herum.« Sein Urteil über Siegfried fällt negativ aus: »Feminin. Gutmütig. Etwas dekadent. So etwas wie ein feiger Künstler.« Dagegen heißt es über Winifred: »Seine Frau gefällt mir. Ich möchte sie als Freundin haben.« Sie habe ihm ihr Leid geklagt, gesagt: »Siegfried ist so schlapp.« Der Schluß des Absatzes ist reiner Kitsch: »Wir stehen lange plaudernd in der Halle ... Park ... Am Grabe ... Eine junge Frau weint, weil der Sohn nicht ist, wie der Meister war.«

Im gleichen Jahr trat Winifred, von Hitler gedrängt, in die Partei ein. Sie duzten sich von nun an. Er nannte sie Winni, sie ihn Wolf.

GYMNASIASTENLIEBE

Im Frühjahr 1926 trat Gertrud Reissinger in die Sexta des Christian Ernestinum ein. Für Adolf Reissinger war es selbstverständlich, daß seine Kinder diese Schule besuchten, die er und alle seine Brüder nicht nur absolviert, sondern geliebt hatten. Das Gymnasium, das seinen volltönenden Namen von seinem Gründer, dem Markgrafen Christian Ernst ableitete, lag in der Nähe des Neuen Schlosses in der Friedrichstraße. Der elegante Barockbau mit Uhrenturm und Wetterfahne, aus dem in Bayreuth üblichen graugelben Sandstein errichtet, strahlte die Würde der alten Fürstenschule aus. Auf dem Platz gegenüber stand auf hohem Sockel Jean Paul in schwärzlich patinierter Bronze; mit Stift und Büchern versehen, war der Blick des Dichters, zu Geistestaten ermunternd, auf die Schule gerichtet.

Gertrud fand sich in einer gemischten, aus fünfundzwanzig Jungen und sechs Mädchen bestehenden Klasse, was in den zwanziger Jahren nur beim humanistischen Gymnasium üblich war. Noch eine Generation zuvor war diese Schule Mädchen verschlossen gewesen. In einer Gesellschaft, in der, den republikanischen Neuanfängen zum Trotz, viel Ständisches nachwirkte, galt die Schule, in der Latein, später Altgriechisch gelernt wurde, als der Gipfel des Schulwesens. Die Schüler waren sich dieser Sonderstellung bewußt und betonten sie nach außen durch die Farben ihrer Schülermützen – in Bayreuth trugen die Ernestiner Rot – und andere kleine Eigenheiten. Die Mädchen, bei denen lange Zöpfe als Haartracht üblich waren, legten Wert auf gepflegte Kleidung. Statt der Schulranzen hatte man Mappen, mit nicht zu langen Henkeln versehen, welche die jungen Damen wie Handtaschen schlenkerten, während die Jungen die ihren mit kurzen Griffen ausrüsteten, was ihnen das Aussehen von Aktentaschen gab.

Unter den Jungen, welche die Mädchen mit Neugier betrachteten, war einer, der, wenn die Lehrer nach dem Beruf des Vaters fragten, die Antwort gab: Dichterkomponist. Niemand sonst in der Klasse hatte einen Vater, der Dichterkomponist war, nur eben dieser Wieland Wagner. Gertrud fand ihn, wie auch alle anderen Mädchen, unausstehlich. Er hatte vereiterte Zähne, war fett und aggressiv und stilisierte sich als Fußballheld. Seine unförmigen Oberschenkel quollen unter kurzen Hosen hervor, die er sommers wie winters trug. Die Mädchen machte er bei jeder Gelegenheit als »Weiber« oder »Sauweiber« herunter. Wo immer es ging, versetzte er ihnen Hiebe, er knuffte und puffte sie und schlug ihnen seinen Fußball, den er ständig mit sich trug, ins Kreuz. Auf das Ach- und Wehgeschrei reagierte die »Fettkugel« mit schadenfrohem Gelächter. Kein Wunder, daß ihm die Mädchen bald aus dem Weg gingen.

Mit diesem rüden »Wagner Wieland«, wie er in der Schule aufgerufen wurde, stießen die Fronten von bürgerlicher und künstlerischer Welt aufeinander. Im Hause Wagner herrschte ein lockeres Mundwerk, das die Kinder, besonders Wieland und Friedelind, bis zur Unflätigkeit übertrieben. Damit wollte man sich auch vom »Spießertum« der Stadt abheben, deren Verhaltensweise und Mentalität durchweg so gekennzeichnet wurde und auf die man mit Hochmut herabsah. Die Stadt ihrerseits stand den Bewohnern der Villa »Wahnfried« mit Reserviertheit und Skepsis gegenüber. Das Künstlerwesen war vielen Bayreuthern suspekt.

Das trifft selbstverständlich auch auf die Familie Reissinger zu. Nie hatte eines ihrer Mitglieder je eine Aufführung der Festspiele besucht. Gertruds fromme Tanten sangen evangelische Gesangbuchlieder. Ob sie vom »Lied an den Abendstern« je gehört haben, darf man getrost verneinen. Indessen gab es, in den achtziger Jahren des neunzehnten Jahrhunderts, einen interessanten Kontakt zwischen den Familien, den Gertrud gern als Vorspiel ihrer Geschichte betrachtet. Hergestellt wurde er ebenfalls durch die Schule.

Nach dem Tod Richard Wagners wurde Siegfried, der bis dahin

von Hauslehrern erzogen worden war, auf das Christian Ernestinum geschickt. In seiner Klasse war Carl Reissinger, der älteste von Adolfs Brüdern. Siegfried befreundete sich mit ihm, nahm ihn mit nach Hause. Dort fand der guterzogene Pfarrerssohn das Wohlgefallen der Frau des Hauses. Cosima, deren Augen bereits nachzulassen begannen, ernannte den jungen Mann zu ihrem Vorleser. Dies trug Carl den Spitznamen Cosimo ein.

Die Freundschaft mit Siegfried überdauerte die Schulzeit. Der Weltenbummler, Dichterkomponist, Festspielchef schickte seine berühmten, launigen Postkartengrüße an den Germanisten nach München. Als Carl heiratete, gratulierte der alte Schulfreund im Jargon der Jugendzeit: »Alla mackera, jetzt ist's Zeit, daß ich auch nachfolge!« und empfiehlt sich mit besten Grüßen »Deiner mulier«. Carl Reissinger fiel Anfang 1916 in Frankreich. Siegfried schickte ein Kondolenzschreiben an den »hochverehrten Herrn Senior«, in dem er in seiner feinen schwungvollen Schrift die »innigste Theilnahme an dem schweren Verluste« ausdrückte und, wie es der Konvention entsprach, vom »Heldentod Ihres Sohnes Carl, meines lieben Schulkameraden« sprach. Damit war der Kontakt zwischen beiden Familien beendet. Der Tod hatte den Schlußstrich gezogen. Nie sprach Siegfried Gertrud auf ihren gefallenen Onkel, seinen Jugendfreund, an.

Und doch konnte man in Bayreuth offenbar nicht leben, ohne vom Wagner-Wesen berührt zu werden. Adolf Reissinger las, auf der Chaiselongue liegend, des alten Richard Biographie. Es wurde für ihn eine Art Dauerlektüre. Häufig las er Gertrud aus dem in braunes Leinen gebundenen Band vor, während von der Straße Marschtritte und SA-Gesänge dröhnten. Der seltsame Mann las und träumte sich in den »Lohengrin« hinein. Bei Tisch spekulierte er, wer mit diesem Retter aus der Ferne gemeint sein könne, der bayerische Märchenkönig Ludwig II. oder Adolf Hitler. Zum Leidwesen seiner Frau sang er mit Leidenschaft die Gralserzählung: »Im fernen Land, unnahbar euren Schritten«.

Gertrud hatte in dieser Zeit Tanzunterricht bei Lore Richter, der Enkelin von Hans Richter, der 1876 den ersten »Ring« in Bayreuth dirigiert hatte. Sein Porträt hing in dem Markgrafenhäuschen, in dem der Unterricht stattfand. Gertrud wußte noch nicht, was der »Ring« war. Doch während der Festspielzeit erblickte sie in den Auslagen der Geschäfte die Postkarten, auf denen die Sänger in Kostüm und Maske abgebildet waren, und auch die Fotos der Wagnerfamilie muß sie dort gesehen haben.

Anni, das Dienstmädchen, hatte sich mit Türstehern des Festspielhauses befreundet. Auf diese Weise kam sie in einen Genuß, von dem ihre Herrschaft nicht einmal träumte. Sie sah 1927 oder 1928 eine Aufführung der »Götterdämmerung«. In der Küche, wo Gertrud wie immer das Geschirr abtrocknete, sang und spielte sie vor, wie Siegfried erschlagen wurde und wie die Mannen sangen: »Hagen, was tust du?« All dies wäre ohne das, was folgte, eine belanglose Bayreuther Berührung gewesen. Für Gertrud war es ein erstes Aufmerken, ein erster Blick in die Richtung, aus welcher der Wind des Schicksals wehen würde.

Im Frühjahr 1928 trat Wielands Schwester Friedelind ins Christian Ernestinum ein. Sie hatte einen dicken Zopf, der ihr auf den Rücken hing, und war ebenso kugelrund wie ihr Bruder, doch im Unterschied zu dem finsteren Rüpel war sie eine koboldhafte Ulknudel. Gertrud lernte sie im Turnunterricht kennen, wo die Mädchen mehrerer Jahrgänge zusammengefaßt waren. Die immer zu Späßen aufgelegte Friedelind und die Tanzschülerin Gertrud empfanden den Unterricht, den ein alter, vom Turnvater Jahn inspirierter Lehrer mit militärischem Drill erteilte, als Heidenspaß. Sie freundeten sich an.

Gertrud war an dieser Freundschaft sehr interessiert, aber nicht, weil Friedelind aus dem berühmten Haus Wagner stammte, sondern weil sie ein Fahrrad besaß. Friedelind lieh Gertrud ihr Rad aus – das war der Grundstein der Freundschaft. Und irgendwann im Sommer 1928 kam sie mit der Freundin zum ersten Mal nach »Wahnfried«.

Die beiden Mädchen näherten sich, »lauter Unsinnsdinge machend« (Gertrud), unter viel Gelächter am Grab Richards vorbeigehend, dem Haus von der Rückseite, vom Hofgarten her. Gertrud, die seit langem gern in einem Haus mit Garten und Hunden gelebt hätte, war beeindruckt. Denn auch Hunde gab es hier. Siegfried war ein Hundenarr, immer gab es einige im Haus. Damals waren es zwei bayerische Schnauzer namens Striezi und Straubl.

Freilich, noch mehr beeindruckt als von den Schnauzern war Gertrud vom Haus selbst. Das elfjährige Mädchen empfand das Haus als architektonischen Akkord, als gebauten Wohlklang.

Natürlich konnte sie Idee und Konzeption des Hauses, das noch so war, wie Richard es entworfen hatte, erst allmählich erkennen. Ihr Auge blieb zunächst an ungewohnten Einzelheiten hängen, dem Aufzug im Eßzimmer, mit dem die fertigen Speisen aus dem Souterrain herauftransportiert wurden, den hohen Schränken mit kostbarem Porzellan, den Porträtbüsten und Malereien, dem Geier im Glasfenster des Vestibüls, Richards Wappenvogel, der Bezug nahm auf seinen Ziehvater Geyer. Aber was Gertrud sofort in Bann zog, war die Atmosphäre des Hauses, die Mischung von Intimität und Großartigkeit, von Repräsentationsräumen und gemütlichen Familienzimmern, die Anordnung der Treppen, der Wechsel von hohen und niedrigen Räumen.

Durch Friedelind lernte Gertrud jeden Winkel des Hauses kennen, die Kinderschlafzimmer im Obergeschoß mit ihren darunter liegenden Ankleideräumen und Bädern – damals noch durch die originalen gußeisernen Wendeltreppen verbunden, die Winifred dann durch Holztreppen ersetzte –, das Souterrain mit Bügelzimmer, Speisekammer und Küche, und natürlich auch das abgedunkelte Heiligtum des Hauses, den Großen Saal mit Richards Flügel, Schreibtisch und Bibliothek.

Auf Gertrud wirkte der Raum wie ein Mischung aus Museum und ägyptischer Grabkammer. Partituren lagen aufgeschlagen da, es gab Souvenirs unter Glas, an den Wänden hingen die Bilder der Ahnen und wie Altarblätter auf Staffeleien zwei lebensgroße Gemälde von Cosima. Gertrud verliebte sich in das Haus, ehe sie sich in den Erben verliebte.

Er schrieb in ihr Poesiealbum, in dem Schulfreunde und Verwandte mehr oder weniger sinnige Verse hinterließen: »Hab ein Lied auf den Lippen, Verlier nie den Mut. Hab Sonne im Herzen, Und alles wird gut.« Sonst aber beachtete er seine Klassenkameradin, die nun ins Haus kam, kaum, zumal sie nicht zu den Kindern gehörte, die Vergnügen an seinen Kraftausdrücken oder am Fußballspiel hatten.

Das Fußballfeld war die Wiese neben Richards Grab. Unter den Spielern waren auch Mädchen, alles Anhängerinnen der burschikosen Friedelind. Sie überboten sich darin, als möglichst rüde Jungen aufzutreten. Aber keines der Kinder kam den Wagner-Sprößlingen gleich an unflätigen Wörtern. Diese konnten sich nicht genug tun an Flegeleien, die in den bürgerlichen Kreisen der Stadt selbstverständlich verpönt und verboten waren.

Anfangs versuchte Gertrud mitzumachen. Doch sobald die Freundschaft mit Friedelind etabliert war, hielt sie sich von der Fußballerei fern. Sie saß mit der Freundin im Speisezimmer und nahm den Tee ein. Die beiden kichernden Mädchen machten daraus eine groteske Zeremonie. Friedelind, die ihrer Rundlichkeit zum Trotz in der Familie den Spitznamen Maus trug, schrie durch den Aufzugsschacht: »Hallo, Grete, was gibt's zum Tee?« Bald rumpelte der Aufzug herbei mit einem gut bestellten Tablett, auf dem sich Tee und Milch, Brot und Hefenudeln sowie Butterkügelchen und Marmelade befanden. Friedelinds spezielles Ritual bestand darin, zwischen sich und die Freundin die beiden struppigen Hunde zu plazieren. Zu viert saßen Zwei- und Vierbeiner auf den Polsterstühlen am Mahagonitisch, die Hunde schlabberten Milch aus den Porzellantassen und frassen Kuchen von blaugeblümten Tellern, und die Mädchen lachten sich dabei halb tot.

Die erwachsenen Bewohner des Hauses sah Gertrud nur von ferne. Als sie sich zum erstenmal dem Haus vom Hofgarten her näherte, nahm sie oben auf der Terrasse über der Rotunde, die den Großen Saal zum Garten hin abschloß, eine weiße Gestalt in einem Liegestuhl wahr, die ihr wie eine Mumie erschien. »Wer ist denn das?« fragte sie. »Das ist die Omama.« Sie war 91 und lebte mit ihrer Pflegerin und Köchin im Obergeschoß, abgeschirmt von der Familie, von den wilden Kindern, die auch später kaum etwas von der Großmutter zu erzählen wußten. Wenn die Kinder überhaupt in dieser Zeit von ihr sprachen, dann drehte es sich um den Papagei, der ihr Gesellschaft leistete und den sie sehr liebte. Die alte Dame trank gern Bier – ein Zug, der an der hohen Meisterin gar menschlich anmutet –, und der Papagei hatte gelernt, das Gluckern der Bierflasche nachzumachen.

Siegfried und Winifred hatte Gertrud häufig vom Ausguck ihrer Wohnung beim Gang über den Markt gesehen. Siegfried liebte es, täglich durch die Stadt zu gehen, um die Bürger von Schilda, wie er die Bewohner Bayreuths nannte, zu betrachten. Der Tanzschülerin, die einen Blick für Bewegungen hatte, war der höchst unterschiedliche Gang des Paares aufgefallen. Während Winifred wie eine Bauersfrau kräftig ausholend und ein bißchen stampfend einherschritt, glitt Siegfried stocksteif über den Boden, ohne die Füße viel zu heben. Der schlurfende Gang hing mit einem Fußdefekt zusammen. Er hatte nämlich, was sein ältester Sohn erbte, einwärts gekrümmte Hammerzehen – ein Übel, das sich vom Großvater Liszt her in der Familie hielt.

Freilich dachte man nicht an krumme Zehen, wenn der Herr der Festspiele hoch aufgerichtet mit seiner Gemahlin vorüberging. Das Paar fiel durch eine in Bayreuth ungewohnte Eleganz auf.

Winifred kaufte ihre Garderobe in Berlin und im Ausland; sie verabscheute jeglichen Firlefanz, trug keinen Schmuck, schminkte und parfümierte sich nicht. Einer ihrer derben Lieblingssprüche lautete: »Der Siegfried hat gesagt: ›Wer nicht stinkt, braucht nicht zu riechen!‹« Im Winter trug sie einen weitfallenden schwarzweißen Pelz, den die junge Beobachterin an ihrem Fenster hinreißend fand.

Siegfried gab sich sportlich; er trug Knickerbocker und Pullover aus feinster Wolle, Kamelhaarjacken, elegante Hüte. Im Haus sah Gertrud ihn vorüberschreiten. Von seiner Mutter kommend, ging er schweigend zwischen den Kindern hindurch. Nie sprach er mit Gertrud ein einziges Wort. Aus der Nähe sah er, obwohl noch keine sechzig, blaß und verbraucht aus. Er war nicht gesund. Winifred sagte Gertrud später, er habe an einer schleichenden Nikotinvergiftung gelitten.

Der lauten Winifred gegenüber empfand Gertrud eine gewisse Scheu. Aller Welt galt die walkürenhafte Gestalt mit den blau blitzenden Augen, den ebenmäßigen Zähnen, der dunkelblonden Haarmasse, die sie wie Cosima als Zopf am Hinterkopf hochgesteckt hatte, als schön, und so fand auch Gertrud sie schön. Doch während andere Kinder und Jugendfreunde des Hauses sie »Tante Winni« nannten, blieb Gertrud beim distanzierten »Frau Wagner«.

Nie zuvor war sie einer solchen Frau begegnet. Dies war keine Ancilla wie ihre Tanten und auch keine Person wie ihre Mutter, die sich, trotzig am Hausherrn vorbeimogelnd, ihre eigene Welt schuf. Winifred war die unbestrittene souveräne Herrin ihres Hausstaats, der mit seiner Weitläufigkeit, dem vielen Personal, den zwei Autos, welche die Hausherrin zu chauffieren verstand, Gertrud fürstlich erschien. Die Frau des Hauses war den jungen Besuchern gegenüber burschikos, der sie umtänzelnden Dienerschaft gegenüber selbstbewußt. Sie trat wuchtig auf und setzte, wenn es nötig schien, ihre kraftvolle Stimme mächtig ein. Den Ruf nach ihrer Tochter Friedelind – »Mausi!« – kannte halb Bayreuth. Einmal entriß sie in einem Anfall von Wut in Gegenwart Gertruds Wieland ein Buch, weil er es ungefragt aus der Bibliothek seines Vaters genommen hatte. Doch solche Ausbrüche waren selten.

Weitaus behaglicher fühlte sich Gertrud in der Nähe der Emma, die in ihrer weißen Kittelschürze im Kinderreich wachte. Trotz der abweisenden Strenge, die von ihr ausging, empfand Gertrud die Ordnung, Sauberkeit, Gepflegtheit, die in ihrem Umkreis herrschte, als Wohltat. Emma und ihr Reich erinnerten sie an die wohlbestellte Häuslichkeit ihrer Tante Else, die für sie ein Leben lang mit der Vorstellung von familiärem Frieden, von Umhegtsein und einer schönen, auf gegenseitiger Achtung und Liebe der Bewohner beruhenden Ordnung verbunden war.

Von der Wurstigkeit der Eltern im Hause Wagner gegenüber den Kindern, den damals strafbaren und der Welt als pervers geltenden Neigungen des Hausherrn, von der Hitler-Besessenheit der Hausfrau konnte das Kind, das Gertrud damals noch war, nichts ahnen. Sie ließ sich von der schönen Fassade blenden, geriet in eine wachsende Distanz zur eigenen Familie, der sie mit einer über das Ziel hinausschießenden Kritik begegnete.

Freilich, Ursachen dafür gab es schon. In der Familie herrschte in diesen Jahren eine andauernde Disharmonie. Der Unterschied zwischen den ungleichen Eltern war zum offenen Konflikt geworden. Beim Mittagessen, an dem Luises Mutter nicht teilnahm, um dem verabscheuten Schwiegersohn aus dem Weg zu gehen, wurde häufig gestritten, über Anschaffungen, welche der karge Mann unnötig fand, über Erziehungsfragen. Der Vater hielt es für falsch, daß die Mutter ihren ältesten Sohn, der jetzt auch das Gymnasium besuchte, lateinische Vokabeln abfragte. Adolf Reissinger fand Kinder, die das nötig hatten, nicht nur ungeeignet für die höhere Schule, sondern »minderwertig«. Das nationalsozialistische Vokabular prägte inzwischen sein Denken. Auch über den Nationalsozialismus wurde bei Tisch gestritten, über die Aufmärsche und über die Juden, die laut Adolf »unser Unglück« seien, was die Mutter lächerlich fand.

Eine Dauerfriktion war Luises musikalische Betätigung. Es waren kleinliche, kindische Scherze zwischen dem Paar: der Mann trällerte, sobald die Frau ins Zimmer trat, in falschen Tönen eine Melodie, worauf Luise in schneidendem Ton erklärte, Adolf sei unmusikalisch, und aus dem Zimmer floh. Daß die Versuche der Mutter, Gertrud zu einer passablen Klavierspielerin zu machen, scheiterten, erfüllte den Vater mit Schadenfreude.

Weniger erbaut war er von den Schulzeugnissen der Tochter. Gertrud hatte in fast allen Hauptfächern verheerende Noten. In Mathematik hatte sie – genau wie der »Wagner Wieland« – immer eine Fünf. Auch in Latein war die Leistung rapide gesunken, nachdem der frühe Spaß an der ersten Fremdsprache verflogen war. Gymnasialprofessor Sorge, den die Schüler Cura nannten, hatte mit einem Dirigentenstab das rhythmische Aufsagen, das Deklinieren und Konjugieren geleitet. Darauf hatte sich Gertrud mit Freude eingelassen. Aber als es ernst wurde, als man lernen, studieren, Wörter repetieren mußte, hatte sie das Interesse verloren. Nur in Singen, Zeichnen, Sport waren die Zensuren gut.

Dem von großem Bewegungsdrang erfüllten Mädchen bereitete das Absitzen von Schulstunden körperliche Qualen. Zusätzlich beeinträchtigt fühlte es sich von der nun beginnenden Menstruation, die Gertrud als schmerzhafte Angelegenheit erlebte. Die Mutter war ihr keine Hilfe. Sie gab dem Kind keinerlei Medizin, und der Vorschlag, daß es an besonders quälenden Tagen hätte zu Hause bleiben und im Bett liegen können, lag außerhalb der Vorstellungen der Familie.

Die Vorwürfe des Vaters hörten nicht auf. Er tadelte die Tochter wegen ihrer Faulheit, was das Lernen anbetraf, und stellte ihr das gleiche Geschick vor Augen, das er seinem Sohn Eduard bereitet hatte. Aus Zorn über die »Minderwertigkeit« des Kindes, das offenbar nicht imstande war, die Schulaufgaben des humanistischen Gymnasiums ohne Hilfe zu bewältigen, nahm Adolf seinen ältesten Sohn, ohne die Mutter auch nur zu informieren, aus dem Christian Ernestinum und steckte ihn in die Oberrealschule, wo er selbst unterrichtete.

Man kann sich die Familienkräche bei Reissingers vorstellen. Weinend stand die Mutter am Fenster. »Ich kann mich doch nicht scheiden lassen, ich kann doch nicht meine Kinder im Stich lassen«, stammelte sie hilflos. Eine neue Schwangerschaft Luises verschärfte den Konflikt. Gertrud mußte erleben, wie die Eltern haßerfüllt mit Fäusten aufeinander losgingen.

Das heranwachsende Mädchen litt unter dem Zank zwischen den Eltern wie alle seine Geschwister, doch als Älteste erlebte sie ihn als besonders schmerzlich. Sie litt mit ihrer Mutter, freilich ohne sich völlig auf ihre Seite zu schlagen. Gertrud liebte ihren Vater trotz aller Kritik. Sie fühlte sich ihm mehr verbunden, glaubte, daß sie von ihm mehr an Anlagen und Neigungen geerbt habe als von der Mutter. Sie mochte es, wenn er sie bei Exkursionen zu den Weihern der Umgebung, wo er das Plankton untersuchte, »Kaulquappe« nannte. Sie stand auf seiner Seite, wenn die Mutter ihn als unmusikalisch abqualifizierte, gemeinsam kicherten sie über Luises Musikwahn. Wenn er ein Glas Wein getrunken hatte, was selten vorkam, begann er zu singen und wollte tanzen. Gertrud mußte dann herhalten, sich mit dem Mann, der sich täppisch wie ein Bär bewegte, im Walzertakt zu drehen. Er wünschte dann aus heiterem Himmel, daß das Kind ihn küsse. Niemals tat sie es spontan und gern. Sie wehrte sich: »Dein Bart kratzt.« In diesem Mann war vieles verschüttet, und seine älteste Tochter ahnte davon manches.

Nur an Weihnachten herrschte allgemeiner Waffenstillstand. Mutter und Großmutter führten Regie, und Adolf spielte willig mit. Um in Stimmung zu kommen, brauchten die Reissingers nur aus dem Fenster zu blicken. Auf dem Markt vor dem Schloß waren die Buden eines Christkindl-Marktes aufgebaut. Bauersfrauen in Trachten verkauften Lebkuchen, Honig, Wachskerzen. Zwischen den Ständen mit Christbaumschmuck und Spielzeug gab es Kioske mit Bratwürsten und Zuckerwatte. Dort trieben sich nach der Schule die Gymnasiasten mit ihren bunten Mützen herum. Über das Pflaster holperten die Pferde- und Ochsenfuhrwerke, auf denen die Christbäume in die Stadt kamen.

In der Wohnung duftete es nach Backwerk. Luise war eine vorzügliche Bäckerin, die bei den verwöhnten Reissingers nicht schlecht abschnitt. Nach bewährten Familienrezepten wurden Plätzchen und Stollen gebacken, die auf den Schränken des Schlafzimmers, wo es kühl war, in hohen Blechdosen aufbewahrt wurden.

Am Heiligen Abend verwandelte sich das Musikzimmer ins Weihnachtszimmer. Luise schmückte den Baum, legte auf einem weiß gedeckten Tisch die Geschenke aus. Nachdem der Vater die Kerzen angezündet hatte, sang die Familie zur Klavierbegleitung der Mutter die wohlvertrauten Weihnachtslieder. Die Kinder trugen Gedichte oder kleine Musikstücke vor. In allen bürgerlichen Familien wurde der Heilige Abend, dessen Ritual sich im neunzehnten Jahrhundert gebildet hatte, ähnlich gefeiert.

Wenn Gertrud ihren Klassenkameraden Wieland fragte, was er an Weihnachten vorspiele, sagte er: »Corelli«. Auch Gertrud spielte zu Hause eine Sonate von Corelli vor. Nur daß bei ihr die Weltpresse nicht auf das Ereignis aufmerksam machte. In England hatte eine Zeitung schon 1925 gemeldet, der älteste Enkel Richard Wagners habe mit neun Jahren sein Konzertdebüt gegeben. Wieland hatte in »Wahnfried« auf dem Klavier das Weihnachtslied »Vom Himmel hoch, da komm ich her« gespielt.

In deutschen Familien war es allgemein üblich, daß Kinder mit kostbaren Spielsachen nur an Weihnachten spielen durften. Das Jahr über lagerten sie wohlverpackt auf dem Speicher. Eine besondere Freude war es daher für Gertrud, wenn Puppenstube und Puppenküche, Erbstücke der Großmütter, vom Dachboden geholt wurden. Immer gab es zum Fest ein neues Ausstattungsstück, neue Teppiche, gestickte Vorhänge, ein winziges Telefon oder Klosett. Die alte fränkische Bauernküche, die mit Zinngeschirr und Thurnauer Keramik ausstaffiert war, hatte einen Spiritusherd, auf dem mit feiner Schrift der Name der Großmutter »Julie Böckh« stand. Gertrud stellte mit nie ermüdendem Eifer Möbel und Figuren zu immer neuen Gruppen zusammen, ließ die Hühner, die mit ihrem Käfig zur Küche gehörten, auftreten und mit den Köpfen wackeln. Die spätere Regisseurin hatte hier ein frühes Übungsfeld.

An diesen Tagen bemühten sich die Kinder, artig zu sein; zwischen den Erwachsenen herrschte angestrengte Freundlichkeit. Luise ertrug Adolfs Gesänge; er hörte ihrem Klavierspiel zu. Die Großmutter aß mit am Familientisch. Das war nicht christlich verbrämte Heuchelei, sondern Bestandteil einer altüberlieferten Festkultur. Wenn die Reissingers Weihnachtslieder sangen, Punsch tranken, den es nur in diesen Tagen gab, das Fest in der ihnen eigenen, in jedem Jahr gleichen Weise feierten, fühlten sie sich einander trotz aller Schwierigkeiten und Probleme als Familie verbunden. Daß es gelang, die Dissonanzen für einige Tage zum Schweigen zu bringen, festigte das Gefühl der Zusammengehörigkeit.

Als Erwachsene waren sich die Reissinger-Kinder einig in der Dankbarkeit gegenüber den Eltern, die sich nicht getrennt, sondern ihr schwieriges Leben ausgehalten und ihren Kindern ein warmes Nest bereitet hatten. Die Rückkehr zum Familienkrieg, der nach dem Verschwinden der Weihnachtsrequisiten wieder einsetzte, gehörte für Gertrud zu den schmerzlichen Erfahrungen ihrer Jugend.

Erleichterung herrschte, wenn Adolf auf Forschungsexpedition ging. Jeden Sommer zog er los, in den großen Ferien, aber manchmal auch noch zu anderen Jahreszeiten. Im Winter 1929/30 verschwand er für volle drei Wochen. Der Winter war ungewöhnlich kalt. Wochenlang herrschte Frost bei Temperaturen um minus dreißig Grad. Die Seen froren zu, selbst der größte, das »bayerische Meer«, der Chiemsee. Das bot Adolf die Gelegenheit, den Schlamm der Seemitte zu analysieren. Da die Weihnachtsferien für die Expedition nicht ausreichten, ließ er sich von der Schule beurlauben. Täglich wurden die Bohrgestänge und Meßapparate mit einem Pferdeschlitten auf den See gebracht. Eingefrorene Apparaturen taute er mit heißem Kaffee aus seiner Thermoskanne auf. Die Kälte schien ihm nichts anzuhaben, ja, er schien die Strapazen zu genießen. Vielleicht fühlte er sich in diesen Tagen den bewunderten Afrika-Forschern Stanley und Livingstone verwandt, deren Reisen zu den Quellen des Nils er auf einer Karte in seinem Studierzimmer mit farbigen Linien nachgezeichnet hatte.

Nach drei Wochen kehrte er mit seinen Schlammproben gutgelaunt nach Bayreuth zurück. Die tiefbraune Gesichtsfarbe, die er sich in der Winterluft auf dem See geholt hatte, trug ihm bei seinen Schülern den Namen »Sioux« ein. Bald igelte er sich in seinem Studierzimmer ein, um die Proben zu untersuchen. Darüber vergaß er für eine Weile die »minderwertigen« Kinder mit den schlechten Schulnoten und die rebellische Frau. Freilich, all seine Forschungen, der Blick in die Tiefe der Seen und der Blick in die Tiefe des Nachthimmels machten diesen Mann, der so gern ein Wissenschaftler gewesen wäre, nicht zu einem souveränen Geist.

Von nun an nahm Gertrud jede Woche in weißer Bluse und mit geknotetem schwarzen Halstuch an den Veranstaltungen einer nationalsozialistischen Jugendorganisation teil. Auch Friedelind gehörte dieser Vereinigung der »Jungmädel« an. Für die Töchter von Adolf Reissinger und Winifred Wagner war das eine Selbstverständlichkeit. »Die Nazis mit ihrem Klimbim«, sagt Gertrud heute, »gehörten zu unseren Späßen.« Sie mochten das Turnen und die Gesänge, die Trommelei und die Aufzüge, die Ausflüge, bei denen die jungen Leute am Lagerfeuer saßen, Fahrtenlieder sangen, »durch die Flamme sprangen« und dem »Führer« Treue gelobten. Die Nationalsozialisten waren Meister dieser Inszenierungen, bei denen das natürliche Verlangen von Jugendlichen nach Romantik und Abenteuer mit dem Einbleuen der nationalsozialistischen Doktrin verbunden wurde.

Friedelind war laut Gertrud in dieser Zeit eine überzeugte Nationalsozialistin, soweit ein zehn-, zwölfjähriges Mädchen eben »überzeugt« sein kann. Das gleiche dürfte dann auch wohl auf Gertrud selbst zutreffen. Die Mädchen schrieben sich in dieser Zeit Briefe, die mit »Heil Hitler!« begannen oder endeten. Friedelind kratzte gern in ihre mit Siegellack verschlossenen Briefe ein Hakenkreuz. Und doch muß man annehmen, daß dieses Gebaren oberflächlich war, die

Form eines Jugendkultes hatte, der für die Mädchen in erster Linie »eine lustige Angelegenheit« (Gertrud) war.

Der Anlaß zum Briefeschreiben war Friedelinds Aufenthalt in einem englischen Internat. Das Trio Wieland, Friedelind, Gertrud hatte dem Ende des Schuljahrs 1929 mit Bangen entgegengeblickt. Während die beiden Älteren die Versetzung gerade noch schafften, war Friedelind hängengeblieben. In Latein hatte sie eine Fünf nach der anderen geschrieben. Die Eltern beschlossen deshalb, sie aus dem humanistischen Gymnasium zu nehmen und in ein Lyzeum zu stecken. Da dort aber Englisch die erste Fremdsprache war, sollte Friedelind, um den Klassenanschluß zu finden, eine Weile in England zur Schule gehen.

Im Januar 1930 brachten die Eltern sie nach Brighouse, einem Internat in Yorkshire. Vorher indessen war es zwischen den Freundinnen zu einem Vorfall gekommen, der Gertrud wie ein Keulenschlag traf.

Es war nur ein Jugendstreich, doch für die geradlinige Gertrud war es die erste schwere menschliche Enttäuschung, die sie erlebte. Friedelind ließ in der Turnstunde eine Stinkbombe platzen. Gertrud war vorher von ihr eingeweiht worden. Der Lehrer fragte jedes der Mädchen, wer es getan habe; alle wußten Bescheid, doch keine sagte ein Sterbenswörtchen über die Täterin. Nur diese selbst gab an, als sie befragt und offenbar in die Enge getrieben worden war, sie sei zu der Tat angestiftet worden. Sie nannte das andere, stets zu Späßen aufgelegte Mädchen unter den Turnerinnen: »Gertrud Reissinger«.

Gertrud konnte solche Gemeinheit, solche Tücke nicht fassen. Sie empfand Friedelinds Verhalten als Verrat. Damit war ein Mißton angeschlagen, der fortan zwischen den beiden nie mehr zum Verstummen kam. Es widerfuhren Gertrud in den folgenden Jahren von Friedelind, später von anderen Familienmitgliedern weitere unfaßliche Bosheiten. Sie kam im Lauf ihres Lebens zu der Überzeugung, daß in diesem »tück'schen Wesen« der Wagners eine Grunddisposition des sächsischen Ahnen weiterlebte.

1930 war das Jahr zweier spektakulärer Todesfälle. Im April starb, dreiundneunzigjährig, Cosima Wagner; im August, erst sechzigjährig, ihr einziger Sohn Siegfried. Cosima wurde, ihrem letzten Willen entsprechend, kremiert, die Urne im Garten der Villa »Wahnfried« neben Richard beigesetzt. Ihrem Wunsch, die Asche ihres Leichnams über die Rosen am Grab des Meisters zu streuen, wurde – vermutlich – nicht entsprochen. Freilich: bis heute wird in der Familie spekuliert, ob das sentimentale Verlangen der großen Liebenden nicht doch heimlich erfüllt und die Urne leer beigesetzt worden ist.

Gertrud, welche die »Meisterin« nie aus der Nähe gesehen hatte, erblickte nun in den Schaufenstern der Stadt das von Trauerflor umgebene Foto, ausgelegt auf schwarzem Samt. Von der Bedeutung dieser Frau, ihrem Lebensgeschick wußte Gertrud, wußten wohl auch die Enkel und selbst die Schwiegertochter Winifred wenig. Die Tagebücher waren unveröffentlicht; ihre Tochter Eva hütete sie wie den Nibelungenhort.

Siegfried Wagner starb nach aufregenden Proben mitten während der Festspiele am 6. August. Die Hauptaufregung dürfte für den Festspielleiter der 1930 erstmals in Bayreuth engagierte, als Despot bekannte Toscanini gewesen sein. Seine Tempobegriffe wichen von denen des Regisseurs vollkommen ab. Siegfried resignierte: »Der macht meine ganze Arbeit kaputt.«

Hinzu kamen Reibereien mit der Kostümbildnerin, seiner Halbschwester Daniela. Wieland berichtet, Tante Lulu habe dem Papa die Kostüme bis zur Generalprobe nicht gezeigt – eine Geschichte, die ihm so großen Eindruck machte, daß er sie in späteren Zeiten immer wieder erzählte.

Auch mit dem Sänger des »Tannhäuser«, einem Ungarn namens Pilinszky, gab es Ärger. Jeden Tag erschien er zu den Proben mit den Worten: »Hab ich allis värgässan, Meister!«

Siegfried starb nach einem Herzinfarkt. Winifred sah als Ursache seines Todes den schweren Rotwein und die Zigaretten an, die er sein Leben lang konsumiert hatte. Wieland, Wolfgang, Verena, die wie üblich während der Festspiele an Ferienorte verfrachtet worden waren, diesmal in den Harz, trafen den Vater nicht mehr lebend an.

Selbst Friedelind, die Winifred aus England herbeigerufen hatte, wurde im Krankenhaus nicht ans Sterbebett ihres vergötterten Vater gelassen. Ein Foto hält die vier verwaisten Kinder fest. Alle tragen schwarze Trauerkleidung. Zwischen ihnen sitzt Toscanini. Es ist, als ob sie sich verschreckt nach einem Ersatzvater umsähen.

Gertrud erfuhr von diesem Tod durch die Zeitung. Sie verbrachte fröhliche Sommerferien im Haus einer Tante in Weimar. Sie war überwältigt von den neuen Eindrücken. Goethe war überall präsent; auch über Schiller und Wieland wurde gesprochen. Man besuchte die Dichterhäuser und Erinnerungsstätten. Mit den Cousinen tanzte sie den neuen Modetanz Tango. Der Ohrwurm im Haus hieß »O Donna Clara, ich hab dich tanzen gesehn, O Donna Clara, du bist wunderschön.« Darüber geriet Bayreuth in den Hintergrund.

Die beiden Todesfälle führten im Hausstand der Villa »Wahnfried« zu einschneidenden Veränderungen. Zunächst räumlicher Art. Im Obergeschoß zogen die Kinder in die Räume ein, die die Großmutter und deren Personal bisher besetzt hatten. Ihre Schlafzimmer – die der Mädchen mit Biedermeierbetten und weißem Mullhimmel, die der Jungen mit Metallbetten ausstaffiert – rahmten den Kindersaal, der wiederhergestellt worden war. Vier Lernpulte standen dort, ein bescheidenes Klavier, eine bunte Sitzgarnitur und ein langgezogener Tisch, an dem viele Freunde Platz finden konnten.

Die Wände waren bedeckt mit Bildern: Familienfotos, Zeichnungen – unter ihnen die drei Kinder Liszts von Ingres, – Gemälde, darunter Kopien der Dürerschen Apostel und der Sixtinischen Madonna. Über der Tür hing eine rundes Bronzerelief, das Siegfrieds Erzieher Heinrich von Stein zeigte. Ein Blickfang war der prächtige bunte Papagei, den Minna Wagner, Richards erste Frau, auf einen Wandschirm gestickt hatte. Fast alles in diesem Kinderreich stand in Beziehung zum Familienkult, der nun um den verstorbenen Vater erweitert und neu belebt wurde. Überall im Haus, über den Betten der Kinder ließ Winifred vergrößerte Fotos von »Papa« aufhängen. Gemeinsam besuchten Mutter und Kinder sein Grab auf dem Stadtfriedhof, und wenn irgendwo eine seiner Opern aufgeführt wurde, fuhr die ganze Familie hin.

In einem Zimmerchen im Erdgeschoß, einem ehemaligen Wirtschaftsraum neben dem Speisezimmer, schlug die neue Herrin von Bayreuth ihre Kommandozentrale auf. Es war hell und sonnig und mit Biedermeiermöbeln eingerichtet. An den Wänden hingen Kupferstiche von Piranesi, die Sessel hatten grüngestreifte Polster. Ein hoher runder Tisch war mit einer von Winifred gehäkelten Decke bedeckt. Den Schreibtisch zierten Fotos in allen Größen. Durch ein kleines quadratisches Fenster fiel der Blick zum schattigen baumbestandenen Hofgarten.

Täglich erschien hier zum Rapport der alte Christian Ebersberger, ein Faktotum aus Cosimas Zeiten; Daniela, der er das Badewasser einlassen durfte, nannte ihn »Bruder Krischan«. Er nahm Aufträge aller Art entgegen und führte sie »unentgeltlich und ehrenhalber im Dienste des Hauses« (Gertrud) aus.

Der neue technische Leiter des Festspielhauses, Paul Eberhardt aus Breslau, umdienerte militärisch zackig die neue Herrin, wobei er gern ein »Jawoll, Gnä' Frau« einstreute.

Winifred hatte eine Sekretärin engagiert, die sie in Zeiten ihrer Abwesenheit vertreten sollte. Lilo Schmidt war Schwäbin, klein, schwarzhaarig, flink. Sie hatte das Gymnasium besucht, Klavierunterricht gehabt, war gebildet und intelligent. Sie erledigte die umfangreiche Korrespondenz, nahm Winifreds telefonische Anweisungen aus der Ferne entgegen, unterrichtete sie über das, was in ihrer Abwesenheit vor sich ging. Ihre Machtposition als Vertreterin der Chefin war fast unumschränkt. Winifred war sie in blinder Bewunderung ergeben. Sie kopierte die Herrin nicht nur im Tonfall und in der Gestik, sondern trat auch sogleich in die Nationalsozialistische Partei ein.

Bei den Kindern sollte sie die pünktliche Erledigung der Hausaufgaben und das Üben auf dem Klavier überwachen. Mit den Jungen verstand sie sich hervorragend. Dem »Kronprinzen« Wieland verfertigte sie, wenn dieser Wichtigeres zu tun hatte, deutsche Aufsätze und lateinische Übersetzungen. Diese Bevorzugung trieb die boshafte Friedelind dazu, sogleich eine weibliche Gegenpartei zu gründen. Vor allem aber erwuchs der tüchtigen Schwäbin eine Gegnerin in der bisherigen Herrscherin im Kinderland, Emma. Der Kampf zwischen den beiden Frauen fand nie ein Ende. Er dauerte zehn Jahre. Emma siegte am Schluß. Lilo Schmidt starb 1940 an einer Blutvergiftung.

Winifred war viel unterwegs. Das »Neue Jahr« begann im Wagnerschen Bayreuth stets im September. Wenn die Festspiele zu Ende waren, gab es eine kurze Verschnaufpause, dann mußte man ans nächste Jahr denken. Zwar sollte das Programm 1931 dasselbe sein wie 1930, das hieß aber keineswegs, daß alles automatisch weiterlief. Nach Siegfrieds Tod waren Änderungen unumgänglich.

Selbstverständlich gab es weiterhin Treffen mit dem Freund der Familie, »Kapellmeister Wolf«. Hitler hatte der jungen Witwe aus der Ferne kondoliert. Er war gerade jetzt unabkömmlich, denn im September standen Wahlen bevor. Bei der Wahl am 14. September 1930 erfolgte jener Erdrutsch, der das Schicksal der Weimarer Republik besiegelte: die NSDAP vermehrte ihre Sitze im Parlament von zwölf auf 107. Der unaufhaltsame Aufstieg Hitlers hatte begonnen.

Dennoch oder vielmehr jetzt erst recht nahm er sich Zeit für die Familie der Wagner-Festspiele, die bei seinem Staatskult eine herausragende Rolle spielten. Zur Konfirmation von Wieland und Friedelind schickte er große Nelkenbouquets ins Haus. Winifred und die Kinder trafen sich mit ihm in Nürnberg oder in der fränkischen Schweiz zu Kaffeestunden, oder Winifred fuhr allein zu abendlichen Treffen. Sie chauffierte dabei selbst den neunsitzigen Horch, die damalige Nobelmarke, oder wenn sie allein war, ihren »Presto«, der später von einem Mercedes-Cabriolet abgelöst wurde. Auch zu Siegfrieds Zeiten war sie die Autofahrerin gewesen; sie galt als flotte Chauffeuse und verstand sich sogar auf kleinere Reparaturen.

Wenn die Mutter von den Reisen und Ausflügen zurückkam, stritten sich die Kinder darum, wer im Doppelbett neben ihr schlafen dürfe. Der Platz wurde ausgelost. Winifred und Siegfried hatten sich gerade erst ein neues Schlafzimmer eingerichtet. Es war ganz in Hellblau gehalten und mit Stilmöbeln ausstaffiert, die im Bayreuther Dialekt »Lui Kadorsch« (Louis Quattorze) hießen. Es lag zwischen dem Zimmer der Jungen und dem früheren Schlafgemach Richards und

Cosimas, dessen Möbel und Stoffdraperien – Richards geliebtem »Rosa-Atlas« – die Witwe nach dem Tod des Meisters hatte verbrennen lassen.

Winifred muß bewußt gewesen sein, daß sie für ihre Kinder einen Ersatzvater brauchte. Sie versuchte es zunächst mit einem Erzieher. An einem Wochenende im Winter traf der, ein gewisser Herr von Blücher, auf die Wagnersche Jugendmeute. Als er sich beim Tee bester Manieren und eines gehobenen Umgangstons befleißigte, erntete er Höllengelächter und ein Gewitter von Schandmaulereien. Der Nachmittag endete in einer wüsten Schneeballschlacht im Garten. Es fehlte nicht viel, und der Ärmste hätte die Flucht ergriffen. Herr von Blücher bat Winifred nach dieser Begegnung sogleich, ihn von der vorgesehenen Aufgabe zu entbinden.

Bei diesem Vorstellungsgespräch, dessen Ende die Kinder – auch Wolfgang und Verena, die inzwischen ebenfalls die farbigen Mützen der Gymnasiasten trugen – als Erfolg werteten, war eine Zeugin zugegen, die nicht zur Familie gehörte: Gertrud Reissinger. Es war ein Samstag oder Sonntag, und diese Nachmittage verbrachte sie nun immer häufiger in der Villa »Wahnfried«.

Nach Siegfrieds Tod war Wieland auf Gertrud, obwohl sie beide noch nicht einmal vierzehn Jahre alt waren, zugegangen. Man zögert, das, was geschah, mit einem eindeutigen Wort zu benennen. Es war kein »Frühlingserwachen«, kein plötzlicher, frühreifer Ausbruch eine pubertären Sexualität. Natürlich stellt sich rasch das Wörtlein »sich verlieben« ein, doch es ist zu leichtgewichtig. Und »Liebe«, dieses Wort, hätten die beiden mit einer gewissen Scheu von sich gewiesen. So hielten sie es eigentlich ihr Leben lang mit diesem Wort, das sie sehr selten nur, aufeinander gemünzt, benutzten.

Das Ereignis hat etwas Geheimnisvolles, Magisches. Gertrud sprach später darüber immer so: »Wieland griff nach mir. Ich wurde ergriffen.« Und fuhr fort: »Ich wurde gebraucht.« Man muß nicht weiter suchen. Diese Sätze sind der Schlüssel zu dem Geheimnis eines Lebens zu zweit, das durch alle Wirrnisse bis zu Wielands Tod anhielt.

Es muß bei Wieland wie ein Blitzstrahl gewesen sein; in seltener Hellsicht erkannte er, daß dieses junge Mädchen der einzige Mensch sei, der ihm über die dunklen Barrieren seines Wesens, soweit das überhaupt möglich war, hinaushelfen, ihm bei der lastenden Verpflichtung gegenüber der Zukunft zur Seite stehen könne. Vielleicht war es der einzige wahrhaft instinktive Entschluß, den er je gefaßt, und gewiß das Klügste, was er je im Leben getan hat. Sein ganzes Leben war ihm der 14. September, der Tag, an dem er Gertrud entdeckt hatte, ein besonderes Gedenken wert.

Und Gertrud, die rebellierende, selbstbewußte, die bereits ihren Berufsweg deutlich vor sich liegen sah, sie antwortete darauf, wie ihre zum Dienen, zum Magdtum geneigten und erzogenen Tanten es getan hätten: sie verweigerte sich nicht. »Ich wurde gebraucht, ich wollte ihm helfen« – das wurde, bei aller Selbständigkeit, zum Motto ihres Lebens.

Sehr viel später, in den Jahren nach Wielands Tod, gab sich Gertrud Rechenschaft über ihre damalige Reaktion. Am 1. März 1976 schrieb sie an den Sänger Walther Fritz, Wieland habe von Kindheit an unter dem »irrsinnigen inneren Druck seines Über-Ich« gestanden und habe gelitten unter der »Last des Übernehmens einer Rolle, die er bewußt schon sehr früh übernahm. Und ich übernahm es damals (mit viel innerem Kummer) dieses ihm selbst unverstandene Zuviel mitzuleiden.«

Betrachtet man Fotos der beiden aus jener Zeit, so fällt ein Zug der Anspannung, des Ernstes auf, der über ihren jungen Gesichtern liegt. Ein Ernst freilich, der in den kommenden Monaten in Entspanntheit, in Heiterkeit, in Freude umschlägt. Gertrud, das kluge, wache Gesicht noch von Zöpfen eingerahmt, strahlt; der finstere Wieland, der langsam schlanker wird, dessen Gesicht Konturen annimmt, lächelt. Es ist ein seltener Glücksfall, daß diese Verwandlung in einer reichhaltigen Serie von Fotografien festgehalten ist.

Daß der scheue Wieland sich überhaupt getraute, an seine Klassenkameradin heranzutreten, sie ins Visier seines Interesses, seines Blicks zu nehmen, hing mit einer technischen Erfindung zusammen, der Baby-Box, einer handlichen, das private Fotografieren ermöglichenden Kleinkamera. Ihren beiden ältesten Kindern hatte Winifred sogleich nach Siegfrieds Tod, vielleicht als tröstende Ablenkung, einen solchen Fotoapparat geschenkt. So wie Friedelinds Fahrrad

Gertrud mit Friedelind am 14. September 1930

Gertrud vor drei Jahren das Tor nach »Wahnfried« geöffnet hatte, so brachte sie jetzt die Kamera in Wielands Nähe.

Der Tag, an dem Wieland Gertrud »entdeckte«, ist genau zu benennen. Es war der Wahltag, der 14. September 1930. Das Ende der Schulferien in Bayern war gekommen. Gertrud stand an einem Fenster der elterlichen Wohnung, von wo man den Rummel auf dem Markt überblicken konnte. Wagen, auf die Plakate mit Wahlslogans montiert waren, fuhren vorüber; Nationalsozialisten trieben eine Kuh vor sich her, die ein Schild umhängen hatte mit der Aufschrift: »Ich wähle SPD«.

Und plötzlich sah die Beobachterin am Fenster unten ihre Wagner-Freunde, beide in Trauerkleidung; Friedelind, im schwarzen

Georgettekleid und einer breitkrempigen »Cloche« auf dem Kopf, schritt dahin, als sei sie die Witwe Siegfrieds höchstselbst. Wieland hatte um die rote Gymnasiastenmütze einen Trauerflor geschlungen. Beide trugen die Fotoapparate in der Hand. Man winkte sich zu; Gertrud wurde bedeutet, herunterzukommen, was sie tat, nachdem sie sich, von Friedelinds Anblick dazu ermuntert, »fein« gemacht hatte. Sie trug ein geblümtes rotes Seidenkleid mit einem großen weißen Kragen, das ausnahmsweise nicht die Hausschneiderin gemacht hatte, sondern ein Modell aus dem Modehaus Zumtubel war, Seidenstrümpfe, die sie aus der Kommode der Mutter »entliehen« hatte, und elegante Riemchenschuhe.

Der Anblick muß Wieland aus seinem bisherigen Kinderschlaf gerissen haben. Der Junge, zu Hause von einer statuösen Mutter, einer trampelhaften älteren, einer spillerigen jüngeren Schwester und geschlechtslosen Dienerinnen in Weiß oder Schwarz umgeben, sah plötzlich: eine Frau. Gertrud, sportlich durchtrainiert, gut entwickelt, muß in dieser Aufmachung trotz ihres jugendlichen Alters von dreizehneinhalb Jahren eine durchaus erotische Ausstrahlung gehabt haben. Ein Foto, briefmarkengroß, wie die Abzüge der Baby-Box eben waren, hält den Anblick fest. Als Gertrud den Fotografen wenig später fragte: »Warum hast du dich eigentlich plötzlich für mich interessiert, wir mochten uns doch gar nicht«, antwortete er knapp: »Deine schönen Beine!«

Es wurde viel fotografiert an diesem Wahltag, vor allem Litfaßsäulen und die Wagen, die für die »Liste 9«, die Nationalsozialisten, warben. »Bayreuth wählt deutsch! Wählt Liste 9« stand da zu lesen, darüber hing die rote Fahne mit dem Hakenkreuz. Das Foto, das Gertrud in ihrer eleganten Aufmachung festhält, war vor einem Plakat aufgenommen, auf dem zu lesen stand: »Deutschland erwache!«

Es fällt auf, daß diese ersten Fotos Gertrud selten alleine zeigen. Offenbar brauchte der Fotograf die Schwester daneben, um den Blick auf Gertrud zu wagen. Und wenn er sie überhaupt einmal allein aufnimmt, fotografiert er sogleich auf einem zweiten Bild Friedelind in der gleichen Stellung.

Er hielt die Mädchen in allerlei Unsinnsposen fest. Sie strecken die Zunge heraus, ziehen Grimassen, sie halten, was wohl offiziell ebenso verboten war wie die ungezogenen Gesten, Zigaretten zwischen den Lippen. Neben den Jugendscherzen gibt es Fotos, die zeigen, wie sehr die areligiöse, pronazistische Indoktrination der Elternhäuser die jungen Leute beeinflußt hat. Sie knien auf dem Boden, die Hände spöttisch gefaltet, sie liegen in Gebetshaltung auf der Erde. Auf einer Aufnahme – immer aus dem September 1930, Friedelind noch in Trauerkleidung – recken beide den Arm stramm zum Nazigruß. Vom Dezember dieses Jahres gibt es ein in der Wohnung der Familie Reissinger entstandenes Foto, das Gertrud im Kreis ihrer jüngeren Geschwister zeigt, den »Stürmer« lesend.

Die jetzt häufigen Besuche der beiden Wagner-Kinder fanden die volle Billigung des Ehepaars Reissinger. Adolf hatte in Richard Wagner seinen antisemitischen Vordenker gefunden; Luise, die keine Anhängerin seiner Musik war, konnte doch nicht den großen Komponisten verkennen. Der Hausherr machte mit »Maus«, die er zum Vergnügen der Kinder stets »Friedelinde« nannte, seine humoristischen Späße, sprach mit ihr als Gesinnungsgenossin, wobei sie gerne mittat. Zu Wieland war das Verhältnis distanzierter. Der Junge äußerte keine Sympathien für die Nationalsozialisten. Vom Mathematiklehrer Reissinger erhoffte er sich Aufklärung und Nachhilfe für ein Lernfach, das für ihn immer ein verschlossenes Buch blieb und das er nur mit Hilfe ständigen Nachhilfeunterrichts bewältigte.

Adolfs Bemühungen, den beiden Kindern, Gertrud und Wieland, die bei ihm am Schreibtisch saßen, ein bißchen Mathematik beizubringen, blieben ohne Erfolg. Nach solcher Mühsal saßen die beiden allein in Luises Salon, wo es zum Tee selbstgebackene, dick mit Butter bestrichene Salzstangen gab. Anschließend wurde dann ein bißchen fotografiert. Das Fotografieren wurde von jetzt an zu Wielands großer Leidenschaft, und Gertrud war, bis zum Tag, da er die Kamera aus der Hand legte, sein eigentliches Sujet, sein Modell, seine Obsession.

Das Mädchen begriff anfangs kaum, was da vor sich ging. Sie war ein bißchen geschmeichelt und über manches, das ihr neu war am »Wagner Wieland«, verwundert. Manchmal in der Schule kehrte er, der in der ersten Reihe saß, sich nach ihr um und lächelte ihr zu.

Während Gertruds Noten immer schlechter wurden – sie lernte einfach nichts –, wurden die seinen, von Mathematik abgesehen, immer besser. Bisher in Latein auf Fünf stehend, schrieb er nun, zur Verblüffung der ganzen Klasse, eine Eins. Nur im Zeichnen und Singen schnitt Gertrud besser ab. Trotz aller Bewunderung für die Freundin konnte Wieland es kaum verwinden, daß ihre Zeichnung einer Architekturfassade als beste Arbeit in einer Vitrine des Zeichensaals ausgestellt war und seine nicht.

Er war Gertrud gegenüber eine nachtragende Natur, nahm übel, neigte zum Schmollen. Als die Freundin an einem Sonntag nachmittag dieses Herbstes statt nach »Wahnfried« zu kommen, zu einem »Kränzchen« mit Schulfreundinnen ins Café »Jean Paul« ging, bestrafte er sie mit tagelangem Schweigen. Gertrud, erschrocken und schmerzlich berührt, konnte diese übertriebene Reaktion nicht verstehen. So lernte sie schon früh Wielands ungute Seiten kennen, Konkurrenzdenken, plötzlich aufschießender Ehrgeiz, wenn es um künstlerische Dinge ging, Gekränkt- und Beleidigtsein, was der Freundin Schuldgefühle auferlegte, ein Verhalten, das sie als ungerecht empfand und nicht billigte.

Hätte sie weggehen können? Wollte sie es noch? Immer häufiger erscheint auf den winzigen Abzügen, die man mit der Lupe betrachten muß, das Paar Wieland und Gertrud. Auf dem ersten, von Friedelind aufgenommenem Foto sitzen sie auf einer weißen Bank, mit viel freiem Raum zwischen sich, obwohl das unpraktisch war, denn Wieland erklärt auf dem Bild Gertrud das Funktionieren der Kamera. Vom selben Tag – man erkennt dies an der Kleidung, die beide tragen – gibt es eine Aufnahme, wo sie dicht nebeneinander stehen. Während Gertrud etwas verschämt in die Linse blickt, wirkt der Junge entschlossen und selbstbewußt. Von Anfang an gibt es diese Aufnahmen des Paars. Fast immer blickt Gertrud frontal in die Kamera, während Wieland häufig im Profil zu sehen ist. Er betrachtet das Mädchen, lächelnd und glücklich, als blicke er auf einen Schatz, den er lange gesucht und nun gefunden habe.

Gertruds Verlegenheit weicht bald dem ihr eigenen natürlichen Selbstbewußtsein. Immer häufiger erscheint sie allein auf den Fotos, ohne Friedelind, mit verträumt-keckem Lächeln unter der Schüler-

Wieland und Gertrud

mütze, bald im Freien, bald in den Räumen von »Wahnfried«, mit
Buch und am Klavier und einmal sogar in Wielands Metallbett, tief
in den Pfühlen vergraben, daß man nur Gesicht und Zöpfe sieht.
Das nächste Foto der Sequenz, von Gertrud aufgenommen, zeigt
Wieland, keck aus den Kissen lächelnd, im selben Bett. Beide Kinder
spielten vorlaut und unwissend mit einem Feuer, das sie noch nicht
kannten.

Die Fotos wurden von Wielands Gönner, dem »Willi« im Fach-
geschäft Foto-Binder, in der Richard-Wagner-Straße entwickelt. Das
Taschengeld des Jungen – fünfzig Pfennig pro Woche – reichte nicht
aus, um die üppige Ernte einzubringen. Der gutmütige Willi betrachtete es als Ehre, für die Familie Wagner tätig zu sein, und gab großzügig Rabatt.

Bald richtete Winifred ihrem Ältesten eine eigene Dunkelkammer
im Haus ein, wo er seine Filme selbst entwickeln konnte.

Im Herbst 1930 – das zeigen die Fotos – ging mit dem bisher oft
so finster blickenden Jungen eine Veränderung vor sich. Er wirkte
plötzlich wie befreit. Unter dem Tod des Vaters scheint er wenig gelitten zu haben. Im Gegenteil, er trat nun aus dessen Schatten heraus.
Er war nicht mehr bloß der Erbe, er war der Nachfolger. Nicht ohne
Absicht steckte ihn die Mutter, wie die Fotos zeigen, in die teuren

102

Kaschmirpullover des Vaters. Oft fotografierte er das Festspielhaus. Auf einem der Fotos liegt es am Ende einer langen, entlaubten Allee – noch in einiger Ferne.

Wieland bemühte sich um die Mutter. Er überraschte sie mit Fotos oder kleinen Zeichnungen von Siegfrieds Grab, er übte des Vaters Kompositionen am Klavier. Gertrud erklärte er, in der schroffen Art, die immer wieder hervorbrach, er werde nur eine Frau heiraten, die so schön sei wie seine Mutter. Gertrud, die nicht im Traum daran dachte, sich mit Winifred zu messen, verstand das als Abweisung, und so war es auch gemeint. Wieland hatte eine panische Angst vor der Ehe. Doch Ehe war für die Kinder etwas so Abstraktes, so Fernes, daß ein solcher Ausspruch ihr Beisammensein nicht trübte. Immer mehr suchten sie die Nähe des andern, ohne daß ein Dritter zugegen war. Viel List verwendeten sie darauf, Friedelind abzuschütteln.

Im Kindersaal saßen sie dann beieinander. Und nun kam ein anderes Element hinzu, das sie verband, neben der Kamera: die Musik. Im Haus Wagner war man, was die Technik betraf, immer höchst fortschrittlich gewesen. Seit neuestem gab es hier einen großen schwarzlackierten Kasten, ein Grammophon, und es gab, soeben erst aufgenommen, Platten des »Tannhäuser«. Diese Musik gemeinsam zu hören, war das erste ganz große Glück der beiden. Stets empfanden sie von nun an den »Tannhäuser« als ihr Stück. Es sollte ihr Leben durchziehen wie ein Leitmotiv.

Der Winter kam. Winifred und die Kinder fuhren, wiederum technisch und sportlich avanciert, zum Skilaufen in die Schweiz. Für die Wagnerkinder war es die erste Auslandsreise. Alle vier trugen die gleichen dunkelblauen Skianzüge, dunkelblaue Mützen, bunte »Norwegersocken« und die damals üblichen Schnürstiefel mit eckigen Kanten. Beim Skikurs gewann Wieland den Slalom.

Gertrud, der dies alles nach der Rückkehr von den Freunden berichtet wurde, lief derweil an der Hand eines rotbemützten Klassenkameraden Schlittschuh auf den zugefrorenen fränkischen Weihern. Sie trug dabei ein Kleid und gestrickte Strümpfe, was Wieland bald darauf mit dem Fotoapparat festhielt.

An ihrem vierzehnten Geburtstag, dem Silvestertag 1930, war für sie ein Geschenk abgegeben worden. Der Name des Gebers war nirgends vermerkt. Es war ein Glückszeichen, ein Marzipanschweinchen mit einem Kleeblatt in der Schnauze. Gertrud wußte, von wem es kam.

Jugendfreuden, Jugendleid

Von nun an gehörte Gertrud zum engeren Zirkel der Familie Wagner. Sie war von Winifred als Hausfreundin und »ständige Begleiterin« ihrer beiden ältesten Kinder gleichsam akkreditiert. Auch Gertrud bewunderte Winifred jetzt so rückhaltlos, wie Wieland es tat. Die Hausherrin, die gern und viel redete, am liebsten von sich selbst, war gegenüber dem jungen Mädchen immer gleichbleibend freundlich, sie erzählte der ihr gern lauschenden Zuhörerin manches, vertraute ihr Erinnerungen an, gab Lebensgrundsätze an sie weiter. Gertrud hörte im Unterschied zur vorlauten Friedelind mit ihrem frechen Mundwerk einfach zu.

Sonntags begleitete sie die Familie auf ihren winterlichen Spaziergängen, bei denen Winifred in einer dreiviertellangen Lammfelljacke, einer eng anliegenden Kappe auf dem Kopf, ihrem Kinderclan wuchtig und energisch voranschritt. Die Spaziergänge zwischen Mittagessen und Tee, der pünktlich um vier Uhr eingenommen wurde, waren notwendig. Bei Wagners wurde kräftig gegessen. Ein Lieblingsausspruch Siegfrieds, der in der Familie viel zitiert wurde, lautete: »Winni, friß nicht so viel!« Da die Mutter gern aß, wurden auch die Kinder zum Zulangen angehalten. Ein ganzer Knackwurststring für jedes Kind zum Abendbrot war nichts Außergewöhnliches.

Oft war Gertrud durch ihre jüngeren Geschwister behindert, auf die sie sonntags, wenn Anni Ausgang hatte, aufpassen mußte. Dann nahm sie den Kinderwagen mit dem Jüngsten einfach mit in die Villa »Wahnfried«. Manchmal begleitete Wieland sie bei diesen verhaßten Spaziergängen mit den Kleinen. Eine Aufnahme, die wie die Vorwegnahme eines Familienfotos wirkt, hält eine solche winterliche Promenade fest: Gertrud mit drei Geschwistern und Wieland auf dem Eis. Er hat sich bei ihr eingehängt und sieht sie lächelnd von der Seite an, während Gertrud, der die Kinderbegleitung sichtlich peinlich ist, unwirsch zu Boden blickt.

Sie hatten jetzt immer häufiger den Wunsch – er ging von Wieland aus –, allein zu sein. Keines der beiden Kinder hatte eine andere feste Freundschaftsbeziehung. Wer noch ein wenig zählte, war Friedelind, doch mehr und mehr bemühten sie sich, die »Maus« bei ihren Spaziergängen loszuwerden. Sobald der Nachmittagsunterricht zu Ende war, eilten sie in den Hofgarten, der nur spärlich erleuchtet war. Sie taten nichts anderes, als dort, Schulter an Schulter, nebeneinander zu gehen und sich zu unterhalten, über die Lehrer, die Geschwister, die Eltern. Kaum über sich selbst. Auf dem Eis liefen sie, sich an den Händen haltend, im gleichen Bogenschwung Schlittschuh. Sie sprachen nie von Liebe. Sie genossen es, beieinander zu sein. Vielleicht ahnten sie, daß sie einander für immer gefunden hatten. Auf einem Schlittschuhfoto fliegt der noch vor kurzem so gehemmte Junge mit ausgebreiteten Armen übers Eis, genau auf seine Fotografin zu. Gertrud: »Das Paar-Gefühl wurde zu unserer geheimen Lust.«

Dabei fühlte Gertrud, die keinesfalls ein frühreifes Mädchen war, sehr deutlich die Lebensschwere dieses Jungen, der sie in Beschlag nahm, auch seine Hemmungen, die sich auf sie übertrugen. So waren die beiden bei allem Zauber der ersten Liebe auch verstört und unberaten dem Rätsel ihrer unerkannten Individualitäten ausgeliefert.

Bei einem ihrer Spaziergänge wurden sie am Rand der Altstadt von einem Schneeschauer überrascht. Der Schnee löschte die Umwelt aus, nichts war zu sehen, kein Haus, kein Baum, kein Mensch. Die Kinder drängten sich aneinander, der Schnee hüllte sie ein. Das machte Gertrud mutig. Sie küßte Wieland »herzhaft«. Auf dem Nachhauseweg sprachen sie nicht darüber. Das Mädchen fühlte sich beschwingt, als ob es etwas Gutes gefunden hätte.

Am nächsten Tag auf dem Schulweg war Wieland verschlossen und schweigsam. Auf Gertruds drängende Frage, was er denn habe, kam der gepreßte Satz: »Bekommen wir nun ein Kind?« Gertrud beruhigte ihn, von einem Kuß gebe es keine Kinder. Aber die Hauptfrage, woher denn die Kinder kämen, konnte auch sie nicht beantworten.

Gertrud tat zu Hause, wenigstens oberflächlich, was man von ihr erwartete. Doch innerlich befand sie sich gegenüber ihrer Familie im Zustand der Rebellion. Mutter und Großmutter, die stundenlang miteinander sangen und musizierten, fand sie lächerlich. Und der Vater wurde immer unerträglicher. Sein Naziwahn nahm zu. Er las jetzt vor allem Bücher, die beweisen wollten, daß Christus nicht gelebt habe oder daß er, falls er doch gelebt habe, kein Jude gewesen war.

Adolf Reissinger publizierte inzwischen in allerlei braunen Blättern. Seine Aufsätze trugen Überschriften wie: »Von der evangelischen Kirche und der Judenfrage«; »Der Weltkönig aus dem Hause David und die Freimaurerei«; »Jüdische Weltherrschaft und Papsttum nach den Protokollen der Weisen Zions«; »Das jüdische Welträtsel«.

Als echter Gläubiger war er stolz darauf, wenn er deswegen angefeindet und als »Studienprofessor Unrat« verspottet wurde. Seiner bürgerlichen Umwelt, den reaktionären Kollegen, den evangelischen Pfarrern, die immer noch am Alten Testament festhielten, fühlte er sich als Repräsentant einer neuen Zeit überlegen. Wenn auf der Straße die Trommeln ertönten, verließ er, mit Hut und Stock, seine Studierstube, um sich den Marschierenden anzuschließen.

Der von tiefen Ressentiments erfüllte Mann, der sich in seiner Gesellschaftsschicht stets als Außenseiter gefühlt hatte, dessen Forschungen die Universitätsprofessorenschaft schweigend überging, glaubte, in der SA eine Heimat gefunden zu haben. Schon immer hatte er sich unter »von Bildung nicht verbogenen« Menschen, etwa den Handwerkern der Schlosserei, die seine Apparate anfertigten, am wohlsten gefühlt. Diese Männer hatten zu ihm aufgeblickt, bei ihnen hatte er Anerkennung gefunden. Obwohl er von Natur aus kein Enthusiast für Uniformen war, zeigte er sich nun seiner Familie in der Uniform der SA. Zu Hause freilich fand man ihn lächerlich und war über seine Verbohrtheit entsetzt.

Gertruds Verhältnis zum Vater war in diesem Winter auf dem Tiefpunkt angelangt. Die Bitte um ein Paar Ski hatte er kategorisch abgeschlagen. Er selbst war nie Ski gelaufen; er fand es also überflüssig. Wenn er auf Expedition ging, bewegte er sich auf »Schneereifen« durch die Landschaft, die er als vollkommen ausreichend empfand.

Doch das war noch das wenigste, was er Gertrud antat. Er, der in tiefer Fehde mit dem Christentum seiner Familie lag, nahm sich heraus, Gertrud buchstäblich in die Kirche hineinzuprügeln.

Der Anlaß war die bevorstehende Konfirmation. Obwohl es in Gertruds Elternhaus keinerlei »gelebten Glauben« gab, der Vater nie, die Mutter nur am Karfreitag zur Kirche ging, mußte sich das Mädchen konfirmieren lassen.

Es verwundert nicht, daß ihr der Konfirmandenunterricht und die sonntäglichen Gottesdienste völlig fremd blieben, zumal der Pastor der gotischen Stadtkirche, Pfarrer Klein, ein kalter, starrer Mann war, der seine Schüler mit dem Auswendiglernen von Katechismussätzen drillte. Er war nicht in der Lage, sie ihrem Verstand und Gefühl, ihrer Vorstellungswelt nahezubringen. Gertrud, der das Stillsitzen noch immer Mühe machte, verabscheute den Gemeindegesang, die mehr als einstündige Predigt, die eintönigen Unterrichtsstunden. Fragen der Schüler waren nicht zugelassen, Erklärungen wurden nicht gegeben. Aufgrund des auswendiggelernten Katechismus hatten die Konfirmanden zu »glauben«.

Was die anderen nicht zu tun wagten, tat Gertrud. Sie sagte dem Pfarrer ohne jegliche Zerknirschung und im Beisein ihrer Mitkonfirmanden, sie sei nicht imstande zu »glauben«; sie wisse nicht, warum es so sei, aber es sei eben so. Pfarrer Klein, statt sich zu fragen, ob er vielleicht etwas falsch gemacht habe, reagierte wie ein Tyrann. Er wies das Mädchen aus dem Raum, damit sie »in sich gehe«. Gertrud reagierte in der ihr eigenen Art. Sie besuchte nicht länger den Konfirmandenunterricht und ging sonntags nicht mehr in die Kirche. Vor den Eltern hielt sie das verborgen. Beim Läuten der Glocken trat sie, sonntäglich gekleidet und mit dem Gesangbuch in der Hand, aus dem Haus, mischte sich unter die Kirchgänger, begab sich aber, statt ins Gotteshaus, zu ihrem Freund nach »Wahnfried«.

Selbstverständlich flog die Geschichte bald auf. Der Vater verprügelt das vierzehnjährige Mädchen mit dem bewußten Lineal, das stets griffbereit über seinem Schreibtisch hing. Die Schläge bekam Gertrud wegen zweifacher Missetat. Sie hatte das Gebot des Vaters mißachtet, und sie hatte gelogen.

Das schlimmste Strafgericht entlud sich, als bald darauf Pfarrer

Klein zu einem offiziell angekündigten Besuch erschien, um mitzuteilen, daß er das Mädchen nicht konfirmieren könne. Der Vater reagierte auf diese in seiner »Familie nie vorgekommene Schande« mit einem Tobsuchtsanfall. Er verprügelte Gertrud so heftig, daß das Lineal in drei Stücke zersprang. Die Mutter, die auf das Wut- und Schmerzgeschrei herbeieilte, war fassungslos. Sie nahm die Bestandteile des Lineals als Beweisstücke für die körperliche Mißhandlung an sich, die sie bei der Polizei anzeigen wollte.

Adolf ließ sich dadurch nicht abhalten, ein neues, kräftigeres Lineal mit scharfen Kanten anzuschaffen. Und da Gertrud zwar in den Konfirmandenunterricht zurückkehrte, nicht aber in den sonntäglichen Gottesdienst, wurde weiter geprügelt. Der Vater nahm für seine Strafaktionen, was ihm in die Hände kam: das Lineal und die Bilder, die er von den Wänden riß. Das Glas und den Rahmen einer Dürerradierung – sie stellte einen Christuskopf mit Dornenkrone dar – zerschlug er an seiner Tochter.

Die Mutter ging nicht zur Polizei, und Gertrud gab nicht nach. Als das Kind den Vater schließlich anschrie, warum sie zur Kirche gehen müsse, während er selbst nicht hingehe, brüllte er: »Aus ethischen Gründen.« Nachdem er etwas ruhiger geworden war, setzte er hinzu, er sei seit seinem zwanzigsten Lebensjahr »mit dem Christentum fertig«, seiner Familie zuliebe aber nicht aus der Kirche ausgetreten.

Gertrud haßte nun den Vater offen und hinterging ihn, wo sie nur konnte. Die Mutter ließ ihr ein hübsches schwarzes Seidenkleid für den Tag der Konfirmation schneidern. Aber als der Tag, der 29. März 1931, gekommen war, begleiteten weder Vater noch Mutter sie zu der Zeremonie. Als sie allein aus der Haustür trat, traf sie zu ihrer Überraschung auf ihren feierlich dunkelblau gekleideten Freund, der mit ihr in die Kirche ging. Verlegen sagte er, er wolle nur wissen, wie das sei, denn im nächsten Jahr sei ja er an der Reihe. Wie immer hatte Wieland sein Lieblingsrequisit dabei. Seiner Kamera verdanken wir das Konfirmationsfoto des Mädchens, das ohne alle familiäre Begleitung zur Zwangskonfirmation geschickt wurde. Sie lächelt freundlich. Onkel Gottfried und Tante Else schenkten ihr eine Bibel mit der Widmung: »Der lieben Gertrud Reissinger zur Erinnerung an ihre

Gertrud als Konfirmandin,
1931

Confirmation und zum fleißigen Gebrauch.« Auf dem Foto ist dem Mädchen nichts anzusehen von den Demütigungen dieser Zeit.

Es gab nämlich noch einen anderen gravierenden Schlag in diesen Wochen. Adolf Reissinger hatte dafür gesorgt, daß die Gymnasialprofessoren des Christian Ernestinum seine Tochter nicht versetzten. Es stimmte ja, »ihr Betragen zog ihr manchen Tadel zu«, wie im Zeugnis zu lesen ist, und ihre Leistungen waren ungenügend. Gertrud interessierte sich einfach nicht für die Schule, ihr Kopf war voll mit Tanz, Fotografie und Wieland. Die Mutter, die das Unglück kommen sah, ließ ihr heimlich Nachhilfeunterricht in Latein, Griechisch, Mathematik geben. Doch der Vater verlor die Geduld. Ohne mit der Mutter zu sprechen, ging er zu seinen Kollegen ins Gymnasium und sagte: »Schmeißt sie durch.« Gertrud die Klasse wiederholen zu lassen, ihr eine Chance zu geben, kam ihm gar nicht in den Sinn. Sein Tun mutet an wie Rache. Auch die Mutter empfand es so; mit ihr kam es zu fürchterlichen Szenen.

Nun mußte eine neue Schule gefunden werden, denn die mittlere Reife sollte die Tochter immerhin erwerben. In Frage kam nur die Höhere Handelsschule. Dorthin wurde Gertrud geschickt. Die Schülerin, die nun statt des roten Bandes ein violettes an der Mütze trug, fühlte sich degradiert. Sie rümpfte die Nase über die Kinder der Geschäftsleute, die jetzt ihre Mitschüler waren. Eine Zeitlang spielte sie die Rebellin. Sie gab bei Schularbeiten leere Blätter ab, wehrte sich weinend gegen den Unterricht in Maschineschreiben, versuchte durchzufallen.

Doch in dieser Schule gab es auf einmal statt der verknöcherten Gymnasialprofessoren verständnisvolle Lehrer, die das Spiel des renitenten Teenagers durchschauten. Es müssen außerordentliche Lehrer gewesen sein, gelang es ihnen doch, das Interesse des Mädchens am Lehrstoff zu wecken. Fast über Nacht begann Gertrud, sich für den Unterricht zu interessieren. Sie bekam auf einmal gute Noten, in Englisch und Französisch, in Deutsch und Geschichte; mit Begeisterung schrieb sie Aufsätze. Das Kaufmännische dagegen lag ihr nicht. Auch mit ihren Mitschülern freundete sie sich nicht an. Jeden Morgen nach halb acht traf sie sich mit Wieland, der nun einen anderen Schulweg ging, um die Freundin wenigstens ein Stück weit begleiten zu können. Meistens sprachen sie dabei nichts; es genügte ihnen, nebeneinander herzugehen.

Wenn das Wetter schön war, radelten die beiden am Nachmittag hinaus in die liebliche fränkische Landschaft. Wieland hatte nicht nur die Kamera dabei, sondern auch Pinsel und Malkasten. Anregungen zum Malen hatte ihm ein Freund des Vaters, der Kunstmaler und Jugendstilzeichner Franz Stassen, gegeben. Stassen war nach Siegfrieds Tod allen vier Kindern wegen seines Humors und seiner Herzlichkeit ein geschätzter und geliebter Vaterersatz. Bei Wielands Konfirmation war er es, der den Jungen zusammen mit Winifred zur Kirche begleitete. Seine Erinnerungen an Siegfried brachte er später, auf Wielands Bitte hin, zu Papier.

Stassen, ein strammer Anhänger Hitlers, machte in diesem 1942 publizierten Buch, das eine Hagiographie ist, Siegfried Wagner zu einem Vorläufer und Sympathisanten des Nationalsozialismus. Das war ad usum Delphini gedacht. So sollte dieser den Vater sehen. Ihm war Stassen, der in Berlin sein Atelier hatte, besonders zugetan. Er war es, der entscheidend dazu beitrug, daß Wieland sich später zum Studium der Malerei entschloß.

Im Sommer 1932 war diese Neigung gerade erst dem Keim entschlüpft. Wieland knüpfte an den künstlerischen Dilettantismus seines Vaters an. Er pinselte Motive der Natur, und Gertrud saß oder lag dabei stundenlang neben ihm im Gras. Sie las nicht, sie machte keine Handarbeiten. Sie war einfach da und sah ihm zu. Auch dabei sprachen die beiden kaum. Das Einverständnis zwischen ihnen war bei diesen Sommerausflügen der frühen dreißiger Jahre so tief, das Glück der Zweisamkeit so groß und leichtbeschwingt, wie es später, als das Leben in seiner Kompliziertheit sie umfing, nie mehr sein konnte.

Zu Hause versuchte sich Wieland in der Figurenmalerei. Ein paar Fotos von den damaligen Versuchen haben sich erhalten: Nymphen, von denen die Hauptfiguren – stets nackt und in Rückenansicht wiedergegeben – immer Gertrud ähneln. Sie stehen in arkadischen Landschaften, an Gewässern, vor dem sie zurückscheuen, was nicht verwundert: am gegenüberliegenden Ufer lauert ein häßlicher Faun. Es gehört nicht viel psychoanalytische Kenntnis dazu, um dieses dunkle Wasser als die gefährlich lockende Sexualität zu deuten, welche für die beiden, so nahe sie einander waren, ein absolutes Tabu darstellte.

Die frontal wiedergegebenen Nymphen versah der junge Maler mit kreisrunden, wie mit dem Zirkel gezeichneten Brüsten. Als Gertrud ihn darauf hinwies, daß die weibliche Anatomie anders beschaffen sei, antwortete er: »Woher soll ich's wissen?« Gertrud beschloß, sachlich und völlig unerotisch, ihm Nachhilfeunterricht zu geben. Die Sache wurde abgesprochen: in der Badeanstalt, in der abgelegensten Ecke des Geländes, würde sie das Oberteil ihres Badeanzugs herunterrollen, er würde sein Modell fotografieren und fortan mit den Fotos arbeiten.

Es geschah, wie es abgemacht war.

Indessen, die beiden wurden bei ihrem unschuldigen, sachlichen Tun beobachtet. Als sie am nächsten Tag an der Kasse des Freibads erschienen, wurde ihnen der Eintritt verwehrt: »Ihr wißt wohl, warum – so was gibt's bei uns nicht!« Die beiden waren wie vom Donner gerührt, sie begriffen nichts.

Bald flog das Gerücht, daß der Wagner-Sohn mit einem Mädchen im Schwimmbad Unzucht getrieben habe, durch die Stadt. Es schürte das alte Ressentiment der Bürger gegen die Künstlerwelt der Wagners. Winifred, die auf Bayreuther Gerüchte nichts gab, ging auf den Vorfall mit keinem Wort ein. Und Luise glaubte der Tochter, die ihr die Sache berichtete, so wie sie sich abgespielt hatte. Der Vater erfuhr davon zum Glück nichts.

Doch Emma, die dem jungen Mädchen nie über den Weg getraut hatte, sah auf einmal ihren Liebling Wieland in Gefahr. Sie zögerte nicht, ihn nach außen ostentativ zu verteidigen. Sie eilte zur Badeanstalt, um den Leuten dort »die Meinung zu sagen«; sie erklärte, daß Wieland »nichts getan« habe, daß er allenfalls verführt worden sei. Die Verführerin aber betrachtete sie mit so haßerfüllten Blicken, daß es Gertrud angst wurde.

Im Juni, als die Schule noch in vollem Gang war, begannen die Proben für die Festspiele, die Winifred zum ersten Mal allein leitete. Es war vorgesehen, daß sie eine unveränderte Wiederholung des Vorjahres sein sollten. Toscanini sollte den »Tannhäuser«, Furtwängler den »Tristan« dirigieren. Heinz Tietjen, der Chef der Berliner Oper Unter den Linden, den Siegfried seiner Frau gegenüber als »einzig fähigen Wagner-Regisseur«, wie sie Gertrud erzählte, bezeichnet hatte, war als Beobachter zugegen. Laut einer von der Chefin im Januar getroffenen Vereinbarung sollte er von 1933 an die künstlerische Leitung der Festspiele übernehmen.

Bald trafen die berühmten Dirigenten, die Sänger und auch die Tänzer in Bayreuth ein. Toscanini bezog mit seiner Frau Siegfrieds altes Junggesellenhäuschen. Hier war es für den sehr geräuschempfindlichen Maestro still genug, hier konnte er des Nachts, wie er es liebte und was in einem Hotel schlecht möglich gewesen wäre, Klavier spielen. Furtwängler, der zum ersten Mal in Bayreuth dirigierte, hatte ein anderes Hobby. Er bestieg gern zur Entspannung ein Reitpferd. Furtwängler beanspruchte zwei Wohnungen, eine in nächster Nähe des Festspielhauses, eine zweite abseits vom Getümmel.

Die Kinder nahmen die schwierigen Künstler, deren Zufriedenstellung Winifreds ganzes diplomatisches und psychologisches Geschick erforderte, nur am Rande wahr. Gertrud sah Toscanini, mit dunklem Hut, den Kopf auf die Hand gestützt, in einer Limousine mit ausländischem Kennzeichen auf der Straße vorüberfahren. Sie sah die Laban-Tänzer, schlanke, straffe Gestalten in exotischer Kostümierung, federnden Schritts durch die Stadt eilen. Schon im Vorjahr waren sie von Siegfried für das Bacchanal im »Tannhäuser« engagiert worden.

Einmal nahm Wieland die Freundin mit ins Festspielhaus. Geprobt wurde der zweite Akt der »Walküre«. Gertrud empfand keinerlei heilige Schauer. Was sie sah – eine Sängerin mit vielen Haaren über einem blauen Helm, einen dickbäuchigen Sänger mit Rauschebart, Felsen aus Pappmaché – kam ihr lächerlich vor. Worum es ging, was Brünhilde und Wotan einander zu sagen hatten, verstand sie nicht. Der Gesang der berühmten Sänger – Nanny Larsen-Todsen und Friedrich Schorr – machte weniger Eindruck auf sie, als wenn zu Hause in der Küche Anni begeistert in den Brünhilde-Ruf »Heil dir, Sonne« ausbrach oder ihr mit drastischen Gesten »Hagen, was tust du?« vorsang. Gertrud war froh, als Wieland sie aus dem Dunkel ins Freie zog.

In diesem Sommer hatte Gertrud dann aber doch noch ihr erstes großes Wagner-Erlebnis. Eines Vormittags läutete Lilo Schmidt an der Wohnungstür der Reissingers. Sie überbrachte ein Kuvert für Gertrud: Winifred lud die Freundin ihrer Kinder zum »Tannhäuser« in die Familienloge ein.

Es war das erste Mal, daß Gertrud in die Oper ging. Die Musik und die Handlung kannte sie von den Platten, die sie im Winter zusammen mit Wieland gehört hatte. Das fünfzehnjährige Mädchen war von der Aufführung tief ergriffen. Der Venusberg mit seinen rosaroten Grotten, die trunkenen Tänzer, die rasche Verwandlung in das Maiengrün vor der Wartburg, wo Erna Berger den Hirtenknaben sang, versetzte Gertrud in ein schockartiges Staunen und Hineingerissenwerden, das sich in Tränen Luft machte.

In der Pause sah Franz Stassen ihre roten Augen. »Na, Gertrud, haste wohl geweint?« Die Frage erschien ihr verletzend und taktlos. Daheim fand sie den Vater noch am Schreibtisch sitzen. Nie hatte er eine Oper von Richard Wagner auf der Bühne gesehen. Doch die Texte kannte er. Sogleich begann er zu deklamieren: »Warst du in Rom?« – »Schweig mir von Rom!« Die Verhöhnung des Papstes war für den Lutherverehrer die Quintessenz des »Tannhäuser«. Doch Gertrud, die den Schluß der Oper nicht verstanden hatte, Begriffe wie Schuld, Gnade, Erlösung zu erklären, dazu war Adolf Reissinger nicht imstande.

Nach dem ersten Festspiel-Zyklus, Anfang August, wurden die Wagner-Kinder mit Emma in die Ferien geschickt. Winifred hatte in Nußdorf am Bodensee, nahe bei Überlingen und »Meersburg, wo der Papa sich immer so gern aufgehalten hatte«, ein Haus gekauft. Es war ein zweistöckiges Holzhaus mit zwei Giebeln und weitläufiger Terrasse; im ersten Stock gab es einen großen, von einer hölzernen Balustrade eingefaßten Balkon. Das Haus lag am Rand einer Wiese direkt am Wasser und wurde von nun an zum ständigen Ferienort der Familie.

Die Kinder waren begeistert, nur Wieland nicht. Schon aus Ulm schickte er Gertrud eine Postkarte: »... ich fluche bereits auf die Ferien. Du warst gestern abend so lieb. Nachher ging ich noch zum

Hopf, nur um nicht allein zu sein. Hast du mir drei Filme in den Mantel gesteckt?« Der Hopf war ein Bayreuther Lokal. Die zwei Wörtlein »so lieb« waren fast wegradiert, damit niemand sie auf den ersten Blick lesen konnte.

Es war fester Brauch im Haus Wagner, die Kinder zur Festspielzeit aus dem Weg zu schaffen. Wieland hat sich darüber in späteren Jahren entsetzlich aufgeregt. »Hineinprügeln ins Festspielhaus hätte man uns müssen«, sagte er zu Gertrud. »Woher sollten wir denn ›hineingeboren‹ werden?« Seine ganze Gymnasialzeit sah er, im Blick auf seine spätere Arbeit, als vergeudet an. »Nichts hatte man mitbekommen, in keinem Fach gab es einen guten Lehrer, den Musikunterricht bestritt eine alte Klaviertante, keine Sprache habe ich sprechen gelernt, Konzerte und Theater waren unerreichbar weit weg. Daß ich am Malen hängen blieb und mich daran klammerte, habe ich dem Franz zu verdanken. Er war der einzige, der sich um mich kümmerte.«

Aus diesen Sätzen spricht die Kritik an der Mutter und dem neuen Mann im Haus, Heinz Tietjen.

Soviel steht fest: Siegfried und Winifred hatten keinen wohlüberlegten Ausbildungsplan für den »Erben« festgelegt. Er besuchte die Schule, die als die beste in Bayreuth galt, das humanistische Gymnasium. Nach dem Abitur würde man sehen, wohin seine Neigungen gingen. Daß der »Erbfall« so früh eintreten, daß Siegfried so früh sterben würde, damit hatte niemand gerechnet.

Natürlich kann man sagen, Winifred hätte jetzt eine Kurskorrektur vornehmen, Wieland sofort in das Unternehmen Festspiele einbeziehen müssen. Dazu war sie im Sommer 1931 offenbar nicht in der Lage. Die Leitung der Festspiele erforderte ihre ganzen Kräfte, zumal sie von allen »Alt-Bayreuthern«, ihren Schwägerinnen an der Spitze, argwöhnisch beäugt wurde. Und dann war da der »neue Mann«, Tietjen, der Chef der Berliner Staatsoper.

In gewissen Hinsicht war er das genaue Gegenteil von Siegfried Wagner. Mit seinen runden, metallgefaßten Brillengläsern wirkte er scharf, intellektuell und wurde deshalb anfangs von den Bayreuther Musikern mit Mißtrauen und Furcht betrachtet. Wie ein »Spürhund« oder »Kriminalkommissar« habe er gewirkt, notierte die junge Chorsängerin Gertrud Degenhardt, die später den Festspiel-Archivar Otto Strobel heiratete. In einem Punkt allerdings glich Tietjen Siegfried Wagner: er war ein Herr. Der Sohn einer Engländerin und eines deutschen Diplomaten war in Tanger aufgewachsen, er war mehrsprachig, weltgewandt.

In den zwanziger Jahren war er der SPD beigetreten. Er galt als Gegner der Nationalsozialisten und vermied es, wo immer es ging, mit Hitler zu sprechen. Wenn dieser nach einer Vorstellung in Bayreuth die Künstler hinterher auf der Bühne aufsuchte, um zu gratulieren und zu danken, erschien Tietjen demonstrativ in seiner gestrickten kamelfarbenen Arbeitsjacke, die im Betrieb die »Affenjacke« hieß.

Wieland hatte anfangs viel von ihm erwartet. Atemlos hatte er eines Tages Gertrud berichtet: »Wir haben nun einen Vormund, Heinz Tietjen. Er ist Theaterleiter in Berlin. Er kann einfach alles, sogar autofahren.« Siegfried hatte das nicht gekonnt. Die Kinder erwarteten einen Ersatz-, einen Übervater. Nur Friedelind, die länger als alle anderen Trauerkleidung trug, sagte frech: »Wozu brauchen wir ein Vormaul?«

Wielands Begeisterung verschwand, sobald Tietjen ins Haus einzog. Im blauseidenen Schlafzimmer der Mutter hatten die Kinder nun nichts mehr zu suchen. Dort war »Heinz«. Eine Legalisierung des Verhältnisses zu Tietjen kam nicht in Betracht. Denn selbstverständlich dachte Winifred nicht im Traum daran, die Leitung der Festspiele abzugeben.

Der »neue Mann« tauchte just in dem Augenblick auf, da das Publikum offizielle Fotos von Wieland, aufgenommen vom akkreditierten Festspielfotografen, kaufen konnte. Die Postkarten zeigen einen hübschen, freundlich lächelnden, doch selbstbewußten jungen Mann, der für sein Alter ungewöhnlich reif wirkt. Auf diesen Bildern ist er der »Erbe«. Die Aufnahmen eilen freilich der Wirklichkeit voraus. In Wahrheit war dieser Junge nicht in der Lage, seine Ansprüche geltend zu machen. Statt an den Proben mit Toscanini und Furtwängler teilzunehmen, was ihm, wenn er darauf gedrängt hätte, sicherlich nicht verwehrt worden wäre, ging er gewissenhaft in die

Winifred und ihre Kinder mit Heinz Tietjen

Schule. Auch gegen »Heinz« gab es nur eine stille Opposition, keine offene Rebellion. Schon nach kurzer Zeit haßte Wieland ihn tief. Tietjen hatte ihm die Mutter weggenommen.

Daß die vollblütige, erst 34 Jahre alte Winifred sich einen Mann nicht nur für die Festspiele, sondern auch für ihr Bett holte, war nur allzu verständlich. Aber auch eine andere Frau, die in ihrer Ehe keine Erfüllung fand, nahm sich einen Liebhaber: Luise Reissinger. Gertrud erlebte, wie die Mutter plötzlich aufblühte, wie ihr Asthma, das auch in Bayreuth nicht völlig verschwunden war, auf einmal erträglicher wurde. Der auserkorene Mann war in der Stadt vorsitzender Richter am Amtsgericht; er gehörte zu ihrem Kammermusikkreis. Luise, die von ihm nur als dem »Herrn Präsidenten« sprach, nannte ihn einen »feinen Mann«.

Gertrud mochte ihn nicht. Seine »feinen« Manieren, die Eitelkeiten des ehemaligen Korpsstudenten stießen sie ab. Mit dem moralischen Rigorismus der Jugend verachtete sie die Art und Weise, wie die Mutter und ihr Liebhaber ihre Beziehung vor der Welt verheimlichten. So fand das junge Mädchen in dieser für einen heranwachsenen Menschen schwierigen Zeit nirgendwo einen Erwachsenen, den sie als Vorbild empfand, der ihr Vertrauen eingeflößt oder Halt gegeben hätte.

Derweil wurde das Geschrei der Nationalsozialisten auf der Straße immer lauter, der Vater immer fanatischer. Im Bayreuther NS-Blatt »Der Kampf« erschien in Fortsetzungen seine Artikelserie »Die Juden sind unser Unglück«. Darin reagierte Adolf seinen speziellen Konflikt, sein Leiden am Christentum ab. Gertrud las davon nichts. Sie las überhaupt keine Zeitungen, sah aber im Vorübergehen auf der Straße die antisemitischen Hetzparolen des »Stürmer«.

Zu Hause hielt der Streit der Eltern über den Nationalsozialismus unvermindert an. Beim Mittagessen stichelte Luise fast täglich gegen Adolfs Verblendung. Sie zog über die »menschliche Verrohung« der Nazis her und sagte ein ums andere Mal, daß sie sich für die Publikationen ihres Gatten schäme. Rückendeckung für diese Widersetzlichkeit gab ihr der »Herr Präsident«. Adolf war wiederum nicht faul, sein Weibervolk als »Judenknechte« zu beschimpfen.

Für Gertrud war es schier unmöglich, sich ein objektives Bild über den Nationalsozialismus, seine Herkunft und seine Ziele zu machen. Die Schule versagte völlig. Der Mathematiklehrer der Handelslehranstalt, den Gertrud nicht nur des Faches, sondern auch seiner unpersönlichen Art und ungepflegten Erscheinung wegen nicht mochte, las im Unterricht, während die Schüler Aufgaben zu lösen hatten, im »Völkischen Beobachter«. Kein einziger Lehrer klärte die Schüler auf über das politische Geschehen in Deutschland, über den Umbruch, der sich vollzog.

Was Wunder, daß angesichts dieser Erwachsenenwelt Gertrud und Wieland sich immer enger aneinanderschlossen. Die Sexualität blieb tabu, doch das Gefühl, zusammenzugehören, wuchs. Weiterhin fotografierte Wieland die Freundin, als Halbfigur oder ihr Gesicht, bald lächelnd, bald ernst, mit geschlossenen Augen, im Profil, am Fenster, im Kunstlicht, in tänzerischen Posen. Er hatte jetzt eine Plattenkamera und ein Labor, in dem er die Aufnahmen selbst entwickelte. Im Winter, als der Aufenthalt im Freien unmöglich wurde, begannen sie, mit Aktaufnahmen zu experimentieren. Gertrud drapierte ihren gutgewachsenen Körper mit durchsichtigen Schleiern,

Wieland betrachtete ihn durch die Linse der Kamera. Ein erotisches Prickeln wird wohl dabeigewesen sein. Noch viele Jahre waren für den jungen Mann die Nacktaufnahmen ein Ersatz für seine unterdrückte Sexualität.

Der »Skandal«, der nun folgte, ist aus heutiger Sicht eine Provinzposse, inszeniert von der Verräterin Friedelind. Das Hauptopfer, Gertrud, konnte es freilich so nicht empfinden. »Maus«, von rasender Eifersucht auf die einstige Freundin erfüllt, ruhte nicht eher, als bis sie herausgefunden hatte, was sich hinter den Fotografierorgien des Bruders verbarg. Sie kramte so lange in seinem Zimmer, bis sie die versteckten Aktfotos fand. Sie hätte die Fotos der Mutter zeigen können oder Adolf Reissinger. Aber sie wollte mehr, als die Liebe des jungen Paares vernichten. Ihr ging es auch darum, gegen ihre Familie, also gegen die Mutter und »Heinz«, der sich in ihres Vaters Bett gelegt hatte, einen Schlag zu führen.

Schnurstracks ging Friedelind mit einem der Fotos aus dem Haus und übergab es Anny Mader, der BDM-Führerin von Bayreuth. Gertrud, die als Tochter des »alten Kämpfers« und Beiträgers der nationalsozialistischen Presse Adolf Reissinger bisher von der blonden Ortsgruppenführerin bevorzugt behandelt worden war, wurde vor den zum »Appell« angetretenen Mädchen nach vorne zitiert. In den lächerlichen, vom Militär übernommenen Formen der Hitlerjugend wurde sie des Ehrverstosses gegen die Gruppe beschuldigt, als »Schwein« bezeichnet, degradiert und aus dem BDM ausgeschlossen.

Das fünfzehnjährige Mädchen erlitt einen Schock. Mit letzter Kraft rannte sie heim, brach bei der Mutter weinend zusammen.

Luise bewährte sich als gute Mutter. Von ihr, der alles Spießerwesen fremd war, gab es keinerlei Vorwürfe. Noch am gleichen Abend ging sie mit Gertrud nach »Wahnfried«.

Sie kamen unangemeldet, ein Dienstmädchen öffnete ihnen die Tür. Winifred, die Luise Reissinger nicht kannte, ließ sich eine Verwunderung über den Besuch nicht anmerken. Luise war so erregt, daß Gertrud befürchtete, sie würde einen Asthmaanfall bekommen. Sie berichtete, was vorgefallen war.

Jetzt war es an Winifred, erregt zu sein. »Das ist ja empörend von Maus«, rief sie laut, »da kann ich mein Kind nicht einmal verteidigen.« Sie zitierte Wieland herbei. Es dauerte lange, bis er erschien. Offenbar hatte er gerade ein Bad genommen. Im cremeweißen, mit schwarzen Nadelstreifen versehenen Morgenmantel seines Vaters trat er durch die Flügeltür. Gertrud erschien er, in der Halle zwischen den beiden Müttern, »wie ein fremder Prinz«. Sie wagte kaum, ihn anzusehen.

Und nun bewährte sich auch Mutter Winifred. Mit keinem Wort kommentierte sie die Taten ihres Sohnes und seines Modells. Sie beruhigte Luise und versprach zu tun, was möglich sei. Vor allem wolle sie dafür sorgen, daß das Foto zurückgegeben würde.

Das erreichte sie auch. Das Foto war ein mit Kunstlicht aufgenommener Halbakt, der Gertrud in geheimnisvoller Beleuchtung zeigte, Gesicht und Brüste von einem Tüllschleier halb verhüllt.

»Heinz«, der gerade in Bayreuth angekommen war, betrachtete es interessiert. »Es ist schön«, sagte er, »und Gertruds Busen auch.«

Über »Wahnfried« brach eine Woge von Klatsch, Schadenfreude, Gehässigkeit herein. Die ganze Stadt tuschelte über »die Schweinerei« im Hause Wagner. Die Lehrer an den Schulen wußten nicht, wie sie mit den beiden »Tätern« umgehen sollten. Gertrud wurde zum Direktor, einem den Schülern wohlgesonnenen Mann, gerufen. Er untersagte ihr, sich weiterhin von Wieland zur Schule begleiten zu lassen, weil das dem Ansehen seiner Bildungsanstalt schade. Wie immer in solchen Fällen traf es vor allem das Mädchen, die junge Frau. Die Lehrer, die glaubten, ein frühreifes, unsittliches Wesen vor sich zu haben, waren für einen solchen »Fall« nicht gerüstet. Sie, die Lehrer, genierten sich, Gertrud anzusehen, sie im Unterricht anzusprechen. Aus schierer Verlegenheit und sittlicher Entrüstung, aus pädagogischem Unvermögen fiel ihnen nichts anderes ein, als das Mädchen für den Rest der Schulzeit zu schneiden. Gertrud wurde von jetzt an im Unterricht nicht mehr aufgerufen; es war, als sei sie gar nicht da.

Aber das war nicht alles. Als Gertrud sich nicht an das Verbot hielt, unbegleitet zur Schule zu kommen, wurde sie zum Klassenlehrer bestellt. Aufgebracht droht er dem Mädchen exemplarische Strafen an. Als Gertrud ihm zu entgegen wagte: »Warum denn? Wir lieben uns eben«, erwiderte er kalt: »Das ist lächerlich, in diesem Alter gibt es noch keine Liebe.«

Auch der Vater, vor dem die Sache nicht zu verheimlichen war, wie Mutter und Tochter anfangs gehofft hatten, verbot ihr kategorisch, Wieland fortan zu treffen. Er war von der Geschichte so peinlich berührt, daß er nicht einmal zu seinem Prügelstock griff. Indessen schrieb er einen Brief an die »hochverehrte Parteigenossin« Winifred Wagner, in dem er sich höflichst für alles Schöne und Gute bedankte, das seine Tochter in ihrem Hause genossen habe. Sodann teilte er mit, daß er dieser Tochter fortan jeglichen Umgang mit Wieland verbieten würde. »Mit ergebensten Grüßen und Heil Hitler.«

Winifred zeigte Gertrud diesen Brief. Sie sagte, als sie die Schreckensblässe im Gesicht des Mädchens sah: »Selbstverständlich kannst du weiter zu uns kommen. Ich verbiete dir den Umgang mit Wieland nicht.«

Hart traf es dagegen die Urheberin des Skandals. Friedelind wurde in ein Internat verbannt, nach Heiligengrabe hoch oben in Brandenburg, zwischen Pritzwalk und Neuruppin, was noch weiter weg lag als Berlin.

Ein kleines Nachspiel gab es, das Gertrud damals nicht verstand. Veranstaltet wurde es von der »guten« Seite der Erwachsenenwelt, ihrer Mutter. Luise wollte genau Bescheid wissen. Sie schickte die Tochter unter einem Vorwand zu ihrer Frauenärztin. Die Lateinschülerin sah, was die Doktorin auf einen Zettel schrieb: »Virginität intakt.« In welcher Beziehung diese zwei Wörtlein zum »Skandal« standen, war dem Mädchen nicht klar.

Wieland und Gertrud dachten keine Sekunde daran, voneinander zu lassen. So kam es, daß sie schon früh lernten, Gemeinsamkeiten aufzubauen, aufeinander einzugehen, und daß sie allmählich verstanden, wer der andere war. Früh entwickelte Gertrud ein Gespür für die zur Schwere neigende Natur des Freundes, der sich im tiefsten Herzen nicht mochte und nicht annehmen wollte und in diesen Jahren die Freundin mit seiner als Last empfundenen Sexualität quälte. Niemand klärte ihn auf, niemand erklärte dem Jungen seine Empfindungen und seine körperliche Entwicklung, niemand sagte ihm, wie er damit umgehen solle.

Die Stärke seines Triebes machte ihm angst, und da ihm seine körperlichen Regungen unheimlich waren, stieß er Gertrud, wenn sie im Gras neben ihm lag, von sich. Er war unfähig, Zärtlichkeit zu äußern, und diese Unfähigkeit setzte er in Worte um, die Barrieren errichteten.

Sie stritten sich wie alle jungen Leute, die Streitereien drehten sich meistens um Nichtigkeiten, aber schon früh arteten sie in Machtkämpfe aus. Sie verliefen fast immer nach dem gleichen Muster. Gertrud hatte irgend etwas getan, vielleicht nur ein »falsches« Kleid angezogen, das Wieland nicht mochte und sein Wohlbefinden störte. Daraus entwickelten sich Wortgefechte, die stets so endeten: Wieland »siegte«, Gertrud weinte.

Die Tränen des Mädchens empfand der Junge als eine derartige Befreiung von seiner »Schuld«, sie riefen in ihm eine solche Zerknirschung und Hinwendung zu der »Bestraften«, einen »Berg von Dankbarkeit und Liebe« (Gertrud) hervor, daß beide dieses Ritual immer wieder spielten und fast genießen lernten. Die Vorstellung, ihrem Quälgeist »den Laufpaß zu geben«, kam Gertrud nie.

Am freiesten, am sichersten, am meisten einander hingegeben fühlten sie sich im Wald, im Moos reglos und schweigsam nebeneinanderliegend. Sobald es das Wetter zuließ, fuhren sie mit ihren Rädern hinaus ins Maintal. Immer war der Fotoapparat dabei. Wieland fotografierte sein Modell inmitten blühender Blumen, im Gras ausgestreckt, im Badeanzug an einen Baum gelehnt. Mit der Kamera betete Wieland die erblühende junge Frau an, die Fotolinse sagte, was sein Mund nicht zu sagen vermochte.

Manchmal lasen sie, nebeneinanderliegend, Bücher, die ihre Phantasie beschäftigten. Es waren Bücher über die Antike, den Deutschherrenorden, die Inkas. Gertrud las langsam, sie blieb an Einzelheiten, an Wörtern hängen; Wieland überflog die Seiten. Ein hochliterarisches Werk und ein Kitschbuch verschlangen sie gemeinsam. Des Longinus Hirtengedicht »Daphnis und Chloe« – eine in Leder gebundene Prachtausgabe aus Siegfrieds Bibliothek –, in der die Quellennymphe den Hirtenknaben in der Liebe unterweist, beschäftigte nicht nur damals ihr Gemüt; es blieb ihre Lieblingsdichtung. Das andere Buch hatten sie heimlich aus Winifreds Schrank genommen, »Insel der Verheißung« von einem gewissen van Zanten. Es war ein Südseeroman, der ein Kapitel über die

»freie Liebe« enthielt. Wovon sie kaum zu träumen wagten, das wurde in dieser Geschichte praktiziert.

In ihre Gegenwelt wurden nur wenige Erwachsene – und auch die kaum – einbezogen. Franz Stassen, Wielands »Maler-Vater« gehörte dazu und für kurze Zeit die Kunstmalerin Margarete von Bodecker. Sie war an die siebzig und wohnte in nächster Nähe zur Villa »Wahnfried«. Die Junggesellin verdiente ihr Brot mit kleinen Porträts, die »moderner«, also unkonventioneller waren als das, was Stassen schuf. Wieland und Gertrud porträtierte sie in Pastell. Während der Arbeit erzählte sie von Siegfried, den sie gut gekannt hatte. Die jungen Leute genossen die Sitzungen in dem engen Atelier. Die alte Dame, die ein flottes Mundwerk hatte, war ein freier, gütiger Mensch. Auf diesem Terrain zählten die dumpfen Klatschereien der Bayreuther Bürgerwelt nicht. Und Wieland, der bisher gezeichnet und Aquarelle gemalt hatte, wandte sich nun den hellen Kreiden zu.

Die Geschwister spielten im emotionalen Kosmos der beiden nur eine untergeordnete Rolle. Natürlich konnte man sie nicht ignorieren. Gertrud hatte immer noch Betreuungspflichten, und Wieland lebte in einem Familienraum, der, bei den vielen Abwesenheiten der Mutter, durch die Kinder des Hauses bestimmt wurde. Wieland fotografierte und hatte seine Dunkelkammer. Der Bruder Wolfgang bastelte und hatte im Keller des Junggesellenhauses eine gut eingerichtete Werkstatt. Auf dem Dachboden gab es eine Puppenküche. Doch Friedelind war nun außer Haus, und Verena, die zu einer Schönheit heranwuchs, sollte ihr bald folgen. Winifred vertrat die Ansicht, Mädchen müßten kochen können. Dies sollten sie im Internat erlernen.

In den Ferien waren sie dann alle wieder beisammen und trieben ihr Lieblingsspiel, die »Schandmaulerei«. Alle vier hatten raschen Witz und Humor und eine Neigung zum Maliziösen. Die brave Gertrud kam da nicht mit; sie fühlte sich in der Gegenwart der Wagner-Kinder »auf den Mund gefallen«.

Winifred hatte ein Stück Land, das sich an das »Wahnfried«-Gelände anschloß, hinzugekauft und dort einen kleinen Tennisplatz, einen Gemüsegarten und einen Hühnerhof angelegt. Da es aber keinen Trainer gab und der Platz überdies nicht die »richtigen« Maße hatte, wollte sich keine rechte Tennisleidenschaft einstellen. Das Ballspiel artete in wilde Streitereien aus; bald spielte niemand mehr, nicht einmal Winifred, die sich hier hatte sportlich betätigen wollen. Die Hühner, bis zu zwanzig waren es, eroberten den Platz.

Für das Federvieh entwickelte Wolfgang eine Leidenschaft; Wieland wandte sich dem Grünzeug zu. Die Brüder verkauften die Produkte ihrer Arbeit, Eier und Salat, an die Küche des eigenen Hauses. Während Wielands Interesse am Garten bald wieder schwand, blieb Wolfgang den Hühnern lange treu. Der Eifer, die Umsicht, mit der er sich ihnen widmete, führten dazu, daß Winifred und Tietjen, als sie Überlegungen über die Zukunft der Kinder anstellten, scherzend bemerkten: »Man sollte ihm einen Bauernhof kaufen!«

Beide Jungen waren Mitglieder der Hitlerjugend. Jede Woche traten sie im Braunhemd zu den Appellen und Märschen an. Sie trugen die Hakenkreuzfahne, aber sehr begeistert waren sie von diesen Auftritten offenbar nicht. Wieland erschienen sie als reine Zeitverschwendung. Und der Bruder, als einer der Hitlerjugendführer ihn zu seinem Adjutanten machen wollte, lehnte ab: »Na na, deinen Deppen mach i ned.«

TANZEN UND FOTOGRAFIEREN

Vermutlich haben die Wagner-Kinder in den Monaten vor den Festspielen 1933 einiges von den Sorgen ihrer Mutter mitbekommen. Winifreds Hauptproblem war das eines jeden Unternehmers: der Verkauf der Ware. Und damit lag es, seit Hitler im Januar die Macht ergriffen hatte, im argen. Der Absatz der Karten stockte. Die ausländische Kundschaft hielt sich von Bayreuth fern.

Die Lage war verzweifelt. In einer Notiz von Daniela Thode – »Tante Lulu« – heißt es: »Die Festspiele sind am 1. Juli geldlich am Ende. Zehn- bis fünfzehntausend Karten innerhalb der nächsten acht Tage müßten von den Ländern gekauft sein.« Ende Juni rief Hitler, der über die Bayreuther Situation unterrichtet war, Winifred nach Berlin. Und schon bald hatte Liselotte Schmidt in einem Brief vom 30. Juni an ihre Eltern Anlaß zum Jubeln: »Wolf hat innerhalb einer Viertelstunde geholfen.« Organisationen und Institutionen wie das Reichsministerium für Propaganda, der NS-Lehrerbund, die oberste SA-Führung wurden angehalten, Karten zu kaufen. Diese Anordnung galt auch für die folgenden Jahre.

Als der Reichskanzler zur Eröffnung der Festspiele – eine Neuinszenierung der »Meistersinger« stand auf dem Programm – in Bayreuth erschien, wurde er in »Wahnfried« als Mann gefeiert, der den Konkurs der »Firma« abgewendet hatte. Die Kinder waren diesmal nicht weggeschickt worden. Sie sollten sehen, wer der Retter war.

Von nun an standen die Festspiele unter der Protektion des »Führers«. Er allein war es, der den Absatz der Ware garantierte. Abhängiger konnte ein Betrieb gar nicht sein. Bei allen wichtigen Entscheidungen wurde Hitler zu Rate gezogen. Kein Mitglied der

Unternehmerfamilie konnte dieses Spezialverhältnis ignorieren, wollte es nicht den Ast ansägen, auf dem alle saßen.

Der Bund war doppelt geschmiedet, als Zweckbündnis und als ideologischer Pakt. Schon in der zweiten Hälfte der zwanziger Jahre war »Wahnfried«, wie Michael Karbaum nachgewiesen hat, immer mehr ins Fahrwasser der rechten, gegen die Weimarer Republik gerichteten Opposition geraten. Die Wagnerfamilie war gegen alle liberalen und fortschrittlichen Tendenzen in Politik und Kultur, sie ging völlig konform mit der Kulturpolitik der Nationalsozialisten, noch ehe diese an die Macht gelangten. 1928 trat Winifred dem von Alfred Rosenberg gegründeten »Kampfbund für deutsche Kultur« bei, dessen Ziel es war, die »Kultur- und Charakterwerte« der deutschen Nation auf völkischer Grundlage zu wecken. Die gebürtige Engländerin war eine hundertzehnprozentige Deutsche geworden.

Ein Beleg dafür sind die von ihr mitformulierten Aufrufe zur »Tannhäuser«-Spende. Die düstere Wirtschaftslage, die im Oktober 1929 zum weltweiten Desaster, zum großen Börsencrash führte, stellte die von Siegfried dringlich gewünschte Neuinszenierung des »Tannhäuser« in Frage. In diesen Aufrufen werden die Bayreuther Festspiele zum »Bollwerk deutschen Geistes und deutscher Art«, zur Inkarnation des deutschen Geistes überhaupt erklärt. Nach 1933 werden Festspiele, Deutschtum und NS-Ideologie austauschbare Begriffe. In der Zeitschrift »Bayerische Ostmark« hieß es 1936: »Der Bayreuther Gedanke ist durch Adolf Hitler zum deutschen Gedanken geworden.« Es ist deshalb nicht richtig zu behaupten, wie es die Wagnerfamilie nach 1945 tat, die Festspiele seien zu propagandistischen Zwecken mißbraucht worden. Sie waren von 1933 an Teil der Staatspropaganda. Die Unternehmerfamilie hatte bereits vorher alles getan, dieses Instrument zu schmieden.

Das Zweckbündnis bedingte, daß einzelne politische Maßnahmen des NS-Regimes von der Familie Wagner nicht kritisiert wurden. Selbstverständlich bekam man auch in »Wahnfried« den inneren Umbau des Staates mit, die Aufhebung demokratischer Rechte, die Bücherverbrennungen, die Errichtung der Konzentrationslager, den Erlaß der Nürnberger Gesetze, die den Juden die bürgerlichen Rechte aberkannte. Man wußte von deren Drangsalierung, von ihrem Ausschluß aus Berufsvereinigungen und kulturellen Organisationen, von Selbstmorden und Emigration. Aber, so Winifred Wagner im Syberberg-Film, »was draußen vor sich ging, das berührte mich nicht.«

Am 25. Juli 1934 saß Adolf Hitler in der Ehrenloge des Festspielhauses und sah eine Aufführung des »Rheingold«, als ihm die Nachricht über die von ihm angezettelte Ermordung des österreichischen Kanzlers Dollfuß gebracht wurde. An seinen Händen klebte das Blut von vierhundert Menschen, die beim Röhmputsch Ende Juni und in den Tagen danach ermordet worden waren. Vom Ausmaß dieses frühen Verbrechens konnte Frau Winifred nichts wissen. Doch selbst wenn sie es gewußt hätte, hätte sie geschwiegen.

Das Schweigen, das Wegsehen, die Gleichgültigkeit beschmutzten die Ehre von Bayreuth. Daß Kultur mit Moral zu tun hat, daß von einem bestimmten Moment an die Indifferenz gegenüber den Verbrechen des Protektors einer Billigung gleichkommt, davon hatte Winifred Wagner keinerlei Begriff. Und selbst wenn ihr je Zweifel gekommen wären, dann hätte sie Hitlers Verbrechen, wie es Anhänger von Diktatoren immer tun, seiner Entourage, seinen schlechten Beratern in die Schuhe geschoben.

Nur ein einziger Umstand trübte den Bund wirklich: der Krieg. Winifred Wagner hatte die naive Hoffnung gehegt, ihn verhindern zu können. Die Kriegsfestspiele wollte sie nicht, sie wurden ihr oktroyiert. Hitler selbst kam nur ein einziges Mal. Nach der siegreichen Beendigung des Frankreich-Feldzugs ließ er sich 1940 von der Bayreuther Bevölkerung frenetisch feiern. Welches Omen: Die »Götterdämmerung« war die letzte Aufführung, die er in Bayreuth besuchte.

Winifred Wagner sah ihn 1944, kurz vor dem Attentat am 20. Juli, zum letzten Mal. Während die Niederlage Deutschlands sich bereits deutlich abzeichnete, sagte er zu ihr beim Abschied in Bayreuth, euphorisiert durch die Spritzen seines Leibarztes: »Ich höre die Flügel der Siegesgöttin rauschen!« Da erschrak selbst die ihm ergebene Frau Winifred.

Nun, 1933, war alles eitel Sonnenschein. Die strahlend schöne Festspielleiterin sonnte sich an der Seite des ersten Mannes im Staate. Er

Winifred mit Adolf Hitler

küßte ihr häufig die Hand, nannte sie die »Königin von Bayreuth«. Es fiel ihm leicht, die Damenwelt zu bezaubern. Natürlich hatte er dabei den Propagandaeffekt eines ihm ergebenen Festspielunternehmens im Auge, das seine Gewaltherrschaft verschleiern half, ihr den Anschein kultureller Legitimation verlieh.

Im folgenden Jahr errang Winifred mit Hilfe ihres Nothelfers einen weiteren Sieg: die Opposition der Alt-Wagnerianer wurde ausgeschaltet. Diese hatte sich, angeführt von den Schwägerinnen Eva und Daniela, für die Beibehaltung der uralten, noch aus Richard Wagners Zeit stammenden »Parsifal«-Dekoration eingesetzt. Der Kampf, dessen Spitze gegen Winifreds Herrschaft gerichtet war, hatte sich zum Politikum ausgeweitet, als die Bayreuther Opposition sich an die

Reichsregierung wandte und Hitler sowie Goebbels zu Schiedsrichtern des Kulissen-Disputs aufrief. Der Reichskanzler hatte den Streit bereits entschieden und gegenüber der Festspielleitung signalisiert, daß er als Ausstatter einer neuen »Parsifal«-Inszenierung den Wiener Alfred Roller bevorzuge. Er schätzte diesen Mann, der in Wien zu Anfang des Jahrhunderts Freundlichkeiten über ihn gesagt hatte.

Bei den Festspielen 1934 saß Winifred fest im Sattel. Sie hatte den Abgang Toscaninis verkraftet, der aus Zorn über die Repressalien gegenüber jüdischen Dirigenten, Sängern, Regisseuren bereits 1933 seine Teilnahme an den Festspielen abgesagt hatte, und mit Furt-wängler, Richard Strauss, Tietjen, Preetorius eine beachtliche Profi-Mannschaft an Bayreuth gebunden.

Die Festspiele waren nicht »gleichgeschaltet«, sie unterstanden nicht dem Propagandaministerium von Goebbels. Der Diktator selbst führte hier unausgesprochen die Oberaufsicht. Tietjen, dessen Berliner Oper dem Innenminister Göring unterstellt war, was eine lockerere Form der Aufsicht bedeutete, kam jedes Jahr mit einem Kern einstudierter Sänger nach Bayreuth. Als im Jahr der Olympiade 1936 wieder eine allgemeine Kartennachfrage, sogar aus dem Ausland, einsetzte, schienen die Festspiele einer rosigen Zukunft entgegenzugehen.

Am letzten Tag des Jahres 1933 war Gertrud siebzehn Jahre alt geworden. Sie war kein Kind mehr. Der »Skandal« war abgeklungen, aber nicht vergessen. Und die jungen Leute ließen nicht voneinander. Luise gefiel das nicht. Sie konnte Wieland nicht als Mann ihrer Tochter, Gertrud nicht im Wagner-Clan sehen. Von dort, von jener Welt, die ihr so fremd war, konnte nichts Gutes kommen. Wenn sie ihr Kind davor bewahren wollte, gab es nur ein Mittel: Bayreuth zu verlassen. Luise hatte auch selbst einen Grund, das zu wünschen: sie verstand sich nicht mit der Familie ihres Mannes.

Wie immer ging sie mit größter Umsicht vor. Mit dem Argument, daß die Kinder, daß vor allem der älteste Sohn studieren müsse und es deshalb besser sei, in einer Universitätsstadt zu wohnen, brachte sie Adolf dazu, sich versetzen zu lassen. Und Gertrud, die im Frühjahr 1934 die Handelsschule beendete, wehrte sich nicht. Sie war in der Freundschaft mit Wieland von Anfang an die Passive gewesen, diejenige, die ergriffen worden war. Nun wurde sie wiederum ergriffen, von ihrer Mutter, die sie von dem Freund trennte. Gertrud ließ es geschehen, ohne dagegen zu rebellieren. Sie freute sich auf die neue Stadt, die neuen Möglichkeiten. In München würde sie ihre Ausbildung als Tänzerin vorantreiben können. Dieser Wunsch war der Hauptantrieb, der sie beseelte, darauf zielte ihr ganzes Denken und Sinnen.

Die Familie verließ die Stadt, noch ehe Gertrud mit der Schule fertig war. In München hatte Luise eine schöne geräumige Wohnung im Zentrum gefunden. Die war plötzlich frei geworden, man griff rasch zu. Wenn Anfang 1934 eine elegante Stadtwohnung »plötzlich frei wurde«, darf man davon ausgehen, daß bis dahin eine jüdische Familie darin gewohnt hatte. Das Haus befand sich in der Seitzstraße, einen Katzensprung von Oper und Schauspielhaus entfernt.

Die letzten Bayreuther Wochen verbrachte Gertrud, nachdem die Wohnung am Markt aufgegeben worden war, unbeschwert bei einer Freundin. Zur Abschlußfeier der Schule erschien ihr Freund Wieland. Gertrud, die eine gute Stimme hatte, trug Goethelieder vor. Wieland zeichnete sie mit Buntstift, wie sie, hübsch gekleidet auf der Bühne steht, flankiert von Zierbäumchen. »Suleika« steht darauf; am Rand »feuchte Schwingen«. Das Blatt, das auf ein Sehnsuchtslied aus Goethes »West-östlichen Divan« anspielt, beendet einen elf Blätter umfassenden Zeichenzyklus, den Wieland der Freundin zum Abschied schenkte. In diese Blättern, welche die Freundin in eleganter Toilette, am Schminktisch, im Bett vom Festspielhaus träumend, beim Spaziergang zeigen, legte der Siebzehnjährige sein ganzes Herz mit allen seinen widersprüchlichen Gefühlen: Huldigung, Sarkasmus, Schrekken, Sehnsucht, Liebesangst und Ehe-Abwehr.

Beim »Spaziergang Sonntag vormittag« stellt Wieland sich als Zwerg dar, welcher der voranschreitenden Riesin Gertrud, über der die Sonne strahlt, mit gehorsam-anbetendem Aufblick folgt. Die Toilettenszenen kann man als Kritik daran deuten, daß ein Mädchen zur eitlen Frau heranwächst. Eifersucht spiegelt ein Blatt im Ferienort »Hundsham $\frac{3}{4}$ 11«, wo sich die Frauensperson am Fenster zeigt, während auf einer Leiter im Mondlicht ein schwarzhaariger fensterlnder Bursche erscheint. Ein Blatt, das Gertrud mit Schwert und Lanze bewehrt darstellt, trägt den Titel »Eiserne Jungfrau«; die Aussage ist klar: der junge Mann kommt an dieses Wesen nicht heran. Zwei Paarszenen geben gängige Eheklischees wieder: eine drohend den Besen schwingende Frau; das Pendant ist ein mit dem Nudelholz drohender Mann. Ein Blatt, »Säuglingsauto« betitelt, zeigt eine elegante Limousine mit Chauffeur, drei Babys im Fond.

Sobald Gertrud Bayreuth verlassen hatte, schickte er ihr in einer für sein Lebensalter ungewohnten Anhänglichkeit Tag für Tag einen Brief. Oft lag ein Zettelchen bei, auf dem stand: »Ich hab dich lieb.« Die Freundin hatte ihm versprechen müssen, diese Papierschnipsel sofort zu vernichten. Der Grund: die Eltern könnten, wenn sie ihnen in die Hände fielen, glauben, er wolle die Tochter heiraten. Gertrud kränkte dieses Denken, doch sie befolgte Wielands Ansinnen, ohne zu widersprechen.

Wenn der Freund auf Reisen war, schickte er Postkarten, die mit »treulichst dein Wieland« unterzeichnet waren. Er wollte Gertrud an dem, was er erlebte, teilnehmen lassen. Sie schrieb selten. Leider ist von diesen frühen Zurufen, Mitteilungen, Grüßen fast nichts erhalten. Gertrud hat sie vernichtet, 1954, als sie einem schweren Liebesverrat Wielands auf die Spur kam.

In München begab sich Gertrud sogleich zur Günther-Schule, einem seit 1931 staatlich anerkannten Tanzinstitut, um ihre Ausbildung zur Tänzerin zu beginnen. Die Bayreuther Lehrerin hatte sie dorthin verwiesen. Doch der erste Anlauf endete mit einem Fiasko. Die Eltern erklärten, das Schulgeld, das hundert Mark im Monat betrug, nicht aufbringen zu können. Das war nicht Bosheit, sondern entsprach den finanziellen Gegebenheiten der Familie. Der Gymnasialprofessor Reissinger, der fünf Kinder hatte und eine Frau, die niemals einen Kochlöffel selbst in die Hand genommen hätte, der also auch noch ein Dienstmädchen zu ernähren und zu bezahlen hatte, legte jeden Monat seiner Frau 600 Mark auf den Tisch. Mehr hatte er nicht. Das mußte für den Lebensunterhalt des achtköpfigen Haushalts und für alle sonstigen Ausgaben reichen.

Gertrud ließ sich durch die Absage der Eltern nicht unterkriegen. Sie beschloß, Geld zu verdienen, ihre Ausbildung selbst zu bezahlen. Eine Ärztin im Nachbarhaus bot an, sie als Praxishelferin zu beschäftigen. Gertrud assistierte dann zum Beispiel, als die Medizinerin einem Patienten ein Geschwür am Kopf entfernte. Die neue Praktikantin fragte die Doktorin, wie sie es fertigbringe, eine so diffizile und blutige Arbeit zu verrichten. Die Antwort beeindruckte Gertrud, der das Motiv des Helfens von Kindheit an eingepflanzt worden war, sehr: »Ich helfe damit einem Menschen.«

Die Ärztin legte dem jungen Mädchen, das sich als anstellig und geschickt erwies, bald nahe, einen medizinisch-kaufmännischen Ausbildungskurs im Harz zu besuchen. Doch bevor Gertrud das tat, absolvierte sie zunächst auf Wunsch der Mutter einen mehrere Monate währenden Kochkurs. Die Schülerinnen waren meistens Bräute der höheren Gesellschaft. Sie kochten, aßen, was sie gekocht hatten und schrieben die Rezepte in dicke Hefte.

Auch Winifreds Töchter mußten Kochen lernen; das gehörte sich für junge Frauen in den dreißiger Jahren. Es war Ausdruck eines soziologischen Umschwungs: das allmähliche Verschwinden der Dienstboten aus privaten Haushalten.

In der Weihnachtszeit schickte Gertrud Wielands Malermentor Franz Stassen einen selbstgebackenen Kuchen nach Berlin. Der Maler bedankte sich umgehend: »Back mal so weiter.« Zugleich ließ er ihr die Nachricht zukommen, der »Führer« habe ihn mit der Herstellung von vier Gobelins für den Sitzungssaal des Reichskammerhauses beauftragt, die in München gewebt werden sollten. Stassen schloß: »Ein glückliches Weihnacht wünscht dir mit Heil Hitler Dein alter Freund Franz Stassen.« Die seltsame Grußformel war politisch korrekt; es war vorgeschrieben, Briefe so zu unterzeichnen.

Gertrud hat sich damals um die Zeitläufte nicht gekümmert und beim Kochen gelangweilt. Doch die Kochschule war erträglich, weil sie abends ihren wahren Interessen nachgehen konnte: sie tanzte. In der Günther-Schule belegte sie einen Abendkurs, den die Mutter finanzierte. Nebenbei besuchte sie eine private Tanzschule, wo sie die gängigen Gesellschaftstänze lernte. Als Partner hatte sie zu ihrer großen Befriedigung einen Weltmeister im Wiener Walzer. Und schließlich widmete sie sich noch dem Eiskunstlauf. Ein kurzer Blick auf das klassische Ballett an der Oper, das ihr wie eine verstaubte Kitschdarbietung erschien, bestärkte sie in dem Gefühl, mit dem Freien Künstlerischen Tanz das Richtige gewählt zu haben.

Gertrud genoß das Leben. Auch die Monate der Ausbildung zur Praxishelferin in Gernrode im Harz empfand sie, jetzt in der Gesellschaft vergnügter Arzttöchter, die später einen Doktor heiraten und von seiner Arbeit etwas verstehen sollten, als reinen Spaß. Sogar das Maschineschreiben und die Buchführung, Fächer, die sie in der Schule in Bayreuth gehaßt hatte, gingen ihr auf einmal leicht von der Hand. Beim Kurven um den Quedlinburger Dom lernte sie Auto fahren; noch im Harz legte sie die Fahrprüfung ab.

Ende September 1935 verließ Gertrud Gernrode. In München fand sie Arbeit bei einer Internistin. Doch da sie von dieser Frau auf ihre wißbegierigen Fragen keine Antworten bekam, blieb sie nicht lange, gerade fünf Monate, von Dezember 1935 bis April 1936. Der jüngste Bruder ihres Vaters, der Architekt Hans Reissinger, der begonnen hatte, offizielle Bauaufträge der neuen Machthaber anzunehmen, brachte die Nichte im Mai 1936 als Sekretärin beim Leiter der Obersten Baubehörde, Ministerialrat Gablonsky, unter.

Zum ersten Mal hatte Gertrud nun einen Mann als Chef. Doch der Ministerialrat war selten im Büro. Es war die Zeit, da München zur »Hauptstadt der Bewegung« ausgebaut wurde. Gablonsky war auf den Baustellen. Gertrud hatte die Briefentwürfe, die er ihr hinterließ, rasch getippt. Da sie für ihr politisches Umfeld keinerlei Interesse hatte, blieb ihr aus jener Zeit fast nichts in Erinnerung. Sie saß im Büro, das in einem Haus neben der Theatinerkirche lag, und strickte. Sie strickte ein Kostüm zum Schlittschuhlaufen.

Irgendwann muß ihr in diesen öden Bürostunden aufgegangen sein, daß sie ihre Zeit vertat. Auf diese Weise kam sie dem Beruf nicht näher; im Gegenteil, sie verspielte die Berufung.

Wiederum hatte die Mutter einen rettenden Einfall. Luise begab sich zur Leiterin des Tanzinstituts, Dorothee Günther, und machte ihr die familiäre Situation klar. Die Direktorin bewilligte Gertrud, die sie bereits als große Begabung erkannt hatte, sofort eine starke Ermäßigung der Gebühren. Dreißig statt der ursprünglich geforderten hundert Mark, das konnte Adolf Reissinger für seine Tochter aufbringen.

Sehr zum Leidwesen des Behördenchefs Gablonsky, der dem Fräulein Reissinger nahegelegt hatte, ihre »Leibesübungen« doch am Abend zu absolvieren, verließ Gertrud im September 1937 die Oberste Baubehörde, nachdem sie dem Minsterialrat klargemacht hatte, daß es sich hier nicht um ein Freizeitvergnügen, sondern um das Erlernen eines Berufes handele.

Am ersten Oktober 1937 trat sie in die renommierte Günther-Schule ein. Dorothee Günther, 1896 in Gelsenkirchen geboren, hatte nach einem Kunststudium und einem Regievolontariat am Staatlichen Schauspielhaus in Hamburg eine neue Form der Körpererziehung, die Mensendieck-Gymnastik, entdeckt. 1923 hatte sie sich in München niedergelassen und dort im folgenden Jahr eine Schule eröffnet. Es gab drei Ausbildungszweige: Musikalisch-Rhythmische Gymnastik – sie war von Carl Orff aufgebaut worden – Tänzerische Körperbildung; Moderner Künstlerischer Tanz.

Der Tanz gehört zu den Reformbewegungen des frühen zwanzigsten Jahrhunderts. Hier sollte ein neues, den ganzen Menschen umfassendes Freiheitserlebnis ermöglicht werden. In den zwanziger Jahren war es, wie bei den anderen deutschen Reformbewegungen auch, unter den zerstrittenen Gruppierungen zu einer sektiererischen Erstarrung gekommen. Andererseits erwarb gerade damals der »Deutsche Ausdruckstanz« durch Tänzer wie Laban, Mary Wigman, Palucca, Kreuzberg, Valeska Gert, Dore Hoyer großes Renommee.

Die meisten Tänzer waren politisch desinteressiert. Sie wollten, wie Dore Hoyer es ausdrückte, unbehelligt ihrer tänzerischen Arbeit nachgehen. Dabei entging ihnen, daß diese in den Dienst des neuen Staates gestellt wurde. Andere, wie Rudolf Laban und Mary Wigman, standen nicht in Opposition zum Nazi-Regime, nur – und dies zunehmend – zu dessen Tanzpolitik. Anfangs ließen sich viele blenden; sie waren begeistert, daß ein Staat tänzerische, choreographische Elemente in seine öffentlichen Inszenierungen einbezog. Sie erhofften sich eine größere Anerkennung für ihre Arbeit, die nun plötzlich einen öffentlich akklamierten gesellschaftlichen Nutzen zu haben schien. Daß der Ausdruckstanz, der von der Individualität des einzelnen Tänzers abhing, von der Massenästhetik des NS-Staates zerstört wurde, wollten sie nicht wahrhaben.

Gern hätte man in Dorothee Günthers 1962 erschienenem Buch »Der Tanz als Bewegungsphänomen« ein paar erklärende Abschnitte über jene Zeit gelesen. Doch die Verfasserin schweigt sich über ihre Position und Einstellung in den dreißiger Jahren aus. Kommentarlos listet sie ihre Hauptarbeiten für den NS-Staat auf: Massenchoreographien bei Veranstaltungen von KdF und NS-Frauenschaft; bei mehreren Deutschen Tanzfestspielen in Berlin; bei der Großveranstaltung »Volk in Leibesübung« in Breslau, die in der Schlußapotheose von »Deutschlands Erhebung und Befreiung durch den NS-Staat« gipfelte; und vor allem bei der Olympiade 1936 in Berlin, wo sie mit sechstausend Kindern und jungen Mädchen den Reigen der choreographischen Darbietungen eröffnete.

Günther benutzte mit großer Selbstverständlichkeit das »braune« Vokabular, wenn sie 1936 über »rassegebundene Tanzerziehung« schrieb, 1938 in der »Deutschen Tanzzeitschrift« über das »organische Zusammenwachsen unseres Volkes unter eine führende Idee« – gemeint: die nationalsozialistische – und die »Ausrichtung aller Leibesübungen auf dieses gemeinsame Ziel«. 1938 schreibt sie von »unseren durch vorbildliche Disziplin und Ordnung von Massenmärschen verwöhnten Augen«. Keine Frage, ihre Schule war, ob aus Überzeugung oder Opportunismus sei dahingestellt, eindeutig nationalsozialistisch ausgerichtet. Sie war neben der Tanzschule von Jutta Klamt das gefragteste Tanzensemble des NS-Staates.

Die junge Gertrud, endlich am Ziel ihrer Wünsche angelangt, focht das nicht an. Die Günther lehrte in der Schule Theorie, und das interessierte sie wenig. An eine nationalsozialistische Indoktrination, die offiziell zur Ausbildung gehörte, kann sie sich nicht erinnern. Vermutlich ließ sie diese Belehrung so wenig an sich heran wie früher die Lehrsätze des Konfirmandenunterrichts. Die großen Massenchoreographien der Günther gehörten, als Gertrud in das Institut eintrat, ohnehin der Vergangenheit an. Und beim einzigen »Großereignis« dieser Zeit, dem Festzug »Zweitausend Jahre deutsche Kultur« anläßlich der Einweihung des »Hauses der Deutschen Kunst« hielt sich Gertrud nicht in München, sondern in Bayreuth auf.

Sie war jetzt Anfang Zwanzig, ihr weiblich erblühtes Gesicht mit den großen, ernsthaften Augen strahlte vor Lebenslust. Das schulterlang geschnittene Haar trug sie im Nacken zu einer »Olympia-Rolle« gedreht. So merkte der Vater nicht, daß die Tochter sich die Zöpfe abgeschnitten hatte. Freilich: sie entfernte sich geistig in dieser Zeit von den Eltern, schob sie innerlich zur Seite, so wie sie es in Bayreuth mit den Geschwistern gemacht hatte.

Die Familie war inzwischen umgezogen, nach Laim, wo sie am Agnes-Bernauer-Platz ein kleines Haus bewohnte. Gertrud war die treibende Kraft beim Umzug gewesen. Schon immer hatte es sie nach einem Haus im Grünen, mit Garten und Hund, verlangt. Doch nun, da es da war, interessierte es sie nicht sonderlich.

Der Vater, politisch immer exaltierter, widmete sich dem Studium der Evolutionstheorie; die Mutter, inzwischen ohne Quartett und männliche Verehrer, rettete sich zu ihrem Klavier. Gertrud erinnert sich aus dieser Zeit hauptsächlich an die täglichen Fahrten mit der Straßenbahn, die Schäkereien mit den Schaffnern, den Gang zur Kaulbachstraße, wo sich die Günther-Schule befand. Das erste Jahr dort, so bekannte sie später, sei das glücklichste ihres ganzen Lebens gewesen. Sie war nun auf der Bahn, die sie sich gewählt hatte. Sie empfand, daß es der richtige Weg war. Bei diesem Glück spielte ihr alter Schulfreund Wieland Wagner keine Rolle. Sie schien ihn nicht zu vermissen.

So direkt Gertrud die Ausbildung und Förderung ihrer Begabung anging, so wenig findet sich diese Zielstrebigkeit in der Ausbildung des »Wahnfried«-Erben. In einem Dankesbrief, den Winifred am 4. August 1933 an Tietjen schrieb, heißt es am Ende: »Helfen Sie mir in treuer Zusammenarbeit weiter und führen Sie meinen Sohn Wieland allmählich seiner Lebensaufgabe zu: Der würdige Nachfolger seines Vaters im Dienst am Bayreuther Werk zu sein.«

Doch Tietjen spielte dabei eine sehr untergeordnete Rolle. Aber auch Winifred nahm diese Ausbildung keineswegs zielstrebig und systematisch in Angriff. Der Erbe hatte, wie alle seine Geschwister, Klavierunterricht; seine Lehrerin war Fräulein Anna Mann, die viele Bayreuther Kinder im Klavierspielen unterrichtete. Er war kein besonders begabter Schüler. Am meisten interessierte er sich noch für Harmonielehre. Doch sein wirkliches Interesse lag im Visuellen. Er zeichnete und aquarellierte. Der Mutter schenkte er zum vierunddreißigsten Geburtstag zwei Aquarelle: eine Ansicht des Festspielhauses sowie eine des väterlichen Grabes.

Aus dem Jahr 1933 sind zwei Skizzenbücher erhalten, die in den Sommerferien am Bodensee entstanden. Es sind Talentproben, nicht mehr. Auch mit Schriften experimentierte er, die darauf hindeuten, daß der junge Mann sich seiner Bestimmung bewußt zu werden begann, etwa wenn er immer wieder Buchstabenformen entwarf für die drei Wörter: »Wagner – Wieland – Wahnfried«. Ein anderes frühes Blatt ist mit den Formen weiblicher Beine, abgewinkelten Knien, Mädchenköpfen im Profil bedeckt. Die Buchstabenfolgen dort lauten: »Gertrud, Gertrud ...«

Seine malkünstlerischen Bestrebungen wurden von der Mutter und von Freunden der Familie wohlgefällig unterstützt. Stassen, der im Herbst 1933 wochenlang in »Wahnfried« weilte, unterwies ihn im Kopieren. Anselm Feuerbachs »Iphigenie« war der erste Gegenstand der Bemühung. Und alle schenkten ihm Kunstbücher, Bildbände, Künstlermonographien. Wieland revanchierte sich mit kleinen Zeichnungen und kunstvollen Fotos, die besonders an Weihnachten als Gabe aus »Wahnfried« in die Welt hinausgingen. Schon wurden Parallelen gezogen zum Vater, der auch gezeichnet und aquarelliert und sich dann für die Musik entschieden hatte. Der Erbe wurde bejubelt; sein Genie stand fest.

Sobald er das achtzehnte Lebensjahr vollendet hatte, zog ihn die Mutter zu repräsentativen Verpflichtungen heran. So nahm er mit ihr am 7. März 1935 an der Grundsteinlegung eines Richard-Wagner-Denkmals in Leipzig teil. Hitler schenkte ihm anschließend sein Redemanuskript, mit persönlicher Widmung.

Danach stieg er zum ersten Mal in die Lüfte; er flog nach Berlin. Dort gab der »Führer« am nächsten Tag ein Mittagessen für seine Gäste. Am 10. September besuchte er mit der Mutter eine Festaufführung der »Meistersinger« im renovierten Nürnberger Opernhaus; beide waren Hitlers Ehrengäste.

Der »Führer« schenkte ihm in diesen Jahren einen Toilettenkoffer

Wieland in seinem Mercedes,
einem Geschenk von Adolf Hitler

aus Leder. Im Syberberg-Film bemerkte Winifred dazu trocken, Wieland habe ihn »verkloppt«. Das großzügigste Geschenk aber, das der Familienfreund ihm machte, und zwar im Herbst 1935, war ein Auto, ein graublaues Mercedes-Cabriolet. Gertrud Strobel vermerkt dazu: »eigens für ihn angefertigt«; »6500.– Wert«.

Übergeben wurde es am 22. Oktober in München, wo beide Brüder Hitlers Gäste in seiner Wohnung waren. Obwohl Wieland seit dem Mai einen Führerschein besaß, hielt der Geber es für angemessen, die beiden am nächsten Tag durch seinen Fahrer nach Bayreuth chauffieren zu lassen.

Von Wielands Geschwistern wurde nur Verena, von Hitler »Nickerl« genannt, mit einem ähnlichen Geschenk bedacht. Sie durfte sich nach bestandenem Abitur »ein schickes kleines Auto« (Gertrud) aussuchen.

Im Herbst 1935 legte sich die Familie eine weitere Immobilie zu: ein Wochenendhaus in Oberwarmensteinach im nahen Fichtelgebirge. Es war ein zweistöckiges Haus, am Hang gelegen, mit einem stattlichen Giebel und einer großen Terrasse im ersten Stock. Ein Schwimmbecken gab es auch auf dem Gelände. Wieland nennt es in

139

einem Brief vom Dezember 1935 ein »Häusgen«. »Die Mama hat sich aber auf dem kleinen Raum ausgetobt, Wände herausgerissen und alles sehr hübsch eingerichtet. Nebenbei ist auch ein neuer Anbau ... fast fertig geworden.«

Die Briefempfängerin war Maria Dernburg, eine Familienfreundin aus Siegfried Wagners Zeit. Der hatte die vornehme, in erster Ehe mit einem Wagner-Sänger verheiratete Wienerin als »Königin von Saba« tituliert; eine Galanterie, die sie ihm nicht vergalt. Sie nannte ihn unter der Hand einen »eitlen Fatzke«. Wieland sprach mit ihr per Du, redete sie aber als »Frau Dernburg« an. Nach 1945 wurde sie, die mit ihrer Tochter nach New York emigriert war, eine seiner wichtigsten Briefpartnerinnen.

Im März 1936 machte Wieland am Humanistischen Gymnasium Bayreuth, das inzwischen den Namen seines markgräflichen Gründers abgelegt hatte, das Abitur. Er hatte in allen Fächern die Note »gut«, sogar in Mathematik, ein Fach, das er in den zurückliegenden Jahren nur mit Hilfe heftigsten Nachhilfeunterrichts zu bewältigen imstande gewesen war; in Griechisch, Geschichte, Religionslehre hatte er »sehr gut«. Sport war nicht sein Fall; das Zeugnis hält »noch genügende Leistungen im Geräteturnen« fest. Musische Fächer verzeichnet das Zeugnis nicht, doch wird ihm ein »beachtenswertes Verständnis für Kunst und Literatur« attestiert. Ein längerer schriftlicher Zusatz, der ihm »sehr gute, vielseitige Anlagen« und »gewissenhaften Fleiß« bestätigt, besagt: »Bei der besonders angeordneten mündlichen Prüfung in der Vererbungslehre und Rassenkunde zeigte er anerkennenswerte Kenntnisse.«

Wieland Wagner, der »Sohn des verstorbenen Dichterkomponisten Herrn Siegfried«, hielt die Abiturientenrede. Er huldigt darin dem Geist der Zeit, indem er den Bogen schlägt von den Griechen zu den Deutschen. Der Griechenkult, der im humanistischen Gymnasium seine Pflegestätte hatte, war seit der Etablierung des neuzeitlichen Preußen Bestandteil der deutschen Staatsideologie. Die Nationalsozialisten, die einen am Griechentum orientierten Klassizismus zum Ideal der Kunst erklärten, stellten sich bewußt in diese Tradition.

Der Redner zog eine Linie von »Platon zu Kant und Schopenhauer, von Sparta zu Preußen, von Aeschylos zu Richard Wagner, vom Parthenon zu den Bauten Schinkels oder zum neugeschaffenen Königsplatz in München«. In ihren Schöpfungen sieht er den »nordischen Geist« am Werk. »Durch die Rassenkunde«, behauptet der neunzehnjährige Redner, »ist uns erst die Blutsgemeinschaft mit der echten Antike wieder aufgegangen: wir empfinden die homerischen Helden als Blut von unserem Blut.«

Man muß annehmen, daß der junge Mann diesen Unsinn geglaubt hat. Der Großvater, den er in seiner Rede zweimal erwähnt – »in Richard Wagner (ist) die Einheit von Kunst und Religion wiedergeboren« –, war ein Geschichtsklitterer und ein Mythosvermischer gewesen, dazu ein schlimmer Antisemit. Das Auffälligste an Wielands Rede ist nicht die Linie, die er von Achill und Hektor zum germanischen Siegfried zieht, sondern daß er jeglichen Antisemitismus meidet.

Am 19. März, dem Tag nach der Abschlußfeier, fuhr Wieland zusammen mit Stassen nach Lübeck. Dort wurde die Oper seines Vaters, »Der Bärenhäuter«, aufgeführt, zu der er die Bühnenbilder entworfen hatte. Unter Aufsicht seines Mentors, der ihn schon 1934 ein paar Probeentwürfe für den »Lohengrin« hatte machen lassen, hatte er den ganzen Winter daran gearbeitet. Sie waren sozusagen seine Probearbeit als Lehrling gewesen.

Nun folgte im Mai 1936 sein Gesellenstück: die Blumenaue zum »Parsifal«. Sie wurde im Sommer gegen das entsprechende Teil der nicht mit Beifall aufgenommenen Bühnenbilder von Alfred Roller ausgetauscht. Für die Festspiele 1937 erarbeitete er dann die gesamte szenische Ausstattung dieser Oper. Immerhin hatte er von Roller etwas gelernt, nämlich mit Bühnenmodellen, nicht mit Skizzen zu arbeiten.

Die Bühnenentwürfe waren das eine, das andere war der Arbeits-, später der Militärdienst, der für Wieland am 1. April 1936 begann. Er hat darunter schwer gelitten. Nach dem Krieg, am 28. Januar 1947, schrieb er an die Mutter, er habe in den beiden Lagern »stets kurz vor dem Selbstmord« gestanden. Ein Foto aus dem Jahr 1937, das ihn in Uniform und mit Stahlhelm abbildet, zeigt einen jungen Menschen, dem Zwang und Qual ins Gesicht geschrieben sind. Es ist ein Foto, das stellvertretend für eine ganze Generation steht, die, durch ihre Hitler zujubelnden Eltern von ihrem Lebensplan abgebracht, auf einen Weg gezwungen wurde, den sie nicht selbst gewählt hatte.

Bei Wieland hatte das Leiden auch eine banale physische Ursache: seine Lisztschen Hammerzehen paßten nicht in die Knobelbecher. Er konnte darin kaum gehen, scheuerte sich die Füße wund. Dabei hatte er Privilegien wie kein anderer. Zwar mußte er schuften wie alle; so war er zunächst bei schweren Straßenarbeiten in der Nähe von Meißen eingesetzt, aber als er nach wenigen Wochen mit blutenden Füßen zusammenbrach, erreichte seine Mutter, daß er vom sächsischen Lager Großenhain ins fränkische Kulmbach kam, wo das Essen und die hygienischen Verhältnisse besser waren.

Mitte Oktober 1936 rückte er bei einer Panzerabwehrkompanie in eine Bayreuther Kaserne ein. Die Verlegung auf den Truppenübungsplatz Hammelburg im Juni 1937 blieb ein kurzes Zwischenspiel. Am 3. November wurde Wieland in Bayreuth als Gefreiter mit der Führungsnote »sehr gut« entlassen.

Immer wieder war Wieland in diesen Monaten freigestellt, beurlaubt worden, um seiner künstlerischen Tätigkeit nachzugehen. Er entwarf Bühnenbilder zu einer weiteren Oper des Vaters, »Schwarzschwanenreich«, die im Dezember in Antwerpen aufgeführt wurde. Den Winter über gab es diverse »Kaffeekränzchen« mit den Kameraden, über die Gertrud Strobel Buch führt, etwa: »ladet seine ganze Stube (8 Mann) zum Nachmittagskaffee nach Wahnfried ein.«

Auch in dieser Zeit kam es zu Begegnungen mit Hitler. Strobel notiert unter dem 6. Mai 1936, als Wieland noch in Großenhain nördlich von Meißen Dienst tat: »Fahrer Schreck holt auf Befehl Adolf Hitlers mit einem Polizeimotorboot Wieland auf das Elbeschiff ›Hindenburg‹. Abendessen im Hotel ›Bellevue‹ Dresden mit Hitler und Verena, die im dortigen ›Luisenstift‹ erzogen wird.«

Am nächsten Tag ging es mit dem »Führer« nach Bayreuth »zur Besichtigung des vollendeten Erweiterungsbaus vom Siegfried-Wagner-Haus«. Winifred hatte es speziell für Hitler erweitern und herrichten lassen. Von 1936 an benutzte er es während der Festspiele, die er gewöhnlich für den ersten Zyklus besuchte.

Wieland in der Uniform der Wehrmacht

Wielands Nähe zu Hitler war groß, aber nicht intensiv. Gertrud Strobel, der daran gelegen ist, in ihrer »Zeittafel« zu Wieland Wagners Leben jede Kleinigkeit, die mit Hitler zusammenhängt, festzuhalten, zu betonen, zu intensivieren, verzeichnet in dieser Zeit nicht mehr als ein bis zwei Treffen jährlich. Meist wurde Wieland dabei von der Mutter oder dem Bruder begleitet. Aus den familiären Begegnungen der zwanziger Jahre waren nach der Machtergreifung ritualisierte Treffen geworden. Sie sollten auf der einen Seite die Nähe Hitlers zu Bayreuth, das ihm als Inbegriff der deutschen Kultur galt, unterstreichen; auf der anderen die Nähe der Familie Wagner zum Zentrum der Macht, die den Fortbestand der Festspiele sicherte, demonstrieren.

Zwei Aufnahmen aus dem Sommer 1937 wirken wie ein Beleg zu dieser These. Sie zeigen den Gast, einmal mit den Jungen, einmal mit den Mädchen, Arm in Arm. Das Foto mit Verena, seinem Liebling, und Friedelind, die einen großrandigen Hut trägt, ist im Garten aufgenommen; das mit Wieland und Wolfgang, die beide den kurzen Haarschnitt des Arbeitsdienstes zeigen, im Haus. Hitler ist bemüht, nichts von sich preiszugeben. Die erste Aufnahme hat vermutlich Wieland gemacht; die zweite ist mit dem Selbstauslöser aufgenommen. Die jungen Männer, die Hitler flankieren, wirken wie Paladine: Steigbügelhalter. Keiner von ihnen lächelt. Der »Führer«, nicht gestylt von seinen Leibfotografen Hoffmann, sieht aus wie eine Karikatur seiner selbst. Das Foto wirkt, als blickten die drei, statt in die Linse der Kamera, in das Medusengesicht der Zukunft.

Das Glück dieses jungen Mannes war die Fotografie. Er hatte dieses Medium selbst entdeckt; selbständig entwickelte er es weiter. Es hatte nichts mit seinem Status als »Wahnfried«-Erbe zu tun, es war ihm nicht durch seine Herkunft vermittelt worden. Auf diesem Feld, das seine Umgebung als Mittel künstlerischen Ausdrucks ignorierte, belächelte, verachtete, wurde ihm keine Rolle aufgezwungen. Niemand drängte ihn, etwas zu tun oder zu lassen.

Er hatte keine Vorbilder, keine Lehrer, er fühlte sich völlig frei. Sobald er die Baby-Box hinter sich gelassen hatte, fotografierte er Landschaften und Motive in der Natur: die Teiche und Kanäle des nahen Hofgartens mit und ohne Schwäne, Blumensträuße, einzelne Blüten und immer wieder, besonders am Anfang, das Grab des Vaters. Selten sind Architekturmotive, etwa aus dem Park der Eremitage, noch seltener – Gertrud ausgenommen – Porträts.

Schon vom Winter 1934 an, wo die Familie in Arosa zum Skiurlaub weilte, kann man von der Suche nach einer künstlerischen Handschrift als Fotograf sprechen. Vermutlich wurde Wieland dort abstrakter Muster in der Landschaft gewahr, in der es durch den Schnee nur noch die Farben Schwarz und Weiß gab. Dem jungen Fotografen ging es nun nicht mehr bloß darum, das, was er vor Augen hatte, abzubilden; er suchte Licht- und Schattenspiele, welche die abstrakte Wirkung intensivierten. Auf seinen Fotos leuchtet der Schnee noch weißer, werfen die Bäume noch schärfere Schlagschatten.

Im Frühjahr danach ging er in der fränkischen Umgebung auf

Wieland und Wolfgang mit Adolf Hitler

Motivsuche, dramatisierte Bäume vor hohen Wolkenschatten, inszenierte zwischen dunklen, angeschnittenen Baumstämmen Landschaftsausschnitte wie Bühnenbilder. Im Sommer widmete er sich der
Bodenseelandschaft. Er war fasziniert von den Stimmungen am Wasser, entdeckte die Möglichkeiten der Weichzeichnung. Starke Hell-
Dunkel-Gegensätze wurden nun als atmosphärische Werte eingesetzt.

Im folgenden Jahr nahm er sich einfache, arbeitende Menschen
vor: Bauern bei der Heuernte; Fischer, die ihre Netze flicken; eine
Frau beim Wasserholen am Brunnen; einen Mann, der mit dem Kuh-
gespann durchs Dorf zieht; Feiernde beim Trachtenumzug. Was ihn
interessierte, war nicht die Arbeit oder gar eine Dokumentation des
»Völkischen«. Ihn fesselte das malerische Motiv, die fremde Welt,
ihre »exotische« Zurichtung. Das konnte die Bemalung einer Haus-
wand sein, eine Dächerpartie, oder – geradezu stillebenhaft arrangiert – eine Ansammlung hölzerner Wagenräder, die Schleife im
Haar eines Mädchens oder der weiße Bart eines Mönches. Das letzte
Beispiel zeigt, wie wenig ihm bewußt war, was der Zeitgeist haben
wollte. Mönchische Existenz im Bild festzuhalten, entsprach gewiß
nicht der Ideologie der Epoche.

Auch im folgenden, bei der Porträt- und Aktfotografie, kam es bei ihm zu seltsamen Vermischungen, die zeigen, wie wenig ihm die NS-Ästhetik vertraut war. Bereits im Sommer 1935 experimentierte er in Nußdorf mit Nacktaufnahmen der Freundin. Meistens arbeitete er im Freien bei natürlichem Licht. Gertrud, deren Leib wie mit Öl bestrichen glänzt, gab ihm die tänzerischen Posen vor. Manches ist da wie bei Fidus oder Riefenstahl, deren Arbeiten der Fotograf in Zeitschriften gesehen haben mag. Auf anderen Aufnahmen, besonders den mit Kunstlicht im Hausinnern gemachten Fotografien, wird der Körper durch die Betonung von Licht und Schatten in nahezu abstrakte Formen aufgelöst.

Wie wenig theoretisch Wielands Tun fundiert war, zeigen die Aufnahmen, auf denen er Gertrud, im Badeanzug oder Dirndl dramatisiert, sie vor einem Gewitterhimmel schräg von unten aufnimmt. Autodidakt, der er war, hatte er nicht begriffen, daß solche Heroisierung nur dem nackten Mann zukam, dem Kämpfer, der sich dem dunkel heraufziehenden Schicksal entgegenwirft. Frauen hatten in Blumenwiesen, unter Apfelbäumen zu stehen, sollten sie doch ihre Schönheit in die biologische Rolle einbringen, die Blüten zu Frucht, sprich Kindern, reifen lassen. Übrigens hat er die Lichtspektakel von Riefenstahl und Speer, mit denen die Massenauftritte des NS-Staates mystifiziert wurden, nie gesehen.

Schon in der Schulzeit verdiente der junge Fotograf ganz gut mit seinen Landschafts- und Porträtaufnahmen. Er hatte einen Kreis von Zeitungen, die seine Arbeiten abnahmen. Später kamen Bühnenszenen und Aufnahmen der Festspiel-Sänger und -Dirigenten hinzu, die als Postkarten verkauft wurden. Viel Geld machte er mit einem Hitler-Porträt; es zeigt den Besucher, im Smoking auf einem Biedermeierstuhl sitzend, im Saal von »Wahnfried«. Es war das einzige von Hitler autorisierte Porträtfoto, das nicht von seinem Leibfotografen Heinrich Hoffmann stammte. Die Einnahmen waren so gut, daß Wieland 1937 der geliebten Mutter zu Weihnachten ein Auto schenken konnte, einen großen Ford V8. Dafür räumte er sein ganzes Sparkonto ab.

Zur Meisterschaft gelangte Wielands fotografischer Stil während zweier Italienreisen im Frühjahr und Frühsommer 1938. Das Grundmuster stand fest: seine Lieblingsmotive waren menschenleere Landschaftsausschnitte, die er meist im Hochformat präsentierte. Statt der Weichzeichnung bevorzugt er jetzt starke Kontraste, welche die Formen betonen. Wiederum arbeitete er mit Licht und Schatten, kontrastiert weich und hart, Stein und Baum, Erde und Himmel. Der Landschaftsausschnitt, der meist einen sehr niedrigen Horizont hat, wird durch starke Schwarz-Weiß-Gegensätze akzentuiert. Statt trotziger Menschen vor Schicksalshimmeln erscheinen jetzt Zypressen vor weißen Wolken. Die stark formalisierten Stadtveduten und Architekturaufnahmen verraten das Auge des Bühnenbildners.

Ein letzter größerer Komplex sind die Bühnenaufnahmen, die Wieland 1944 in Altenburg machte. Sie halten Ausschnitte der von ihm inszenierten Oper seines Vaters »An allem ist Hütchen schuld« fest. Es sind ungemein lebendige, atmosphärisch dichte Fotografien, in der alten Manier weichgezeichnet, auf starke Hell-Dunkel-Kontraste bauend.

Die Fotografie war das eine völlig Eigenständige in Wielands Leben. Das andere, an dem er hartnäckig festhielt, war seine Beziehung zu Gertrud. Er war von einer geradezu entwaffnenden Anhänglichkeit. Gertrud berichtet, wie er als junger Mensch im Gasthaus immer das gleiche aß: Schnitzel, Erbsen, Kartoffelpüree, und wie er, wenn ihm eines ihrer Kleider gefiel, am liebsten gesehen hätte, wenn sie immer nur dieses eine getragen hätte. Dieses hartnäckige, manchmal starrsinnige Festhalten am Gewohnten war ein Grundzug seiner Natur.

Auch Gertrud hielt an ihm fest, obwohl sie in München eine Zeitlang einen Verehrer hatte, mit dem sie gern tanzte, einen Medizinstudenten, der sie zu Vorlesungen mit an die Universität nahm. Mutter und Großmutter waren von dem jungen Mann sehr angetan, der ihnen als Ehekandidat weitaus geeigneter schien als der »Wahnfried«-Erbe Wieland. Doch ans Heiraten dachten die jungen Leute ohnehin nicht.

Sie sahen sich jeden Sommer. 1934 wurde Gertrud, die nun in München wohnte, zum ersten Mal eingeladen, an einem ganzen Festspielzyklus teilzunehmen. An einem Abend erging die Einladung zu einem kleinen Essen nach der Aufführung. Hitler war bereits abgereist. Er war nach den Mordanschlägen dieses Sommers ans Sterbebett des ehemaligen Reichspräsidenten von Hindenburg geeilt, der ihn in den Sattel gehoben hatte, und holte nun zum nächsten Schlag aus: der Unterwerfung der Reichswehr.

Es gab also keine Gäste in »Wahnfried«; die jungen Leute waren allein. Verliebt saßen sie einander am Kaminfeuer gegenüber, ein kaltes Buffet war aufgebaut, niemand störte sie. Gertrud trug ein bodenlanges weißes Organzakleid mit rosa Schärpe, Wieland einen eleganten hellgrauen Anzug. Dies war der von Winifred abgesegnete offizielle Beginn, von jetzt an galten sie als »etabliertes« Paar.

Regelmäßig verbrachten sie einige Sommerwochen nach den Festspielen im Ferienhaus in Nußdorf. Sie machten zusammen Ausflüge, sie gingen zum Baden, zum Segeln, Gertrud stand dem Fotografen Modell. Die Tänzerin, für die der Körper ein Instrument war, hatte keinerlei Probleme damit, nackt zu posieren. Selbst die zu Beginn ziemlich prüde NS-Ideologie pries inzwischen in dem Organ »Deutsche Leibeszucht« die »unbefangene Nacktheit«. »Licht- und Luftabhärtung« hatten die »naturnahe und arteigene Lebenshaltung« zum Ziel. »Erziehung zum Leibe«, so las man in den einschlägigen Publikationen, schaffe »ein neues Artbewußtsein«.

Der »biologisch-rassisch verbrämte Voyeurismus« (Pini) wurde ideologisch gerechtfertigt. Von Sexualität ist nie, von Erotik selten die Rede. Lust ist fast wie Pornographie eine »Wucherung schlechter Instinkte«. Eine neue Heuchelei entstand. Die geschlechtliche Vereinigung galt nur dann als gut, wenn sie der Zeugung, dem Fortleben der Rasse diente. Und Gertrud in ihrer Arglosigkeit hat wohl nicht begriffen, daß ihr Anblick dem Freund, der sie fotografierte, nicht nur Vergnügen, sondern auch Qualen bereitete.

1935 hatte es keine Festspiele gegeben. Gertrud nahm zusammen mit den Wagners am Reichsparteitag in Nürnberg teil. Wieland hatte bei der gleichen Veranstaltung, wie Gertrud Strobel notiert, im Vorjahr eine »Bildbroschüre in Leder gebunden und mit schöner Widmung« des »Führers« erhalten. Gertrud wurde eine signierte Hitler-Fotografie überreicht.

Bei den Festspielen 1936 kam sie zum ersten Mal in persönlichen Kontakt mit dem Reichskanzler. Er hatte in diesem Jahr sein Bayreuther Pied à terre auf dem »Wahnfried«-Gelände bezogen. Gertrud war für die ganze Dauer der Festspiele eingeladen. Sie wohnte bei ihren Verwandten, denen sie wie jedes Jahr hinterher verlegene Briefe schrieb, in denen sie für die Gastfreundschaft dankte und sich für ihre ständige Abwesenheit entschuldigte.

Eine Aufnahme zeigt sie vor dem Haupteingang von »Wahnfried« mit Hitlers Adjutanten Schaub, der ihr offenbar eine Mitteilung macht, ihr vielleicht eine Einladung überbringt. Gertrud nimmt die Worte in der Haltung entgegen, als vertrete sie die Hausherrin.

Der Mutter kritzelte sie 1936 auf eine Karte, sie komme gar nicht zum Schreiben, es sei alles »soooo schön«. Die Postkarte zeigt Gertrud im Gespräch mit Sängerinnen sowie mit dem Erben des Hauses, der seine mit dem Hakenkreuz versehene Arbeitsdienstkluft trägt.

Winifred pflegte für Hitler zu Beginn der Festspiele in »Wahnfried« einen Empfang zu geben. Da wurden in Richard Wagners musealem Saal die seidenen Vorhänge hochgezogen, die Schonbezüge von den Sesseln genommen. Das offizielle Essen erforderte jedesmal langwierige Überlegungen, da der Gast Vegetarier war. Fast immer gab es Nudel- oder Leberknödelsuppe zum Auftakt der Speisenfolge. Beliebt war geräucherter Lachs, der zu jener Zeit als ein Gipfel des Kulinarischen galt.

Anschließend versammelte man sich in dem Raum, der einmal Cosimas gelber Salon gewesen war. Jetzt standen dort nußbaumfurnierte Möbel im Stil des Berliner Chippendale. Es gab neue, mit braunrotem Samt bezogene Sessel, die am Kopfteil und den Armstützen Filetdeckchen trugen. »Zur Aufhellung, und damit der Stoff nicht speckig wird«, sagte Winifred zu Gertrud. An Galaabenden wurden sie abgenommen. Von der ursprünglichen Einrichtung waren nur noch der weiße Marmorkamin und der Spiegel darüber vorhanden. In einer Glasvitrine lag die Totenmaske Friedrichs des Großen, ein silberner Lorbeerkranz, dazu ein paar Fayencen und Tanagra-Figuren. Die Wand war goldfarben tapeziert. Darauf nahmen sich die gezeichneten Familienporträts zart und bescheiden aus. Beherrscht wurde der Raum von einem lebensgroßen Porträt in Öl, das Hitler in Uniform darstellte. Der Konterfeite hatte es Winifred geschenkt.

Gertrud im Festspielkleid,
1934

Diese schickte an den folgenden Abenden nach den Aufführungen dem Gast, der sehr spät zu Bett zu gehen pflegte und in den Nachtstunden nicht gern allein war, zur Unterhaltung ihre Jugend hinüber. Winifred selbst, mit Tietjen liiert, der von dem Besucher nichts wissen wollte, war bei diesen Soireen nicht dabei. Sie nahm mit dem Gast, der meist nicht vor elf, zwölf Uhr aufstand, den Mittagsimbiß ein.

Gertrud, weniger schlagfertig als die Wagner-Jugend, sah der ersten Begegnung mit Herzklopfen entgegen. Sie wußte nicht, was sie sagen sollte. Wie immer bei den Festspielen war sie elegant gekleidet, sie trug hochhakige goldene Sandaletten, die sie sich in München speziell für diese Gelegenheit hatte anfertigen lassen. Gertrud erinnert sich genau an diese erste Begegnung. »Das erste, was er zu mir sagte: ›Was hast du für schöne Schuhe. Ich habe gern Frauen, die gute Schuhe tragen, ich habe vor allem gern hohe Absätze, das macht den Frauenfuß so besonders attraktiv und schön.‹«

An diesen Abenden waren alle politischen Gespräche verpönt. Die Unterhaltung bewegte sich auf schlichtem Niveau. Hitler sprach darüber, was »dick mache«, daß er sich bestimmte Kuchen »als Führer nicht leisten« könne, weil er auf seine Linie achten müsse. Zu Gertrud sagte er, sie dürfe ruhig Eis essen, das mache nicht dick. Es gab Geplänkel, Geklatsch, Schandmaulereien; die Aufführungen, die Sänger und Sängerinnen wurden durchgehechelt.

Außer den jungen Leuten war meistens das Ehepaar Goebbels dabei, Frau Magda brachte laut Gertrud eine weitere »schicke Note« in die Gesellschaft, sowie der Adjutant Schaub und der »Hausintendant« Kannenberg. Manchmal war auch Albert Speer zugegen. »Leute, die uns nicht lagen« (Winifred im Syberberg-Film), wie Julius Streicher oder den Fotografen Hoffmann, brachte der Gast nicht mit. Auch nicht Eva Braun. Ihr Name war in »Wahnfried« tabu. Umgekehrt wurde Winifred – und das verargte sie dem Freund – niemals auf den Obersalzberg eingeladen.

Der Propagandaminister gab zynische und anzügliche Sprüche von sich, der Leibkoch machte den »dummen August«. Hitler war nicht redselig. Er lachte nie, zeigte höchstens einmal die Andeutung eines Lächelns. Wenn er sich besonders wohl fühlte, glitt er in eine leichte österreichische Dialektfärbung hinüber. Gertrud fand ihn »anders als die deutschen Männer«, nicht eitel, »in der Gesamtausstrahlung angenehm«, ein »altösterreichischer Charmeur«.

Während Wieland meistens mürrisch schwieg, auch weil er die »Erben«-Rolle, in der Hitler ihn sah, nicht mochte, durfte sich Verena »unglaubliche Dinge leisten«. So fragte sie den Gast: »Sag einmal, wann schaffst du den ›Stürmer‹ ab, das ist ja ein widerliches Blatt.« Hitler wich aus mit nachsichtigem Lächeln, das besagte: Frauen dürfen alles vorbringen, man kann sie nicht ernst nehmen. Ein andermal stellte sie die Frage, auf gut fränkisch: »Sog amol, warum trittst du ned aus der Kerng« – der Kirche – »aus?« Hitler in der Maske des hochmoralischen Sohns: »Weil meine Mutter mich religiös erzogen hat.«

Schwerwiegender war an einem solchen Abend Hitlers an Wieland gerichtete Frage: »Bist du eigentlich in der Partei?« Auf Wielands Verneinung erfolgte die diktatorische Antwort: »Ich ernenne dich hiermit zum Parteigenossen« und die knappe Anweisung an den Adjutanten, das Bürokratische am nächsten Tag zu erledigen. Dies geschah allerdings erst im Sommer 1938.

Alle diese Unterredungen fanden in dem neu angebauten großen Raum statt, der im Stil der Zeit mit Holz getäfelt war. Im Eßzimmer gab es »neue germanische Möbel aus Eiche, in einem grünlichen Ton gestrichen« (Gertrud). Wolfgang sprach in Anlehnung an einen Berliner Ausstatter von der »Dürselen Periode«. Selbst für die jungen Besucher zogen sich die Abende ermüdend in die Länge. Sie langweilten sich, wenn sie Hitler auf den nächtlichen oder frühmorgendlichen Gängen im Garten begleiteten, wo der Nachtgänger unermüdlich das Rondell mit Ludwigs Büste umrundete, schielten, wie sie wegkommen könnten.

Und doch war es so, daß Gertrud sich in diesem Sommer, wo Winifred den Gast nach der erfolgreichen Olympiade mit der Neuinszenierung seiner Lieblingsoper »Lohengrin« ehrte, nicht von Bayreuth loszureißen vermochte. Es muß sie mit Stolz erfüllt haben, nun zum »inneren Kreis« zu gehören.

Wie sehr sie in die Wagnerfamilie hineinwuchs, beweisen wiederum ein paar Fotos von Wielands Hand. Seit Aufkommen der

Fotografie hatte man in Bayreuth während der Festspiele nicht nur Aufnahmen von Bühnenszenen und Sängern, sondern, im gleichen Postkartenformat, von Mitgliedern des Hauses Wagner kaufen können, von Cosima und Siegfried, Winifred und Wieland. In den dreißiger Jahren wurde die Kollektion um eine Hitler-Postkarte erweitert. Hinzu kam nun eine Aufnahme von Gertrud. Sie trägt ein weißes Abendkleid mit einer Blumenapplikation auf einem Ärmel. Es gab diese Postkarte sogar in zwei Versionen: als Ganzfigur und, gekonnt angeschnitten, als Porträt im Halbprofil.

In der Weihnachtszeit wurde sie dann von Winifred mit einer Mission beauftragt. Sie sollte für Hitler ein Weihnachtsgeschenk kaufen. Gertrud, auf deren Geschmack Verlaß war, sollte es selber aussuchen. In einem Antiquitätengeschäft in der Residenzstraße erstand sie einen großen Spiegel mit antikem Goldrahmen. Sie ließ das Präsent in Hitlers Wohnung am Prinzregentenplatz schicken, überbrachte aber persönlich Winifreds Weihnachtsbrief. Sie war angemeldet, die Haushälterin öffnete ihr die Tür. Hitler kam, er plauderte mit ihr im Entree. Gertrud: »Es war ein Gespräch wie mit jemandem, den man ja kannte, der nun einen normalen Anzug anhatte und der einem locker entgegenkam, das war kein politischer Führer, das war ein ganz gewöhnlicher Mann, der da oben wohnte. Und was mir natürlich besonders gefiel: ich bekam eine Riesenpralinenschachtel geschenkt.«

Die immer noch eifersüchtige Friedelind machte in dieser Zeit einen letzten Versuch, Gertrud zu kompromittieren. Eine Statistenrolle spielte dabei ein kleines Mädchen namens Betty, ein von seinen Eltern vernachlässigtes, von Milchschorf befallenes Kleinkind. Winifred hatte das Mädchen im Krankenhaus gesehen; es hatte sie an ihre Kindheit im Waisenhaus in Hastings erinnert, wo sie auch an Milchschorf gelitten hatte. Die Kindernärrin nahm Betty mit sich nach »Wahnfried«, um die Kleine völlig zu kurieren.

Alle Frauen des Hauses, außer Emma, waren in das Kind vernarrt. Es wurde im Wagen spazierengefahren, verwöhnt und verzogen. Friedelind aber, als sie auf der Straße gefragt wurde, was denn das für ein Kind sei, antwortete: »Ja, wißt ihr's denn nicht? Das ist Gertruds und Wielands Tochter.« Das alte Getuschel, weswegen die Reissingers vor drei Jahren die Stadt verlassen hatten, lebte wieder auf. Endlich schien es eine Erklärung dafür zu geben, warum sie damals so schnell aus Bayreuth verschwunden waren.

Gertrud konnte eine solche Lüge, eine solche Tücke kaum glauben. Sie war vom neuerlichen Verrat der alten Freundin tief getroffen. Dennoch: der Liebe zwischen ihr und Wieland vermochten diese Bosheiten und die neu aufflammenden Gerüchte nichts anzuhaben. Ein Zeichen für ihre innere Nähe war jene allererste gemeinsame Fahrt im eigenen Auto, der erste größere Ausflug. Er führte in Gertruds Heimatstadt, nach Passau. Daß sie ihm diese Stadt, an der sie noch immer hing, zeigen, daß er ihr sein Auto vorführen wollte, zeugt von der Verbundenheit der jungen Menschen. Gertrud trug bei dem Ausflug ein kariertes Dirndl und ein kesses Strohhütchen. Wieland fotografierte sie von allen Seiten. Ihre Augen strahlen, die Wangen glühen. Die blühenden Bäume am Straßenrand zeigen, daß es Frühjahr war und wohl ein warmer Tag. Auf einer Terrasse über der Donau genehmigten sie sich eine Erfrischung, die sie bis dahin nicht gekannt hatten: einen Eiscafé.

Das sexuelle Verlangen, über das man nicht sprach, war zwischen ihnen eine heikle Angelegenheit. Offenbar kam es bei einer gemeinsamen Spritztour im Oktober 1936 zum Austausch physischer Zärtlichkeiten. Zum allerersten Mal verbrachten sie eine gemeinsame Nacht in einem Hotelzimmer in Mittenwald. Sie schliefen nicht miteinander, das war tabu. Wieland, uninformiert, wie er war, lebte in einem Gemisch von Angst und Verlangen. Wenn Gertrud nach ihm drängte, was wohl selten vorkam, schob er sie weg. Doch sie fühlten sich von jetzt an einander noch näher. Ein Briefblatt, das als einziges 1954 der Vernichtung entging, gibt davon eine Ahnung. Erhalten ist nur das zweite Blatt, das vor den Festspiel-Proben 1937 geschrieben wurde.

Es war die Zeit, da Wieland an den »Parsifal«-Bühnenbildern arbeitete. Von einem »Krach mit den Malern« ist die Rede, die der Beleuchtungsmeister mit ihnen hatte. »… das mußte ich wieder in Ordnung bringen. Bis zu den Festspielen wirds sicher noch allerhand Lärm auf der Gasse geben. Aber Festspiele ohne Krach und Nervenzusammenbrüche sind scheints unmöglich.« Der private Teil ist eine Art Nachwort: »Sonntag abend. Nur kurz ein Schluss. Denn morgen sollst du wieder was von mir hören, Liebes.«

Danach folgt in zärtlichen Andeutungen eine Passage, die auf körperliche Berührungen anspielt. »Ich kanns halt nicht lassen. Und es wäre der letzte Sonntag vor Hammelburg. Sag mir aber ruhig nein, wenn du moralische Hemmungen hast, sag mir ruhig nein, Liebster.« Der Brief schließt: »Na du – überleg dirs mal mit dem Sonntag – es küsst Dich Dein Wieland.«

Kein Zweifel, die spröde Gertrud, die der Freund manchmal »mein Trudimädel« nannte, war in ihn verliebt. Doch ihrem Münchner Verehrer, dem Medizinstudenten, erklärte sie auf dessen Frage, ob sie und Wieland heiraten wollten, hohnlachend: »Wir denken nicht daran!«

Wieland hielt sich bei den Bühnenbildern zu den Opern seines Vaters eng an die Vorgaben im Textbuch. Es waren zaghafte, dilettantische Versuche eines unerfahrenen jungen Mannes in der Provinz, der nichts kannte, nichts gesehen hatte. Großspurig sprach er in einem Dankbrief vom 26. Dezember 1935 an Maria Dernburg von seinem »Musikhunger«; er zählte die Platten auf, die er zu Weihnachten bekommen hatte und daß aus einer Reise nach Berlin im Herbst nichts geworden sei, »weil das Opernprogramm so schlecht« sei. Das war pure Wichtigtuerei.

Wohl niemals hatte er die Namen der großen Bühnenbildner des Jahrhunderts – Craig, Meyerhold, Stanislawski – vernommen, geschweige denn eine Arbeit von ihnen gesehen. Preetorius, den er nicht mochte, hielt er für »zu chinesisch«, das heißt, für zu stilisiert: »Der weiß ja nicht«, sagte er, »wie ein Baum aussieht.« Die naturalistischen, rückwärtsgewandten Bühnenbilder, die er 1937 für den »Parsifal« entwarf, entblößten aufs peinlichste die Unwissenheit und Unreife des »Erben«. Man darf indessen annehmen, daß der junge Bühnenbildner nicht unberührt blieb von den Kritiken. Da half es auch nicht viel, daß Hitler voller Lob war und die Mutter die Entwürfe als Mappenwerk herausgeben ließ und als Weihnachtsgabe verschickte.

Wiederum bedrückte Wieland die Aufgabe, die auf ihn zukam; wiederum empfand er Bayreuth als Last. Auf die Frage Gertruds: »Was würdest du denn tun, wenn du dein Bayreuth nicht hättest?« kam die blitzschnelle Antwort: »Ein Fotoatelier in München!« Ob dies eine ernsthafte oder aus der Situation entsprungene, leichthin gegebene Antwort war, sei dahingestellt. Aber es zeigt, daß die innere Abwehr dessen, was ihm aufgetragen war, andauerte.

Im Herbst 1937 wurde er ernsthaft krank. An der Premiere in Antwerpen konnte er nicht teilnehmen. Er mußte sich einer Leistenbruchoperation unterziehen; auf den Eingriff folgte eine lebensbedrohende Lungenembolie. Gertrud Strobel notierte: »Der ganze untere rechte Lungenlappen ist lahmgelegt. Sehr große Schmerzen.« Die Krankheit war so, als versuche einer noch einmal, die Aufgabe, die ihm von Geburt an auferlegt war, abzuschütteln. Die Familie fürchtete um sein Leben. Schließlich war seine Lunge schon bei der Geburt geschädigt worden. Doch Wieland genas.

Zwei Fotos aus jener Zeit sind bemerkenswert. Das erste, kurz nach der Entlassung aus dem Krankenhaus aufgenommen, zeigt einen jungen Mann mit verschattetem Blick, dessen äußere Aufmachung – Oberlippen- und Backenbart, zerknautschter Hut, offenes Hemd, Pullover – Protest ausdrücken, so als wolle der Abgebildete sagen: Eigentlich wäre ich viel lieber Holzfäller, Gärtner oder Bühnenarbeiter. Das zweite Foto, an seinem einundzwanzigsten Geburtstag, dem 5. Januar 1938, zusammen mit dem Bruder aufgenommen, zeigt die Flucht in die Uniform: Wolfgang als Mann des Arbeitsdienstes, Wieland als Soldat, doch mit dem gleichen verschatteten Blick wie auf dem »Holzfällerbild«. Kein Zweifel: der junge Mann litt, und das nicht nur physisch.

Es folgte, zusammen mit dem Bruder, der beim Arbeitsdienst ebenfalls erkrankt war, eine längere Rekonvaleszenz in Italien. Zweimal brachen die Brüder im ersten Halbjahr 1938 ins gelobte Land des Südens auf. Auf einen fünfwöchigen Erholungsurlaub in Bordighera an der Riviera folgte nach Ostern eine Autotour, die in sechs Wochen bis Sizilien führte.

Die Reise beförderte, wie beim Vater, Wielands Lebensentschluß.

Nach der Rückkehr ließ er die Familie wissen, er werde, um sich der Bühnenbildnerei mit Kompetenz widmen zu können, ein Studium der Malerei aufnehmen. Der erwählte Studienort: München. Dort war Gertrud. Er brauchte sie, jetzt mehr denn je. Gertrud verstand es so: Wielands Aufbruch nach München war eine Flucht, hin zu ihr. Der einundzwanzigjährige Mann griff nach ihr, wie es einst der dreizehnjährige Junge getan hatte. Sie nahm es an als ihr Schicksal.

Aus jener Zeit stammt das erste Buch, das er der Freundin schenkte, in das er über einer von ihm gezeichneten Landschaft mit Sonnenaufgang ihren Namen hineinmalte. Es war ein Schopenhauer-Brevier, in dem ein misogynes Kapitel zum Thema »Liebe, Ehe, Weib« nicht fehlte. So war es immer bei ihm: Wieland streckte die Hand aus nach Gertrud und setzte sogleich ein gegenteiliges Zeichen.

Im Trend der Zeit

Im Sommer 1937 besuchte das Paar im Archäologischen Institut am Münchner Hofgarten die Ausstellung »Entartete Kunst«. Sie war mit ihren sechshundert Gemälden, Zeichnungen, Plastiken ein bewußt gewähltes Kontrastprogramm zur ersten Schau im gerade eröffneten »Haus der Deutschen Kunst«. Es herrschte drangvolle Enge. Allein in München sahen über zwei Millionen Besucher die Kunstwerke, die der NS-Staat zum Undeutschen, Unnatürlichen, Artfremden erklärt hatte und die zu vernichten er entschlossen war: die Expressionisten und Surrealisten, die Abstrakten und die Künstler der Neuen Sachlichkeit, also das, was in Wahrheit den Ruhm der deutschen Kunst in diesem Jahrhundert ausmacht.

Die Bilder, zum Teil ohne Rahmen, waren miserabel gehängt, sie klebten in großer Dichte unter- und übereinander an den Wänden. Gertrud und Wieland, die von Franz Stassen begleitet wurden, betrachteten die Bilder von Klee und Kandinsky, Kirchner, Schmidt-Rottluff, Nolde, Schwitters, George Grosz, Kollwitz. Stassen kommentierte einzelne Gemälde, nannte den einen guten, jenen einen schlechten Maler. Lange standen sie vor einem Christuskopf von Kokoschka. Gertrud fand ihn scheußlich. Wieland sagte dazu kein Wort. Zum allerersten Mal sah er hier Künstler, die ihm seine Erziehung vorenthalten hatte. Ihre Werke müssen ihn zutiefst befremdet haben.

Im Haus »Wahnfried« wurden die Tendenzen der Kunst dieses Jahrhunderts, der Aufbruch in die Moderne nicht wahrgenommen. Der junge Mann orientierte sich an den Kunstidealen seines Vaters, am Realismus, einem deutschen Impressionismus, einem konventionellen Akademismus. Als Mentor seines Kunststudiums, das er im Oktober 1938 antrat, wählte er den Maler Ferdinand Staeger, Professor an der Akademie der Bildenden Künste in München. Der Zeichner, Illustrator, Maler, der 1880 in Mährisch-Trebitsch geboren war, kam vom Prager Symbolismus und Jugendstil her und galt als Vertreter eines Magischen Realismus. Das war ein offener Begriff, der auf Propagandakünstler wie auch auf Gegner des NS-Kunstideals zutreffen konnte.

Manche von Staegers surreal-phantastischen Bildern erinnern an Kubin, auch wenn er die Schärfe und Düsternis der Visionen dieses Künstlers nicht erreicht. Er hatte sich zunächst als Zeichner und Illustrator einen Namen gemacht. 1908 war er nach München übergesiedelt. Wieland hatte von ihm in der alten Reithalle von Bayreuth, die Hans Reissinger nach 1933 zu einem für nationalsozialistische Großveranstaltungen geeigneten »Saalbau« hergerichtet hatte, ein großes Gemälde gesehen – Gertrud: »Arbeiter, die nach oben stiegen« –, das ihm gefiel.

Vielleicht kannte er auch Staegers Radierzyklus zu den »Meistersingern«. Jedenfalls meldete er sich bei diesem Künstler als Privatschüler an. Wie ein normaler Student die Kunstakademie zu besuchen, kam für den »Wahnfried«-Erben nicht in Betracht. Winifred richtete dem Sohn ein Atelier in der Kaulbachstraße ein, das gerade eine alte Malerin, vermutlich wieder eine Verfolgte des Regimes, aufgegeben hatte. Es war ein Gartenhaus und lag – was für ein Zufall – genau neben Gertruds Tanzschule. Schräg gegenüber, in der ehemaligen Villa des Malerfürsten Kaulbach, residierte der Gauleiter.

Wieland konzentrierte sich auf das Porträt, die menschliche Figur. Das entsprach alter akademischer Tradition. Staeger hielt ihn zunächst zum Zeichnen an. Der Kunstprofessor, dessen Atelier gleich neben dem Siegestor lag, kam jeden Tag vorbei, um die Arbeit seines Schülers zu begutachten. Wieland zeichnete in altmeisterlicher Manier männliche Charakterköpfe. Für sein erstes Ölbild saß ihm Franz Stassen Modell. Bald aber schlug die alte Besessenheit durch: er malte und porträtierte wieder sein bisheriges Lieblingsmodell, Gertrud. Gelegentlich posierten auch einige ihrer Tanzfreundinnen für ihn. Die französische Frau des Malers Arno Breker, die ihm einen

Atelierbesuch abstattete, konstatierte: »Er 'at eine Begabung für das ›Nu‹« (das Nackte).

Um der Mutter eine Freude zu machen, malte er anläßlich des siebzigsten Geburtstags von Siegfried ein Porträt des verstorbenen Vaters. Ein Foto zeigt Wieland im weißen Malerkittel bei der Arbeit an der Staffelei. Der Linkshänder hält die Palette in der rechten, den Pinsel in der linken Hand. Das Halbporträt ist ein tüchtiges akademisches Gesellenstück, repräsentativ, realistisch, so wie sich sich Industriemagnaten im neunzehnten Jahrhundert konterfeien ließen, gemalte Fotografie in der Art eines Lenbach oder Stuck.

Hitler war von dem Bild begeistert. Er selbst wählte es für die »Große Deutsche Kunstausstellung« aus, ordnete an, es an »bevorzugter Stelle« aufzuhängen (Strobel). 1940 wurde es im »Haus der Deutschen Kunst« in München in einem kleinen Raum links von der zentralen Eingangshalle gezeigt.

Wieland war bei der Eröffnung nicht zugegen. Staeger schrieb ihm: »Ihr Bild hängt gut und wirkt gut.« Auch er selbst war dort – übrigens in jedem Jahr – zu sehen. In einem autobiographischen Essay, den Staeger nach dem Krieg verfaßte, steht: »Es ist nicht zu verheimlichen, daß meine Art zu malen, meinen damaligen Auftraggebern allzusehr gefiel.«

Vor allem seine Motivwahl – Burgen, Grenzfesten, Entwürfe für Trachtengruppen, Arbeitsdienstkolonnen – war völlig konform mit dem Geist der Zeit. Der Künstler, der noch 1939 als einziger öffentlich gegen die Zwangsauflösung zweier selbständiger Künstlerverbände gestimmt hatte, leistete nun »zwangsläufig für die Kunst des Dritten Reiches« seinen Beitrag. Dazu gehörte die Ausmalung der Kantine des VW-Werks. 1941 wurde er als Kriegsmaler an die Ostfront geschickt.

Wielands Kunst war nicht prononciert nationalsozialistisch, doch sie paßte in den Kunstkanon der NS-Ideologie. »Die Kunst«, hatte Hitler proklamiert, »muß Verkünderin des Erhabenen und Schönen und damit Trägerin des Natürlichen und Gesunden sein.«

Fast alles, was Wieland malte, läßt sich darunter subsumieren. Selbst sein formal bestes Gemälde, das nur als Fotografie überliefert ist, ein Atelierstilleben, sprengt nicht das Leitbild einer der Staatsidee dienenden Kunst. Antike Torsi, ein gepanzerter deutscher Ritter, eine nackte Frau, für die Gertrud Modell stand, vereinen die Elemente, auf die sich das Dritte Reich berief: die Antike als Vorbild der Kunst, den kämpferischen deutschen Mann, die schöne Frau als Garantin des Fortbestands der Rasse. Das Bild wurde 1940 bei der Ausstellung »Bayerische Ostmark« in Bayreuth ausgestellt; seither ist es verschwunden.

Die Frage, ob Wieland Wagner in einer anderen Zeit, von anderen Vorbildern und Lehrern genährt, das Zeug zum guten Maler besessen hätte, läßt sich kaum beantworten. Die Mehrzahl seiner Arbeiten sind verschollen. Winifred Wagner fertigte im Winter 1941 eine 66 Nummern umfassende Liste seiner Werke an. Sie vermerkt die Entstehungszeit, die Maltechnik – überwiegend Öl –, wer ihm Modell stand, und, leider nur selten, in wessen Besitz das Bild gelangte. Der Aufstellung ist zu entnehmen, daß er anfangs viel mit männlichen Akademiemodellen gearbeitet hat.

Die Hälfte seiner Motive sind Porträts und Akte, gefolgt von Stillleben – Blumen, Fische, aber auch zeitgemäß Heroisches wie Waffen. Ein »Stahlhelm und Goldhaube« betiteltes Bild hing bis Kriegsende im Bayreuther »Neubau«. Auch ein paar Landschaften werden genannt. Die Liste vermerkt, daß ein Porträt von »Mama«, also Winifred, ebenfalls im »Haus der Deutschen Kunst« ausgestellt wurde, was sich durch die Ausstellungskataloge allerdings nicht belegen läßt, ferner, daß »Pfiffi im Abendkleid«, also Gertrud, »mißglückt« sei. Die Liste endet im Januar 1941. Die letzte Eintragung lautet: »Führerbild lebensgroß (angefangen), Oel.«

Das Malstudium bedeutete allerdings nicht, daß Wieland die Herrschaft auf dem Festspielhügel energisch angestrebt hätte. Gertrud interpretiert es sogar als »Protest gegen die Vergewaltigung seiner Natur von Kindheit an«, als eine weitere Ablehnung, das Erbe zu übernehmen. Das mag übertrieben sein. Doch durch das Studium in München fühlte sich Wieland noch nicht festgelegt. Eine gezielte Ausbildung zum Bühnenbildner war es nicht. Gewiß, es konnte nützlich sein. Vor allem aber erlaubte es ihm, in Gertruds Nähe zu sein. Auch brauchte er seiner alten Leidenschaft, der Fotografie, nicht zu entsagen.

Keines seiner erhalten gebliebenen Gemälde reicht an das Aktfoto von Gertrud heran, das in seinem Atelier 1939 entstand. Die Frau steht mit dem Rücken zum Betrachter vor einer reliefierten Holzvertäfelung, die einen gleichsam abstrakten Hintergrund abgibt. Die Hinweise auf die künstlerische Ausstattung des Raums sind sparsam gehalten, wichtig ist nur der helle Leib der Frau, deren Gesicht schattenhaft in einem Spiegel aufscheint. Das Foto sprengt den ideologischen Kanon der nationalsozialistischen Aktaufnahme. Diese Frau ist keine »anmutig schöne« Gebärerin, sie birgt Rätsel, Lockung, Gefahren, sie ist wie die Zukunft selbst: ein dunkles Geheimnis.

Vor allem aber verrät sie eines: Wielands wirkliche Begabung für die Fotografie, für den Umgang mit Licht und Schatten, für die Plazierung der menschlichen Figur im Raum. Hier, nicht in den braven akademischen Gemälden, kündigt sich der Regisseur von Neu-Bayreuth an. Freilich, dieses wahre Können des jungen Kunststudenten wurde von seinen beiden Mentoren, Staeger und Stassen, nicht nur nicht erkannt, es wurde heruntergemacht. Fotografie, so erklärten sie apodiktisch, sei keine Kunst.

Wieland unterzog sich seiner Ausbildung mit wahrer Besessenheit. Er war kein Mensch, der gern mehrere Dinge zur gleichen Zeit tat. Er ging kaum in die Oper oder ins Theater, er machte keine Ausflüge, das Cabriolet parkte unbenutzt vor der Tür. Er malte. Und Gertrud brachte mit ihren Freundinnen Leben in die Bude, Musik und Tanz. Zur Stimmung trugen nicht wenig die Freßpakete bei, welche eine alte Freundin der Familie aus Braunschweig schickte. Wieland trank keinen Schnaps, aber die Tanzmädchen griffen kräftig zu. Während der Kunststudent auf seinem erhöhten Podest im Atelier saß, tanzten die Mädchen zur Musik von Händel, Debussy, Ravel, Bartók. Diese Musik hatte Wieland noch nie vernommen. In »Wahnfried« hörte man die »Tannhäuser«-Platten, Liszts Rhapsodien, ein bißchen Beethoven, aber keinen Bach, keinen Mozart. Auch friederizianische Märsche waren dort nicht verpönt gewesen; als Junge hatte Wieland sie besonders gemocht.

Das war nun vorbei. Der junge Mann wurde musikalisch und tänzerisch erzogen. Gertrud ließ dem steifen, gehemmten Freund, der kein Gefühl für Rhythmus hatte, keine Ruhe, bis er ein wenig Unterricht nahm bei einer Tanzpädagogin ihrer Schule. In »Wahnfried« war die Überraschung dann riesengroß, als er mit der Freundin einen rasanten Tango aufs Parkett legte. Es waren glückliche Monate für das Paar, das sich nun auch durch seine künstlerische Ausbildung näherkam. Gertrud nahm an allem, was der Freund malte, Anteil; er öffnete sich für die Bewegung im Raum, für das Darstellerische, das Gertrud ihm vormachte. Damals wurde das Fundament gelegt für die Symbiose, aus der später ihre künstlerische Zusammenarbeit hervorging. Das Zusammenwachsen, das Erkennen, daß sie einander aufs beste ergänzten, war der Gewinn dieser Zeit.

Das junge Paar lag mit seinen Idealen, seiner Arbeit ganz im Trend der Epoche. Was sie taten, widersprach nirgends dem Geist der Zeit. Nirgends gibt es einen Funken von Kritik an der NS-Ideologie oder ihrer Ästhetik, freilich auch nirgends eine begeisterte Zustimmung. Sie verhielten sich wie die allermeisten Deutschen jener Jahre. Gertrud freute sich, wenn sie aufgefordert wurde, an den öffentlichen Auftritten ihrer Schule, zu denen Dorothee Günther immer wieder gebeten wurde, mitzumachen. So wirkte sie 1937 anläßlich einer Feier im »Haus der Deutschen Kunst« mit, wo sie in einem Bildersaal bei einer »Pavane in Blau« zu Händels »Wassermusik« ein männliches Wesen tanzte.

Wieland war unruhiger, nervöser, wacher. Die Freundin mokierte sich darüber, daß er jeden öffentlichen Aushang las. Die Münchner Zeitungen genügten ihm nicht, er las auch die Berliner Presse. Er war davon überzeugt, daß ein Krieg kommen würde. Gemeinsam erlebten sie auf den Straßen Münchens die Nacht des 9. November 1938, als die Schaufenster jüdischer Geschäfte eingeschlagen, als geraubt und geplündert wurde und die Synagoge brannte. Sie gingen durch die Glassplitter, erschreckt, aber nicht empört. Gertrud: »Man sah es einfach. Wieland fand es schlimm.«

Im Sommer 1939 nahm sie an einem internationalen Tanzfest in Stockholm teil. Die deutschen Tänzer reisten auf dem KdF-Schiff »Gustlow« nach Norden. Das Training vor dem Auftritt wurde von einem strammen Nationalsozialisten geleitet. Jetzt erlebte Gertrud zum ersten Mal einen Massendrill mit Keulen- und Reifenschwingen. Hier wurde betrieben, was der »Bund für Leibeszucht – Gemeinschaft für naturnahe und arteigene Lebenshaltung« forderte: »die Einordnung des nackten menschlichen Leibes in den allgemeinen völkischen Erziehungsplan«.

Abends schwärmten die gestählten wetterbraunen Tänzer durch die fremde Hauptstadt und sangen vom Westerwald und der schwarzbraunen Haselnuß – Lieder, mit denen nur wenige Wochen später deutsche Soldaten in den Krieg zogen.

Martialisch war der Auftritt der Deutschen im Stadion. Die Tänzer, deren weiße Wollstrümpfe ihre ideologisch geforderte Wettergegerbtheit (»Ehrenfarbe der Nation«) zur Geltung brachte, stemmten unter »Hau-ruck«-Geschrei Baumstämme, warfen sie in die Luft, sprangen darunter hindurch, ehe sie die Stämme wieder auffingen. Das alpenländisch angehauchte Spektakel, das wohl als Ausdruck des Völkischen galt, wirkte wie eine teutonische Drohgebärde. Gertrud fand es bloß lächerlich. Für die unheilschwangere Atmosphäre dieses Sommers hatte sie keine Antennen.

Anfang August kam sie nach Bayreuth, gerade noch rechtzeitig zum letzten Festspiel-Zyklus. Sie hatte die große »Jubel- und Triumphfahrt« (Winifred) Hitlers im Jahr nach dem »Anschluß« Österreichs und der Annexion des Sudetenlandes nicht miterlebt. Dichte Menschenmassen hatten die mit einem Wald von Hakenkreuzfahnen beflaggten Straßen gesäumt, als der Führer von »Wahnfried« zum Festspielhaus hinaufgefahren war. Auf dem Grünen Hügel huldigten ihm Trachtengruppen, Abordnungen der Hitlerjugend. Die Festspiele waren zu Hitlers Hoftheater verkommen. Freilich, in der Familie der Betreiber fehlte dafür jedes Gespür.

Sobald die Festspiele vorüber waren, fuhr Gertrud mit dem Freund an den Bodensee. Die Ferien ließen sich herrlich an. Von den heftigen politischen Aktivitäten dieses Sommers schien nichts zu den jungen Leuten zu dringen. Sie schwammen und segelten, Wieland fotografierte und malte. Ein Foto zeigt ihn vor der Staffelei im Freien vor einer Sonnenblumenstaude, einen Schirm gegen die Sonne vor der Stirn. Das Gemälde, das hier entstand, ist eines der wenigen, die erhalten sind.

Wieland im Garten von Nußdorf

Am 1. September stand Gertrud Wieland Modell. Das Radio lief. Übertragen wurde eine Sitzung des Reichstags. Sie hörten die ihnen allen wohlvertraute Stimme Hitlers: »Polen hat nun heute nacht zum erstenmal auf unserem eigenen Territorium auch durch reguläre Soldaten geschossen. (Stürmische Pfuirufe) Seit fünf Uhr fünfundvierzig wird jetzt zurückgeschossen. (Tosender Beifall). Und von jetzt an wird Bombe mit Bombe vergolten. Wer mit Gift kämpft, wird mit Giftgas bekämpft.« Das war der Ausbruch des Zweiten Weltkriegs.

»Die armen Polen!« entfuhr es Gertrud. Ein dabeistehender Besucher brach, vielleicht über die Naivität des Ausrufs, in Hohngelächter aus. Wieland sagte nichts. Er schwieg, wie er es mit allem, das ihn ratlos machte, hielt.

In kürzester Zeit veränderte sich sogar das Leben dieser privilegierten Jeunesse dorée. Der Krieg brach aus, als sie alle im Begriff standen, einen Beruf zu ergreifen, eine Karriere zu wählen. Laut Testament des Vaters stand allen Wagner-Kindern das Bayreuther Erbe zu. Damit war freilich die Festspielleitung nicht festgelegt. Für Winifred stand fest, daß ihr ältester Sohn sie übernehmen würde. An die Töchter hat sie wohl nie ernsthaft gedacht. Friedelind, die, sobald sie volljährig geworden war, Deutschland den Rücken kehrte, schied damit de facto aus. Von Verena gab es keine ernsthaften Aspirationen. Sie galt als Schönheit, die in den höheren Rängen des NS-Funktionäre zahlreiche Verehrer hatte. Nach einem Kriegsdienst als Krankenschwester machte sie 1942 das Abitur und begann ein Medizinstudium in München.

Für die künftige Leitung der Festspiele blieben also die beiden Söhne, »the heir and the spare«, Erbe und Ersatzmann. Indessen, niemals in den dreißiger Jahren taucht irgendwo der Gedanke auf, Wolfgang könne als Ersatz einspringen, falls Wieland die Leitung der Festspiele nicht übernehmen sollte. Diese Lösung war einfach nicht vorgesehen.

Die Rolle als jüngerer Bruder hatte Wolfgang in seiner Jugend offenbar nicht belastet. Im Gegenteil. Auf ihm lag nicht der Druck des »Erben«. Er wuchs unbeschwert heran. Sein Ehrgeiz in der Schule war gering. Er galt als Praktiker, als Bastler, und war berühmt für seine »Neigung zum Volk«. Er liebte es, Dialekt zu sprechen. Schon der Vater hatte ihm einen »Lehrstuhl für Oberfränkisch« prophezeit. Er war früh geschäftstüchtig, ging sorgfältig und fachmännisch mit seinen Gerätschaften um. Daneben besaß er einen Sinn für Komik. Zum Gaudium der Familie schrieb er lange Spottgedichte; durch Lesen eignete er sich Wissen an, das ihm weder die Schule noch die Familie vermittelten.

Als Kind bewunderte er den älteren Bruder, ja, man braucht das Wort nicht zu vermeiden, er liebte ihn. Das schließt nicht aus, daß er ihm in einem Anfall von Jähzorn einmal eine Schaufel an die Stirn warf. Freilich, der Choleriker in der Familie war Wieland. Unter dem 15. Januar 1931 vermerkt Gertrud Strobel: »Abends: wegen geringer Ursache schlägt Wieland seinen Bruder heftig ins Gesicht! Große allgemeine Aufregung!«

Als Heranwachsender belächelte Wolfgang gutmütig die Schwächen des Älteren und half ihm im Gefühl einer Überlegenheit auf anderen Gebieten in manchem aus. Das unterschiedliche Naturell des Fotojägers und des Eiersammlers ergänzte sich gar nicht schlecht.

Am Ende ihrer Schulzeit waren sie »ein brüderliches Freundespaar, wie man es nicht schöner hätte erfinden können« (Gertrud). Die Krönung dieser Verbundenheit war die Italienreise der beiden im Jahr 1938.

Winifred, die bei ihren Kindern auf eine gerechte Verteilung der Güter achtete, schenkte Wolfgang, der von Hitler nicht mit einem Auto beglückt worden war, nach seinem Abitur einen Wohnwagen. Vor den Anhänger wurde im Herbst 1938 Winifreds V8 gespannt. Zu dritt machten die Brüder und Gertrud eine Reise ins Gebirge, ehe Wolfgang in die Kaserne einrückte. Die Fahrt ging über den Flexenpaß in die Lechtaler Alpen. Sie waren ein fröhliches, einander zugetanes Trio.

Wolfgang schrieb Gertrud in diesen Jahren lustige Briefe, er amüsierte sich über ihr »Hopsen«, kurz, er mochte sie. Selten unterließ er es, in den Briefen an den Bruder die Freundin grüßen zu lassen. »Gertrud«, sagte er einmal, »gehört auch zu mir.«

Dieser schönen Harmonie machte der Krieg ein Ende. Der oberste Kriegsherr stellte Wieland »u.k.«; das hieß, daß er nicht in den Krieg ziehen mußte. Wolfgang dagegen, noch mitten in seiner militärischen Ausbildung steckend, wurde schon in der ersten Woche eingezogen und an die polnische Front geschickt. Noch im September 1939, bei einem der ersten Einsätze, wurde er bei einem Patrouillengang durch einen Schuß, der ihn am Arm und an der Hand traf, verwundet. Von einem Lazarett in Liegnitz meldete er sich bei Gertrud.

Der Krieg schrieb er, sei nichts Schönes, und was man innerlich mitmache, komme ja auch noch hinzu. Am nächsten Tag schrieb er an den Bruder. In beiden Briefen gibt der Zwanzigjährige der Genugtuung Ausdruck, daß Wieland mit dem Trara, was dort herrsche, nichts zu tun habe und statt dessen der Schönheit und der Kunst nachgehen könne. Das ist keineswegs höhnisch gemeint, wie die nachgestellte Bemerkung zeigt, in der er die Begabung des Bruders als etwas Schönes preist.

Nur: Wieland war vom obersten Kriegsherrn nicht vom Militärdienst befreit worden, um sich der Schönheit und der Kunst zu widmen, sondern um in Bälde die Leitung der Festspiele zu übernehmen, für dessen Theater bereits neue gigantische Architekturpläne ausgearbeitet wurden.

Schon bald kam Wolfgang auf allerhöchste Intervention vom Lazarett in Liegnitz in die Berliner Charité, wo Hitler den Verwundeten mehrmals besuchte und sich darum kümmerte, daß die Verletzung bestens versorgt wurde. Der junge Mann, der dem Tod ins Auge geschaut hatte, war nun für mehrere Monate in der Hauptstadt, in der Nähe der politischen Machtzentrale. Er nutzte die Zeit, ging in die Oper, ins Theater, hatte Unterredungen mit Tietjen, mit Hitler. Der Krieg war für ihn vorbei. Wolfgang Wagner begann, sich Gedanken über seine Zukunft zu machen.

Zunächst beschäftigte er sich mit einem Problem, das der Familie äußerst peinlich war: Friedelinds Emigration. Zwar vermied die Schwester, die 1939 Deutschland verlassen hatte, diesen Ausdruck. Auf Einladung des Luzerner Oberbürgermeisters, des Stadtpräsidenten Zimmerli, hielt sie sich im Richard-Wagner-Haus in Tribschen bei Luzern auf. Dort wurde den Nachkommen des Komponisten als Kompensation für Bayreuther Leihgaben für das Museum der erste Stock als Sommerwohnung zur Verfügung gestellt. Ein Mitglied der Museumskommission schrieb »in alt-Bayreuther Treue und Wertschätzung« im Februar 1940 an Winifred, die »Frau Geheimrat«: »Das Fräulein kann unbehelligt bei uns bleiben, bis sie die Änderung ihres Aufenthaltes ausführen kann, die ihr vorschwebt … Sie genießt bei uns die Achtung, die ihr als Enkelin Richard Wagners unter allen Umständen gebührt, und fühlt sich durchaus wohl.«

Friedelind machte keinen Hehl daraus, daß der Grund für ihr Weggehen die kategorische Ablehnung des Nationalsozialismus war. Im Weihnachtsbrief von 1939 heißt es: »Als Deutsche habe ich diesem Deutschland gegenüber keine Verpflichtung.« Mit der »national-communistischen Volksgemeinschaft« – sie liebte solche ungenauen Ausdrücke – will sie nichts zu tun haben. Den Krieg verurteilt sie als unberechtigt. Prophetisch schreibt sie: »Der Tag ist leider nicht mehr allzu fern, da Ihr Alle dafür bezahlen müßt.«

In einer anderen Mitteilung an Winifred, welche Daniela in

einem Brief an den Neffen zitiert, wird ihr der Satz zugeschrieben, sie kehre nicht in den Schoß der Familie zurück, »solange deine Mutter nicht bestimmte, ihr (also »Maus«) höchst unliebsame Elemente abschüttle.« Mit den »Elementen« waren die Nationalsozialisten gemeint.

Wenn man zur Entschuldigung der politischen Gleichgültigkeit der anderen Wagner-Kinder anführt, daß sie eben jung und unerfahren gewesen seien, dann kommt man nicht umhin zu sagen, daß dies auch für Friedelind galt. Auch sie war jung und unerfahren und dennoch zu einer anderen Haltung gelangt. Als einzige ihrer Familie verschloß sie nicht die Augen vor den Qualen, die so viele Menschen in jener Zeit erlitten. Ihre Mutter, ihre Geschwister kamen nicht auf den Gedanken, sich zu fragen, ob Friedelind, trotz ihres törichten Verhaltens in anderen Angelegenheiten, vielleicht recht haben könnte. Im Gegenteil, man unterstellte ihr, wie Daniela schrieb, daß sie »aufgehetzt und vielfach unter jüdischem Einfluß gerathen« sei. »Sie ist durch ihren langen Aufenthalt im Ausland gewissermaßen internationalisiert!«

Tante Daniela hatte es erfaßt: weil Friedelind ein bißchen in der Welt herumgekommen war, weil sie die Ängste ihrer jüdischen Freunde sah, war sie in der Lage, das verbrecherische Treiben der Nationalsozialisten zu durchschauen. Der in steiler Schönschrift verfaßte Brief der armen alten »Lulu«, die sich mit ihrer Halbschwester Eva als wahre Bewahrerin des Erbes von Richard Wagner verstand, zeigt, welch groteskes Denken, welche Verkehrung der Tatsachen damals in Deutschland herrschte.

Doch die Ansichten Danielas wurden von der ganzen Familie geteilt. Im Januar 1940 begleitete Wolfgang seine Mutter zu einem Gespräch in die Reichskanzlei. In einem Brief an den älteren Bruder gibt er sich großsprecherisch als Wortführer der Familie aus. Er habe dort sogleich die Sache mit »Maus« zur Sprache gebracht und Hitler den Standpunkt der Familie dargelegt. Hitler habe gemeint, wenn sie nichts gegen Deutschland unternähme, sei das alles nicht so schlimm, andernfalls komme man wahrscheinlich nicht um eine Ausbürgerung herum.

Wenig später findet ein zweites Gespräch in der Reichskanzlei statt, nun allein zwischen Hitler und Wolfgang Wagner. Dem Bruder vermeldet er nach München, Hitler habe die Sache Himmler übertragen, damit der eventuell Druck auf Friedelind ausüben könne.

In einem vierseitigen Brief vom 25. Januar 1940 sagt er sich von der Schwester los, weil sie sich schweinisch benähme und er ihr nicht mehr traue. Er rät der Familie zum Bruch. Die Mutter solle noch einmal mit Friedelind reden, dann brauche man sich nichts vorzuwerfen, danach aber müsse man endgültig einen Schlußstrich ziehen.

Ausführlich referiert er, was der Architekt Mewes, der als Abgesandter der Familie nach Luzern geschickt worden war, um Friedelind auszuhorchen, über die Zukunftspläne der Schwester herausgefunden habe: Sie wolle nach Amerika übersiedeln, unpolitisch sein, der Kunst leben, jederzeit für das Werk (gemeint: Richard Wagners) da sein, mit der Familie in Einvernehmen stehen. Bei ihrem Verhalten, schreibt Wolfgang, berufe sich »Maus« auf einen sehr unglücklichen Brief des Vaters, in dem dieser Ausländer und Juden als für Bayreuth notwendig und willkommen hingestellt habe. Es handelt sich um einen Brief Siegfried Wagners an den Schriftleiter der antisemitischen, rechtsgerichteten »Deutschen Zeitung«, August Püringer, aus dem Jahr 1921, in dem es heißt: »Ob ein Mensch Chinese, Neger, Amerikaner, Italiener, Indianer oder Jude ist, das ist uns völlig gleichgültig.« Wolfgang verschwendet keine Zeit darauf zu überlegen, ob die Bemerkung des sonst so verehrten Papa vielleicht nicht ganz falsch sei, sondern darüber, wer diesen Brief »Maus« zugespielt haben könnte.

In diesem Brief tritt aus dem liebenswürdigen Jüngling der Taktiker hervor, zu dem Wolfgang Wagner sich entwickeln sollte. Wieland aber, der im Vorjahr zusammen mit der Mutter »Maus« zu ihrem einundzwanzigsten Geburtstag in Paris besucht hatte, verhielt sich so, wie der Bruder es ihm nahelegte. Frostig dankte er Friedelind für ein Geburtstagstelegramm und fügte hinzu: »Der Einfluß Deiner ›jüdischen Freunde‹ war doch zu stark, um dich klare Gedanken fassen zu lassen.«

Die Mutter hatte ihre Tochter im Februar 1940 in Zürich zum letztenmal gesehen. Ihre in Friedelinds Buch hochdramatisch gefärbte

Drohungen und Bitten, nach Deutschland zurückzukehren, hatten nichts gefruchtet. Ende Februar war Friedelind »mit Reiseziel Amerika« aus der Schweiz abgereist. Die Familie wußte nicht, wo sie weilte. Winifred bat den Luzerner Stadtpräsidenten um Auskunft. Doch die Anschrift, die nur die Tribschener »Museumsbetreuerin« Ellen Beerli-Hottinger kannte, wurde nicht preisgegeben. Friedelind verschwand aus dem Gesichtskreis der Familie.

Die Gespräche mit Hitler, in denen Wolfgang als Sprecher seiner Familie auftrat, hatten, ebenso wie die Kriegserfahrungen, dem jungen Mann ein erkleckliches Selbstbewußtsein gegeben. In einem Brief vom 12. Februar 1940 schlug Wolfgang, der bis dato noch keinerlei Bühnenerfahrung hatte, Wieland eine künftige Teilung der Macht vor. Mit diesem handschriftlichen, in moderatem Ton verfaßten Brief beginnt das, was später zum Doppeldirektorium und damit zum Bruderzwist im Hause Wagner führte.

Wolfgang bittet den Bruder, sich alles noch mal zu überlegen. Wieland soll Leiter der Festspiele und Bühnenbildner werden, Wolfgang Regie führen, künstlerischer Leiter sein. Im Klartext heißt das: der ältere Bruder ist Repräsentant, der jüngere für die Kunst zuständig. Wieland könne ja, schreibt er, bei der Malerei, seiner eigentlichen Begabung, bleiben. Auch Tietjen halte ihn, Wolfgang, für die Regie besser geeignet. Er erinnert Wieland daran, daß auch er diese Meinung ihm gegenüber vertreten habe.

War das der listige Versuch von Esau, der Jakob nach dem Erstgeburtsrecht trachtet? Oder nicht vielmehr das normale Gerangel von Brüdern, die gemeinsam einen Familienbetrieb übernehmen wollen? Jedenfalls hatte Wieland mit seiner immer wieder geäußerten Abneigung, das Erbe zu übernehmen, diese Einstellung geradezu provoziert. Sein Antwortbrief liegt nicht vor. Beunruhigt haben ihn, so ist zu vermuten, des Bruders Aspirationen damals nicht.

Im Sommer 1940 entwarfen Winifred und Heinz Tietjen, wohl nachdem Wolfgang seine Zukunftsabsichten geäußert hatte, einen Ausbildungsplan für die beiden Söhne. Das Ziel der Ausbildung, wie es Tietjen in einem Memorandum vom 21. August 1941 niederlegte, hieß, »daß sie dereinst auf dem Hügel gemeinsam führen« sollten.

Für Wieland war das Studium der Malerei und ein Unterricht in Musiktheorie vorgesehen; Wolfgang sollte einen Bühnenbetrieb in der Praxis kennenlernen. Die Ausbildungszeit war auf vier bis fünf Jahre veranschlagt.

Am 1. Oktober 1940 begann Wolfgang Wagner seine Ausbildung an der Berliner Staatsoper. Der Umgang mit Tietjen machte ihm offenbar keine Mühe. Dieser wiederum rühmte Wolfgangs »außerordentlichen Fleiß«, »schnelle Auffassungsgabe«, »gute Manieren, bescheidenes Auftreten«.

Daneben bot Berlin die Gelegenheit, bei der obersten Regierungsspitze als Vertreter der Familie aufzutreten. Nun ging es nicht mehr um familiäre, sondern um künstlerische Dinge. Der junge Mann wurde mit der Ehre empfangen, die dem Repräsentanten der Kulturmacht Bayreuth zukam. Am 5. November 1940 schrieb er an die Mutter, er habe am Vorabend die ausgiebige Möglichkeit gehabt, bei einem guten Essen mit dem Führer allein Bayreuther Dinge zu besprechen.

Um die stand es nicht zum besten. Bayreuth hing finanziell vollständig vom NS-Regime ab. Die Karten waren geschlossen an die Massenorganisation KdF abgegeben worden. Zwar sagte man nach außen, wie großartig es sei, daß nun ein neues Publikum kostenlos, wie Richard Wagner es einst gewünscht hatte, in den Kunstgenuß komme. Doch selbstverständlich konnte man nicht übersehen, daß die Nazi-Funktionäre, die Massen verwundeter Soldaten und die Krankenschwestern zum Opernbesuch abkommandiert waren und ihn als Abwechslung und Zeitvertreib empfanden. Ein ideales, das heißt kunstverständiges Publikum war das nicht.

Weiter: im Repertoire gab es Einschränkungen. In diesem Sommer standen nur zwölf Aufführungen auf dem Programm, zweimal der »Ring«, viermal »Der Fliegende Holländer«.

Nun, im November 1940, forderte der »Führer«, der, wie Wolfgang an die Mutter berichtete, einen sehr zuversichtlichen Eindruck machte, dazu auf, für das nächste Jahr einen großen Spielplan vorzubereiten, darunter auch den »Tannhäuser«, der nur für den Frieden in Frage komme. Offenbar sah Hitler, vor Kriegseintritt der Sowjetunion und der Vereinigten Staaten, diesen Frieden schon greifbar nah.

Ein Brief Wolfgangs an den Bruder vom 15. November 1940 bezieht sich auf den »Führerentscheid« für den großen Spielplan, den die Mutter sofort öffentlich habe mitteilen wollen. Wolfgang schreibt, er habe das verhindert, um den Führer nicht irgendwie zu kompromitieren. Kompromitiert wäre der »Führer«, so muß man das auslegen, wenn kein Friede einträte und der große Spielplan nicht eingehalten werden könne. Wolfgang läßt aus dem Zentrum der Macht verlauten, daß der Führer normale Friedenszustände erst nach dem Krieg erwarte.

Dann kommt er auf die Frage des »Parsifal« zu sprechen. In Deutschland durfte er seit 1939 nicht aufgeführt werden. Hitler reserviere ihn für die Weihefeier, die nach dem gewonnenen Krieg zelebriert werden solle.

Er wolle die Tempelszenen und alles, was ihn an Kirchliches erinnere, eliminieren. Also das religiös Mystische. Dafür wünsche er sich etwas, was dem Undefinierbaren und Unbestimmbaren näherkomme. Wolfgang fügt hinzu, Tietjen habe zu Hitlers Bemerkung über das Kirchliche mit Recht gesagt – und man darf vermuten, daß dieser Nicht-Nazi es mit einigem Spott tat –, daß die ganze Musik und Handlung in diese Richtung gingen. Wolfgang führt fort, man werde wohl um den »Parsifal« nicht herumkommen, werde aber sicher eine Lösung finden.

ERZWUNGENE HEIRAT

Als Wieland diesen Brief erhielt, war er mit sich und seinem Geschick wieder einmal zerfallen. Drei Wochen zuvor, am 23. Oktober 1940, hatte Gertrud an die in Bayreuth wohnende Tante Anny geschrieben, Wieland sei »ziemlich aus dem Gleis gekommen dadurch, daß er sich nun eingehend mit der Musik abgeben muß«. Im Juni war der mit der Familie befreundete, bisher in Heidelberg tätige Kapellmeister Kurt Overhoff nach München gezogen, mit dem Auftrag der Mutter, Wieland Privatunterricht in Musiktheorie und im Partiturstudium am Klavier zu erteilen. Im Hause Wagner galt der Grundsatz, den Siegfried energisch verfochten hatte, daß man Wagner-Opern nur von der Musik her inszenieren könne. Da es keine Fachausbildung zum Regisseur gab, schien um die Musik kein Weg herumzuführen.

Tags wurde nun gemalt, nachts Musik studiert. Für Wieland war das ein hartes Brot. Vor einem großen Kippspiegel im Atelier übte er unter den kritischen Augen der Freundin die Bewegungen eines Dirigenten. Als Overhoff im November Eva Chamberlain seine Aufwartung machte, äußerte diese Erstaunen über Wielands plötzliche Musikalität.

Gertrud hatte im September 1939 ihre Grundausbildung beendet. Sie hätte nun als »Turn-, Sport- und Gymnastiklehrerin im freien Beruf« unterrichten können, doch das war nicht ihr Ziel. Immer mehr drängte es sie zur Choreographie. Sie hatte deshalb noch ein paar weitere Monate studiert, in denen sie sich dem Klassischen Tanz widmete. Im März 1940 legte sie die »Reichstheatertanzprüfung« ab, mit der »Fachausbildung für den Bühnenberuf Kunstgattung Tanz«. Das Zeugnis vermerkt: »Die Berufsaussichten werden als günstig angesehen.«

Tietjen, der in Berlin über ein Corps de ballet mit 50 klassischen und 50 modernen Tänzern verfügte, hatte ihr eine Stelle in seinem Haus reserviert. Im Spätsommer fuhr sie in die jetzt schon kriegsverdunkelte Hauptstadt, um an der Staatsoper vorzutanzen und sich den Betrieb anzusehen. Vorübergehend tauchte auch Wieland auf, zusammen mit seinem Malprofessor. Sie hatten den Auftrag, ein Ölbild in einem Rüstungsbetrieb zu malen. Das Ergebnis dieser Kriegsmalerei ist verschollen. Winifreds Oeuvre-Liste verzeichnet: »2 Studien in der Tank-Fabrik – Oel«.

Wieland reiste bald wieder ab. Gertrud blieb, in verschiedenen möblierten Zimmern, zwei Monate. Das Essen schmeckte ihr nicht, die Behausungen waren unbehaglich, und die Nächte, die man wegen der Bombenangriffe zum Teil schon im Keller verbrachte, lang und schlaflos. Das schlimmste aber war die Enttäuschung über das von ihr als rückständig und unkünstlerisch empfundene Berliner Staatsballett. Der einzige Lichtblick war die Bekanntschaft mit dem jungen Karajan – »ein ganz großer Musiker – ein Genie –«, schrieb sie an Tante Anny, sie sah ihm stundenlang bei seinen »Fidelio«-Proben zu. Es wurde eine Freundschaft fürs Leben. Sie ging fast an jedem Abend ins Theater, ins Konzert, doch »Berlin«, so hieß es in einem Brief an Onkel Hans, »gefällt mir überhaupt nicht im Gegensatz zu München.«

Eines Tages faßte sie sich ein Herz; sie ging zu Tietjen und bat ihn um Rückgabe ihres Vertrags. Immer offen und geradeaus, teilte sie ihm den Grund mit: »Ich finde das hier miserabel.«

Tietjen bekam sein gefürchtetes Gesichtszucken, mit dem er auf Negatives reagierte. Doch er ließ sie ziehen. Später gab er zu, daß ihr Urteil nicht falsch gewesen sei.

Gertrud und Wieland waren nun also wieder in München vereint. Oft besuchten sie die Bayerische Staatsoper. Wieland erlebte hier, wie er am 20. Juni 1946 an Maria Dernburg schrieb, »dass das Werk meines Grossvaters nicht unbedingt identisch war mit dem was ich bisher in Bayreuth gesehen hatte das Tannhäuser-Erlebnis von 1930 natürlich ausgenommen.«

Der Hitler-Favorit Clemens Krauss, der das Haus leitete, hatte die Angewohnheit, vom Dirigentenpult aus Regie zu führen. Der eigentliche Regisseur hatte wenig zu sagen, er war das ausführende Organ des musikalischen Leiters – eine Praxis, die Wieland nicht ermutigend fand. Das Angebot von Krauss, an der Münchner Oper zu volontieren, hatte er deshalb abgelehnt.

Im Frühjahr 1941 fuhr Wieland nach Heidelberg, um das, was er bei Overhoff gelernt hatte, vor dessen ehemaligem Orchester in die Praxis umzusetzen. Er dirigierte die Ouvertüre zum »Fliegenden Holländer«. Völlig verstört kehrte er zu Gertrud zurück: er könne nicht dirigieren, er höre nicht, ob das Orchester einen halben Ton zu hoch oder zu tief spiele. Gertrud, immer optimistisch, tröstete ihn und sagte, gemeinsam werde man die Sache schon meistern. An Ehe dachten die beiden immer noch nicht.

Trotz dieser negativen Erfahrung begann Wieland, nun offen über Bayreuth nachzudenken. Mehr: er mischte sich aus der Ferne ein. Das war und blieb der Stil des Hauses Wagner: Es gab keine klärenden Aussprachen, keine gemeinsamen vernünftigen Überlegungen, man intrigierte von außen oder von innen, wobei man sich auf Geburts- und Blutsrechte berief, und mimte, wenn die Sache schiefging, den Beleidigten.

Daß Wieland dieses Spiel früh beherrschte, geht schon aus zwei Briefen vom November 1938 hervor, in denen es um seine Bühnenbilder zum »Parsifal« geht. Wieland bittet Tietjen um Verbesserungen, um Reparaturen der Kulissen, etwa: »Eine neue Taube wäre in Auftrag zu geben« oder: »Der Heilige See und der Karfreitagsprospekt sind auszuwaschen und neu zu malen.« Erforderlich sei ein neues, wesentlich heller zu entwerfendes Klingsorkostüm. Aus den sieben Änderungsvorschlägen spricht einige Bühnenerfahrung. Es folgt ein rascher Abgang; falls das nicht gemacht werde, »möchte ich Dich bitten, auf den Programmen usw. meinen Namen wegzulassen. Du verstehst, dass ich vermeidbare künstlerische Unzulänglichkeiten … mit meinem Namen in Bayreuth nicht decken kann und will. Ich bin sehr gerne bereit, von der Weiterarbeit am

Parsifal zurückzutreten, denn der Mohr hat ja seine Schuldigkeit getan!«

Das gleiche teilt er »zur Vermeidung von Nebelbildung« kurz darauf der Mutter mit. Auch hier der beleidigte Ton: »Ich möchte nur noch mal erklären, dass es mir mindestens genauso lieb ist, wenn die Vorschläge abgelehnt werden und ich damit mein einmaliges Gastspiel als Bühnenbildner beendet habe.«

Nun, im Frühjahr 1941, irritiert von Wolfgangs Ambitionen und dessen fachmännisch angegangener Ausbildung, machte Wieland seinen Anspruch auf Bayreuth geltend, indem er sich in künstlerische Probleme der bevorstehenden Festspiele, etwa in Fragen der Besetzung, einmischte. Ein Hauskrieg bahnte sich an.

Gertrud war unterdessen arbeitslos. Ihr drohte, in den Reichsarbeitsdienst eingezogen zu werden. Um dem zu entgehen, entschloß sie sich, an der Ausländeruniversität in Perugia einen Italienischkurs zu belegen. Da der Kontakt zum faschistischen Italien vom NS-Regime befürwortet wurde, war das eine geschickte Wahl. Sie hatte sich für das Land erwärmt, als sie Anfang März zusammen mit Winifred und den beiden Brüdern zu einem Gastspiel der Berliner Staatsoper in Rom gefahren war. Winifred unterstützte ihre Bewerbung. Sie versprach außerdem, Gertrud nach ihrer Rückkehr als Sekretärin zu beschäftigen. Insgeheim hatte die Chefin von Bayreuth schon einen weitergehenden Plan gefaßt: Wieland und Gertrud zu verheiraten.

Wie sehr es in Wieland brodelte, zeigt eine Notiz Gertrud Strobels vom 19. Juni 1941. Danach habe Overhoff Wieland gegenüber ihrem Mann und ihr folgendermaßen charakterisiert: »Genial begabt, aber völlig mit sich selbst zerfallen. Abneigung gegen Richard Wagner, aber Vergötterung des Vaters Siegfried. Völliger Mangel an Ehrfurcht vor allem Großen, aber Anbetung Adolf Hitlers. Vollkommene Unentschlossenheit und Unentschiedenheit hinsichtlich der eigenen Zukunft: heute Maler, morgen Musiker u.s.w.; keine Energie zum Durchhalten; starker Jähzorn (Zerwerfen von neuem Porzellan) und maßloser Haß gegen Tietjen, jedoch ohne Mut, gegen ihn aufzutreten aus Liebe zur Mutter!«

Zu gern wüßte man, wie die »Anbetung« Adolf Hitlers zu verstehen ist bei einem Mann, der sich ungern positiv über Menschen äußerte. Vielleicht hoffte er, der »Führer« werde den gordischen Knoten, der ihn fesselte, durchhauen. Wieland – und das war wohl die Ursache seiner inneren Turbulenzen – nahm in diesen Monaten das Erbe innerlich an. Er wußte, daß es keinen Ausweg gab. Aber da er nicht so beschaffen war, ein klares Ja zu einer notwendigen Entscheidung auszusprechen, zierte er sich noch immer.

Deshalb gingen bei einem gemeinsamen Gespräch im Sommer 1941 Heinz Tietjen, Overhoff und Wolfgang davon aus, daß er wohl geradezu erlöst wäre, wenn man ihn vom Erbe lossprräche, wenn er sich nur seiner Kunst, das heißt der Malerei widmen könnte. Hätte Wieland in diesen Wochen entschieden zugegriffen, so hätte er seinen Bruder, von dem er sich insgeheim schon bedrängt fühlte, noch auf den zweiten Platz verweisen können. Doch Wieland tat das nicht, im Gegenteil. Er verbündete sich, halbherzig, mit Wolfgang und setzte mit ihm zum Sturm auf die Bastion der Festspielleitung an. Hinzu kam ein äußeres Moment. Am 22. Juni hatte Deutschland der Sowjetunion den Krieg erklärt. Wieland hatte Angst. Er fürchtete, nicht länger vom Militär suspendiert zu bleiben.

»Wahnfried« glich in diesem Sommer 1941 kurz vor den Festspielen einem Tollhaus. Der Krieg zwischen Wieland und Tietjen war eskaliert und strebte einem neuen Höhepunkt zu, als der junge Herr seinen Musiklehrer Overhoff mitbrachte und mit diesem in den Proben saß. Gehässig stellten sie fest, wo überall und wie sehr Tietjen »schmiere«, gegen den »Geist des Werks« verstoße. Tietjen war nahe daran, den Bettel hinzuwerfen und abzureisen.

Eine Person reiste wirklich ab: Gertrud. Wieland, der im Beisein seiner Mutter stets schroff zu ihr war, so als müsse er in der Gegenwart Winifreds darlegen, wem seine eigentliche Liebe gelte, brachte diesmal das Faß zum Überlaufen. Er flirtete schamlos mit des Bruders Freundin. Zum erstenmal hatte Wolfgang ein Mädchen mitgebracht, eine hübsche Hamburgerin. Doch die wandte sich, kaum im Haus, dem älteren Bruder zu. Wieland gefiel das nicht übel. Gertrud aber ließ sich das nicht bieten, und Winifred war auf ihrer Seite. Morgens um fünf fuhr die Hausherrin im Schlafanzug Gertrud zum

Bahnhof. Beim Frühstück war die Freundin zu Wielands Bestürzung nicht mehr da.

Tietjen war inzwischen krank geworden und konnte zum Dirigieren nicht mehr bewegt werden. Wieland spielte verrückt. Jeden Neuankömmling begrüßte er mit den Worten: »Willkommen in diesem Narrenhaus.«

Sobald die Festspiele vorüber waren, ergriff Winifred die Initiative. Sie sagte zum Sohn, so gehe es nicht weiter, er müsse heiraten. Das kam einem Befehl gleich. Ihr Argument: Wenn er es nicht tue, werde ihm die Freundin davonlaufen. Zwar war Gertrud nicht gerade die ideale Schwiegertochter – Winifred war sie mit ihrem dunklen Haar unter anderem nicht »nordisch« genug –, doch sie kannte sie nun schon so lange und dachte, daß sie mit ihr keinen Ärger haben würde. Sie erhoffte sich von der Ehe eine Zähmung ihres ungebärdigen Sohnes und als Kindernärrin, die sie war, vor allem: Enkelkinder.

Ein weiteres Moment war Winifreds Angst, Wieland könne wie sein Vater auf homosexuelle Abwege geraten. Daß es für diese Befürchtung einen realen Anlaß gegeben hätte, darf man freilich bezweifeln. Wieland hatte eine geradezu panische Abneigung gegen männliche Nähe. Die Entdeckung, daß der Vater homosexuell gewesen war, ein »175er«, wie das im Zeitjargon nach dem einschlägigen Paragraphen des Strafgesetzbuches hieß, gehörte zu den Belastungen des jungen Mannes. 1939, als er in Berlin eines Tages in Tietjens Bibliothek allein war, informierte er sich im grundlegenden Werk von Magnus Hirschfeld über die Homosexualität. Doch auch danach blieb in ihm eine große Unsicherheit zurück, ob eine solche Neigung nicht doch erblich sei. Seine sexuellen Eskapaden in späteren Jahren, seine Affären mit Frauen mögen in dieser Unsicherheit eine Wurzel haben: er wollte sich beweisen, daß er »normal« war.

Eindeutig hing seine lebenslange Zurückhaltung im Umgang mit Männern mit dieser Ängstlichkeit zusammen. Er mied nicht nur den Umgang mit homosexuellen Künstlern, er mied auch alle Männerfreundschaften. Er hatte keinen Vertrauten, nie einen engen Freund. Das ging so weit, daß er sogar im Auto nicht gern neben einem Mann saß, daß ihm Overhoff nicht sympathisch war, weil er am Kla-

Das Haus in Nußdorf

vier zu nah an ihn heranrückte. Ob hinter dieser vehementen Abwehr eine verkappte homoerotische Anlage steckte, die er verdrängte, wie Gertrud vermutet, ob die frühe Bindung an sie auch als die unbewußte Errichtung einer Abwehrbarrikade zu erklären wäre, sei dahingestellt. Es gibt jedenfalls keinen Hinweis, daß er jemals Homosexualität praktiziert hätte.

Winifred hätte gern eine große Hochzeit in »Wahnfried« ausgerichtet. Doch da sie ihren Sohn und dessen Abneigung gegen Verwandtschaft kannte, beschloß sie, ihren »Ehebefehl« in Nußdorf ausführen zu lassen. Mitte August trafen Gertrud und Wieland, Winifred, Wolfgang und Ingrid Visirka, eine Tanzfreundin von Gertrud, dort ein. In einem Brief Gertruds an Tante Anny vom 19. August ist von Heirat keine Rede. Winifreds Vorschlag oder vielmehr: ihre Aufforderung zu heiraten, glich einem Überfall.

Wieland reagierte darauf wie ein Stier, dem ein Nasenring angelegt werden soll. Vierzehn Tage lang führte er sich wie ein Berserker auf. Zu seiner Braut war der Bräutigam unausstehlich, zu seiner

Mutter unverschämt. Er zerschlug Geschirr, schneuzte sich in die Vorhänge. Gertrud lag weinend im Bett. In lichteren Momenten sagte sie zu Wieland: »Was soll's? Es ist ja weiter nicht so schlimm!« Winifred sprach ähnlich: »Ich weiß gar nicht, warum du Probleme draus machst?« Doch solche Sätze führten bei ihrem Sohn meist nur zu weiteren Wutanfällen.

Man fragt sich, warum dieses Paar, das von Winifred »zwangsverheiratet« wurde, sich ihrem Beschluß nicht widersetzt hat. Sie waren volljährig, ein energisches Nein hätte genügt, und aus der ehelichen Verbindung wäre nichts geworden. Die Sache lag so: im Grunde wußten beide, daß diese Ehe ihr Schicksal war, daß ihr Leben schon lange darauf zulief, daß es zum Neinsagen zu spät war. Es war wie am Anfang, als der dreizehnjährige Junge nach dem Mädchen gegriffen hatte, und wie bei seinem Aufbruch nach München: Wieland brauchte Gertrud. Seine Auflehnung war eine Rebellion gegen die Abhängigkeit, von der er sich nicht zu befreien vermochte.

Und Gertrud, in der die Neigung zum Dienen nicht verschüttet war, fühlte sich verpflichtet, ihm zu helfen. Außerdem hatte dieser Bund inzwischen bei beiden eine konkrete Ausrichtung erfahren: die kommende Aufgabe, Bayreuth. Wieland ahnte, daß er dieser Arbeit besser gewachsen wäre, wenn Gertrud ihm zur Seite stünde. Und sie, die zur Opernchoreographie strebte, glaubte, in Bayreuth nur als »Frau Wagner« eine Chance zu haben. Es war also hauptsächlich »Theater«, was da in Nußdorf im Spätsommer 1941 gespielt wurde.

Die Trauung war auf den 12. September angesetzt. Am Vorabend wurde, zur Aufhellung der Gemüter, im Haus getanzt. Wolfgang tanzte mit der Braut tapsig und ohne Gefühl für den Rhythmus einen Walzer. Der Bräutigam saß dumpf brütend in einer Ecke. Seine Mutter spendierte, so darf man annehmen, das damals fashionable Getränk, ein Gläschen Likör. Doch sehr lustig wurde die Stimmung an diesem Polterabend nicht.

Vom Hochzeitstag liegt ein Fotoalbum vor, das von Winifred in der launig-peinlichen Weise, mit der die kleinbürgerliche Welt auf eine Eheschließung reagiert, beschriftet worden war. »8.50 Uhr«,

Nach der Trauung

heißt es da, »Abmarsch zum Standesamt«. Gertrud trägt ein helles Kostüm, einen dunklen Pullover, Wieland ein weißes Hemd ohne Krawatte, helle Hosen, ein dunkles Jackett. Die Kleidung signalisiert: wir nehmen das nicht so wichtig. In der Tür steht im weißen Kleid, frohgemut lächelnd, die Ehestifterin Winifred. »Rein ins Vergnügen« steht unter der Aufnahme der karg biederen Amtsstube, wo der Bürgermeister mit Amtskette das Paar erwartet. Auf dem Tisch steht in schmutzigen Tonscherben eine Topfpflanze. In Gegenwart der Trauzeugen Wolfgang und Ingrid wird der Ehebund geschlossen.

Winifred präsentiert den Neuvermählten die Ringe

Das »Deutsche Einheitsfamilienstammbuch« mit goldgeprägtem Adler auf dem Deckel und einer nicht ausgefüllten »Sippen- und Ahnentafel« im Anhang nennt als Beruf des Paars Kunstschüler und Tänzerin. »9.15 – Heimwärts als glückliches Ehepaar.« Das Wort Ehe ist dick unterstrichen. »9.20 Empfang daheim.« Am glücklichsten strahlt Winifred, die noch vor dem »ersten schwiegermütterlichen Kuß« für Gertrud den »Ringwechsel« vornimmt. Die Gesichter des Paares beurteilt die Beschrifterin als »nachdenklich«. Man darf sie ruhig »finster« nennen.

»10.00 Uhr – Wieder an der Staffelei«: Gertrud steht Modell vor dem Hintergrund des Sees. Ein weiteres Foto vom Hochzeitstag zeigt das Paar in der noch warmen Frühherbstsonne. Gertrud, nackt ausgestreckt, ist in ein Buch vertieft, Wieland neben ihr studiert mit dem Dirigentenstab in der Hand eine Partitur. »Klar Tisch! Arbeitsteilung« hat Winifred getitelt. Unter dem letzten Bild des Tages liest man, mit den in der Wagner-Familie so sehr beliebten Ausrufezeichen versehen, »Glücklich verheiratet!«

Mit dem Glück, das hier ausgerufen oder gefordert wurde, war es so eine Sache. Sogleich nach dem Anstecken der Ringe war Wieland ins Haus gestürmt und hatte den Ehering demonstrativ abgezogen. Dabei blieb es. Er trug ihn nie wieder. Gertrud war darüber, am Hochzeitstag, tief gekränkt. Es gab keine Geschenke, kein Festessen, keine Feier. Auch eine Hochzeitsreise fand nicht statt. Wieland tat so, als hätte der bürokratische Akt nicht stattgefunden.

Der Grund dafür war seine panische Angst vor der Ehe. Die Verbindung der Eltern, wo die Mutter ohne Liebe gelebt, der Vater seine Homosexualität mehr oder weniger offen praktiziert hatte, konnte kein Modell sein. Siegfried hatte ihm eingetrichtert, ein Mann solle nie heiraten und wenn, dann eine Frau ohne Verwandte und ohne Geld, so wie er es gehalten hatte. Schon früh hatte sich Wieland Sprüche zurechtgelegt, die keine Einsichten waren, wie er glaubte, sondern ihn nur weiter in seine verqueren Ansichten trieben. Etwa: »Die Ehe zerstört die Liebe.« Oder: »Männer sollen nie heiraten, nie Kinder kriegen.« Oder: »Männer sollen die freie Liebe praktizieren, sich nur mit Hetären vergnügen.« Jahrelang hatte dieser »Grieche« die Freundin mit seiner unterdrückten Triebhaftigkeit gequält. Nun war er unfähig, ihr Lustgefühle zu verschaffen.

Wie die meisten Männer in solcher Lage schrieb er das Versagen der Frau zu, nicht sich selbst, und wie viele trieb ihn das dazu, sich sexuell immer wieder neuen Frauen zuzuwenden. Der Kern für das wachsende Eheunglück dieses Paares war vermutlich eine erschreckende Unwissenheit. Denn selbstverständlich war auch Gertrud nicht in der Lage, ihren Ehemann über ihre körperlichen Wünsche zu belehren. Beide gingen, wie man so sagt, unberührt in die Ehe. Hätten sie mehr Erfahrung gehabt, wäre ihnen manches erspart geblieben. Hinzu kommt, daß sie unterschiedliche emotionale Bedürfnisse hatten. Gertrud, kein »sexy girl«, wie sie von sich selbst sagt, war ein Kumpeltyp, Wieland trotz seiner Triebstärke ein Mann, der sich nach Zärtlichkeit sehnte.

Gertruds Familie, insbesondere ihre Mutter, war über die Verbindung nicht beglückt. Luise hatte sie mit dem Umzug nach München verhindern wollen. Sie ahnte, daß diese Ehe nicht gutgehen würde. Der Vater, der Gattin gern widersprechend und in diesem Fall ein bißchen knorriger Gentleman, schwang sich dazu auf, die »Blitzheirat« der Tochter gegenüber seinen Geschwistern zu verteidigen.

Vermutlich kam die Nachricht von der Eheschließung des Bayreuth-Erben auch für Hitler überraschend. Er kündigte an, den Neuvermählten ein Haus in München zu schenken. Doch das Paar ging auf dieses Angebot nicht ein. So blieb es bei einem symbolischen Geschenk, einem größeren Blumentopf, der in Bayreuth abgegeben wurde.

Noch drei Wochen blieb man in Nußdorf beisammen. Während die Trauzeugen sogleich nach der Zeremonie abgereist waren, behelligte Winifred das jungvermählte Paar weiterhin mit ihrer Gegenwart. Abends erlaubte sie ihnen nicht, sich zurückzuziehen, sondern las ihnen aus Bachofens »Mutterrecht« vor. Was sie sich dabei dachte, bleibt ihr Geheimnis.

Ende des Monats fuhr Gertrud nach Perugia, um ihren Italienischkurs zu beginnen. Wieland blieb in Nußdorf, um weiter zu malen. Obwohl er in einem wenige Tage nach der Hochzeit verfaßten Brief seinen Musiklehrer Overhoff mit scharfen Worten für dessen Ausspruch, bei Gertrud und ihm sei es »nicht die wahre Liebe« getadelt hatte, praktizierte er nun, nach Gertruds Verschwinden und durch das kurze Eheleben von seinen Hemmungen befreit, sogleich die »freie Liebe«. Die Partnerin war sein Malmodell, eine Freundin Gertruds.

Diese war unterdessen in Perugia eingetroffen. Sie nahm ein möbliertes Zimmer und begann, sich dem Sprachstudium zu widmen. Doch obwohl die neue Sprache sie interessierte, war sie nicht recht bei der Sache. Die äußeren Umstände waren bedrückend. Die Stadt mit ihren großen Renaissancepalästen und mittelalterlichen Gassen war dunkel und schmutzig und nach einem frühen Kälteeinbruch abweisend. Von italienischer Heiterkeit war nichts zu spüren. Die Menschen wirkten ernst und beschwert. Der Grund: es gab wenig zu essen. Die Italiener, seit 1939 mit Deutschland durch einen Militärpakt verbunden, hungerten mehr, als Gertrud es aus Deutschland kannte. Das wenige Essen, das sie auftreiben konnte, widerte sie an, oder es bekam ihr nicht. Sie suchte einen Arzt auf. Der klärte die Signora auf. »Nix krank«, sagte er, »bambino«. Und als er ihr ungläubiges Gesicht sah: »Si si, bambino c'é!«

185

Gertrud, die sich nicht so schnell ein Kind gewünscht hatte, war verblüfft. Sie hatte geglaubt, daß Kinder nur aus großen Liebesakten entstehen könnten. So etwas hatte sie aber nicht erlebt. Und nun sollte ein Kind unterwegs sein? Sie beschloß, die Schwangerschaft zu verdrängen, so zu tun, als sei nichts geschehen. Vielleicht aber fühlte sie sich, ohne es sich einzugestehen, doch ein wenig schutzbedürftig. Und da Perugia ihr immer unwirtlicher vorkam, brach sie den Kurs ab und fuhr schon Mitte November nach Deutschland zurück. Nur, wohin?

Das junge Paar hatte kein eigenes Nest. Wieder bei ihren Eltern in München zu wohnen, bei einer Mutter, welche die Heirat mißbilligte, kam nicht in Frage. »Wahnfried«, wo die Übermutter Winifred dabei war, den beiden ein Appartement mit zwei Zimmern herzurichten, war nicht sehr verlockend. Also fuhr sie noch einmal nach Nußdorf zurück, wo Wieland sich noch aufhielt. Er nahm die Nachricht, daß ein Kind unterwegs sei, erstaunlich gleichmütig auf.

Die umtriebige Winifred, hocherfreut über die Nachricht, daß sie bald Großmutter werden würde, fand für das Paar eine Wohnung im eleganten Münchner Stadtviertel Bogenhausen. Mit gebrauchten Möbeln, vermutlich aus dem Besitz vertriebener Juden, die sie günstig gekauft hatte, richtete sie das Eß- und Musikzimmer ein. Gertrud mit ihrem hochentwickelten Sinn für Räume und deren Ausstattung fand die Sachen schrecklich. Jeden Tag ärgerte sie sich über ein Sideboard aus grünmarmoriertem Holz. Immerhin gelang es ihr, wenigstens das Schlafzimmer selbst zu möblieren. In das Ankleidezimmer mit den Schränken kam die Wiege für das Baby.

In »Wahnfried« kam es wegen eines von Winifred aus Berlin herbeigeschafften neobarocken Schlafzimmerschranks zu einer Szene. Als Gertrud das Möbelstück sah, stampfte sie vor Wut auf den Boden. Wieland, der dabeistand, gab ihr eine Ohrfeige. Er wollte nicht, daß Sachen, die seine Mutter beschafft hatte, jetzt im Krieg, wo das nicht einfach war, mißachtet würden. Gertrud wich zurück, weiß wie die Wand. Sie sah ihn nur an, sagte nichts. Es war das erste und letzte Mal, daß er die Hand gegen sie erhob.

Finanziell war das Paar vollständig von »Mama«, wie nun auch Gertrud sagte, abhängig. Sie richtete den beiden getrennte Konten ein, überwies Wieland 600, Gertrud 200 Mark pro Monat. Damit hatten die beiden mehr Geld zur Verfügung als die achtköpfige Familie Reissinger wenige Jahre zuvor.

Wieland hielt sich die meiste Zeit in seinem Atelier in der Kaulbachstraße auf. Dort zog, nachdem sie an Ostern 1942 das der Mutter doch noch abgetrotzte Abitur gemacht hatte, die Schwester Verena ein, um ihr Medizinstudium zu beginnen. Wieland befaßte sich kaum noch mit der Malkunst. Die Verpflichtung für Bayreuth, die ihn im Jahr zuvor als »erregende Störung« (Gertrud) ergriffen hatte, schlug ihn in Bann.

Noch immer gab es Nachwehen der mißlungenen Revolte gegen Heinz Tietjen. Der Versuch, Hitler zu dessen Entlassung zu bewegen, war fehlgeschlagen. Von Tietjen war es ein geschickter Schachzug, daraufhin seinen Rücktritt selbst anzubieten. Wieland hatte einsehen müssen, daß er, noch dazu ohne die Ressourcen der Berliner Oper, gar nicht in der Lage gewesen wäre, die Festspiele zu leiten. Immerhin begriff er nun, daß es mit dem Entwurf von Bühnenbildern nicht getan war. In einem elf Seiten umfassenden Briefentwurf vom April 1942, der als Antwort auf ein Schreiben des Bruders konzipiert war, heißt es, daß er sich »als Träger des Namens ... nicht auf dieses allzu kleine und nebensächliche Gebiet beschränken« wolle.

Wolfgang hatte im Herbst 1941 geschrieben, er sehe, daß Wieland als Festspielleiter noch nicht in Frage komme, weil es ihm zu sehr an den Grundlagen dazu fehle. Das war nicht falsch. Aber der oberlehrerhafte und anmaßende Ton des Briefs hatte Wieland verärgert. Inzwischen übte sich der jüngere Bruder in Unterwürfigkeit. Unentwegt erklärte er, daß er dem älteren in keiner Weise bei seiner künftigen Arbeit in Bayreuth im Weg sein wolle, daß er nicht auf etwas ziele, das ihm nicht zustehe. Er versicherte, daß er genau wisse, wie weit er gehen könne und dürfe, und daß er im übrigen das Beste für das Werk und den Bruder wolle. Gleichzeitig bittet er Wieland, er möge ihn wissen lassen, welchen Platz er in diesem zukünftigen Bayreuth einnehmen solle. Er selbst müsse sich ja auch eine Existenz schaffen.

Dagegen ließ sich kaum etwas einwenden. Wieland schreibt in jenem mehrseitigen Briefentwurf, der wohl die Grundlage für einen mündlichen Austausch der Brüder bildete: »Findest Du es nicht auch völlig müßig, wenn wir uns jetzt über eine zukünftige Arbeitsteilung in Bayreuth unterhalten oder traust Du mir so wenig über den Weg, daß Du mich schriftlich oder mündlich für die Zukunft festlegen willst.«

Die Mischung von Anmaßung und Unterwürfigkeit auf der einen, von Machtposen und Unklarheit auf der anderen Seite ist es, die für die Zukunft nichts Gutes verheißt. Tietjen hatte ihnen bereits den künftigen Bruderzwist prophezeit. In allen drei Schriftstücken ist von Parteiungen die Rede, von Familiengruppierungen, von den berüchtigten »Wahnfried«-Fehden.

Auch Gertrud wird in diesen Zwist hineingezogen. Wolfgang berichtet, daß Heinz Tietjen sich von ihr seit neuestem gehaßt fühle, er unterstellt, sie habe die notwendige Unterredung mit Tietjen im Herbst 1941 hintertrieben und verhindere nun die direkte Aussprache zwischen den Brüdern. Eifersucht auf Gertrud – für Wolfgang wurde sie zu einem wesentlichen Moment.

Bei diesen Streitigkeiten spielten auch Eifersüchteleien über das unterschiedliche Verhältnis der beiden Brüder zu Adolf Hitler eine Rolle. Aus einem Brief Wolfgangs im Frühjahr 1942 spricht kaum verhohlener Neid, weil der eine in die Reichskanzlei gerufen wird, der andere nicht. Obwohl Wolfgang während seiner Ausbildungszeit fast vier Jahre in Berlin wohnte, bevorzugte Hitler selbstverständlich den Erben Wieland. Bei diesen Besprechungen ging es stets um die Festspiele. Wolfgang wirft dem Bruder vor, er habe in einer Unterredung mit Hitler hinter dem Rücken der Mutter den genehmigten Festspielplan umgeworfen. Beleidigt setzt er hinzu, es sei wohl kein Zufall gewesen, daß Wieland ohne ihn mit dem »Führer« gesprochen habe.

Wieland stellt klar: der »Führer« habe eben ihn rufen lassen, mit ihm habe er etwas besprechen wollen. Außerdem: »Warst Du in Bayreuther Angelegenheiten auch ohne mich beim Führer und wärest in diesem Jahr auch wieder ohne mich zu ihm gegangen, wie Du Gertrud im Januar in Bayreuth erklärt hast.« Weiter: »Hast Du im vorigen Jahr Dinge mit dem Führer besprochen, die mich betreffen, wovon ich aber erst nach einem Jahr von Dir erfahren habe.«

Bei dieser Besprechung äußerte Hitler, der, wie der Gast konstatiert, ganz grau geworden war, den Wunsch von den Meistersingern abzusehen. Dieses Ansinnen wurde bei einem Mittagessen das zwei Tage später stattfand auch Wolfgang mitgeteilt, um dessen Einladung Wieland gebeten hatte. Also: nicht Wieland warf eigenmächtig die Festspielplanung um, Hitler war es, der eingriff. Wieland an Wolfgang (im Briefentwurf): »Du hieltest es damals für selbstverständlich, einen Wunsch des Führers zu respektieren.«

Man muß sich bei der spärlichen Quellenlage mit diesen Dokumenten, die in ihrer Art typisch sein dürften für das, was sonst mündlich besprochen wurde, so ausführlich beschäftigen, weil sie zweierlei verdeutlichen: die massive Einmischung Hitlers in die Spielplangestaltung und die widerstandslose Willfährigkeit, mit dem ihm das Haus Wagner und eben auch die beiden Söhne entgegenkamen.

Wie sehr Wieland auch ästhetisch auf die NS-Linie eingeschwenkt war, zeigt eine Passage im Briefentwurf, die gegen Preetorius gerichtet ist, ohne ihn zu nennen. Es sei ein Skandal gewesen, dem »Führer« 1934 kubistische und expressionistische Machwerke auf der Bayreuther Bühne vorzusetzen.

Nicht nur über die von ihm zu leitenden »Friedensfestspiele«, die Hitler und mit ihm das Haus Wagner schon in nächster Nähe glaubten, mußte Wieland nachdenken. Für das kommende Jahr waren ihm die Bühnenbilder für die Neuinszenierung der »Meistersinger« übertragen worden. Stassen hatte ihm als Arbeitsunterlagen einen historischen Atlas sowie Bücher über Dürer und Cranach empfohlen, dazu Fotos früherer Bayreuther Inszenierungen der Oper. In einem Brief vom Februar 1942 bat Wieland Geheimrat Golther, einen Alt-Wagnerianer, der als Musikwissenschaftler Tietjen gelegentlich beraten hatte, um Angaben über historische Details, Nürnberger Zünfte betreffend. Dies zeigt, daß er noch völlig in realistischen Bildvorstellungen befangen war.

Im April traf aus Nürnberg ein Angebot des Opernintendanten Willi Hanke ein, Bühnenbilder für den »Fliegenden Holländer« zu machen. Und immer wieder mischte Wieland sich in die laufenden

Bayreuther Angelegenheiten ein, etwa wenn er Heinz Tietjen Overhoff als Dirigenten für den dort geplanten »Holländer« vorschlug. Und noch ein Thema beschäftigte Wieland im Frühjahr 1942. Am 26. Mai war seine Tante Eva gestorben. 1935 hatte sie Cosimas Tagebücher der Stadt Bayreuth »als Geschenk für die Richard-Wagner-Gedenkstätte« übergeben. Die Tagebücher, so hatte sie bestimmt, sollten bis zu dreißig Jahre nach ihrem Tod gesperrt sein. Wieland, der nun bald Familienvater sein würde, hätte zu gerne gewußt, was sein Großvater über seinen Erben bestimmt, welche Pflichten er ihm auferlegt hatte. Er hoffte, darüber in den Tagebüchern Aufschluß zu erhalten. Deshalb bedrängte er die Mutter, sie solle bei Hitler erwirken, das Testament Evas anzufechten und ihm Einblick in die Aufzeichnungen zu gewähren. Winifred wies dieses Ansinnen von sich. Wieland bekam die Tagebücher nie zu sehen.

An all dem nahm Gertrud lebhaften Anteil. Im Winter war sie noch Ski gelaufen, unbekümmert um die Schwangerschaft. Nun aber rückte der Zeitpunkt der Entbindung immer näher. Sie beschloß, sich dafür in die Obhut des Chefarztes des Bayreuther Krankenhauses zu begeben. Er hieß Wolfgang Deubzer und genoß in der ganzen Gegend Respekt und Sympathie.

Vor jeder Operation pflegte dieser Arzt, der ein frommer Katholik war, ein stilles Gebet zu sprechen, eine Geste, die den Nationalsozialisten natürlich ein Greuel war. Sobald der Gauleiter davon erfuhr, verschwand Deubzer in einem Lager. Seine Frau, Mutter von sechs Kindern, wandte sich in ihrer Verzweiflung über das ungewisse Geschick und den unbekannten Aufenthaltsort ihres Mann an Winifred Wagner. Diese setzte alle Hebel in Bewegung, ließ ihre Beziehungen spielen – und siehe da, es half. Binnen kurzem war Deubzer zurück und wieder auf seinem alten Posten. Solche Taten waren es, die nach 1945 halfen, Winifreds Sündenkonto beim Entnazifizierungsverfahren zu entlasten.

Am 11. Juni begab Gertrud sich in die Klinik. Es war ein heißer Tag, auch die Nacht brachte kaum Abkühlung. Die Geburt, die nicht leicht vonstatten ging, zog sich über viele Stunden hin. Gertrud lag in einem separaten Gebärzimmer, der Arzt ließ sie nicht aus

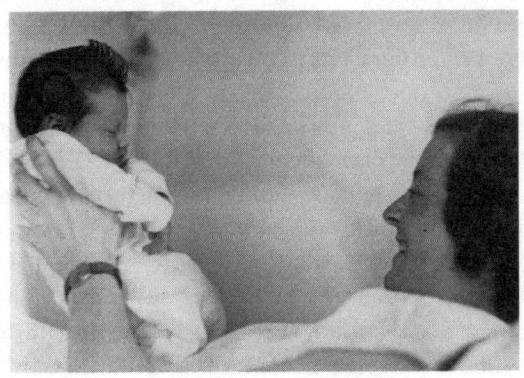

Das erste Baby, Iris, 1942

den Augen. Wieland und eine Freundin, die aus München herbei-
gekommen waren, schauten kurz herein. Gertrud wollte sie nicht sehen.

Endlich, nachts um zwei, auf den Tag neun Monate nach der
Hochzeit der Eltern, war das Kind da: ein Mädchen. Der Arzt selbst
trug die erschöpfte Frau auf seinen Armen in das Zimmer, wo sie
die nächsten acht Tage im Wochenbett lag. Für den Geburtshelfer
aber empfand Gertrud von diesem Tag an Dankbarkeit und Zuneigung.

Die Ankunft des kleinen Mädchens, das die Eltern Iris nannten,
wurde mit einem großen, sich über viele Tage hinziehenden Fest gefeiert. Gertrud lud einen ihrer Lieblingsmusiker aus Berlin ein, den
ungarischen Pianisten Georg von Vasarhelyi. Er spielte tagelang auf
den Flügeln und Klavieren, die überall in »Wahnfried« standen. Den
Anfang machte eine Konzertouvertüre von Liszt, dem Ururgroß-
vater der neuen Erdenbürgerin.

Winifred saß zur Verärgerung ihrer Schwiegertochter, die es gern
feierlich gehabt hätte, in der weißen Kittelschürze der Hausfrau dabei und putzte grüne Bohnen. Und Wieland, der sich so sehr gegen
den Ehestand und das damit verbundene Babywesen gewehrt hatte,
war wie verwandelt. Seine anfängliche Enttäuschung, daß das Erst-
geborene kein Junge war, verflog rasch. Er vergötterte das kleine

Mädchen, das viele schwarze Haare auf dem Kopf hatte, und begann, wieder zu fotografieren, nun als Vater, der ein Familienalbum anlegt.

Sobald Gertrud auf den Beinen war, nahm Winifred ihr das Kind weg. Mit Hilfe ihrer Beziehungen hatte sie, mitten im Krieg, eine passable Babyausstattung zusammengebracht. Nun bestellte sie eine Säuglingsschwester und entpflichtete die Mutter, die nicht stillen konnte, von ihren Aufgaben. Gertrud, darüber zutiefst empört, wagte nicht, der Schwiegermutter zu widersprechen. Andererseits war diese Abnahme aller Sorgen und Arbeit, die mit der Aufzucht eines Säuglings verbunden sind, auch eine Erleichterung. Schließlich wollte Gertrud sich mit Wieland der Theaterarbeit widmen.

Im Juli nahmen sie gemeinsam an den Proben im Festspielhaus teil. Wieland, so notiert Gertrud Strobel, »wird von Robert Burg in Stimmtechnik, Partienstudium, Vortragskunst usw. unterrichtet. Gertrud stenografiert Burgs Ausführungen.« Gertruds Kommentar dazu: »Es waren ein paar sehr oberflächliche Gespräche mit Burg. Wir wollten was von seiner Gesangstechnik wissen. Ich schrieb mir Fragen auf.« Die Rollenfestlegung – der Mann, der studiert oder Anweisungen gibt; die Frau, die mitschreibt – schien von Anfang an festzustehen.

Dabei hatte Gertrud die alten Pläne, in der Choreographie weiterzukommen, nicht aufgegeben. Noch immer hatte sie Kontakte zur Günther-Schule. Allerdings fand sie diese nicht mehr gut. So jedenfalls schrieb sie an die Berliner Tanzfreundin Friedel Romanowski, die inzwischen Solotänzerin bei Tietjen war. Gertrud verfolgte, was sich in der Tanzszene tat, und reiste, wo immer es ging, zu Ballettpremieren. So sah sie in Leipzig und Dresden im Herbst 1942 Tanzabende der Gsovsky mit der jungen Gisela Deege sowie ein De-Falla-Ballett, zu dem sie ziemlich kritische Anmerkungen machte.

In Leipzig hatte sie Mary Wigman besucht. Die hatte auf Druck der NS-Behörden ihre Tanzschule verkauft, weil ihre Tänze nicht dem propagandistischen »Ideal der Lebensfreude« entsprachen. Gertrud hatte vor, bei ihr im kommenden Frühjahr zwei bis drei Monate

Privatunterricht zu nehmen. »Ich muß das einfach verwirklichen«, schreibt sie an die Berliner Freundin, »was ich seit Jahren mache, und wo ich das Gefühl habe, etwas fertig zu bringen – nämlich mich in Tanzregie zu versuchen.« Doch aus diesem Studium, auf das sich Gertrud so unbändig gefreut hatte, wurde nichts.

Die Bühnenbilder für den »Fliegenden Holländer« in Nürnberg waren ein solcher Erfolg, daß Willi Hanke ihren Urheber im November 1942 schriftlich einlud, an seinem Haus den ganzen »Ring« zu inszenieren. Völlig überwältigt zeigte Wieland, der noch nie Regie geführt hatte, Gertrud das Angebot. Die Szene prägte sich ihr fürs Leben: wie er vor ihr stand, den Brief in der Hand, und sie ansah, ohne ein Wort zu sagen. Gertrud, die sofort verstand, worum es ging, sagte spontan und aufmunternd: »Das machen wir schon!«

Dieser Satz stand am Anfang. Mit ihm begann Gertruds Einstieg in die Theaterarbeit, die künstlerische Symbiose mit Wieland. Diese Zusammenarbeit, die der Mann vor der Welt verschwieg, wurde ihr Schicksal, das »rollende Rad« (Gertrud), das erst mit Wielands Tod zum Stillstand kam.

Man kann das Zaudern des skrupulösen jungen Mannes verstehen. Er verfügte nicht über das absolute Gehör. Er hatte damals keinen Sinn für Rhythmik, kein Sensorium für Raumdynamik und Bewegung, er kannte nur zwei Gesten: die Arme ausbreiten, die Fäuste ballen. Er war ein statischer Mensch. Auch ein überragender Maler war er nicht. Indessen, er hatte eine hohe Sensibilität für Farben, für Licht und Schatten. Er hatte sich in die Partituren des Großvaters eingearbeitet, er wußte Bescheid über Klangfarben und Klangreize. Er hatte begonnen, sich den Gehalt, die philosophische Bedeutung der Wagner-Opern zu erschließen. All dies war Overhoffs Werk. Allerdings hatte Overhoff ihm nicht vermitteln können, wie man die Partituren sichtbar macht, in Theaterspiel umsetzt.

Richard Wagners Dramen als »ersichtlich gewordene Taten der Musik« mußten auf der Bühne realisiert werden. Vor der Aufgabe, Körper im Raum durch Musik in Bewegung zu setzen, wäre Wieland zurückgeschreckt, hätte er Gertrud nicht zur Seite gehabt. Für sie, die darauf brannte, Tanzregie zu führen, bedeutete diese Aufgabe die Erfüllung ihrer Wünsche.

Das erste Stück, das die beiden sich vornahmen, war die »Walküre«. Das ist alter Inszenierungsbrauch: die Spielidee am dramatischeren Stück zu erproben, dann auf das »Rheingold« zu übertragen und mit »Siegfried« und »Götterdämmerung« fortzufahren. Beim gemeinsamen Durchdenken der Stücke, beim Reden und Planen, bei der praktischen Regiearbeit erkannte Wieland, was er wollte und konnte: weg vom Stil der Tietjen und Preetorius, der ihm unsinnlich schien, hin zu Farbe und Licht. In Nürnberg war das noch ein erster Versuch, es war noch nicht das Neue, doch die Richtung war eingeschlagen. Sie hieß: stilistische Vereinfachung. In Nürnberg begann es.

Wieland und Gertrud besprachen das Konzept und die Details, Spielidee, Bühnenbild, Kostüme. Gertrud spielte ihm, aus der Musik heraus entwickelt, vor, wie die Sänger sich bewegen, aufeinander zugehen, sich drehen und abwenden sollten. Um die Bewegungsmöglichkeiten der Sänger besser zu verstehen, nahm sie Gesangsunterricht, den sie im Lauf der Jahre immer wieder auffrischte. Die ehemalige Gesangsmeisterin von Köln, Mimi Poensgen, zuletzt Rees Fischer waren ihre Lehrerinnen.

Für Wieland muß die erste Erfahrung in der Operninszenierung, als er merkte, daß er als Regisseur schwimmen konnte, daß ihn das Wasser trug, ein rauschhaftes Erlebnis gewesen sein. Innerhalb eines Jahres brachte er den »Ring« heraus, er inszenierte den »Freischütz« und eine Oper seines Vaters »An allem ist Hütchen schuld«. Außerdem entwarf er für den Bayreuther Festspielsommer 1943 die »Meistersinger«-Bühne. Es war dies seine erste und einzige Zusammenarbeit mit Tietjen, mit dem er in den zurückliegenden Monaten einen Waffenstillstand geschlossen hatte.

Um das Aufflammen neuen Zwistes zu verhindern, ernannte Goebbels, mit dem Wieland über seine Zukunft gesprochen hatte, ihn mit Wirkung vom 1. April 1943 an zum Chefregisseur der Opernbühne in Altenburg; Overhoff wurde zum musikalischen Leiter bestellt. Beide Häuser, Nürnberg wie Altenburg, verfügten, was für die Breite und Fortdauer der Theaterkultur weit ins »Dritte Reich« hinein zeugt, über hervorragende Musiker und gute Sänger. Die hübsche sächsische Kleinstadt war von Bayreuth aus mit der

Bahn zu erreichen. Wenn Wieland und Gertrud dort arbeiteten, wurden sie in der geräumigen Wohnung von Overhoff untergebracht.

Wielands »Freischütz«-Inszenierung war eine Hommage an den Großvater, der diese Oper geliebt und ihren Komponisten hoch verehrt, ja als Vorgänger betrachtet hatte. Wieland stellte sich nun bewußt in diese Tradition. Siegfried Wagners »Hütchen«-Oper, die aus mehreren Märchen der Gebrüder Grimm kompiliert ist und viele Chor- und Tanzszenen enthält, gab Gertrud Gelegenheit zu einer eigenständigen choreographischen Arbeit. Zum ersten Mal erschien ihr Name als Choreographin auf dem Theaterzettel. Ihre Mitarbeit bei der Regie, die oftmals eine Hauptarbeit war, verlief dagegen anonym. Weder in Nürnberg noch in Altenburg wurde sie als Mitregisseurin genannt. So sollte es bleiben. Gertruds künstlerische Karriere verlief zum größten Teil im dunkeln.

Freilich, in diesem Jahr 1943 waren beide von einem Hochgefühl ersten Gelingens, ersten Erfolgs erfüllt. Gertrud war es unwichtig, ob sie öffentlich als Mitinszenatorin genannt wurde oder nicht. Das war leichtsinnig, doch sie war einfach glücklich, Wielands Mentorin zu sein. Sie glaubte, daß er bald flügge wäre, sie nicht mehr brauchen würde und sie wieder ihrer eigenen Arbeit nachgehen könnte. Den Plan, ein paar Monate bei Mary Wigman zu studieren, hatte sie, wie aus einer Postkarte an ihre Schwester Elfriede vom Herbst 1943 hervorgeht, noch nicht aufgegeben. Aber es gab eine neue Verzögerung: ein zweites Kind war unterwegs.

Anfang September schrieb Wieland seiner Frau aus Altenburg, wo die »Walküre« Premiere hatte – Gertrud hatte dafür die Sieglinde einstudiert –, einen Brief zum zweiten Hochzeitstag. Beide hatten gehofft, den Tag miteinander verbringen zu können. Doch Gertrud, im sechsten Monat schwanger, scheute die weite Reise von Nußdorf, wo sie mit der kulleräugigen Iris, die gerade gehen lernte, Ferien machte.

Wielands Brief ist ein Dokument der Liebe und Dankbarkeit und eine verschämte Entschuldigung für das unwürdige Theater im September 1941. »Wenn man sichs so überlegt, waren doch die 2 Jahre sehr schön. Vielleicht gerade, weil sie ohne die sonst übliche anfängliche Übertriebene Wonnestimmung der früher oder später ja doch eine schmerzlich empfundene Abkühlung folgen muss – waren und im sanften Auf- und Abwärts einer festen Gemeinschaft verliefen.

Daß du mir so prompt Iris, die Süße, geschenkt hast, war besonders nett und lieb. Es lebe das 2. Schwesterchen! Gelt? – Wenn man alles in allem zusammenzählt, hast du auch in diesen zwei Jahren nicht die Hälfte so viel Tränen vergossen wie in den wilden Krisentagen, die dem 12. voran gingen. Das ließe schon rein statistisch auf eine glückliche Ehe schließen.

Daß ich ohne dich den Weg zum Theater nie gefunden hätte, brauch ich Dir wohl nicht erst zu erzählen. Du hast mir *sehr* geholfen und wirst mir auch weiter viel helfen können – ich vermisse dich jetzt schon sehr, da ich hier absolut nichts dazu gelernt habe.«

Am 6. Dezember kam in Bayreuth, wieder mit Hilfe von Dr. Deubzer, das Kind zur Welt. Die Geburt war diesmal leicht. Es war ein Junge, Wolf Siegfried, benannt nach seinem Onkel und seinem Großvater.

Winifred war überglücklich. Stolz meldete sie die Ankunft des männlichen Nachfolgers dem Freund Hitler in Berlin. Der sandte der Mutter einen großen Strauß roter Nelken. Wiederum gab es ein großes Fest in »Wahnfried«. Vasarhelyi bearbeitete die Klaviere des Hauses. Allerdings, die Mutter fehlte dabei, sie war krank.

Gertrud war direkt vom Wochenbett zur »Siegfried«-Premiere nach Altenburg gefahren. Der Ohm hatte sie begleitet. Ihre Krankheit entsprang weniger einer Überanstrengung oder der Kälte des Winters, sie hatte eine psychische Ursache. Obwohl sie eine gesunde junge Frau war, schlug ihr jede Geburt auf die Brust. Sie konnte nicht stillen. Wieland hatte es ihr untersagt, und sie war, unbewußt, ängstlich darum bemüht, seinem Willen gerecht zu werden. Diesmal mußte sie für ein Vierteljahr ins Krankenhaus. Winifred kümmerte sich mit ihrem Stab um das Neugeborene. Es war wohlversorgt, doch die Mutter vermißte es sehr. Manchmal schlich sie nachts, wie die Frau im Märchen, aus dem Krankenhaus, um es zu sehen.

Da die Operationen des Dr. Deubzer keine durchgreifende Besserung brachten, wurde Gertrud in die Universitätsklinik nach Jena verlegt. Winifred kannte dort einen Professor, der mit Vitaminkuren experimentierte. Die Klinik war ein heruntergekommener Bau von finsterem Aussehen. Gertrud hatte ein Zimmer, das auf den Friedhof hinausging. Mehrmals am Tag gab man ihr Vitaminsäfte zu trinken, das war alles. Die junge Frau war verzweifelt. Sie war hungrig, sie hatte Sehnsucht nach ihren Kindern, sie hatte das Gefühl, am falschen Ort zu sein. Aus ihrer Verzweiflung gewann sie den Mut, zum ersten Mal gegen ihre Schwiegermutter, der gegenüber sie sich bisher hilflos, schwach, gehemmt gefühlt hatte, zu rebellieren.

In der Mittagspause der Schwestern packte sie ihr Köfferchen und schlich aus dem Krankenhaus hinaus. Am Bahnhof nahm sie den nächsten Zug nach Süden. Abends langte sie in Bayreuth an. Hier kam es zum ersten schweren Konflikt mit Winifred. Die Schwiegermutter war überrascht und gekränkt, daß das, was sie arrangiert hatte, zurückgewiesen wurde. Überdies mischte sich Gertrud jetzt auch in die Ernährung des Babys ein, das die Großmutter mit rohen Säften traktierte. Gertrud zog einen Kinderarzt herzu, der kategorisch anordnete, die Ernährung des Kindes umzustellen.

Für Winifred war dies eine schlimme Erfahrung. Spätestens jetzt merkte sie, daß Gertrud nicht so knetbar war, wie sie sich das vorgestellt hatte. Am meisten machte ihr zu schaffen, daß sich die junge Frau nicht damit begnügte, Babys zur Welt zu bringen. Gertruds künstlerische Ambitionen billigte sie gar nicht. Einmal, als die Schwiegertochter nach Altenburg fahren wollte, zischte Winifred, die sonst beherrscht war, sie an wie eine Schlange: »Laß das Theater, kümmere dich um deine Kinder!« Winifreds Haß wuchs, je mehr der künstlerische Einfluß Gertruds auf Wieland spürbar wurde.

Am 6. Juli 1944, dem 75. Geburtstag von Siegfried Wagner, kam Wielands in Altenburg erprobte Inszenierung »An allem ist Hütchen schuld« mit den Choreographien Gertruds als Festaufführung am Markgräflichen Opernhaus in Bayreuth heraus. Es war eine Reverenz Wielands vor dem Vater – die letzte. Danach nahm er sich, der als Junge dazu angehalten worden war, Siegfrieds Werke zu studieren, seine Opern nie mehr vor. Es war auch ein Dank an, eine Liebesbezeugung für die Mutter. Deren Freude wurden freilich beeinträchtigt, weil ein Bayreuther Kritiker in der Zeitung, also öffentlich, auf Gertrud als Choreographin hinwies.

Schon einen Monat vorher war in Berlin mit dem vorzüglichen Apparat der Oper Unter den Linden Wolfgangs Abschlußarbeit seiner Ausbildungsjahre herausgekommen. Auch dies war eine Oper des Vaters gewesen: »Bruder Lustig«.

Beide Brüder hatten nun ihre Gesellenjahre beendet. Sie waren verheiratete Männer – Wolfgang Wagner hatte im Frühjahr 1943 eine Tänzerin der Berliner Oper, Ellen Drexel, geehelicht. Beide »Namensträger« standen bereit, wie man in »Wahnfried« hochtrabend sagte, »die Führung des Werks« zu übernehmen. Wielands Begabung hatte die Richtung gefunden. Sie galt von nun an dem Werk des Großvaters. An zwei kleinen Bühnen hatte er sein Talent an mehreren Werken erprobt und praktische Erfahrungen in der Theaterarbeit gesammelt. Wolfgang hatte nur eine einzige Oper inszeniert, dafür hatte er die Organisation und Funktionsweise eine großen Theaterapparats kennengelernt. Die künftige Arbeitsteilung zeichnete sich ab.

Der Anfang des Krieges aufgestellte Ausbildungsplan sah vor, daß die beiden mit den Friedensfestspielen die Herrschaft auf dem Grünen Hügel antreten würden. Für diesen Neubeginn dachte Hitler an ein neues Festspielhaus, das in Abstimmung mit ihm der Architekt Rudolf Emil Mewes im Stil jenes trockenen kargen Klassizismus, der für die nationalsozialistische Herrschaftsarchitektur charakteristisch war, entwarf. Es sollte ein riesiges, aus vielen, im rechten Winkel angesetzten Trakten bestehendes Gebäude werden, mit Flachdächern und einer Unmenge von Säulen, eine weitläufige »Fränkische Akropolis«, deren Bau jedoch schon 1940 auf »ein Jahr nach Friedensschluß« verschoben worden war.

Dieser Frieden rückte inzwischen in immer weitere Ferne. Deutschland hatte im Juni den Angriff gegen die Sowjetunion begonnen, den Vereinigten Staaten von Amerika im Dezember 1941 den Krieg erklärt. Ein Separatfrieden mit Großbritannien kam nicht zustande. Der Krieg griff auf immer weitere Länder über. Die Luftangriffe gegen Deutschland eskalierten. Die Katastrophe von

Stalingrad im Januar und Februar 1943 nahm die Niederlage vorweg.

Selbstverständlich verfolgte man in »Wahnfried« die Kriegslage. Im Salon mit dem Hitler-Porträt stand das Radio, aus dem die Sondermeldungen drangen. Und dennoch lebte man hier wie unter einer Glocke, durch deren dickes Panzerglas die Schrecknisse des Krieges und die Verbrechen des Regimes nur gedämpft wahrgenommen wurden. Während die Welt ringsum brannte, schien sich in dieser Familie alles nur um die Theaterarbeit, die Inszenierungen, die nächsten Festspiele zu drehen.

Die Grundfrage, wie das Regime beschaffen sei, dem diese Festspiele Glanz verliehen, stellte keiner. Und auch nicht die, daß sie womöglich einem Gott dienten, dessen Sturz sich abzuzeichnen begann. Man kann sich des Eindrucks nicht erwehren, daß der Hunger, die Not der Menschen, die Verfolgung, das Verschwinden, der Tod so vieler hier so gut wie nicht wahrgenommen wurde. Hier war man, was das Geschick Deutschlands betraf, blind, taub, stumm.

Gertrud kann sich nicht erinnern, in jener Zeit bei den Wagners oder in ihrer eigenen Familie den Namen des Konzentrationslagers Dachau, das immerhin vor den Toren Münchens lag, oder den der Geschwister Scholl je gehört zu haben. Reflexe in ihren Briefen, an die Schwester Elfriede (»unser liebes armes München«), an die Freundin Romanowski – weil Krieg sei, müsse man sich eben auch unangenehmer Arbeiten wie dem Abwasch unterziehen –, sind in ihrer Banalität peinlich.

Zwischen ihr und Wieland gab es offenbar keine Gespräche über den Krieg, die Verbrechen, die Situation. Gertrud: »Ich war unfähig, zeitgemäß (sie meint: auf die Zeit bezogen) zu denken oder kritisch zu denken.« Und Wieland, der kein Menschenfreund war und in dieser Zeit am liebsten boshafte Karikaturen betrachtete, schwieg in sich hinein. Gertrud: »Entschuldigen will ich mich nicht; ich finde nicht mal ein Wort, was ich stark genug finde, um zu sagen, was das ist. Das kann ich nur auf bayerisch sagen: Wir waren deppert.«

Materiell ging es den Wagners glänzend. Während ganz Deutschland darbte, gab es in »Wahnfried« keine Not. Hier lebte man wie im Schlaraffenland. Gertrud: »Uns ging es saugut.« Winifred mit ihrem

Personal, das aus den fränkischen Dörfern stammte, ließ hamstern und horten. Der »Freßkeller« war voll mit Geräuchertem, mit Butterschmalz und Eiern, mit Zucker und Mehl. Emma buk jeden Tag eine Torte, die zum Tee serviert wurde. Es gab Kaffee, richtigen Kaffee, den man in Deutschland sonst nur noch vom Hörensagen kannte. Der Bohnenkaffee, aus Saudi-Arabien stammend, war ein Weihnachtsgeschenk des »Führers« für Winifred. Als kein Kind in Deutschland mehr wußte, wie eine Orange aussieht, lagerten in diesem Keller ganze Kisten davon. Sogar Schokolade – sonst den Soldaten im Sondereinsatz vorbehalten – war vorhanden. Und der Fruchthof Schwedler zweigte von Lieferungen, die eigentlich für das Lazarett bestimmt waren, einiges ab: Erdbeeren, Spargel, Frühgemüse.

Den Schlüssel zum Keller hatte Emma, die Vorsteherin des Haushalts. Die treue Seele liebte die Kinder, die sie großgezogen hatte, und so sandte sie ihnen, gelegentlich ohne Wissen der Hausherrin, Freßpakete mit Butter und Kaffee und anderen Köstlichkeiten. Solche Dinge zu verschicken, die es nicht gab oder nur in minimalen Mengen auf Lebensmittelmarken, war nicht ungefährlich. Emma verpackte die Sachen »neutral« und legte Zettelchen bei: »schicke ich Dir ein bißchen Bu. und 200 G.K.« Sie hielt das für eine Geheimsprache. Wieland und Gertrud, damit in München überrascht und beglückt, lachten sich halb schief über die Zettelchen. Daß es ihnen gutging und den anderen nicht, darüber machten sie sich wenig Gedanken.

Von der Wirklichkeit des Krieges spürten sie lange nichts. Im August 1943 erlebte Wieland in Nürnberg einen Luftangriff. Er half danach bei den Löscharbeiten mit. Gertruds Eltern wurden ausgebombt, desgleichen Verena, die, seit 1943 mit dem SS-Offizier und hohen NS-Funktionär Bodo Lafferentz, dem Chef der Freizeitorganisation »Kraft durch Freude« verheiratet, in Berlin lebte. Im Juli 1944 wurde das Münchner Atelier durch Bomben zerstört. Gertrud: »Das tat kaum weh.« Ihre Schwester Elfriede hatte dafür gesorgt, daß Wielands Bilder rechtzeitig nach Bayreuth kamen. Im Sommer 1944 konnten aber selbst die Wagners nicht länger die Augen davor verschließen, daß es um Deutschland nicht gut stand. Am 6. Juni waren die Alliierten in der Normandie gelandet. Am 22. startete die Sowjetunion eine Großoffensive, durch welche die deutsche Front im Osten einbrach. Und am 20. Juli wurde das Attentat auf Hitler verübt.

In Bayreuth wurde an diesem Tag gespielt, die »Meistersinger«, in Wielands Bühnenbildern. Nur diese Oper stand in diesem Sommer auf dem Programm. Nach zwölf Aufführungen endeten die Festspiele am 9. August. Wieland begann danach sofort mit »Rheingold«-Proben in Nürnberg. In Altenburg dagegen wurden alle Theaterleute, wie Gertrud am 22. August an Winifred schrieb, »in einem Rüstungswerk eingesetzt«.

Mitte August 1944 reiste das Ehepaar Wieland und Gertrud nach Salzburg, um bei der Generalprobe von Richard Strauss' Oper »Die Liebe der Danae« zugegen zu sein. Sie wohnten elegant im »Österreichischen Hof«. Wegen häufigen Fliegeralarms hatten sie allerdings wenig Gelegenheit, das üppige Barockbett ihres Hotels zu benutzen. Mit Richard Strauss saßen sie im Luftschutzkeller, machten Pläne. Strauss äußerte Interesse, mit Wieland den »Ring« zu inszenieren. Sie stritten über Haydn. Als Wieland eine abschätzige Bemerkung machte, erhob sich Strauss »wie die Musik selbst« (Gertrud) und donnerte, daß es ohne diesen keinen Mozart gegeben hätte. Freilich, Mozart war ein Gestirn, das am musikalischen Horizont Wielands noch nicht aufgegangen war.

Die Uraufführung der Oper fand nicht statt. Ende August ordnete Goebbels die Schließung sämtlicher Theater an. Die Lichter gingen aus. »Am letzten Tag der deutschen Oper« (Richard Strauss am 9. September 1945 an Wieland) hielt der Komponist eine spontane Rede auf das Ende der deutschen Kultur. Gertrud: »Das war eine ungeheure Abschlußzeremonie. Wir saßen da und heulten.«

Wieland war nach der Schließung der Theater in Nürnberg und Altenburg arbeitslos. An den »lieben Freund Overhoff« schrieb er am 16. September 1944, er widme sich jetzt »dem sogenannten Familienleben«, ehe das »neue Leben« anfange.

Dieses neue Leben war die Einweisung in einen geheimnisvollen »kriegswichtigen Betrieb«. Ende der achtziger Jahre nahm sich die

Bayreuther Schülerin Karin Osiander der Sache an. In der Zeitungs-
beilage »Heimatbote« vom Oktober 1989 veröffentlichte sie die Er-
gebnisse ihrer Nachforschungen. Danach handelte es sich bei dem
»Institut für Physikalische Forschung«, das von Bodo Lafferentz geleitet wurde, um eine Außenstelle des KZ Flossenbürg. Vierzig bis
sechzig Häftlinge aus zehn Nationen, überwiegend polnische Juden,
meistens Physiker und Ingenieure, waren in der ehemaligen Neuen
Baumwollspinnerei beschäftigt. Ihr Auftrag war es, die »sehende
Bombe« zu schaffen, Präzisionsinstrumente für die Fernsteuerung
von Flugzeugen und U-Booten zu entwickeln.

Wieland war zu strengster Geheimhaltung über die Produktion
und Art seiner Tätigkeit verpflichtet. Gertrud erfuhr nicht, was er dort
tat. Doch sie sah, daß er immer finsterer und bitterer, auch immer ver-
schlossener wurde. Immerhin ließ er sie soviel wissen, daß er im Betrieb mit »KZlern« zusammenkomme. Mit einigen kam es zu näherem
Umgang. Das Ergebnis war, daß an Wieland tiefe Zweifel zu nagen
begannen. Grundsätzliche Zweifel am NS-Regime, an der Berechti-
gung des Krieges, an dessen »guten Ausgang«, das heißt den von Hitler propagierten »Endsieg« er nicht mehr zu glauben vermochte.

In einem Brief an Overhoff vom 15. September 1944 hielten sich
bange Fragen und hohes Pathos noch die Waage. »Wird es uns noch
einmal vergönnt sein«, schrieb er, »ohne Fesseln äußerer Art ›am
Werk‹ zu schaffen – wer kann das jetzt sagen – allzu dunkel liegt die
Zukunft über uns allen … Und ob das Leben, falls man nicht im
Chaos mitweggespült wird, danach noch lebenswert ist?« Er endet
pathetisch: »Noch besteht Hoffnung, daß der Gral wieder leuchten
wird.« Kein »Heil Hitler« am Schluß, wie überhaupt Wieland in Briefen an Verwandte und Freunde die vorgeschriebene Schlußformel –
ganz anders als die Mutter – wegzulassen pflegte.

In diesem Herbst wurde er auch für den »Volkssturm« rekrutiert,
jenes allerletzte, kaum ausgerüstete Aufgebot der Jünglinge und
Greise, die sich mit kochendem Wasser und Küchenmessern dem
erobernden Feind entgegenwerfen sollten. Wieland begab sich zur
ersten Versammlung der Aufgebotenen, die auf einem Exerzierplatz
stattfand, mit Leichenbittermiene. Von seiner Familie verabschiedete
er sich, als würde er nie wiederkehren, gekleidet in eine einst ele-

gante, jetzt ziemlich abgewetzte Kamelhaarjacke seines Vaters. Als er schon am gleichen Abend zurückkehrte, weil der Staat gar keine Mittel mehr hatte, diese Männer in Kasernen unterzubringen und zu verpflegen, war die Freude groß.

Anfang Dezember hielten sich Wieland und Gertrud ein paar Tage in dem vom Krieg gezeichneten Berlin auf. Der Zweck ihrer Reise: Sie wollten Hitler um die Übergabe von Partituren Richard Wagners bitten, um diese aus der nun einem ständigen Bombenhagel ausgesetzten Reichshauptstadt ins vermeintlich sicherere Bayreuth zu retten. Bei den Autographen handelte es sich um Partituren, die Richard Wagner einst seinem bayerischen Gönner Ludwig II. geschenkt hatte. Der bayerische Staat, Rechtsnachfolger und Erbe der Wittelsbacher, hatte sie an Wirtschaftsbosse verkauft, welche sie wiederum dem Reichskanzler zum fünfzigsten Geburtstag geschenkt hatten. Es handelte sich um Originalpartituren der frühen Wagner-Opern sowie um originale Zweitschriften des »Ring«, des »Fliegenden Holländer« und der »Meistersinger«.

Gertrud Strobels Chronik vermerkt unter dem 10. Dezember: »Beide« – also Gertrud und Wieland – »in der Generalprobe eines Furtwängler-Konzertes. An einem der nächsten Tage: Wieland bei Adolf Hitler. Dessen Ähnlichkeit mit Friedrich dem Großen! Beschreibung seiner am 20. Juli (Stauffenberg-Attentat) erhaltenen Verletzungen. Er lobt Wieland, daß er in Altenburg begonnen hat! – Spät abends mit Gertrud sowie Dr. Bodo und Verena Lafferentz bei Hitler eingeladen: Essen um 12 ½ Uhr nachts.«

Gertruds Erinnerungen sehen anders aus. Sie erschrak über den Mann, der sie tief in der Nacht im »Führerbunker« empfing. Das Gesicht war grau, einen Arm trug er, von der Verletzung beim Attentat, noch immer in der Schlinge; der andere zitterte stark. Der Blick Hitlers war starr; er wirkte geistesabwesend, sprach kaum. Er aß keinen Bissen. Während die Gäste speisten, streichelte er mit der gesunden Hand unentwegt seinen Schäferhund. Das Attentat wurde mit keinem Wort erwähnt. Man sprach nicht über den Zusammenbruch der Fronten, den Vormarsch der Aliierten. Man tat so, als sei alles wie sonst.

Gertrud schrieb, Wochen später, im Januar 1945 an die Freundin

Romanowski: »Wenn es nur endlich besser würde – ich hab manchmal Angst, daß wir es nicht mehr erleben. Schön war's noch zwei Tage in Berlin nachdem ich Dir Aufwiedersehn gesagt hatte. Mein Mann kam doch am nächsten Morgen und damit war ein sehr anregender Besuch beim Führer auch für mich verbunden. Nachts von 1–3 Uhr zum Essen ganz alleine mit ihm! Wir sind mit sehr positiven Gefühlen von ihm gegangen und das hat recht wohl getan.« War das Zweckoptimismus? War es Angeberei? Oder zeugte es von der Dämonie, die noch immer von dem blassen, starren, zitternden Mann ausging?

Übrigens gab Hitler die Partituren nicht heraus. Nirgendwo, sagte er, seien sie sicherer aufgehoben als bei ihm. Unverrichteter Dinge fuhren die Besucher wieder ab.

Weihnachten 1944 erlebte die ganze Familie in »Wahnfried«. Aus Berlin kamen Wolfgang mit seiner Frau und Verena mit Mann und Kind. Winifred versammelte alle Kinder und Enkel unter dem Weihnachtsbaum. Noch einmal wurde im Saal Richard Wagners, dem Heiligtum des Hauses, musiziert, in der Halle brannten die Kerzen am riesigen Weihnachtsbaum. Zum letztenmal feierte die Familie ein Fest in diesem Haus, in dem alle Dinge an ihrem gewohnten Platz standen. Der Versuch Winifreds, Flügel und einige Bilder im vergangenen Herbst auszulagern, war vom Ortsgruppenleiter mit Tadel bedacht worden. »Frau Wagner, warum so defätistisch?« Daraufhin hatte die Parteigenossin eilig die Sachen ins Haus zurückgebracht.

Es war ein Weihnachtsfest wie immer – und wie nie. Gertruds Kinder waren krank, Iris hatte Angina, es gab viel Heulerei, und Wolf Siegfried war eine Nervensäge. Das war das Normale. Das andere war, daß alle das Unheil spürten, das in Bälde auch über diese Bastion des Wohllebens, dieses Wolkenkuckucksheim hereinbrechen würde. Warum sonst hätte man darüber gesprochen, was in den nächsten Wochen mit den jungen Frauen, die alle drei schwanger waren, und den Kindern geschehen sollte? Das war das eine. Das andere war der fortdauernde kollektive Wahn, der viele in Deutschland noch immer in Bann schlug.

Am 15. Januar 1945 schrieb Winifred an Overhoff: »Es werden ja doch tatsächlich Festspiele erwogen – der Führer hat den Wunsch, der aber vorläufig noch geheim zu halten ist – die endgültige Entscheidung muß Anfang März gefällt werden – wenn aber die Kriegslage bis dahin nicht entspannt ist, halte ich es für ausgeschlossen – obwohl ich nur durch Festspiele die egoistische Möglichkeit sehe, den Wolfgang noch eine Zeitlang vor der Wehrmacht zu reklamieren.« (Wolfgang war in Bayreuth kriegsdienstverpflichtet.) Die atemberaubende Verblendung, die aus diesen Sätzen spricht, schlägt sich in den atemlosen, ohne Punkte hingeschriebenen Sätzen nieder. Weiterhin meldet sie, Wieland wolle in Bayreuth die »Walküre« machen. »Ob man es natürlich verantworten kann, jetzt – wie der Führer angeblich wünscht – eine Neuinszenierung zu machen – ist fraglich, wo man für Wehrmacht und Volkssturm das letzte an Material zur Bekleidung braucht und die Ausgebombten in die ungezählten Hunderttausende gehen.« Die Jugend, fährt sie fort, denke »unbewußt wohl stark egoistisch«. Damit meinte sie ihren Sohn Wieland, der nur daran denke, wie er aus der Arbeit, die er jetzt mache, herauskomme. »Alles übrige ist belanglos für ihn!«

Sich ins »Werk« einzuspinnen, Festspielprojekte als Schild vor die Wirklichkeit zu halten, war Ausdruck des Wahns und ein Mittel, sich nicht auf die entsetzliche Wirklichkeit einlassen zu müssen. An seinem Geburtstag Anfang Januar, dem achtundzwanzigsten, faßte Wieland den Plan, beim nächsten Besuch in Berlin mit Hitler den Neudruck der Partituren, Klavierauszüge, Texte von Richard Wagner zu besprechen, desgleichen den Plan eines Richard-Wagner-Archivs, in dem die Tagebücher Cosimas aufbewahrt werden sollten. Vermutlich war das Ganze eine List, um auf diese Weise die Autographen aus Berlin herauszuholen und endlich an Cosimas Tagebücher heranzukommen.

Verena war nach Weihnachten nicht nach Berlin zurückgekehrt, wo der Fliegeralarm überhaupt nicht mehr aufhörte. »Wahnfried« war voll. Gertrud sprach im Brief an die Tanzfreundin vom Januar 1945 vom »Familienhotel«, in dem es »durch das enge Aufeinandersitzen ... nur Krach und Verstimmung« gebe. Wieland, so berichtete sie, habe sie zum Geburtstag »mit reizenden Zeichnungen der beiden Kinder« überrascht. Sie bedauerte, keine eigene Wohnung zu haben, »wo man die Bilder aufhängen könnte«. Doch sofort rief sie sich zur Ordnung: »Aber man muß halt jetzt sowas ertragen, es geht uns hier ja immer noch so gut.« Sie dachte über Tanz und Pantomime nach, erkundigte sich nach guten Büchern. Zwar konnte man solche Bücher längst nicht mehr kaufen, aber sie würde versuchen, sie im Tauschhandel zu bekommen. Mit solchen Gedanken versuchte Gertrud, sich über die Enge und Kälte im Haus, die Krankheiten der Kinder, die zunehmenden Fliegeralarme hinwegzutrösten.

Winifred berichtete in der gleichen Zeit, daß man nun Tag und Nacht in den Luftschutzkeller laufe. »Hier geht es«, schrieb sie an Overhoff, »bis auf Wielands unglückliches Gesicht – ganz gut.« Sie schloß: »Halten Sie gut durch! Vielmals grüßend Heil Hitler.« Das war Galgenhumor.

Gertrud beschreibt die Szene, wie Winifred »voller schlotternder Angst im Bauch«, im Salon sitzt, »am Radioknopf drehend – und über ihr das immer noch unantastbare Idol in glänzenden Schaftstiefeln und mit Feldherrngeste.« Die Herrin der Festspiele erlitt jedesmal, sobald Fliegeralarm ertönte, einen Anfall von Diarrhöe. Der Körper log nicht, wie es der Kopf tat; er gab zu verstehen, daß er Angst hatte.

Vom Entsetzen, das die zivilisierte Welt nach der Befreiung des KZ Auschwitz Ende Januar befiel, wußte man in »Wahnfried« nichts; und nichts vom Elend der Flüchtlingstrecks, die im bitterkalten Osten unterwegs waren. Wohl aber wußte man vom Rückzug und den Niederlagen der deutschen Armeen, wie propagandistisch auch die Wehrmachtsberichte im Radio, den »Wochenschauen« im Kino aufbereitet waren. Die tschechische Grenze liegt nicht weit von Bayreuth entfernt. Würden dort bald die Russen stehen? Würden von dort ihre Flugzeuge starten und Bayreuth bombardieren? Gertrud Strobels Chronik meldet unter dem 30. Januar: »Sehr verzweifelte Stimmung!«

Die Männer waren verpflichtet, in der Stadt zu bleiben. Doch die jungen Frauen – Gertrud, Verena, Ellen – sollten mit ihren Kindern nach Nußdorf in Sicherheit gebracht werden. Wolfgangs Frau beschloß zu bleiben. So wurden also Gertrud und Verena mit ihren drei

Kindern am 3. Februar morgens um halb sieben in einen Holzver-
gaser gesetzt; am Steuer saß der technische Leiter der Festspiele, Paul
Eberhardt. Bodo Lafferentz begleitete sie.

Im Ferienhaus der Familie war, im hinteren Teil, den Winifred
hatte anbauen lassen, schon eine Flüchtlingsfamilie einquartiert. Dagegen konnte man nichts machen. Alles war sehr eng, doch man war
jetzt wenigstens befreit vom Fliegeralarm. An den Ohm schrieb Gertrud bald nach der Ankunft, auf dem See gebe es »wunderbare Stimmungen«. »Das Leben besteht aus Kinderhüten, Wickeln, kochen,
flicken.« »Wir leben hier wie auf dem Mond, ohne Zeitung, ohne
Menschen, ohne Telephon.« Die Verbindungsleine zur Welt war das
selten angestellte Radio. »Man hat schon Sehnsucht nach etwas
Schönerem«, schreibt Gertrud, »aber wenn man dann den Wehr-
machtsbericht hört ist man mit dem zufrieden was man noch
hat.« Dieses bleierne Einverständnis, dieses dumpfe Aushalten und
Es-durchstehen-Wollen charakterisiert die Stimmung im damaligen
Deutschland – sofern man nicht in das große Chaos hineingezogen
war.

Im April 1945 wurde bei drei Luftangriffen das bisher verschonte
Bayreuth schwer getroffen. Der Angriff vom 5. April setzte mittags
ein. »Gleich nach der ersten Angriffswelle«, meldete die »Fränkische
Presse«, »lagen dichte Rauch- und Staubwolken über einzelnen
Stadtteilen. Weitere Wellen folgten in schneller Folge, und unter
ohrenbetäubendem Krachen erzitterte die Stadt. Als man sich aus
den Häusern wagte, um zu helfen und zu retten, fand man das ganze
Viertel um den Wilhelmsplatz, Teile der Liszt-Straße und der Jean-
Paul-Straße und einzelne Häuser in anderen Stadtteilen in Flammen
oder als Schutthaufen. Viele Familien hatten Todesopfer zu bekla-
gen, viele standen obdachlos vor den Trümmern ihrer Habe.«

Gertrud Strobel, die mit ihrem Mann und vierzehn weiteren Personen im Luftschutzkeller der Richard-Wagner-Forschungsstätte
den Angriff erlebte, notierte in ihr Tagebuch, wie sie den Keller verlassen. »Ich gehe sofort auf ›Wahnfried‹ zu, treffe am Pförtchen mit
Deiß« – einem Sänger des Festspielchors – »zusammen, der schnee-
weiß im Gesicht angestürzt kommt. Ich schließe auf und verliere
beim Anblick von ›Wahnfried‹ zum erstenmal die Fassung. Weinend

stürze ich mit Deiß auf das Haus zu, das wie eine Stätte des Todes und des Grauens vor uns liegt! Die Bombe schlug schräg in die Gartenfront, der ›Saal‹ ist zur Hälfte fort, der ›Kindersaal‹ ist völlig herabgestürzt, das Dach hängt tief herunter … Wir rufen laut. Endlich kommt Frau Wagner aus dem Neubau über die Scherben der Fenster und Flügeltüren gestiegen, mit ihr ein halbverrücktes Weib, die im Luftschutzkeller Zuflucht fand, dann spurlos verschwindet. Frau Wagner, der ich die Hand gebe, sagt nur ganz ruhig: ›Nun wäre es also soweit.‹«

Im Souterrain von »Wahnfried« hätte niemand den Angriff überlebt. Der Luftschutzkeller dort war, wie die Strobel festhielt, »völlig durchgebrochen: sämtliche Vorräte an Mehl, Eiern, Konserven, Wein usw. wurden vernichtet. Nur durch Zufall war an diesem Tag Frau Wagner mit ihren Gästen im Keller des Neubaues, nachdem sie sonst stets den von ›Wahnfried‹ aufgesucht hatte!«

Winifred: »Um ein Haar wäre auch bei uns allerhand passiert. Im Keller fiel eine Wand ein. Und Gottseidank ist niemand dabei verletzt worden. Unsere alte Emma … haben wir noch im letzten Moment zurückgerissen. Die Haustüren waren eingedrückt, die Fenster zerschlagen.«

Das Festspielhaus auf dem Hügel blieb unversehrt. Offensichtlich sollte nicht der Ort der Musik, sondern der Hort des Hitlerwahns getroffen werden.

Wieland war während des Angriffs nicht in »Wahnfried« gewesen. Sogleich nach der Entwarnung eilte er mit seinem Schwager aus dem nahen »Forschungsinstitut« herbei. Wolfgang war bereits vor ihm eingetroffen. Noch am gleichen Nachmittag versuchte er, die herunterhängende Decke über dem Saal abzustützen. Wieland wirkte, den Aufzeichnungen von Gertrud Strobel zufolge, »äußerlich ruhig, scheint aber völlig durcheinander.«

Doch schon am nächsten Tag machte er sich nachts um halb elf mit Lafferentz auf den Weg nach Berlin, um die Partituren zu holen. Ein Anruf in dieser Angelegenheit in der Reichskanzlei, von Gertrud Strobel unter dem 8. Februar vermerkt, briefliche Anfragen am nächsten Tag, waren ohne Antwort geblieben. Während Winifred und ihre hochschwangere Schwiegertochter Ellen Zuflucht im Landhaus in Oberwarmensteinach suchten, machten Wieland und Bodo, drei Wochen vor Hitlers Selbstmord, noch einmal einen Anlauf, die Partituren aus Berlin herauszuholen. Im Durcheinander, das in diesen letzten Kriegstagen auf den Straßen herrschte, kamen sie nicht weit. Auf halbem Weg gaben sie auf, kehrten nach Bayreuth zurück.

Die Partituren sind seither verschollen. Was mit ihnen bei den Kämpfen um den »Führerbunker« geschah, ist ungewiß. Die Keller der Reichskanzlei fielen den russischen Eroberern unzerstört in die Hände. So darf man vielleicht die Hoffnung hegen, daß sie eines Tages in irgendeinem Archiv der Welt, etwa einem russischen Sonderdepot, wieder auftauchen.

NACHKRIEGSNOT

Wieland und sein Schwager machten sich nun sogleich auf den Weg nach Nußdorf. Dies war ein Verstoß gegen die Anordnung des berüchtigten Gauleiters Wächtler, der die Stadt zur Festung erklärt und befohlen hatte, in ihr auszuharren und sie bis zum letzten Atemzug zu verteidigen. Auf den Straßen herrschte unglaubliches Chaos. Flüchtlinge aus dem Osten, Ausgebombte, Evakuierte, nach Bayern, in die »Alpenfestung«, flüchtende SS-Offiziere waren in den Apriltagen 1945 unterwegs. Es gab keine regulären Transportmittel; die Züge verkehrten nicht mehr nach Fahrplan; häufig wurden sie auf offener Strecke von Tiefffliegern beschossen.

Nach stundenlanger Fahrt trafen die beiden bei Frau und Kindern ein. Gertrud: »Ich seh ihn noch zur Tür hereinkommen, wie er in Nußdorf ankam. Das war ein Gesicht – ein Nichtwissen, was passiert ist.«

Sein Schwager hatte vorgesorgt. Eines der Forschungsinstitute, die er leitete, hatte gegen Kriegsende seinen Sitz nach Überlingen verlegt. Dort sollte ein neuartiger Kreislaufmotor entwickelt werden. Von den Mitarbeitern des Betriebs ließ er ein großes offenes Motorboot bauen. Das Institut hatte auch jetzt noch seine Bezugsquellen. Aus den Beständen der Firma konnte Lafferentz Benzin abzweigen für das Boot und für den VW der Familie.

Als die Einnahme des nördlichen Bodenseeufers durch die Franzosen unmittelbar bevorstand, wurden die Nußdorfer von Panik ergriffen. Es war, als ob die Familie plötzlich erkannte, wie hoch belastet sie war, wie weitgehend sie sich mit dem nationalsozialistischen Regime identifiziert hatte. Im allerletzten Moment beschlossen sie, die Flucht zu ergreifen, sich in die Schweiz abzusetzen, wo in Tribschen angeblich Wohnrecht bestand.

Damit verhielt es sich so: seit seiner Geburt in Tribschen besaß Siegfried Wagner das Schweizer Bürgerrecht. Sein Vater hatte das Landgut in der Nähe von Luzern gepachtet. Nach Richards Tod wurde das Haus an Gäste vermietet; Richard Wagners Nachkommen wurde die Sommerwohnung kostenlos zur Verfügung gestellt. 1933 richtete die Stadt Luzern in dem Haus ein Richard-Wagner-Museum ein. Als Dank für Leihgaben aus Bayreuth wurde die Benutzung der Sommerwohnung in ein förmliches »Wohnrecht« umgewandelt. 1942 hoben die Luzerner Behörden, wohl wegen des Krieges und der Nähe der Familie Wagner zum NS-Regime, dieses Wohnrecht auf. Bei der Familie herrschte darüber offenbar keine genaue Kenntnis.

Am 22. April, einem frischen Frühlingsmorgen, brachen die Asylsuchenden auf. Fünf Erwachsene – neben den beiden Elternpaaren Gertruds Schwester Elfriede, die als Versorgerin der Kinder bei ihnen war – und drei Kleinkinder zwängten sich in den Volkswagen. Man hatte nur Handgepäck bei sich. In rascher Fahrt wurden die wenigen Kilometer von Nußdorf nach Überlingen zurückgelegt.

Dort herrschte hektische Betriebsamkeit. Obwohl es Sonntag war, hatten die Läden geöffnet. Die Bevölkerung sollte sich vor der bevorstehenden Okkupation mit Lebensmitteln versorgen. Niemand schien mehr von den Pinseleien auf den Häusermauern Notiz zu nehmen: »Wer dem Feind hilft, der stirbt!«

Im Hafen bestiegen die acht Flüchtlinge das bereitliegende Boot. Der Überlinger See ist hier nur wenige Kilometer breit. Doch das gegenüberliegende Ufer war deutsch. So mußte man also zunächst nach Südosten steuern, um dann südlich von Konstanz zur Schweizer Seite abzubiegen.

Es war ein Aufbruch ins Ungewisse. Feste Vorstellungen, wohin man sich begeben wolle, bestanden offenbar nicht. Vielleicht hoffte man darauf, bei dem einen oder anderen Wagnerianer Aufnahme zu finden. Um sich auszuweisen, womöglich auch, um ein Gastgeschenk anbieten zu können, hatte Wieland die Originalpartitur des

»Parsifal« eingesteckt. Die erste Sorge der Flüchtenden galt den Jagd-
bombern, die in geringer Höhe über Land und See flogen. Zum
Glück nahmen sie von dem Boot keine Notiz.

Die Seefahrer waren schon einige Zeit unterwegs, als sie von
einem patrouillierenden Schiff aufgebracht wurden. Sie freuten sich,
daß es keine deutschen Uniformen waren, denen sie sich gegenüber-
sahen. Doch die Freude kam zu früh.

Es nützte nichts, daß Wieland sagte: »Wir werden in der Schweiz
erwartet«, daß er von Richard Wagner und von Tribschen sprach,
daß er den Namen der Familie Wille nannte, die sie aufnehmen
würde. Eliza Wille, eine Freundin von Mathilde Wesendonck, war
eine Vertraute Richard Wagners gewesen; ihr Mann François der
Taufpate von Siegfried. Inzwischen gab es keinerlei Kontakt zu den
Nachfahren oder Verwandten dieser Familie. Die Namensnennung
war reiner Bluff.

Verzweifelt schwenkte Wieland als letzte Beglaubigung die »Parsifal«-Partitur. Indes, die Schweizer Zollbeamten und Grenzpolizi-
sten schüttelten den Kopf. Wagner und der »Parsifal« sagten ihnen
nichts; Wielands Gerede beeindruckte sie nicht. Sie schickten das
Boot und seine achtköpfige Besatzung zurück. Und um sicherzustel-
len, daß ihr Befehl ausgeführt werde, eskortierten sie die Flüchtlinge
bis zur Grenze der Schweizer Hoheitsgewässer.

Vom See her sahen die abgewiesenen Asylbewerber den langen
Zug der flüchtenden deutschen Soldaten, der sich mit Lastwagen,
Fahrrädern, Fuhrwerken aller Art wie ein Tatzelwurm nach Osten
bewegte. Die Wagners, deren Fluchtversuch mißglückt war, ahnten
nun, daß auch diese Flucht vergebens sein würde.

So miserabel ihnen zumute war, eine angenehme Überraschung
gab es doch, als sie in Überlingen wieder an Land gingen. Zu ihrem
Erstaunen stand der VW noch am Hafen, so wie sie ihn geparkt hatten. Im Geiste hatten sie ihn längst aufgegeben. Man stieg also wieder ein, es war noch genug Benzin im Tank. Glücklicherweise waren
die Panzersperren noch nicht geschlossen, so daß sie ohne Schwierigkeiten die Stadt verlassen konnten. Am späten Nachmittag gelangten sie wohlbehalten in ihr Haus zurück.

Hier hatten sich allerdings inzwischen einige Dorfbewohner umgesehen. Winifreds langjähriger Gärtner, der sich nun beeilte, aller Welt zu versichern, er habe mit den »Nazi-Wagners« nichts zu tun gehabt, hatte den Leuten einen Wink gegeben. Ein paar Möbelstücke waren schon gestohlen. Die größte Bescherung aber bestand darin, daß der ganze Dachboden voll war mit SA- und SS-Uniformen. Jeder in Nußdorf, der sich im letzten Augenblick einer Uniform entledigen wollte, hatte sie den Wagners auf den Speicher geworfen.

Drei Tage lang blieb Nußdorf Niemandsland. Die Familie nützte die Zeit, um die Originalpartituren – Verena Lafferentz nennt zwei, namentlich nur den »Parsifal« – und Manuskripte, darunter der Briefwechsel zwischen Richard Wagner und Franz von Liszt, zu verstecken. Ein Teil der Papiere kam in die doppelte Holzverschalung der Terrasse, ein anderer wurde, einwickelt in Gummiunterlagen der Säuglinge, verschnürt und mit Kerzenwachs versiegelt, im Blumenbeet vergraben. Dann warteten sie bangen Herzens der Dinge, die kommen würden.

Überlingen war am Abend des 25. April besetzt worden. Auch hier hatte ein fanatischer Stadtkommandant befohlen, den Ort zu verteidigen. Weil die einrückenden Franzosen auf Widerstand stießen, wurden Häuser in Brand geschossen, zwei Männer, darunter tragischerweise einer, der dem unsinnigen Verteidigungsversuch ein Ende machen wollte, fielen. Die verängstigte Bevölkerung öffnete daraufhin die Panzersperren, hißte weiße Bettücher. Kurz nach sechs Uhr abends übergab der Bürgermeister die Stadt der Besatzungsarmee.

Vermutlich rückten die Franzosen erst am nächsten Morgen weiter. Nußdorf wäre dann am 26. April eingenommen worden. Doch ein Dokument, das dieses Datum verbürgt, gibt es offenbar nicht.

Die Armeen, die Deutschland 1945 eroberten, insbesondere die der westlichen Alliierten, waren von der NS-Propaganda nicht unbeeinflußt geblieben. Sie vermuteten, ein Land voller »Werwölfe« zu finden, mit bewaffneten, ideologisch hochmotivierten Partisanen, die sich bis zum letzten Blutstropfen verteidigen würden. Zwischenfälle wie die Schießerei in Überlingen machte die Okkupationsarmee nervös. Die ersten Stoßtrupps suchten überall zuerst nach Männern, Soldaten, potentiellen Kämpfern. Deshalb war es nicht ungefährlich, daß sich im Wagner-Haus in Nußdorf zwei Männer im wehrfähigen Alter aufhielten.

Die Familie, von der niemand den Anschlag gelesen hatte, man müsse die Häuser unverschlossen halten, saß hinter verriegelten Türen im Keller. Voller Angst hörten sie die Schläge der Gewehrkolben gegen die Haustür. Doch die Tür wurde nicht eingeschlagen, niemand kam ins Haus. Als man ein wenig später im Wohnzimmer im Erdgeschoß beieinander saß, kamen die Franzosen wieder. Es war nun nicht der erste, meist aus Afrikanern bestehende Stoßtrupp, sondern ein französischer Offizier mit seinen Adjutanten, der die Ausweise der Männer zu sehen wünschte. Er salutierte, sobald er Wielands Ausweis gesehen habe. »Ah, Monsieur«, sagte er, »Sie sind der Enkel Richard Wagners. Excusez-nous!« Damit, so die Familiensaga, sei er gegangen.

Am 7. Mai hatte die Wehrmacht an allen Fronten kapituliert. Großadmiral Dönitz, nach Hitlers Selbstmord am 30. April Chef der Reichsregierung, erklärte in einer Rundfunkansprache vom 8. Mai: »Die Grundlagen, auf denen das Deutsche Reich sich aufbaute, sind zerborsten. Die Einheit von Staat und Partei besteht nicht mehr. Die Partei ist vom Schauplatz ihrer Wirklichkeit abgetreten. Mit der Besetzung Deutschlands liegt die Macht bei den Besatzungsmächten.« Einen Monat später, am 5. Juni, übernahmen die vier Siegermächte in Form des Alliierten Kontrollrats, der seinen Sitz in Berlin hatte, die Regierungsgewalt in Deutschland.

Das Land lag am Boden. Seine Städte waren zerstört, die Wirtschaft ausgeblutet; Verkehrs- und Kommunikationswege funktionierten nicht oder nur in kläglichen Restformen. Noch in den letzten Kriegstagen waren Hunderttausende deutscher Soldaten von der nachrückenden russischen Armee ergriffen und in Gefangenschaft abtransportiert worden. Tausende, von den Engländern oder den Amerikanern bereits entlassene Männer wurden von der französischen Besatzungsmacht in Gefangenenlager nach Frankreich deportiert. Die allmähliche Aufdeckung der NS-Verbrechen, die Öffnung der Konzentrationslager inmitten Deutschlands wie Dachau, Belsen, Buchenwald führte dazu, daß eine neue Welle von Abscheu und Haß über Deutschland hereinbrach.

Die Mehrheit der Deutschen war nicht in der Lage, zu begreifen, daß und was sie selbst zur Katastrophe beigetragen hatten. Viele beklagten den Tod von Angehörigen und Freunden, viele hatten das Dach über dem Kopf, ihre Lebensgrundlagen verloren, viele waren auf der Suche nach Verwandten, die meisten hungerten. Auf die Lebenssicherung, die Beschaffung des täglichen Brots waren die Lebensenergien gerichtet. Dann kam lange nichts. Und was dann kam, war nicht die Suche nach einer Antwort auf die Frage, wie es zu dieser Katastrophe hatte kommen können und welchen Teil von Schuld man dabei selber auf sich geladen hatte, sondern die Frage, wie man an seine frühere Existenz, den alten Beruf, die ehemaligen Lebenszusammenhänge anknüpfen könnte.

Das alles traf geradezu exemplarisch auf Wieland und Gertrud Wagner zu, die bis 1949 in Nußdorf lebten. Südwestdeutschland war den Franzosen zugefallen. Es war noch nicht lange her, daß die Deutschen einen großen Teil Frankreichs besetzt hatten. So verwalteten die Besatzer nun ihre Zone, zumindest anfänglich, nicht ohne Rachegefühle. Hier waren die Regulierungen und Verbote besonders streng, die Lebensmittelzuteilungen besonders karg; etwa noch vorhandene Industrieprodukte oder die Holzvorräte des Schwarzwalds wurden rücksichtslos ausgebeutet und nach Frankreich abtransportiert.

Die Wagners, die als Nutznießer, ja als Propagandisten des NS-Regimes galten und in jedem Fall seine Privilegien genossen hatten, bekamen nun Spott, Schadenfreude, Feindschaft, nicht so sehr der Besatzer als ihrer deutschen Mitbürger zu spüren. Der neue Bürgermeister – der alte, ein Nationalsozialist, hatte sich beim Einmarsch der Franzosen erschossen – machte keinen Hehl aus seiner ablehnenden Haltung. Winifreds Gärtner, der noch bis ins kommende Jahr hinein seinen Lohn bezog, stellte die Arbeit für die Familie sofort ein. Auch seine Frau, die bisher die Wäsche besorgt hatte, rührte keinen Finger mehr für die Familien Wagner und Lafferentz. Selbst der Schuster des Ortes weigerte sich, fortan ihre Schuhe zu flicken. Und der Fischer des Dorfs ließ ihnen nie einen einzigen Fisch zukommen. Da sie nichts zu tauschen hatten, gelang es ihnen nicht, Hühner aufzutreiben oder gar eine Ziege, die sie auf ihrer Wiese hätten laufen lassen können. Die Leute, die ihnen etwas gaben, Kartoffeln zum Beispiel, waren in Nußdorf »weiße Raben«.

Wie alle anderen mußten auch die Wagners an die Franzosen Bett- und Tischwäsche, Handtücher, Herrenanzüge abgeben; sogar das Radio und das Fahrrad wurden eingezogen. Für das Flüchtlingslager Goldbach mußten sie zwei Betten abliefern. Daneben kam es zu kleineren Plünderungen und Diebstählen, die mit frecher Dreistigkeit begangen wurden. Die Familie, die im Haus einquartiert war, aß von einem ihrer Porzellanservice und behauptete, Winifred habe es ihr geschenkt. Der Gärtner versuchte, sich ein Kellerregal anzueignen, was angesichts der Rarität von Holzbrettern ein kapitales Vergehen war.

In dieser Notsituation nahte Gertruds Niederkunft. Am 9. Juni brachte sie in der Klinik von Überlingen ihr drittes Kind zur Welt. Es war infolge der Steißlage des Babys eine schwierige, sich lang hinziehende Geburt. Das kleine Mädchen, das die Eltern in einem Anflug von Trotz, Lebenswillen und Hoffnung nach der griechischen Siegesgöttin Nike nannten, wog gerade fünf Pfund und wurde, kaum war es mit der Mutter nach Hause entlassen, lebensgefährlich krank. Gertrud war wie schon zuvor nicht in der Lage, den Säugling zu stillen. Da es keine gute Babynahrung gab, kam es bei dem Neugeborenen zu einer fast letalen Darminfektion. Mit einem französischen Rotkreuzauto wurde das Kind ins Krankenhaus nach Konstanz gebracht. Dort blieb es bis Ende September.

Die beiden anderen Kinder genossen zusammen mit ihrer Cousine Amélie den Sommer, der von ungewöhnlicher Pracht und Herrlichkeit war. Sie verprügelten den Gärtnerssohn, streunten durchs Dorf, freundeten sich, schon von weitem »Bong Schur« rufend, mit den kinderlieben Marokkanern an, die manchmal abends auf dem Dorfplatz einen Hammel brieten.

Gertruds Gesundheit war durch die Geburt stark angegriffen. Wiederum war ihr, kaum daß es auf der Welt war, das Kind weggenommen worden. Das schmerzte sie sehr. Sie litt an Unterernährung, Blutarmut, Schlaflosigkeit und war deshalb ständig müde. Ohne ihre Schwester Elfriede, die auch in den kommenden Jahren immer wieder einsprang, wenn Hilfe not tat, hätte sie die Arbeit nicht bewältigt. Elfriede, die gerade ihre Berufsausbildung zur Arzthelferin begonnen hatte, verstand es mit den Kindern. Wieland, mit dem sie vierhändig Klavier spielte, war der munteren jungen Frau, die fast sechs Jahre jünger war als Gertrud, zugetan.

Der Familienvater hatte, schon zu Beginn des Sommers, zusätzlich zum bereits angelegten Gemüsegarten einen Teil der Wiese umgegraben und noch mehr Gemüse gepflanzt, Tomaten, Karotten, Mangold, Lauch. Die gärtnerische Erfahrung, die er einst als Schuljunge im Garten von »Wahnfried« gesammelt hatte, kam ihm nun zugute. Auch das Ausschöpfen der Abortgrube und das Düngen des Gartens war seine Aufgabe. Und im Spätherbst hamsterte er, da das eigene Spalierobst erforen war, in der Umgebung mehrere Zentner Äpfel.

Der Schwager Lafferentz trug zur Führung und Bewältigung des Haushalts wenig bei. Als Mann aus der Führungsriege des NS-Regimes wurde er immer wieder zu längeren Verhören abgeholt. Da man ihm keine Verbrechen nachweisen konnte, waren diese Abwesenheiten anfangs nur von kurzer Dauer. Schon bald ging er nach Isny ins Allgäu, wo der geschäftstüchtige und umtriebige Mann einen neuen Betrieb gründete. Im September 1945 brachte seine Frau Verena ihr zweites Kind, einen Jungen, zur Welt, so daß, nach der Rückkehr von Nike aus dem Krankenhaus, nun fünf Kinder das Haus bevölkerten. Die Lafferentzens ließen ihr Baby übrigens noch im Krankenhaus taufen, was man als Anpassung an die neue Zeit bewerten darf. Wieland und Gertrud konnten sich dazu noch nicht entschließen.

Die beiden hatten keinerlei Hoffnung, in absehbarer Zeit in ihre Berufe, auf die Tanz- und Opernbühne zurückzukehren. Auf Gertrud wirkte die Zerstörung von »Wahnfried« zunächst wie eine Befreiung. Sie schwelgte in der Vorstellung, auch das Festspielhaus sei dahin, der Wagnerspuk zerstoben. Es gebe keinen Beruf mehr, es herrsche das Nichts. Das war eine vorübergehende Anwandlung, wie sie viele

217

Deutsche in jener Zeit hatten. Man konnte nach dem Schock des Krieges einfach nicht glauben, daß es jemals wieder ein ähnliches Leben wie zuvor geben würde. In einem Brief vom 23. September 1945 an den Lieblingsonkel Hans heißt es: »Im stillen hofft man ja doch, daß es mal wieder Theater gibt und daß man wieder mal weitermacht.«

Wieland hoffte das nicht nur im stillen. Allerdings mußte er sich vorläufig damit begnügen, an den Punkt zurückzukehren, an dem er vor seiner Arbeit als Opernregisseur gestanden hatte. Er studierte Wagner-Partituren; im Sommer 1945 den »Parsifal«; im Winter und folgenden Jahr den »Tristan«. Und er malte. Da er keine Ölfarbe und keine Leinwand hatte, zeichnete er in Pastell, die Bodenseelandschaft, sein neugeborenes Töchterchen, und dann, wochenlang, weil er die Ruhe und Einsamkeit suchte, aus dem lauten, engen Haus floh, das Innere der barocken Wallfahrtskapelle Birnau.

Sonntags waren er und Gertrud Gast bei den Hausmusiken des Komponisten Julius Weismann, der mit seiner Tochter, einer ausgebildeten Tänzerin, ebenfalls in Nußdorf wohnte. Vater und Tochter waren für die beiden ein Lichtblick in der trostlosen, feindlichen Umgebung. Hier wurde gesungen, Geige und Klavier gespielt, und zu jedem Musikstück gab der Hausherr eine kleine Einführung. Für den immer noch sehr eingleisig auf den Ahn fixierten Wieland war das eine Offenbarung. Durch Weismann lernte er Mozart kennen.

Anfang September traf auf Umwegen die erste Post aus Bayreuth ein, Briefe vom Bruder und von der Mutter, die in ihrem Sommerhaus in Oberwarmensteinach im Fichtelgebirge lebte. Auch dort war, am Tag, da die Amerikaner die Stadt einnahmen, am 14. April, ein Kind geboren worden, Wolfgang Wagners Tochter Eva. Das Festspielhaus und die »Wahnfried«-Ruine waren ebenso wie das Familienvermögen beschlagnahmt. Wieland und Gertrud erkundigten sich nach dem Verbleib des Archivs und der Cosima-Tagebücher, nach dem Ergehen alter Festspielmitarbeiter. Die Fragen überstürzen sich im ersten Brief: »Wo ist Overhoff zu erreichen, wer ist in Bayreuth Oberbürgermeister, schippt Wolf immer noch?« (Gemeint: Trümmerschutt) »Hast Du ein Lebenszeichen von H.T.?« (Gemeint: Heinz Tietjen) »Weißt Du was von Karajan und Furtwängler?«

Das waren typische Fragen der damaligen Zeit, in der es keinen organisierten Nachrichtenfluß gab. Doch schon Mitte September erschien der in Konstanz verlegte »Südkurier«. Ende September nahmen Post und Telegrafenamt ihren Dienst auf, Mitte November traf die erste reguläre Post aus Bayreuth ein, die in der Regel fünf Tage unterwegs war. Die Banken hatten schon früher eine beschränkte Tätigkeit aufgenommen. Mit Schecks von Winifred hatte Wieland Zugang zu ihrem Überlinger Konto. Geld war nicht das Problem. Nur: man konnte nichts dafür kaufen.

Die Sorgen der Erwachsenen waren auf den bevorstehenden Winter gerichtet. Schon im Oktober war es in dem schlecht isolierten Haus, das ja nur für den Sommer gebaut war, empfindlich kalt. Die beiden Familien hatten insgesamt vier Zimmer zu ihrer Verfügung, mehr als die meisten Ausgebombten. Allerdings war nur ein Raum heizbar. Die Holzzuteilung für den Winter betrug zwei Festmeter, die man selber im Wald sammeln mußte. Indes traf der »Holzleseschein« für die Familie erst Mitte November ein, als die Wälder schon wie leergefegt waren, vor allem kein trockenes Holz mehr zu finden war. Als sie auf anderen Plätzen im Wald sammelten, wurden sie von Dorfbewohnern prompt angezeigt.

Wieland war es gelungen, einen Kachelofen zu »organisieren«. Er träumte – »zum Teufel mit aller Zivilisation!« – von einem großen russischen Ofen, auf dem eine ganze Familie schlafen könnte. Dringliche Bitten ergingen an die Mutter, das »liebe Schlachtroß«, warme Wintersachen und vor allem feste Schuhe zu schicken. Auch Windeln und Kinderpuder wurden dringend benötigt, »sehr wichtig wäre Samen für unseren Garten.«

Und dann war der Winter da, naßkalt, neblig zuerst und schon Anfang Dezember mit Frost. In den eiskalten Schlafzimmern glitzerten die Wände. Tagsüber spielte sich alles Leben im einzigen geheizten Raum ab. Die Babys wurden auf dem Flügel gewickelt. Die älteren Kinder spielten und stritten und wurden auf den Topf gesetzt. Über dem Kachelofen trockneten die Windeln. Der Strom war rationiert, warmes Wasser nicht vorhanden. Die Windeln wurden wie alle übrige Wäsche kalt gewaschen, das schmutzige Geschirr kalt abgespült. Das Essen für die Kinder und Säuglinge bereiteten die Frauen auf einem Kanonenofen im Schlafzimmer zu.

Schon bald gingen sich die Erwachsenen in dem kleinen Haus, in dem zuzeiten neunzehn Personen lebten, auf die Nerven. In der Birnau war es für Wieland inzwischen zum Malen zu kalt geworden; auch der zum Atelier hergerichtete Raum im Haus war eisig. An geistige Arbeit war nicht zu denken. Immerhin mußte er nicht, wie ihm der Bürgermeister angedroht hatte, als Waldarbeiter hinaus in die Kälte. Gertrud, die im Herbst Harald Kreuzberg bei einem Tanzabend in Konstanz gesehen hatte, war gelangweilt und gereizt zugleich. Sie schrieb an Winifred: »Wir haben aber halt arg Sehnsucht nach einem Radio, um mal wieder einen Orchesterklang zu hören.« Sie klagte über das enge Zusammenleben und schrieb dem Onkel: »Unser Leben hängt mir längst zum Hals raus.« Wielands Urteil klingt nicht besser: »Ein Narrenhaus ist ein Erholungshaus dagegen.«

Alle waren unterernährt. Wieland, abgemagert bis auf die Knochen, mußte seine schlotternden Hosen mit Trägern festhalten; der Gürtel nützte nichts mehr. Freudig wurde an die Mutter vermeldet, wenn es einmal Linsenpüree statt der ewigen Kartoffeln gab oder wenn gar ein Schweinekotelett auf den Tisch kam. Kein Wunder, daß alle an Mangelkrankheiten und schweren Erkältungen litten. Die Erwachsenen hatten Angina, Mandelentzündungen, eitrige Furunkel, die Kinder Kropfansätze, Hautekzeme, Durchfall, Würmer. Es gab keine Salben, kein Pflaster, keine Schmerztabletten. Doch, so Wieland an seine Mutter: »Ein Säugling wird auch unhygienisch groß.«

In dieser Verfassung näherten sie sich »dem traurigsten aller Weihnachten.« Doch siehe da, in Notzeiten gelingt es oft besser als in fetten Jahren, Feste zu feiern. »Unsere erste Friedensweihnacht« wurde für Wieland »der schönste Weihnachtsabend«. Zum erstenmal seit vielen, vielen Monaten ertönte wieder Musik. Die eifrige Botin Elfriede, die zwischen München und dem Bodensee hin- und herreiste, hatte von den Jochums, die im Allgäu lebten, als Leihgabe ein

Radio mitgebracht. Die Erwachsenen, die einander keine Geschenke machen konnten, hörten ergriffen und begeistert »eine schöne Übertragung vom Händelschen Weihnachtsoratorium«. Sogar ein Festessen war dank Sonderzuteilungen, Erbetteltem und Erspartem zusammengekommen: Nudelsuppe mit Huhn, Wurst und Käse und dazu »echten« Tee. Hinterher gab es Kuchen und Likör. »Danach waren wir schachmatt«, wurde nach Oberwarmensteinach berichtet, »wie schon lange nicht mehr.«

Die Kinder kamen nicht zu kurz. Es gab Weihnachtsgebäck und einen mit Kerzen und Engelshaar geschmückten Christbaum, unter dem die Familie wie in alten »Wahnfried«-Zeiten »Ihr Kinderlein, kommet« sang. Die Eltern hatten hölzerne Pferdchen und Puppenwiegen gebastelt oder aufgetrieben, die Großmutter Bilderbücher und Spielzeugautos geschickt. »Die Kinderaugen im Kerzenlicht«, schrieb Wieland an die Mutter, »waren doch schöner als alle Geschenke.«

Die Freude an den Kindern durchzieht die Briefe der Eltern in diesen Jahren wie ein roter Faden. »Unendlich glücklich« sei er über sie, schreibt Wieland. Er zitiert ihre Aussprüche, beschreibt ihre Entwicklung, nennt sie im Weihnachtsbrief an Winifred von 1946 »das beste, was ich zu bieten habe«. Stolz auf den Sohn erfüllt ihn: »Ich glaube, er könnte was werden.« Er vermißt »die Kleinen« sehr, wenn sie nicht um ihn sind und nennt es eine »glückliche Fügung« in diesen Jahren, in denen sonst fast nichts geblieben sei, »wenigstens die Freude an den Kindern« zu haben und sich mit ihnen beschäftigen zu können, wie es sonst im Berufsleben nicht möglich gewesen wäre. »Vielleicht macht sich bei ihnen dieser enge Kontakt später irgendwie bemerkbar?« schreibt er am 12. November 1946 an seine treue Bayreuther Korrespondentin Gertrud Strobel und fährt fort: »Wir hatten ja nicht sehr viel von unseren Eltern.«

Fotos gibt es aus der unmittelbaren Nachkriegszeit, in Ermangelung von Filmmaterial, nicht. Erst im Sommer 1947 kann wieder fotografiert werden. Zahllose Schnappschüsse halten die Nackedeis, die fröhlich im Wasser planschen, am Ufer spielen, fest. Daneben gibt es vergrößerte Einzelporträts, die dem Wesen der Kinder ge-

Gertrud und ihre Familie 1947

recht zu werden versuchen, der leicht gekränkten Iris, dem vorsichtig die Welt betrachtenden Wolf Siegfried, der zum Eigensinn neigenden Nike und dem im Herbst 1946 geborenen Baby Daphne mit dem hübschen Mund, in dem der stolze Vater schon die spätere Schönheit erkennt. Gertrud, reifer geworden, mit Mittelscheitel und glattem Haar, wird nicht mehr als Einzelmodell fotografiert, sondern als Mutter.

Das Gruppenporträt eines Überlinger Fotoateliers hält im Sommer 1947 die ganze Familie fest. Es zeigt vier entzückende, quirlige Kinder, die sich von den sie umschlingenden Armen der Eltern kaum bändigen lassen. Gertrud lächelt entspannt. Dem Vater dagegen steht die Bürde des Familienoberhaupts ins ernste, nachdenkliche Gesicht geschrieben. Eine weitere Aufnahme des Ateliers zeigt ihn, mit seinen beiden Ältesten auf dem Arm, Iris und Wolf Siegfried, vor dem Hintergrund des Sees. Kein anderes Foto, weder später noch früher aufgenommen, zeigt diesen schwerblütigen Mann so zufrieden in sich ruhend, mit einem so ganz gelösten Lachen.

222

Es ist kaum vorstellbar, daß sich die beiden Ehepaare, von denen beide Männer Mitglieder der NSDAP gewesen waren, nicht über die Katastrophe des Kriegs, über den Zusammenbruch Deutschlands und den Neubeginn unterhalten hätten. Und doch kann sich Gertrud nicht erinnern, daß diese Themen jemals berührt worden sind. Kurz vor dem Beginn des Nürnberger Hauptprozesses im November 1945 hatte sich Robert Ley, der ehemalige Vorgesetzte von Bodo Lafferentz, das Leben genommen. In den Briefen findet sich darüber nicht der geringste Reflex. Allgemeine Fragen werden darin kaum berührt.

Im Vordergrund steht, was die Familie direkt betrifft. Die Briefschreiber erkundigten sich, ob Gertruds Vater, der Alt-Parteigenosse Reissinger, immer noch im Lager Hersbruck sei. Sie freuten sich, daß Bodo Lafferentz »unheimlich Glück« gehabt habe, nicht dauerhaft in ein Lager gekommen sei. Sie bangten mit Winifred, die dabei war, ihre Entlastungsschrift für das bevorstehende Spruchkammerverfahren zu verfassen. Wielands Zugehörigkeit zur Partei kam zur Sprache. Dringlich und nervös suchte er nach Entlastungszeugen, besonders als in der französischen Zone »Säuberungskommissare« ernannt wurden. Mehrmals mahnte er seine Briefpartner, herauszufinden, wie viele Künstler – »Theater, Film, Tingel-tangel« – im Krieg »u.k. gestellt« waren, also als unabkömmlich galten.

Auch die in Amerika lebende »Antifaschistin« Dernburg ging er an: »Du weißt, daß ich mich trotz der Beziehungen Hitlers zu unserem Hause, die auf seinem Wagner-Fanatismus und seiner großen Liebe zum Theater und zur Kunst beruhten, von der Partei und ihrer wagnerfeindlichen und amusischen Prominenz immer ferngehalten habe, da mich als Enkel Richard Wagners von den sturen Vertretern des Willens zur Macht eine Welt trennte. Du weißt, daß für mich genau so wie für meine Eltern die Judenfrage und der Antisemitismus nicht existiert haben. Mein Partei-Eintritt wurde während der Festspiele 1938 von Hitler beschlossen … Du wirst Dich erinnern, daß ich als unmilitärische Figur selbstverständlich keiner Formation der Partei angehörte und nur meiner künstlerischen Arbeit lebte.«

Auch dieses Verhalten Wielands war typisch für die Deutschen jener Jahre. Die Eltern waren keine Antisemiten, und man selbst war nicht ins Dritte Reich involviert gewesen; die Parteizugehörigkeit war ein reiner Zufall. Er schreibt »an Gott und die Welt«, um Entlastungszeugen für sich aufzutreiben. Auch Frau Strobel wird »als Zeugin am Ort« um eine schriftliche Begutachtung gebeten. Er teilt ihr mit, daß der Altenburger Intendant ihm »ein sehr anständiges Zeugnis« ausgestellt habe. Sein Bruder versucht, ihn am 27. August 1946 zu beruhigen: Die Akte sei vermutlich vernichtet und außerdem belanglos. Sein juristischer Berater sei der Meinung, daß man ihm überhaupt nichts anhaben könne.

Namen werden in Wielands Briefen kurz erwähnt: Mewes, der für die gigantischen Erweiterung des Festspielhauses vorgesehene Architekt (von ihm heißt es sarkastisch, er werde wohl »als Emigrant aus der Schweiz zurückkehren«); Karajan (»sitzt wegen seines Fragebogens«); Albert Speer, den Gertrud bei den Festspielen nett und sympathisch gefunden hatte und über den sie gern »endlich genaueres wüßte«. Der Drang, Genaueres zu wissen, trieb Wieland dazu, seine Bayreuther Gewährsleute Strobel zu bitten, ihm regelmäßig bayerische Zeitungen zu schicken. Er interessierte sich für die Nürnberger Prozesse, über die der »Südkurier« nach seinem Geschmack zu wenig brachte. Auch war er von der Angst vor der Atombombe, die nach dem Abwurf über Hiroshima und Nagasaki die Menschen umtrieb, nicht unberührt und wollte wissen, wie sich der Konflikt zwischen den beiden Großmächten USA und Rußland entwickelte.

Die Wellen der Weltpolitik, selbst die der deutschen Politik kamen nur in schwachen Ausläufern in Nußdorf an. Hier war nichts vom Wahlrummel zu spüren, der im Winter 1946 in der amerikanischen Zone herrschte und den Bruder Wolfgang dazu veranlaßte, an den Bodensee zu schreiben, kein Mensch habe aufgrund der Hoffnungslosigkeit und des allseitigen Elends irgendein politisches Interesse. Dies gibt die deutsche Stimmung jener Zeit ganz gut wieder. »Beschissen« heißt das Adjektiv, mit dem beide Brüder Ende 1946 die allgemeine Lage charakterisieren.

Schon jetzt lag beiden die Sorge um »das Werk« näher als die Frage, wie es mit Deutschland weitergehen sollte. Richard Wagner galt unmittelbar nach dem Krieg als direkter Vorläufer des Faschismus und als »Nazikomponist« – so Wieland an Frau Dernburg –, der nicht gespielt wurde. Selbstverständlich glaubte die Familie keinen Augenblick, daß dies lange anhalten würde. »Richard Wagners Werk«, schrieb Wieland Anfang Dezember 1945 an Gertrud Strobel, »wird ohne jeden Schaden aus der Sintflut empor tauchen.« Er dachte an ein Buch »Richard Wagner und das Dritte Reich«. Ein »beglaubigter Antifaschist« oder »wenigstens ein verdienter Demokrat« müßte diese »dringend nötige Schrift« verfassen.

Sobald er ein Radio im Haus hatte, suchte Wieland fieberhaft nach »Familienklängen«. »Am Karfreitag«, so notierte er am Osterfest 1946, »wollte ich partout was aus Parsifal am Radio hören – aber auf der ganzen Welt vergeblich.« Immerhin: »Aus Luxemburg hörten wir neulich die Bayreuther Tannhäuser- und Tristanplatten.« Im August 1946 brachte Radio Beromünster Wagner. Wehmütig schrieb er an Otto Strobel, nachdem er im Radio den »Fliegenden Holländer« gehört hatte: »Es wär ganz schön, wenn man auch mal wieder dürfte.« Und siehe da, bereits im Dezember dieses Jahres meldete Wolfgang Wagner nach Nußdorf, daß mit dem »Tannhäuser« in Coburg vor wenigen Tagen die erste Wagner-Aufführung in der amerikanischen Zone stattgefunden habe.

Der Boykott Richard Wagners wurde also ziemlich schnell aufgehoben. Viel heikler war die Frage, was aus den Festspielen werden sollte. Offiziell war noch immer Winifred deren Leiterin, die freilich durch ihr glühendes Bekenntnis zu Hitler und die Nähe zum Nationalsozialismus als gebrandmarkt galt. »Sie hat sich eben gezeichnet,« sagte der neue Bayreuther Oberbürgermeister Meyer im Gespräch zu Wolfgang Wagner. Dieser kämpfte zunächst für die bauliche Erhaltung des Festspielhauses sowie der noch vorhandenen Dekorationen und Kostüme. Und schon bald meldete er die Ansprüche der Familie auf das Wagnererbe an.

Wieland war bei all dem weit ab vom Schuß. Die Reise von der französischen in die amerikanische Zone, die nur mit einem »Laissez-passer« möglich war, wurde ihm, dem ehemaligen Parteimitglied, nicht gestattet. Der Bruder unterrichtete ihn loyal und regelmäßig über das, was sich in Bayreuth im Blick auf Festspiele und das

Festspielhaus tat. Die Frage, wer von ihnen die Führungsrolle in Bayreuth spielen solle, war nicht akut.

Nie schrieb Wieland so viele, so ausführliche Briefe, alle in der schwer entzifferbaren, kugeligen Handschrift des Linkshänders, wie in jenen Jahren. Seine Hauptkorrespondenten waren Frauen: die Mutter, Gertrud Strobel, Maria Dernburg. An letztere schickte er am 20. Juni 1946 einen Brief, in dem er ausführlich seinen künstlerischen Werdegang darlegte. »Mein Ziel war es, mir die musikalischen Kenntnisse und Grundlagen zu erwerben, die zum Regieführen und zu einer späteren Führung Bayreuths erforderlich sind.« Er bedauerte, weder eine Fachausbildung genossen zu haben noch in einer festen musikalischen Tradition wie sein Vater groß geworden zu sein. Im Gegenteil: er sei »in einer gar so unmusikalischen Umgebung aufgewachsen«. Zum Dirigieren habe ihm »die Beherrschung mehrerer Orchesterinstrumente« gefehlt.

In Nußdorf konnte er nicht viel mehr tun, als unentwegt dem Glauben Ausdruck zu verleihen, daß die Festspiele überleben würden, und zwar als Wagnersches Familienunternehmen. (Gerade dies schloß indessen der neue Bayreuther Oberbürgermeister, der zum Treuhänder des Festspielhauses ernannt worden war, aus.) Nach dem Ersten Weltkrieg hatte es sechs Jahre gebraucht, bis auf dem Hügel wieder gespielt wurde; nach diesem würde es vielleicht etwas länger dauern. Mitte 1946 äußerte Wieland seine Entschlossenheit, die Leitung der Festspiele zu übernehmen. Im zitierten Brief an die amerikanische Familienfreundin heißt es: »Falls man uns die Festspiele nicht nimmt, was man allem Anschein nach vorhat, wird es sehr schwer sein und Jahre dauern, sie wieder aufzubauen. Aber irgendwie und mit irgendwelcher Hilfe wird es gelingen und trotzdem ich zur Zeit noch keinen Weg sehe, gebe ich den Glauben an meine Lebensaufgabe nicht auf.«

In diesem Brief stehen auch Sätze, die als Hinweis gelten mögen, daß immerhin ein Nachdenken über die jüngste Vergangenheit in Gang gekommen war: »Man grübelt viel über Vergangenes nach und man wird mit vielem, was geschehen ist, und was man erst in letzter Zeit gehört hat, innerlich sehr schwer fertig.« Wieland, der Schweiger, bricht ab, leider: »Aber Gedanken darüber taugen wohl nicht zu schriftlichem Fixieren.« Oder: »Dein Fortgehen aus Deutschland – das ich damals nicht richtig verstand und nur später allzu gut begriffen habe (vielleicht wäre für mich heute vieles anders, wenn Du damals nicht geschwiegen hättest) hinterliess eine Lücke.« An dieselbe Adressatin heißt es in einem Brief vom November 1946: »Daß dieser Zusammenbruch ›gigantisch‹ werden würde, stand ja zu erwarten – man wußte es – und glaubte es nicht.«

Ein Hinweis, daß nach der Zäsur von 1945 erst recht »das Werk« eine neue Interpretation verlange, steht in einem Strobel-Brief vom 23. April 1946. »Haben Sie mal an das ganze Levimaterial gedacht, das sich in München befindet – wäre das nicht in bestem Sinne zeitgemäss und für einen zukünftigen Parsifal (vielleicht in Konstanz oder im Gemeindehaus in Bindlach) sehr interessant – in Zukunft wird es sich ja noch in weit stärkerem Masse darum handeln müssen Authentisches zu wissen, Traditionelles zu benennen und beides mit Gedanken, die im Werk liegen, zu verbinden.«

Eine vorübergehende Irritation war der Plan, im Festspielhaus einen farbigen »Tristan«-Film zu drehen. Ein solches Projekt, so heißt es in einem wütenden Brief an die Mutter vom Oktober 1946, würde vor der Welt das Eingeständnis bedeuten, daß die Familie ihrer Aufgabe – der Führung der Festspiele – nicht mehr gewachsen sei. Außerdem verbiete »das Testament von Papa« eine solche Zweckentfremdung. Er schloß pathetisch: »Unsere Aufgabe ist es … für die Reinhaltung des Vermächtnisse zu kämpfen.« Gertrud stieß ins gleiche Horn, wenn sie es in einem Brief an Winifred schrecklich findet, daß an der hehren Weihestätte nun Jazz gespielt werde.

Auch sonst versuchte Wieland, brieflich auf die Mutter einzuwirken. Als diese äußerte, sie wolle Mewes – Wieland: »diesem schäbigen Schuft« – für die Festspielhaus-Baupläne 60000 Mark zukommen lassen, weil sie schließlich ihre Unterschrift auf den Bauvertrag gesetzt habe, protestierte er energisch. Dieses Millionenprojekt hätten »andere« gewollt; Winifred sei nur »die Vertreterin des Geldgebers« gewesen.

Dies alles aber war Geplänkel im Vergleich zu der Gefahr, die von der einzigen, vom Nazi-Bazillus freigebliebenen Erbin des Hauses drohte: Friedelind. Ihr Name tauchte bereits im zweiten Brief auf, den Wieland der Mutter nach dem Zusammenbruch schrieb: ob sie versucht habe, mit »Maus«, deren Adresse unbekannt war, in Verbindung zu treten. Schon bald drang die Kunde von ihrem Buch »Nacht über Bayreuth« nach Nußdorf. Zeitschriftenauszüge ließen schlimmste Diffamierungen befürchten. Die ganze Familie war in Aufregung. Man wußte nichts Besseres, als das Buch, ehe man es auch nur gelesen hatte, herunterzumachen. Abschätzig schrieb Wieland an Winifred, das Buch werde sich »bei allen anständigen Leuten von selbst richten«. Dennoch hatten schon die Gerüchte, die dem Buch vorauseilten, eine Wirkung. Der Bayreuther Oberbürgermeister sagte zu Wolfgang: »Das Buch der Schwester sei ja so vernichtend für das jüngste Bayreuth, daß sich allein daraus alles erübrigen würde.«

Friedelind behauptete später, Meyer habe sie Ende 1945 beauftragt, die Festspiele wieder zu eröffnen. Bei ihrer Familie meldete sie sich jedoch nicht. Wieland fragte am 12. Juni 1946 bei der Dernburg an: »Kennst Du ihr Buch ›Heritage of fire‹? Wir wären sehr dankbar wenn Du es uns verschaffen könntest – hier werden nur propagandistisch aufgemachte Ausschnitte veröffentlicht. Ich kann es nicht recht glauben, dass sie genau mit dem Original übereinstimmen.« Und: »Viel wird unter den jetzigen Umständen von der Haltung abhängen, die Friedelind als Amerikanerin ihren Geschwistern gegenüber einnehmen wird.«

Alle waren nervös, wollten brennend gern wissen, wie sie in dem Buch abschnitten. Als es endlich vorlag, von Winifred über Gertrud in Wielands Hände gelangt, lautete das Familienurteil: »belang- und niveaulos«. Empörend sei es, schrieb Wieland, daß »die Welt es wie warme Semmeln« kaufe, »um ihren schmutzigen Wäschehunger zu stillen«. Immerhin glaubte er, daß man mit »Maus«, wenn sie erst persönlich erscheine, zu einer Einigung kommen könne.

Doch Friedelind meldete sich bei der Mutter, den Geschwistern mit keinem Sterbenswörtchen. Wieland versuchte, dieses seltsame Verhalten zu erklären: die Schwester warte darauf, die amerikanische Staatsbürgerschaft zu erhalten und wolle dies nicht durch Kontakte mit ihrer Familie gefährden.

Währenddessen nahm das mühselige Leben seinen Gang. Der erste Nachkriegswinter war endlich vorüber. Am 1. Februar schrieb Wieland an Frau Strobel: »Man versteht jedenfalls die Frühlingsinbrunst der mittelalterlichen Lyriker jetzt wesentlich besser als in friedlichen Dampfheizungs- und Kohlenzeiten.« Er lieferte eine Eßvision dazu: »Im Geiste schicken wir Ihnen Butter, Speck, Eier, Geflügel und Gänseleberpastete.« Das Hungern ging weiter, es wurde sogar noch schlimmer. Es gab jetzt noch weniger Brot als bisher. Gertrud, die mit Iris zum Karottenhamstern ging, weil ein Kindlein rührend wirkt und vielleicht Gemüter erweicht, berichtete der Schwiegermutter voller Genugtuung, eine Bäuerin habe ihnen »ordentlich aufgetischt«.

Obwohl man pro Huhn sechzig Eier im Jahr abzuliefern hatte, unternahm die Familie den Versuch, Hühner zu halten. Die kränkliche Nike erhielt eine monatliche Sonderzulage von 500 Gramm »Buttermehl«, wodurch sie allmählich zu Kräften kam. Wieland bestellte den Garten. Um dem notorischen Zuckermangel abzuhelfen, pflanzte er 500 Zuckerrüben. Jeder Leckerbissen, der unverhofft eintraf, wurde freudig begrüßt und sogleich Winifred gemeldet. Ein Besucher aus der Schweiz brachte Nescafé mit. »Das war mal wieder ein Genuß« schrieb Gertrud der Schwiegermutter.

Ende April 1946 reiste sie, im Besitz eines Passierscheins, nach Bayreuth, um ihre Eltern zu besuchen. Sie waren gegen Ende des Krieges, nachdem sie in München ausgebombt worden waren, nach Bayreuth zurückgekehrt. Gertrud wollte außerdem herausfinden, ob etwas von ihren Sachen die Bombardierung von »Wahnfried« überlebt hatte. Sie fand ihr Fahrrad und expedierte es per Bahn an den Bodensee. Auf der Rückreise machte sie in München Station. Sie wollte Malmaterial für Wieland auftreiben, fand aber nichts. Doch immerhin wurde dort schon wieder Theater gespielt. Wie ausgehungert stürzte sie ins Prinzregententheater. »Tosca« stand auf dem Programm. Im Reisebericht an Winifred schrieb sie: »Ansonsten ist der Anblick Münchens derart niederschmetternd und einfach nur noch zum heulen, daß man mindestens 10 Jahre nicht mehr hinfahren sollte.«

Bei der Rückfahrt kam es an der amerikanisch-französischen

Zonengrenze zu einem Zwischenfall. Da einige Passierscheine nicht in Ordnung waren, wurden sämtliche Reisenden festgehalten und zum Gouvernement in Sonthofen gebracht. Der unfreiwillige Aufenthalt dauerte drei Tage. Gertrud vertrieb sich die Zeit bei den Jochums, wo sie eine freundliche Herberge fand. Über die letzte Etappe der Reise meldete sie an Winifred: »Ganz zum Schluß bin ich noch von Lindau bis Überlingen im Orientexpreß gefahren, habe da ohne Marken herrlichen Kaffee, Butterbrötchen, Likör getrunken und nicht mal selbst bezahlt.« Ein Schweizer Mitreisender hatte sie eingeladen. Lakonisch berichtete sie über Wieland: »Er sieht hundeelend aus und ist noch dürrer.«

Im Juni 1946 erreichte die Familie das erste Carepaket aus Amerika. Maria Dernburg hatte es geschickt. Alle waren überglücklich. Endlich gab es für Wieland wieder einmal Kaffee und Tee, »die einem das Leben überhaupt erträglich machen ... zu künstlerischem Schaffen und guten Gedanken ... einfach nötig sind.« Die Kinder tranken zum erstenmal Kakao. Der ausführliche Dankesbrief nennt, welche Rationen Erwachsenen damals zustanden: »pro Tag 200 Gramm Brot, pro Woche 50 Gramm Fleisch und gelegentlich eine Zuteilungen von 125 Gramm Butter pro Monat. Außerdem gab es bis jetzt zwei Eier.« Mangelware sei eigentlich alles, »ob es sich nun um Streichhölzer, Essig, Kinderschuhe oder um einen Besen handelt«.

Sogar im Sommer gab es in den Lebensmittelläden von Überlingen »grundsätzlich weder Gemüse noch Salat«. Im eigenen Garten haben Schädlinge, die gefürchteten Erdkrebse, fast alles gefressen. Verzweifelt schrieb Wieland an den Bruder: »Die verschiedenen Mütter sind mit den Haferflocken wieder am Ende, setz doch bitte Deine Redekunst ein und mach die Mama weich. Außerdem wären wir sehr dankbar für ein bißchen Ersatzkaffee.« Und Fahrradflickzeug könnte man auch brauchen, »da grundsätzlich von jedem Familienmitglied 3–4 mal die Woche ein Loch gefahren wird«.

Ende August 1946 verfaßte Wieland, von Frau Dernburg dazu aufgefordert, einen Bedarfskatalog: »1.) Am nötigsten sind Fett und Zucker für die Kinder sowie Kakao, Trockenmilch und Trockeneier. An sich könnten wir natürlich Gries und Haferflocken dringend gebrauchen ... doch nimmt das sicher sehr viel Platz in einem Paket weg. Da wäre dann Honig, – ein Fläschchen Öl für einen Säuglingspopo – ... Käse, Schokolade und Mondamin oder andere Maisprodukte ... und vielleicht etwas Nährzucker wichtiger. 2.) Tomatenmark, Rosinen, Muskat, Zimt, Nelken, Nudeln und als Vitaminersatz Fruchtpasten oder getrocknete Pflaumen, Seife, Schlupfhosengummi, Wolle zum Stricken für Kinderhöschen und Strümpfchen, schwarzen und weißen Faden. Ein paar Kerzen für den Weihnachtsbaum, Reis, Vanille und Ölsardinen. 3.) Jetzt fangen schon die luxuriösen Wunschträume aus schlaflosen Nächten an: ein Cervelatwürstchen, ein Fläschchen Likör.«

Die Versorgung mit Lebensmitteln besserte sich noch immer nicht, im Gegenteil. Mitte September hatte die Familie »nicht eine einzige Kartoffel mehr«. Im regnerischen Wetter reiften die Tomaten nicht. Die Hühner waren »im Legestreik«. Gertrud schrieb an die Schwiegermutter: »Wieland war vorgestern den ganzen Tag in Wallwies, um Obst für den Winter zu kriegen. Es ging aber nur sehr mühsam und er hat von Haus zu Haus gehend 4 Ztr. zusammengebracht. In Markdorf, wo wir letztes Jahr ganz schön bekamen, gibt es dieses Jahr leider gar nichts.«

Für den Winter wurden Zwetschgen, Äpfel, Birnen gedörrt. Doch davon konnte man nicht satt werden. Traurig schrieb Wieland an Frau Strobel: Er grüble, vom wem man regelmäßig ein Paket bekommen könne. Bitter fügt er hinzu: »Vivant alle ›Wagnerianer‹, die sich nicht rühren.« Das Warten auf ein Carepaket wurde zu einer Obsession.

DEM GROSSVATER ALS MALER
AUF DER SPUR

»Ich werde wohl oder übel wieder anfangen zu malen, da ich auf ab-
sehbare Zeit keine Chance an einem Theater habe«, schrieb Wieland
am 20. Juni 1946 der amerikanischen Freundin. »Farben zusammen-
zukratzen« war ein fast unlösbares Problem. Er bat die Mutter um
»Leinwandstreifen, 120–130 cm breit«, fragte, wen man angehen
könne, um »schwarze Kreide, weißes Zeichenpapier, buntes Papier,
Fixativ, Terpentin, Kohle, Gummi«. Der Kummer über die »Farben-
losigkeit«, die Bitte um »Malmaterial« durchzieht die Briefe dieser
Zeit.

Das Malen war zuerst eine reine Ausweichtätigkeit. Wieland war
inzwischen fest auf »das Werk« ausgerichtet. Gewiß hätte er sich lieber damit auseinandergesetzt, sich mit Fragen der Theaterpraxis
beschäftigt, einen »Aufsatz über das Bühnenbild« verfaßt. Doch das
war unmöglich, weil Bücher und Archivmaterial für ihn unerreichbar waren. Die ihm ergebene Frau Strobel schrieb zwar die »Tristan«-Briefe für ihn ab – »Balsam für meine nach Erkenntnis dür-
stende Seele«, antwortete er am 12. November 1946 –, doch eine
größere Materialfülle war auf diese Weise natürlich nicht zusammen-
zubekommen. Bei den abgeschriebenen Papieren dürfte es sich um
Auszüge aus den »Tagebuchblättern und Briefen Richard Wagners an
Mathilde Wesendonck« gehandelt haben, in denen der Komponist
sich ausführlich über die Entstehung des Werks sowie den Begriff
des Musikdramas äußert.

Als er im Sommer 1946 beschloß, ein Ölbild des Großvaters zu
malen, war dies die Form der Auseinandersetzung mit Richard Wagner, die ihm zu diesem Zeitpunkt möglich war. Malend dachte er

sich in ihn hinein, malend identifizierte er sich mit dem, den er abbildete. An Gertrud Strobel erging am 3. Juli 1946 die Frage nach dem »Familienbild auf der Wahnfriedtreppe«: »Augen blau oder grau? 1865 schon ergraut?« Scherzhaft setzte er hinzu: Das Bild solle »schwül, faschistisch, barock, vorderasiatisch, wilhelminisch, und dekadent werden ... und zeitgemäß kubistisch.« Dies war eine Anspielung auf die jetzt verspottete Kunstauffassung der NS-Zeit.

Natürlich malte Wieland, wie er bisher gemalt hatte: nach einer Fotovorlage, »wie mein berühmter Kollege Lenbach«, also im Stil des neunzehnten Jahrhunderts, obwohl er sich beeilte hinzuzufügen, daß er diese Methode als »unkünstlerisch« empfinde. Wieland porträtierte in diesem Sommer auch Menschen, die ihm Modell saßen: seine beiden ältesten Kinder sowie die Tochter des Komponisten Weismann (was ihm zwei weitere Aufträge eintrug). Er schien plötzlich begriffen zu haben, daß die Porträts das einzige waren, was er als Tausch gegen Lebensmittel anzubieten hatte.

Die Betreuerin des Museums in Tribschen, Ellen Beerli-Hottinger, brachte offenbar den Stein ins Rollen. Sie gab ihm den Auftrag, die Wagnersche Ahnengalerie zu malen: Richard und Cosima, Liszt und die Gräfin d'Agoult sowie seinen Vater Siegfried. »Weißt du wofür?« fragte Wieland bei Maria Dernburg an. Es stellte sich alsbald heraus, daß Friedelind, die zu Frau Beerli Verbindungen hatte, hinter den Bestellungen stand.

Wieland wußte nicht, daß ein gewisser Willi Schuh im August seinetwegen brieflich an den Stadtpräsidenten von Luzern, Wey, herangetreten war, mit der Bitte, dem »nicht belasteten« Enkel Richard Wagners »ein wenig zu helfen«, die Kinder oder ihn und seine Frau zu einem Erholungsaufenthalt in die Schweiz einzuladen. Doch der Stadtpräsident teilte dem Bittsteller, wie eine Aktennotiz festhält, mündlich mit, »dass eine Einreise nach Tribschen nicht in Betracht komme, dass man aber tun wolle, was man könne z.B. mit Ueberweisung von Lebensmittelpaketen nach Deutschland.«

Zunächst schickte die Beerli Malmaterial. Besessen arbeitete der Maler im Herbst und Winter 1946/47 am »Familienzyklus«. Am meisten beschäftigte ihn Richard, den er in vier Versionen malte, »ohne Samtkappe, ohne Riesenkinn, so wie ich ihn mir denke ... voll Güte«.

Im Weihnachtsbrief 1946 teilte er der Mutter mit, was mit den Porträts geschehen solle: eines werde er behalten, eines habe der Schwager für jemanden gekauft, ein drittes gehe nach Amerika, in der Hoffnung, »daß was Anständiges dafür rüberkommt«, eines werde er verschachern, »blutenden Herzens für Weib und Kind« (so an Frau Strobel, im Dezember 1946). Im gleichen Sinn schrieb er an den Bruder Wolfgang, der ihm fotografische Vorlagen schickte: »Hoffentlich lohnt sich die Sauarbeit.«

Neben den Porträts hatte Frau Beerli bei ihm für ihre Auftraggeberin Entwürfe für Bühnenbilder und Kostüme zum »Tristan« bestellt. Mit diesem Werk hatte sich Wieland das ganze Jahr über befaßt. Seine Überlegungen zu einer künftigen Inszenierung legte er im Brief an Gertrud Strobel vom 12. November 1946 nieder. Darin verteidigt er seine Gemäldeproduktion. »Richard Wagner wird mir verzeihen – er hatte kein Geld – ich hab nichts zu fressen, was aufs gleiche rauskommt, nur daß er ein Genie war und ich dieses nicht bin.«

Wieland konnte in diesen Wochen konzentriert arbeiten, weil Gertrud und die beiden älteren Kinder nicht im Haus waren. Anfang Oktober war Gertrud mit Iris und Wolf Siegfried nach Bayreuth gefahren, um dort beim geschätzten und vertrauten Doktor Deubzer ihr viertes Kind zur Welt zu bringen. Sie wollte nicht noch einmal ein Desaster erleben wie bei Nikes Geburt. Außerdem hatte sie vor, das Neugeborene wegen »unseres Winterschlafproblems«, das heißt der nicht heizbaren Räume, für ein paar Monate in der Klinik in Bayreuth zu lassen. Aber was sollte mit den anderen Kindern in ihrer Abwesenheit geschehen? Vor der Schwiegermutter hatte sie »die Gedanken einer ziemlich verzweifelten Mutter« ausgebreitet. Zu ihren Eltern, die beengt lebten und zu Gertruds Kindern wenig Kontakt hatten, wollte sie die beiden Großen nicht geben.

Winifred, immer verläßlich, wenn es um ihre kleinen Enkel ging, sprang ein. Sie erklärte sich bereit, die beiden bei sich in Oberwarmensteinach aufzunehmen. Diese Sorge war Gertrud also los. Doch graute ihr vor der langen Bahnreise. Wieland, der seine hochschwangere Frau nicht begleiten durfte, skizzierte das Unternehmen gegenüber Maria Dernburg am 10. Oktober 1946: »2 kleine Kinder, den Rucksack auf dem Buckel, Züge überfüllt und ohne Fensterscheiben, Übernachtung auf einer Pritsche im Münchner Bunker-hotel, 7 Std. Aufenthalt in Nürnberg usw.«

Am 13. November kam in Bayreuth ein kleines Mädchen zur Welt, das nach Gertruds Lieblingsoper von Richard Strauss den Namen Daphne erhielt. Der abwesende Vater, den die Mutter schmerzlich vermißte, hatte sich eine Überraschung ausgedacht. Als Gertrud von der Entbindung in ihr Zimmer zurückkehrte, hing an der Wand sein Selbstbildnis. Das Porträt zeigt einen Mann, der ent-schlossen ist, die Bedingungen seines Geschicks anzunehmen.

Mitte Dezember kehrte Gertrud nach Nußdorf zurück, ohne die Kinder. Wieland hatte die Mutter noch einmal dringend gebeten, die beiden Großen bei sich zu behalten. Wiederum hatte es schon Ende Oktober einen Kälteeinbruch gegeben. »Wir sitzen in Mänteln beim Essen, trainieren uns in Abhärtung«, schrieb Wieland nach Amerika. Die Ernährungssituation war katastrophal. Am Bodensee, einer bäuerlichen, klimatisch begünstigten Region, gab es keine Kartof-feln. Kindern wurden vier Pfund pro Monat, Erwachsenen so gut wie nichts zugeteilt.

Um der ärgsten Not abzuhelfen, schickten Gertruds Eltern eine Kiste mit Kartoffeln nach Nußdorf. Wieland revanchierte sich mit »2 Päckchen Äpfeln«, eines für Reissingers, eines für Strobels, als Weihnachtsgabe. Leider mußte er einige Wochen später erfahren, daß sie erfroren und also nicht mehr genießbar angekommen waren. Vor diesem Hintergrund wird das sehnsüchtige Warten auf Carepakete verständlich.

Von Friedelind trafen in der Weihnachtszeit sogar drei Pakete ein. Die Feiertage, schrieb Wieland in seinem Dankesbrief, seien »fettge-tränkt« und die Stimmung »nahezu festlich« gewesen. »Was gibts jetzt schöneres als was zu essen!« Er nutzte die Gelegenheit, ihr mit-zuteilen, daß »als erstes Bild der Familiengalerie … Opapa inzwi-schen fertig geworden« sei. »Wüßtest Du vielleicht sonst noch je-manden, der für ein solches Bild Interesse hat. Du kannst Dir wohl schon denken, warum. Ich denke dabei an Deine Entlastung und an meine Kinder. Der württembergische Ministerpräsident, der es ja wissen muß, verkündete uns, daß wir auch im kommenden Jahre nur knapp am Verhungern vorbeigehen würden.«

Wieland schrieb diesen Brief einen Tag nach seinem dreißigsten Geburtstag. Der Bruder hatte ihm aus Bayreuth als Geschenk einen Laib Brot geschickt. Gertrud war niedergeschlagen, weil das Radio und der »durchschossen gebundene Parsifal-Auszug«, die sie sich als Gaben ausgedacht hatte, nicht eingetroffen waren; auch eine in Auftrag gegebene Trachtenjoppe war nicht rechtzeitig fertig geworden. Doch von der Mutter war ein herrliches Päckchen mit Wurst sowie von Emma gebackenen Plätzchen und einem Stollen eingetroffen, ebenso Farben und zwei Schlafanzüge. Der Beschenkte freute sich darüber so sehr »wie früher als Bub«.

Ein paar Tage zuvor hatte Gertrud ihren »runden« Geburtstag begangen. Wieland malte dreißig brennende Kerzen auf ein Blatt Papier und schrieb ein paar Reime dazu: »... manches hab ich anders mir gedacht, Schönres hätt ich gern zusammgebracht ... Lieber Pfiffi – lebe hoch! (Und ans Theater gehn wir doch!!)« Die Nylonstrümpfe, die aus Amerika geschickt werden sollten, waren nicht angekommen. So stellte der Maler ihr kurzerhand »Richard II.« auf den Gabentisch. Gertrud war sprachlos vor Freude. Und gefeiert wurde an diesem Silvestertag auch. Die Schwägerin hatte einen Kuchen gebacken; Weismann spielte auf dem Flügel. Abends saß man zu neunt beisammen. Es gab Schnitzel und Wein, den der Schwager besorgt hatte.

Diese Feier war noch nicht der Wendepunkt der Not. Es kam ein harter, kalter Winter. Eine Kältewelle folgte der anderen. Wieland tauschte einen ihrer Lehnsessel gegen zwei Ster Holz. Beglückt nahm er zwei Hasenfelle für Hausschuhe in Empfang; ein Mann schenkte sie ihm, dem er in längst zurückliegenden Zeiten Festspielkarten besorgt hatte. Im Haus fror die Wasserleitung ein. Die Toilette war unbenutzbar. Das Wasser zum Kochen und Waschen mußte man aus dem Keller holen. Und das Essen reichte hinten und vorne nicht. Nur mit Hilfe der Carepakete kam die Familie einigermaßen über die »Hungerei«.

Da die beiden Großen und das Baby nicht im Haus waren, waren sie in diesem Winter etwas weniger beengt. Wieland kam mit dem Malen gut voran. »Liszt und Omama sind auch fast fertig«, meldete Gertrud Ende Januar nach Oberwarmensteinach. Am 29. März 1947 kündigte Wieland der Schwester die Fertigstellung der »Ahnengalerie« an und schlug auch gleich die Reihenfolge ihrer Hängung vor: »Liszt, Richard Wagner, Cosima, Papa, d'Agoult«. Weiter: »Der braune Richard wäre dann extra.« Er übersandte die Bilder gerollt und vermerkte dazu: »Die Bilder müssen zuerst auf einen Keilrahmen 50×60 gespannt werden und dann mit einem vorläufigen Firnis bestrichen werden. Der Schlußfirnis darf erst in einem Jahr aufgetragen werden, da das Bild so lange braucht, um zu trocknen. Zeig bitte die Bilder niemand, bevor sie in einem anständigen Rahmen sind. Du wirst selbst erstaunt sein wieviel ein solcher ausmacht.« Stolz setzte er hinzu: »Vergleiche doch einmal Spasses halber die Bilder von Richard und Cosima, die mein großer Kollege Lenbach nach den gleichen Vorlagen gemalt hat.« Die seinen, so meinte er, könnten neben ihnen durchaus bestehen.

Wolfgang Wagner sah den Kontakt des Bruders mit der Schwester in Amerika als Illoyalität gegenüber seinen eigenen Bemühungen an. Er sprach von einem Sich-Andienen an Friedelind, die man doch fernhalten wollte. Gewiß, es ging Wieland um die Carepakete aus Amerika. Doch die Aktivitäten für Friedelind waren auch Ausdruck der Phantasiespiele, die er betrieb, weil er in Bayreuth nicht wirken konnte. Er war ewig unruhig, »verrückt« (Gertrud) nach und wegen der Festspiele, die ihn nicht losließen. Er wollte zurück nach Bayreuth. Mitten in einem Dankesbrief an die Mutter vom 10. Januar 1947 bricht die Frage auf: »Nebenbei – kann man nicht anfangen mit dem Wahnfried Aufbau anzufangen?«

Die Frage, was in Bayreuth geschehen würde, ließ ihn nicht los. Viel Unruhe schuf in diesem Winter das Auftauchen des Vetters Franz Willi Beidler in Bayreuth, Richard Wagners »verlorenem Enkel«. Dieser Sohn der von Cosima verleugneten Wagner-Tochter Isolde, der in der Schweiz mit einer Jüdin verheiratet lebte, war vom Bayreuther Oberbürgermeister mit der Reorganisation der Festspiele beauftragt worden. Beidler, Musikwissenschaftler, Schriftsteller und völlig unbelastet durch den Nationalsozialismus, versicherte den Oberbürgermeister seiner »vollen Bereitschaft zu dieser Aufgabe«.

Durch die Briefe des Winters 1946/47 geistert der Name des »Vetters Willi« als merkliche Bedrohung. Beidler kam im Januar 1947 nach Bayreuth und traf dort seinen Vetter Wolfgang. Er lehnte es dagegen strikt ab, seine Tante Winifred zu besuchen, weil, so sagte er, ihm dies seine Freunde verübeln würden. Dem Vetter erklärte er, ein Buch über Cosima schreiben zu wollen. Ihre Tagebücher lagen, noch immer gesperrt, im Archiv der Stadt Bayreuth. Wieland schäumte. Die Vorstellung, daß der Cousin die Tagebücher zu Gesicht bekäme, die man ihm vorenthalten hatte, brachten ihn zur Raserei.

Beidlers Bedingung, das Festspielhaus in eine Stiftung zu überführen, war ohne Einwilligung der Familie nicht möglich. Und der Feingeist Beidler war nicht der Mann, sich gegen die Bayreuther durchzusetzen, die entschlossen waren, um ihr Erbe bis zur letzten rechtlichen Instanz zu kämpfen. Hätten sie einen entschlossenen, gewitzten und schnelleren Gegner gehabt, dann wäre es ihnen nicht so leichtgefallen, dieses Recht zurückzuerobern.

Sobald die Beidler-Affäre ausgestanden war, begann Winifreds Spruchkammerverfahren seinen Schatten zu werfen. Den Winter über war die tatkräftige Frau, die zwei ihrer Enkel bei sich hatte, voller Aktivitäten und Zuversicht gewesen. »Ich bin ständig auf dem quivive«, schrieb sie am 6. Januar 1947 an Wieland, »um sofort zu parieren.« Gemeint: in Fragen der Verwendung des Festspielhauses, der künftigen Festspiele sowie der Rückführung von Teilen des ausgelagerten Archivs, für die sie Leute und Lastwagen organisierte.

Sie hatte überall ihre Informanten und unterrichtete die Kinder am Bodensee über Musiker und Dirigenten, zum Beispiel darüber, daß Tietjen in Berlin eine Opernschule eröffnen wolle und bereits die Lizenz dafür habe. Für sich selbst hoffte sie, die englische Staatsbürgerschaft zurückzuerhalten. »Dann wäre ich Engländerin, F. Amerikanerin, Wolf noch nicht mal P.G.« (lies: Parteigenosse) »– und Du und Nickel, da nach 37 Pg. geworden, unbelastet – da wäre es doch gelacht, wenn wir uns unser Recht nicht erkämpfen könnten.« Sie fügte hinzu: »Das Schlachtroß stampft also wieder ungeduldig und tatendurstig.«

Zu diesem Tatendurst gehörte der vorübergehende Plan – von

Wieland im Osterbrief als »spleenige Idee« apostrophiert –, zwecks Erlangung der englischen Staatsbürgerschaft einen Engländer zu ehelichen. Wieland: »einen vertrottelten Lord, für den du representieren willst.« Spitz fügte er hinzu: »Mit dem Wieder heiraten hast du sowieso wenig Glück.«

Doch je näher der Prozeß kam, um so nervöser wurde Winifred. Als gar Gaston Oulman, ein Kommentator des Nürnberger Prozesses, der für die amerikanische Presseagentur AP arbeitete, sie aufsuchte und zu ihrem Verteidiger sagte, ihr drohe Arbeitslager und man solle ihr nahelegen, vor der Urteilsverkündung zu verduften, verlor sie die Nerven. Eine so »völlig herzlose Spezies von homo sapiens« wie diesen »Großinquisitor«, schrieb sie ihrem Sohn Wolfgang, habe sie in ihrem Leben noch nicht erlebt. Sie begann, ihre Kinder zu beschimpfen, die es abgelehnt hatten, Geld aufzutreiben, damit ihr Verteidiger Ebermayer zu einer Unterredung vor dem Prozeß an den Bodensee hätte reisen können. Wolfgang, schrieb sie nach Nußdorf, behandle sie so, als habe sie gar keine Rechte mehr. Überhaupt seien ihre Kinder wie »Ratten, die das sinkende Schiff verlassen.« Wieland reagierte auf den »Rattenbrief« mit beleidigtem Schweigen.

Er schrieb ihr im Frühsommer 1947, nachdem er ihre »Denkschrift« gelesen, »mehr Farben hineingebracht und stärker formuliert« hatte: »Wir glauben, dass du nicht herumkommen wirst, dich grundsätzlich zur Judenfrage, KZ und Krieg zu äussern. Die Kriegsfestspiele werden ausführlicher« (gemeint: in seiner Bearbeitung), »da man Dir in Bezug auf die Festspiele diese einzig zum Vorwurf macht.«

Es steht zu hoffen, daß er ein paar freundliche Worte für die Mutter fand, als er Anfang Juni in Stuttgart seine beiden ältesten Kinder in Empfang nahm. Volle acht Monate hatten sie bei der Großmutter gelebt. Das war ursprünglich nicht so geplant gewesen, doch weil Iris sich im Frühjahr das Bein gebrochen hatte, mußte die Heimkehr der Kinder immer wieder hinausgeschoben werden. Winifred übergab sie Wieland auf dem Bahnhof. Sie hatte keinen Passierschein, um in die französische Zone reisen zu können. Die Behörden hatten ihr das Laissez-passer verweigert, da kurz vor Beginn des Prozesses »Flucht- oder Verdunkelungsgefahr« bestehe.

Am 23. Juni 1947 beging Winifred ihren fünfzigsten Geburtstag. Wieland gratulierte brieflich. Er bedauert, daß die Mutter nicht bei ihnen ist. »Sei nicht allzu traurig heute – die längste Zeit der Trennung dürfte vorbei sein – iss recht viel Kartoffeln und trinke viel Kaffee – rauche wie ein Schlot und freue dich, dass es keine Alarme mehr gibt.« Er endet: »Zäume dein Ross und schlag um dich, dass die Funken fliegen.« Er schickte ihr ein von ihm gemaltes Porträt ihrer Mutter und ein hübsches Familienfoto.

Warum hatte er sich nicht um einen Passierschein bemüht? Warum überraschte er die Mutter nicht mit einem Besuch? Immerhin hatte er dies erwogen. »Aber bei den Verhältnissen in Bayern ...« Vermutlich spielte er damit auf die politischen Turbulenzen an, welche die Versuche der bayerischen Staatsregierung hervorriefen, mit den Ministerpräsidenten der Länder erstmals und selbstverständlich unter der Oberaufsicht der Besatzungsmächte über gemeinsame Wirtschaftsfragen zu diskutieren. Es waren dies erste politische Regungen des sich neu formierenden deutschen Staatswesens. Sie hatten ein unausgesprochenes Fernziel: den Zusammenschluß Gesamtdeutschlands. Diese Absicht wurde in München bereits im Juni 1947 von den Vertretern der Sowjetisch Besetzten Zone torpediert: sie reisten ab.

Dankbarkeit und Zuneigung spricht aus Gertruds Briefen an die Schwiegermutter in dieser Zeit. Sie läßt sie wissen, daß sie mit Schwager und Schwägerin »sorgenvolle Gespräche« ihretwegen führe. »Wir denken wirklich nur noch an Dich ... Dein Geburtstag liegt uns auch schwer auf der Seele, Du hast wahrlich nötig gerade jetzt Freude zu erfahren, aber auch damit steht man hilflos da.« Sie schließt: »Alles alles Liebe arme gute Mama und lass Dich nur nicht unterkriegen ...«

Fünf Tage nach Winifreds Geburtstag begann der Prozeß. Die Spruchkammer verkündete das Urteil am 2. Juli. Winifred Wagner, die während des Verfahrens ihr Verhalten im Dritten Reich ohne Beschönigung beschrieb, wurde als »Belastete« der Gruppe II definiert und mit schweren Sühnemaßnahmen belegt, darunter »Sonderarbeiten für die Allgemeinheit für die Dauer von 450 Tagen«, Einzug von sechzig Prozent ihres Vermögens und einem weitreichenden Verlust bürgerlicher Rechte. So war es ihr zum Beispiel nicht erlaubt, weiterhin einen Pkw zu fahren. Winifred legte gegen den Gerichtsbeschluß sogleich Berufung ein. Die Zukunft der Festspiele blieb damit in der Schwebe.

Über die Substanz der Anklage machte sich in der Familie Wagner niemand Gedanken. Wieland schrieb über die Mutter am 20. August 1947 an die New Yorker Freundin: »Die Tatsache, daß man sie überhaupt bestrafen kann, ist kennzeichnend für unsere verwirrten Verhältnisse, in denen die Gesinnung, die man vor 20 Jahren hatte, nach Paragraph so und soviel bestraft werden kann.«

Winifred, so dachte man innerhalb der Familie, hatte nichts Böses getan. Sie hatte niemandem ein Leid zugefügt, sie hatte nur einem Freund die Treue gehalten. Mit seiner verbrecherischen Partei hatte sie nichts zu schaffen. Winifred hielt bis zuletzt an dieser Trennung zwischen der Partei, welche die Verbrechen beging, und Adolf Hitler, der davon nichts gewußt habe, fest. Vermutlich dachte zu diesem Zeitpunkt die ganze Familie so. Wann die Söhne aufgehört haben, an dieser Wahnidee festzuhalten, zu welchem Zeitpunkt und wodurch ihnen aufgegangen ist, daß es Hitler, ihr Familienfreund, den sie duzten, war, der die Verbrechen angeordnet hatte, läßt sich nicht sagen.

Wieland hat dazu stets geschwiegen. Wolfgang Wagner schreibt in seinem Erinnerungsbuch »Lebensakte«: »Mein Bruder nicht und ich ebensowenig hatten zum Glück Veranlassung, in Sack und Asche zu gehen und uns reuevoll an die Brust zu schlagen, dafür war unsere Vergangenheit zu kurz und zu wenig bedeutend. Auch hatten wir uns nichts Verbrecherisches zuschulden kommen lassen und mußten nach keiner Rechtfertigung für Getanes oder Unterlassenes suchen.«

Das ist nur oberflächlich richtig. Als Angehörige einer so herausgehobenen Familie, als Exponenten des deutschen Kulturlebens hätte man von ihnen ein Wort deutlicher Distanzierung von Hitler und den ideologischen Verwicklungen der Familie in die NS-Vergangenheit erwarten können. Das Bewußtsein, daß man sich nicht aus der Verantwortung für diese Geschichte stehlen kann, war in der Familie Wagner nicht vorhanden.

Seltsam nimmt sich aus, was Wieland am 11. Juli 1948 an seine

Mutter schrieb: »Es überrascht Dich vielleicht wenn ich behaupte, dass mein Verständnis für Dich in der Zeit, die Gottseidank endlich hinter uns liegt, so weit ging, dass das was ich tat (oder nicht tat!) oft an Charakterlosigkeit grenzte: ohne dieses Verständnis wäre ich hundertmal den Weg von Maus gegangen!« Niemand hat 1939 weniger an Emigration gedacht als Wieland Wagner. Doch darf man diese Briefstelle wohl als verhülltes Eingeständnis von Versagen und Scham deuten.

Gertrud hatte in diesen Monaten ein Gefühl geistiger Leere. Im Winter arbeitete sie mit Wieland am »Tristan«. Aber sie vermißte das Radio, die Musik. Die Lektüre war kein Ersatz. An Winifred schrieb sie, sie lese jetzt die »Buddenbrooks«: »großartig geschildert und flüssig geschrieben aber so gegen Ende zu hat man doch genug«. Aus der Ferne nahm sie Anteil an ihrem alten Freund Karajan. Daß er als »politisch untragbar« eingestuft wurde und Auftrittsverbot hatte, erfüllte sie mit Erbitterung.

Auch fehlten ihr die Kinder. Nur Nike war in diesem Winter bei den Eltern, und dieses Kind, das viele Wochen während der Abwesenheit der Mutter in Bayreuth den Vater für sich allein gehabt hatte, vergällte ihnen nun den Schlaf. Das Töchterchen plapperte und plauderte die Nächte durch, und wenn die Eltern sagten, es solle nun still sein und schlafen, begann es zu schreien und zu toben. Manchmal rissen dem Vater die Nerven. Dann versohlte er das kleine Wesen so sehr, daß Gertrud in Tränen ausbrach. Dennoch war ihm das kapriziöse Persönchen ans Herz gewachsen. »Ich freue mich an unserer Nike«, ließ er die getreue Dernburg wissen.

Mitte April 1947 hatte Elfriede endlich das Baby Daphne nach Nußdorf gebracht. Winifred übergab ihr das Kind in Augsburg, wo Elfriede in einer Praxis ihrer Ausbildung nachging. Gertrud genoß ihr Baby, und sie hatte ihren Spaß mit dem Schwager Wolfgang, der im März zu Besuch an den Bodensee kam.

»Ganz der alte Wolf von früher, lustig und originell«, schrieb sie an Winifred. Nach dem zweiten Besuch im Sommer stimmte Wieland in einem Brief an Frau Strobel vom 4. August in diesen Tenor ein: »Gertrud genoß es, sich über die einzigartigen Formulierungen ihres

Schwagers wie in früheren Zeiten totzulachen.« Gertrud an Winifred: »Wolf war entfesselt und gemütlich wie ehedem, bevor er in Berlin falsch lackiert wurde.« Der falsche Lack – das war eine Anspielung auf Wolfgangs Prätentionen als künftiger Festspielleiter. Sie waren für Gertrud und Wieland eine Irritation geblieben, auch wenn man miteinander lachte und gerade wenn man über die Zukunft der Festspiele sprach.

Diese Zukunft ließ sich weniger verdrängen als die Vergangenheit. Die »Neue Zeitung« brachte die aufregende Meldung, die New Yorker Metropolitan Opera habe die Absicht, Wieland Wagner mit der Neuinszenierung des »Ring« zu betrauen. Von allen Seiten trafen Gratulationen ein. Begeistert schrieb Wieland an die Dernburg: »Es könnte die Rettung Bayreuths bedeuten.« Leider entpuppte sich die Nachricht, die wochenlang für Gesprächsstoff sorgte, als Zeitungsente.

Wieland, der so lange am Bodensee wie in einem aufgezwungenen Versteck gelebt hatte, wollte nun wieder aufbrechen in die Welt. Die erste Station war Garmisch-Partenkirchen, das Haus von Richard Strauss. Wielands alter Mentor Overhoff wirkte dort erneut als »Prinzenerzieher«. Auch Wieland wollte mit ihm arbeiten, an der Partitur des »Tristan«. Auf dem Weg hatte er Station in München gemacht. Zweimal sah er die »Walküre«, dirigiert von Solti, mit Hotter als Wotan. Mit Benvenuto Hauptmann besuchte er den »Bühnenclub«, ein Kellerrestaurant, von Gertrud als »schlemmerhaftes Freßlokal« charakterisiert. Sodann stattete er dem schlesischen Maler Raffael Schuster-Woldan einen Besuch ab. Der erfolgreiche Dekorations- und Gesellschaftsmaler, der als Spezialist für Damenporträts galt, war wie er an den Ausstellungen der NS-Kunst im »Haus der Deutschen Kunst« beteiligt gewesen. Seiner Frau meldete Wieland nach Oberwarmensteinach, daß der Kollege »einen amerikanischen General gegen 400 ztr. Koks« gemalt habe. Er versuchte, diesem Günstling des Schicksals einen Pinsel zu klauen, aber der Anschlag mißlang.

Im Juni reiste er zu verschiedenen deutschen und amerikanischen Behörden nach Stuttgart und München und schließlich nach Regensburg, wo er sich bei einem »KZ-Bekannten« – vermutlich einem Mann, den er 1944 bei der Arbeit in der Bayreuther Fabrik kennengelernt hatte –, wie er am 2. Juli an Maria Dernburg schrieb, ein Zeugnis holte. Er bat Frau Strobel, ihm aus den alten Bayreuther Beständen, »anständiges, repräsentatives Briefpapier« zu schicken – ein Zeichen, daß er entschlossen war, wieder auf die Welt zuzugehen.

Der Vater freute sich zwar, daß alle vier seiner entzückenden Blondschöpfe wieder im Familiennest waren. Ausführlich berichtete er der Mutter ihre Aussprüche, erzählte von ihrem Ergehen. Und dennoch gingen sie ihm, der sich wieder auf die Welt einzustellen begann, immer mehr auf die Nerven. Der Dernburg schrieb er, Kindergeschichten hingen ihm zum Hals heraus. Mit ihren Sorgen um die Kleinen, die immer wieder mit Krankheiten im Bett lagen, blieb Gertrud allein. Zuzeiten war sie »halb verrückt« um das ewig kränkelnde Baby Daphne. Wieland bemerkte dazu nur kühl, daß sie ihm mit ihrem ewigen Gerede davon den Sommer verderbe.

Nike, gerade zwei Jahre alt, hatte in diesem Sommer ein Eifersuchtsdrama entfesselt. Sie konnte es nicht ertragen, daß außer ihr nun drei Kinder da waren, welche die Aufmerksamkeit der Eltern beanspruchten. Wieland hatte sich besonders dem Sohn zugewandt, den er so lange entbehrt hatte und an dem er sich jetzt, wie er der Mutter schrieb, »jeden Tag von neuem« freute. Und Gertrud befaßte sich mit dem Nesthäkchen, das seit seiner Heimkehr kränkelte. Nike begann wieder, die Nächte hindurch zu schreien und zu toben, so daß die Mutter, aus Sorge, die Stimmbänder des Kindes könnten Schaden nehmen, einen Hals-Nasen-Ohren-Spezialisten, der in Überlingen Amtsarzt war, konsultierte.

Dieser Mann muß ein Doktor alten Schlags gewesen sein, mit einem Blick für Menschen und der nötigen Zeit, um auf ihre Probleme einzugehen. Daneben war er auch ein höchst moderner Mediziner, der gerade dabei war, eine Ausbildung als Psychoanalytiker zu machen. Er stand mit dem berühmten Schweizer C.G. Jung in Kontakt. Der Mann nahm den Schreihals auf den Schoß: »Na, Nikelein, wen hat denn die Mama am liebsten?« Der Haß brach aus dem Kind heraus: »Die Dussie!« Das war Daphne. Der Arzt gab den verdutzten Eltern Elementarunterricht in Psychologie. Sie sollten Nike, sagte er, mit Liebe überschütten, vorziehen, vielleicht nachts zu sich ins Bett nehmen. Der Rat wirkte Wunder: das Geschrei versiegte auf der Stelle.

Der Mann hatte noch mehr diagnostiziert: Gertruds innere Leere, ihre geistige Dürre, ihre erotische Frustration. Sie hörte es nicht gern, als er ihr, nachdem sie ihn wegen ihres chronischen Katarrhs, einer ständig verstopften Nase konsultiert hatte, sagte, sie sei eine unbefriedigte Frau. Sie reagierte, wie Frauen häufig tun, wenn sie glauben, es mit einem überlegenen männlichen Wesen zu tun zu haben, von dem sie Hilfe erwarten: sie verliebte sich in den Doktor. Zum ersten Mal wurde sie »von der Person eines Mannes völlig befallen« (Gertrud).

Der Arzt, unverheiratet, strenger Katholik, lehnte eine Liaison ab. Es gelang ihm einigermaßen, die Gefühle seiner Patientin zu sublimieren, ihr Liebesverlangen in Freundschaft zu verwandeln. Sein Mittel: geistige Belehrung. Er las mit ihr, die er seine Diotima nannte, gemeinsam und gab ihr zu lesen, vor allem psychoanalytische Literatur. Gertrud reichte diese Schriften an Wieland weiter. Auf diese Weise erschloß sich ihnen eine neue Welt: Freuds Tiefenpsychologie, Jungs kollektives, von Symbolen besiedeltes Unterbewußtes. Diese neue Gedankenwelt war für beide eine derartige Offenbarung, daß laut Gertrud »ein neuer Geist ins Haus einzog«. Die Kunstrevolution von »Neu-Bayreuth« hat in dem Überlinger Amtsarzt – er hieß Sven Schwedt – eine ihrer Wurzeln. Gertrud aber, in deren Leben »wunderbare Ärzte« immer wieder eine Rolle spielten, blieb mit Schwedt bis zu seinem Tod befreundet.

In einem Carepaket dieses Sommers war ausdrücklich Gertrud bedacht worden. Während es sonst um Lebensmittel für die ganze Familie ging, um Tee für Wieland, der nur »mit süßsaurer Miene Pfefferminztee« trank (Gertrud am 23. März 1948 an die Dernburg), um Kleidung für die Kinder, hatte die Dernburg ein Kleiderpaket an Winifred geschickt, das unter den Frauen der Familie aufgeteilt worden war. Gertrud erhielt, wie Wieland in einem Dankbrief vom 2. Juli 1947 aufzählte, »eine weisse Damenweste, eine hellrote Seidenbluse, eine dunkelrote peau d'ange Bluse und eine weisse Bluse mit schwarzen Punkten.« Im selben Brief dankt er für »2 Büstenhalter«, welche die Dernburg zusammen mit Lebensmitteln und Kinderkleidern direkt an den Bodensee geschickt hatte. Ein späteres Paket brachte für Gertrud »ein Kleid und eine Strandhose«. Freilich: der Übergang von Zucker und Fett zu BHs und Blusenvariationen darf nicht zu dem Schluß verleiten, daß die Monate blanker Not vorüber gewesen wären.

Die Zeit des Malens neigte sich für Wieland dem Ende zu. Und gerade so, als wisse er, daß er bald nicht mehr zu Pinsel und Farben greifen werde, gab es zum Schluß eine reiche Ernte. Noch einmal porträtierte er, für den Sohn von Richard Strauss, den Großvater; er malte zwei Blumenstilleben und arbeitete an einem vor fünf Jahren begonnenen lebensgroßen Freilichtporträt von Gertrud sowie zwei kleineren Bildnissen seiner beiden ältesten Kinder. Erwähnung verdient auch das auf seine Art meisterliche Porträt eines unbekannten Franzosen, eines Herrn mit Halbglatze und Brille, der sich gegen ein paar Viktualien sein Konterfei verschaffte. Das Bild ist, wie die meisten Gemälde Wieland Wagners, verschollen; ein Foto blieb erhalten.

Mehr und mehr wurden seine Gedanken von Bayreuth angezogen. Seine Briefpartnerinnen Strobel und Dernburg fragte er nach Gewährsleuten, die über Sänger in Europa und Amerika Auskunft geben könnten. »Isolden, Tristane, Siegmunde und Sieglinden, Frickas, Walküren lägen mir sehr am Herzen«, schrieb er im August 1947. In einem anderen Brief heißt es: »Ich suche verzweifelt einen Menschen, der ›mein‹ Tristan werden könnte.«

Groß war seine Freude, als es gelang, eine von Gertruds Schwestern endgültig als Kinderbetreuerin zu gewinnen. »Für mich bedeutet das«, schrieb er an Maria Dernburg, »dass ich mit Gertrud wieder einige Stunden am Tag zusammen sein kann, dass sie wieder für mich tippen kann und dass wir wieder gemeinsam über künstlerischen Problemen brüten können.« Brennend interessierte ihn Friedelinds »Tristan«-Tournee in den Vereinigten Staaten, für die er Kostüme und Bühnenbilder entworfen hatte.

Ein Reflex auf die bereits verworfenen Gedanken, die Festspiele, falls es in Bayreuth nicht gelingen wolle, in Monte Carlo zu installie-

Porträt des Großvaters Richard, 1947

ren, findet sich in einem Brief Furtwänglers vom 4. November 1947. Furtwängler rät dringend von diesem Plan ab, nicht nur weil die Bühne des dortigen Opernhauses zu klein sei, sondern weil die Wagner-Festspiele und Bayreuth zusammengehörten. »Unterschätzen Sie nicht«, heißt es da, »was der Name Bayreuth im Zusammenhang mit den Werken Richard Wagners für die Welt seit Generationen bedeutet. Die jetzigen Versuche, die Festspiele in andere Bahnen zu lenken oder Persönlichkeiten in die Hände zu spielen, die zu Bayreuth und Wagner keine innere Beziehung haben, werden bald in sich zusammenfallen.«

Das Reisen wurde allmählich leichter, obwohl sich die Hoffnung der amerikanischen Besatzungsmacht nicht so rasch erfüllte, mit Engländern und Franzosen eine »Trizone« zu bilden. Das hätte bedeutet, daß man keine Passierscheine mehr gebraucht hätte. Doch diese wurden nun immerhin großzügiger gewährt. Seit Elfriede als ständige Kinderbetreuerin nach Nußdorf gezogen war, konnte Gertrud unbesorgt für ein paar Wochen den Bodensee verlassen. Schließlich gab es noch zwei dienstbare Frauen im Haus, Ilse und Inge, über die zwar viel geklagt wurde, doch Klagen hin oder her, sie nahmen Gertrud und der Schwägerin Verena, die inzwischen drei Kinder hatte, das Gröbste ab. Überdies hatte in diesem Herbst die zu Besuch weilende Winifred Iris wieder für ein paar Monate mit nach Oberwarmensteinach genommen; Großmutter und Enklin vergötterten sich gegenseitig.

Gertrud begab sich für einige Tage zu ihrer alten Freundin Ingrid in die Elmau. Sie tanzte im berühmten »Müllerhaus« und fühlte sich endlich einmal wieder, wie sie der Schwiegermutter schrieb, »sauwohl«. Das Leben im zerbombten München danach fand sie »schauerlich«, nur im Theater war es »herrlich«. Sie wartete auf Wieland, der Gertrud Strobel zufolge »bei Urach/Alb« zu Fuß schwarz über die Zonengrenze gegangen war. Gemeinsam sahen sie den »Tristan«, eine Aufführung, über die sich Wieland gegenüber der Dernburg am 30. November äußerst herablassend ausließ: »Bühnenbilder verfehlt, Kostüme furchtbar, Dirigent ebenfalls (der 33jährige Solti)«.

Am 19. November 1947 traf das Paar in Bayreuth ein. Wieland betrat seine noch immer in Ruinen liegende Heimatstadt zum erstenmal seit zweieinhalb Jahren. Die Mutter begrüßte ihn mit einer kleinen Bescherung, mit Kerzen, Kaffee »und einem Obstkuchen von alter Wahnfriedqualität«. Der Bruder trat sein eheliches Schlafzimmer im Gärtnerhäuschen an die Besucher ab. Bei den Familiengesprächen ging es um das zweite Spruchkammerverfahren der Mutter, den Wiederaufbau von »Wahnfried« und vor allem um die Zukunft der Festspiele.

Wieland meldete der New Yorker Freundin aus Oberwarmensteinach: »Wir verstanden uns – bis auf den heiklen Punkt der zukünftigen Führung der Festspiele – so gut wie in den Zeiten, da Herr Tietjen noch nicht in der Familie ›nötig‹ war.« Was da in Parenthese steht, war der springende Punkt: Wolfgang war nicht bereit, Wieland als künftigen Direktor und wohl auch nicht als alleinigen künstlerischen Leiter der Festspiele zu akzeptieren.

Nach knapp drei Wochen traten sie den Rückweg an. Wiederum machten sie in München Station. Gertrud und Wieland gingen zu einem Liederabend mit Hans Hotter, sie sahen ein Ballett und die Strauss-Oper »Die schweigsame Frau«. In Steigenberg besuchten sie Wielands alten Malprofessor Staeger, der »unter dem Schicksal seines Heimatlandes und seiner Freunde u. Verwandten ... maßlos« litt. Gertrud schrieb an Winifred: »Du hättest begeistert seinen politischen Gedanken zugestimmt (wir natürlich auch).« Man kann nur spekulieren, was das für Gedanken gewesen sein mögen. Sehr demokratisch waren sie vermutlich nicht.

Dann hatten sie die Kinder und der Alltag in Nußdorf wieder. In ihrer Abwesenheit waren zwanzig Spalierbäume gestohlen worden; die kostbaren Schamottsteine, mit denen im Schlafzimmer ein Kachelofen gemauert werden sollte, waren zerbrochen. Das Radio brauchte neue Röhren. Mamas »lieber Ami«, bat Wieland brieflich, solle ja nicht vergessen, sie zu besorgen. Es fehlte wie gewohnt an Kartoffeln und anderen Lebensmitteln, nachdem Friedelind über ihre Schweizer Freundin Beerli hatte wissen lassen, daß sie »wegen übermäßiger Ausgaben« nichts mehr schicken könne.

Auch sonst herrschte ein gewisser Katzenjammer. Wieland versetzte »Münchner Porzellan« und seine Armbanduhr, die er bis jetzt gerettet hatte, gegen Eßwaren. Der Mutter schrieb er am 19. Dezember, es sei nicht ganz einfach, »nach diesen Wochen ›normalen‹ Lebens sich wieder hier einzugewöhnen«. Gertrud dachte »mit Sehnsucht an das hübsche gemütliche warme Oberwarmensteinacher Haus – unser Wohnzimmer ist recht kalt weil wir sehr mit Holz sparen müssen und keinerlei Kohlenzuteilung bekommen. Dazu Inges Kochkunst – brrr.« Und Verena ging bedrückt durchs Haus, weil ihr Mann seit August in einem Lager bei Freiburg interniert war. Die Hoffnung, daß er zu Weihnachten entlassen werden würde, erfüllte sich nicht.

So mußten die Kinder mit ihren Drolligkeiten, Streichen und Scherzen für Stimmung sorgen. Dabei waren sie oft krank. Die beiden kleineren Mädchen waren chronisch erkältet. Bei Daphne konstatierte der Arzt Rachitis, der Junge hatte Halsentzündung und Mundfäule. Gertrud war ständig erschöpft und litt an dauernder Erkältung. Der Arzt riet ihr dringlich zu einem Klimawechsel. Deshalb begab sie sich, sobald Ostern vorüber war, das die Familie dank eines Dernburg-Pakets mit Nestchen voller Süßigkeiten für die Kinder und Kuchen für die Ehemänner einigermaßen fröhlich hatte feiern können, ins Allgäu. In der Nähe von Oberstdorf hatte ihr der Schwager Bodo bei einem seiner früheren Mitarbeiter ein Quartier verschafft.

In der Nachbarschaft wohnte Mimi Poensgen, ein »Original von Kammersängerin«. Bei ihr nahm Gertrud ihre Gesangsstunden wieder auf. Gern hätte sie Wieland bei sich gehabt, doch dies war wegen der Eßmarken, die nicht von einem Ort an den anderen transferiert werden konnten, unmöglich. Er kam nur zu einem kurzen Besuch, nachdem er sich in München eine Aufführung der »Walküre« angesehen hatte. Auch er frischte bei der Gesangslehrerin, von deren Stimmdiagnostik er viel hielt, seine stimmtechnischen Kenntnisse wieder auf. Was er bei Mimi Poensgen lernte, kam ihm später bei der Beurteilung von Sängern zugute.

Im Frühjahr verbrachte das Paar einige Tage in Bayreuth. Wieland informierte sich über die Möglichkeit, »Wahnfried« wieder aufzubauen, sowie über den Stand der Festspieldiskussion. Wolfgang berichtet darüber in einem Brief an die Schwester in Amerika. Er gibt darin der Genugtuung Ausdruck, daß Wieland mit dem, was er, Wolfgang, trotz mißlicher äußerer Umstände bisher zustande gebracht habe, einigermaßen zufrieden gewesen sei. Aus solchen Wendungen spricht nicht nur brüderliches Einvernehmen, sondern auch das Streben des Jüngeren, den Älteren zufriedenzustellen. Eine solche Haltung war Wolfgang Wagner damals noch nicht fremd. Im gleichen Brief heißt es selbstbewußt, das im Sommer vorgesehene Aufkreuzen des Schweizer Vetters werde keine Wirkung mehr haben. Darüber hatten die Brüder sich leicht einigen können.

Und Friedelinds Erscheinen, nach deren »Tristan« sich Wolfgang Wagner höflich erkundigte, fürchtete ohnehin keiner mehr. Sie hatte Wieland im Winter einen vollmundigen Brief geschrieben – der erste, den er seit ihrer Emigration erhielt –, in dem sie ihn, was ja nicht falsch war, einen »Faschistengünstling« nannte. Dennoch sagte sie ihm großartig die »Förderung seiner Person in Bezug auf Malerei und Bühnenbild« zu.

Wieland kommentierte das ironisch in einem Brief an die Mutter vom 10. Januar 1948: »Dies glaube ich ihr gern, da sie ja kinderlieb ist und ich ihr in dieser Beziehung ja nicht im Weg stehe.« In jenem Brief hatte sie ihm auch mitgeteilt, seine Bilder lägen noch beim Zoll, was Wieland für deren Zustand schwarzsehen ließ. Friedelind schrieb, sie wolle die Bilder im jeweiligen Theater ihrer »Tristan«-Tournee im Foyer aufhängen lassen. »Dadurch komme mein Name in die Zeitung.« In einem Prospekt ihres Ensembles, der »Friedelind Wagner Opera Company«, werde er, Wieland, als »bekannter Maler« und als ihr Bühnenbildner angegeben.

Aus der Tournee wurde übrigens, wie Friedelind ein Jahr später nach Bayreuth meldete, nichts. Sie schob das auf die weltpolitische Situation – die Angst vor Stalin, einem Dritten Weltkrieg, der Atombombe –, in der kein amerikanischer Sponsor Gelder locker machen wolle. Wieland fand dafür einen sarkastischen Ausdruck: die »Maus-Pleite«.

Gertruds Bayreuthreise im Frühjahr 1948 hatte den Zweck, Iris, die den Winter bei der Großmutter verbracht hatte, zurückzuholen. Wieland, der sie begleitete, gelang es, für die Reise ein Auto zu organisieren. Auf der Rückreise verlebten alle drei eineinhalb Tage in München. Sie wohnten im »Bayerischen Hof«, einem Hotel, über das Gertrud nach Oberwarmensteinach berichtete: »Der Laden dort klappt schon großartig mit Dienern, Zimmermädchen, geputzten Schuhen«. Mutter und Tochter besuchten den Zoo; der Vater begab sich zu einem Schneider, der ihm »aus einem gefärbten Parteistoff aus dem Jahr 1939« einen dunkelbraunen Sportanzug zu machen bereit war, vorausgesetzt, er beschaffte die nötigen Zutaten. Wieland bat also die für alles zuständige Mutter um Nähseide sowie »1 mtr. Leinen, 35 cm Roßhaar und 2 Blatt Watte«.

Im Mai 1948 war dann die gesamte Familie vollzählig in Nußdorf beisammen. Wieland arbeitete am »Tristan« und malte seine letzten Bilder: ein Porträt des alten Weismann, dessen Charakterkopf er kraftvoll auf die Leinwand brachte, sowie eine Bodenseelandschaft bei Sonnenaufgang. Er fand sie inzwischen »charakterlos und verwaschen«, wie er am 8. Juni an die Dernburg schrieb, und hatte das Verlangen, sie baldmöglichst zu verlassen. Er wußte nur nicht, wie. Am 11. Juli teilte er der Mutter mit, als »Proletarier ... ohne Existenzmöglichkeit, ohne Wohnung« wolle er nicht zurückkehren, zumal er der Meinung war, daß »bis zu Mamas zweiter Instanz« es weder vor- noch rückwärts gehen werde.

Gertrud dagegen, der Elfriede viel Arbeit abnahm, genoß ihre Kinder, den See und die Sonne. »Ich bin glücklich«, schrieb sie im Juni an Tante Anny, »daß ich hier wohne und nicht in Bayreuth.« Sie sang viel in diesem Sommer. Der Tante teilte sie mit, sie sei schon zum hohen C gekommen, was nur gehe, »wenn man recht gut seelisch und körperlich beieinander ist. Am besten müßte es eigentlich gelingen, wenn man frisch verliebt ist.«

Dahinter steckte ein heimliches Bekenntnis. Noch immer schwärmte sie für den von ihrem Mann mit Eifersucht betrachteten Überlinger Amtsarzt. Freilich, sehr ernst nahm Wieland die Geschichte nicht. Er war viel zu sehr von anderen Gedanken erfüllt und voller Spannung, wie es in Bayreuth weitergehen würde.

Dort hielt am 22. Mai, einen Tag vor Richard Wagners Geburtstag, der bayerische Kultusminister Hundhammer eine Rede. Das Festkonzert sollte Wielands Lehrer Overhoff dirigieren. In der Familie herrschte Nervosität. Was würde der Minister sagen, der auf Einladung des den Wagners nicht wohlgesonnenen Oberbürgermeisters sprach?

Overhoff bot an, »krank zu werden«, weil er nicht an einer Veranstaltung beteiligt sein wollte, die gegen die Familie Wagner gerichtet sei. Verena Lafferentz, die gerade in Oberwarmensteinach zu Besuch war, und ihre Mutter blieben der Veranstaltung fern. Doch die Sache verlief glimpflicher als befürchtet. Der Minister fragte hinterher Wolfgang, warum man sich noch nicht bei ihm in München gemeldet habe; er sei jederzeit für die Brüder zu sprechen. Und der OB, so meldete Wolfgang nach Nußdorf, habe Allgemeinplätze von sich gegeben.

Die politische Konstellation war so: die CSU und folglich auch das Kultusministerium mit Hundhammer und seinem Staatssekretär Dieter Sattler tendierten dazu, die Festspiele der politisch belasteten Familie wegzunehmen. Franz Beidler hatte bei ihnen ein williges Ohr gefunden. Die Opposition im bayerischen Landtag und insbesondere die Bayreuther SPD waren dagegen der Meinung, die Festspiele so schnell wie möglich wieder zu eröffnen, und zwar unter der bisherigen Leitung.

In Bayreuth herrschte in diesen Wochen Wahlkampf. Der Oberbürgermeisterposten stand zur Disposition. Wolfgang Wagner besuchte eine der Wahlversammlungen des bisherigen Rathauschefs. Dieser sagte, die »letzten 20 Jahre der Bayreuther Geschichte gehören ausgestrichen und ausgelöscht und die Familie hätte ihre Aufgabe dahin missbraucht und das Haus entweiht, da sie ausschliesslich auf materielle Vorteile die Sache betrieben hätte«.

Wolfgang konnte sich eines Zwischenrufs nicht enthalten, der in der Presse heftige Wogen schlug. Dabei rief er nur ein einziges Wörtlein, nämlich »Butterfly!«, ein Hinweis auf die »merkantilistische Nutzung« des Festspielhauses in jenen Wochen. Damit aber hatte er Oberbürgermeister Meyer den Fehdehandschuh hingeworfen. Die Wahlen gingen für die Wagners günstig aus. Am 1. Juli zog ein neuer Oberbürgermeister, der SPD-Mann Rollwagen, ins Bayreuther Rathaus ein. Eine Aktennotiz vom 30. August 1948 hält den »Friedensschluß« zwischen der Stadt und dem Haus Wagner fest.

In dem Moment, da sich die Dinge günstig für sie entwickelten, flammten in der Familie die alten Differenzen wieder auf. Wie üblich wurden die Dinge nicht offen ausgesprochen, sondern gelangten auf Umwegen nach Nußdorf. »Warum sagst Du mir das, was Du auf dem Herzen hast, nicht selbst?« schrieb der ältere streng an den jüngeren Bruder, der gesagt habe, Wieland wolle ihn aus »Wahnfried« verdrängen. Auch Winifred zeigte plötzlich die Faust. Als »Herrin«, sagte sie, sei sie aus »Wahnfried« ausgezogen; sie werde »nur als Herrin wieder einziehen«; sie denke nicht daran, »dort unter der Fuchtel ihrer Schwiegertöchter zu leben«. Das entbehrte nicht der Komik, angesichts der Tatsache, daß »Wahnfried« eine Ruine war und niemand wußte, wie die Mittel zum Wiederaufbau des Hauses zu beschaffen waren.

Inzwischen hatte in Deutschland die Währungsreform stattgefunden. Am 21. Juni war die alte Reichsmark durch die Deutsche Mark ersetzt worden. Jeder Bürger erhielt am Sonntag davor gegen die Abgabe von sechzig Reichsmark vierzig druckfrische Deutsche Mark. Jede weitere neue kostete zehn alte Mark.

Die Wagners erlebten die Geldumstellung als Katastrophe. Das Geld war knapp wie nie zuvor; selbst ihre Wertpapiere taugten nicht mehr viel. In Nußdorf nagte man buchstäblich am Hungertuch. Bekümmert schrieb Wieland an die New Yorker Freundin, die als einzige noch Carepakete schickte: »Es ist eine Schande, daß man nach 3 Jahren immer noch so erbärmlich herumkrebst und keiner Besserung der Verhältnisse entgegensieht.«

Im nächsten Brief vom 10. Juli hieß es, im Herbst müsse er wieder einen Teil der Kinder wegschicken, »ich krieg sie einfach nicht satt.« Er fährt fort: »Das grämt mich so, dass es mir die ganze Arbeitskraft nimmt.« Ähnlich äußert er sich gegenüber der Mutter, die er bittet, im Herbst Nike bei sich aufzunehmen. Die beiden Älteren hatten eine mehrwöchige Einladung in die Schweiz. Der Familienfreund Wiskott wandte sich ohne Wielands Wissen an eine amerikanische Bekannte: »Wieland ist in Not!« Er habe ihm geschrieben, »dass er mit seiner Frau und seinen vier kleinen Kindern nichts mehr zu essen hat«.

Dieser Max Wiskott, 1874 in Breslau als Sohn eines Verlags- und Buchdruckereiunternehmers geboren, war ein alter Freund der Familie. Nachdem er in der Industrie und als Erfinder ein Vermögen zusammengebracht hatte, war er es, der zusammen mit dem Verleger Albert Knittel 1929 die »Tannhäuser«-Spende zusammentrommelte. Nach Siegfrieds Tod richtete er Wieland ein gutdotiertes Bankkonto ein. Wiskott war ein Mann mit philosophischen und literarischen Interessen, ein Kenner alter Sprachen und Übersetzer aus dem Persischen, dazu ein Bergsteiger und Pionier des Skilaufs. Dennoch war dieser hochgebildete Mann Hitler einst auf den Leim gekrochen. 1934 kaufte er das Schloß und den Gutsbesitz in Stein am Chiemsee. Zunächst brachte er die dortige Brauerei und die Landwirtschaft wieder zum Blühen, ehe er 1948 dort zusammen mit seiner sehr viel jüngeren Frau Ilse das Landerziehungsheim gründete, in dem Wielands Kinder seit Mitte der fünfziger Jahre zur Schule gingen. Wiskott erlebte den kometenhaften Aufstieg seines Lieblings Wieland nicht mehr; er starb 1951, wenige Monate vor der Wiedereröffnung der Festspiele.

Zur Abwechslung waren im Sommer 1948 die Eltern krank. Beide lagen, streng abgeschottet von den Kindern, zunächst mit einer Angina zu Bett, die sich zu einer Diphterie auswuchs. Sarkastisch schrieb Wieland an die Mutter, mit seiner Gesundheit sei es so ähnlich wie mit den Reissingers, über die sie immer gespottet habe: »Alles Fassade!«

Der Ausspruch zeigt, daß die innere Distanz zwischen den beiden Familien geblieben war, obwohl es nach der Rückkehr der in München ausgebombten Eltern Gertruds nach Bayreuth zu Begegnungen mit Winifred gekommen war. Sie hatte das Ehepaar Reissinger, das im Stadtzentrum, nicht weit von »Wahnfried«, eine Wohnung gefunden hatte, einige Male besucht und für sie sogar ein paar Möbel beschafft. Doch Luise wollte mit den Wagners nichts zu tun haben, und Wieland wünschte sich eine »Frau ohne Familie«, so wie es seines Vaters Ideal gewesen war. Ein einziges Mal in diesen Jahren war Luise an den Bodensee gereist. Aber auch die Enkel waren ihr gegenüber reserviert. Sie kannten diese Großmutter zu wenig, um mit ihr warm zu werden.

Der einzige Reissinger, mit dem die Wagners ständigen Umgang hatten, war Gertruds Onkel Hans. Wie er einst zum Umbau des Siegfried-Häuschens herangezogen worden war, so betraute man ihn nun mit der Herrichtung einer Wohnung für Wieland und seine Familie. Anfangs dachte man an den Einbau eines kleinen Appartements ins Festspielhaus, da man noch immer keine Möglichkeit sah, Mittel für den Aufbau von »Wahnfried« zu beschaffen. Das hätte den Vorteil gehabt, Winifred und Friedelind, mit deren Rückkehr die Familie rechnete, nicht in beängstigender Nähe zu haben.

Wieland nannte den Plan einen »raffinierten Köder«, um ihn an den Heimatort zurückzulocken. Doch sogleich fügte er in einem

Das zerstörte Wahnfried

Brief an den »Ohm« vom 14. August 1948 in Großbuchstaben hinzu: »Wer bezahlt's?« Er fährt fort: »wo man sich überlegen muss, ob man sich eine Briefmarke, einen Heering (!) oder 1 Pfund Fallobst kaufen soll ... Man richte mirs ein, und ich bin da ... um den Nahkampf zu beginnen.«

Gertrud hatte andere Einwände. Sie war eher für den Neubau, weil sie befürchtete, »dass sie oder Elfriede mit Bügeleisen und Ofen das ganze Festspielhaus einäschern« könnten. Tagelang wurde in diesen Augusttagen zusammen mit Wolfgang über die Zukunft der Festspiele nachgedacht.

Wieland erkannte das Engagement des Bruders voll an. Nach New York schrieb er am 10. Juli 1948: »Wolf strampelt sich von früh bis Nacht wegen der nötigen Reparaturen am Festspiel-Haus und 1000 anderen Kleinigkeiten ab.« Dazu helfe er im Haushalt und hüte seine Kinder. »Auf die Dauer für ihn ein unmögliches Leben.«

Gertrud, die ihren Schwager »zu komisch und verbaut« fand, wollte auf ihn nicht schimpfen, obwohl ihr, wie sie genervt dem

»Ohm« schrieb, »die Familie Wagner immer mehr zum Hals heraushängt«. Nach außen las sich das anders. An die Dernburg schrieb Gertrud, die Brüder paßten »ja so gut zusammen und« ergänzten »sich durch die sehr verschiedenen Veranlagungen grossartig«.

In diesen Augusttagen wurde das erste Kind der Familie eingeschult. Iris kam in die kleine Nußdorfer Volksschule. Ihre Geschwister beneideten sie glühend und sahen interessiert zu, wenn sie nachmittags mit dem Griffel Buchstaben auf die Schiefertafel kratzte. Von der »Omi«, deren Besuch bevorstand, wünschte sie sich dringend einen Schulranzen.

Doch der Schulbesuch dauerte nicht lange. Im Herbst begleitete Gertrud Iris und »Wummi« in die Schweiz. Wieland ließ sie ungern ziehen. Aber am Ende war es ihm lieber so, »als ihnen dauernd trocken Brot geben zu müssen und zu hören, daß sie nicht satt werden.«

Schweizer Wagnerianer hatten die Kinder eingeladen. Iris kam zu einem kinderlosen Ehepaar nach Langenthal im Kanton Bern, Wolf Siegfried an einen anderen Ort. Die Kinder, die nun wie im Schlaraffenland mit Bananen und Schokolade gefüttert wurden, hatten geglaubt, zusammenzubleiben. Sie litten unter der Trennung von Eltern und Geschwistern und hatten das Gefühl, das sie von nun an nicht mehr los wurden: abgeschoben zu werden, weil sie die Eltern störten.

Wieland nahm sich in diesem Herbst die »Meistersinger« und den »Parsifal« vor. »Er steigt so ganz tief von jeder Seite her in das Werk hinein«, schrieb Gertrud der Dernburg, »und es kommt dann auch etwas Neues und Gutes bei ihm heraus.«

Ein Beleg für dieses Eintauchen in die Partitur findet sich in einem Brief Wielands an Overhoff vom 27. September 1948. »Können Sie mir bitte folgende Frage beantworten: Was hat die Melodie, die sich eindeutig auf den Komplex ›Mutter und Herzeleide‹ bezieht, in der zweiten Wandeldekoration (im zweiten Takt nach den 5 b – sempre molto solenne) zu bedeuten? Ich suche eine Deutung der zweiten Wandeldekoration als Grundlage für eine neue technische Lösung. Weiter: woher leiten Sie die Sekundenschritte nach abwärts der Posaunen im 44. Takt der Verwandlungsmusik II ab? Aus dem Glaubensmotiv? Aus der Heilandsklage? (Sagen Sie aber bitte nicht, dass dies das kleine Vertragsmotiv ist!)«

Der alte Schweiger wurde, wenn es um die Partituren ging, zum »alten Frager«. So nannte ihn der auch philosophisch und musiktheoretisch beschlagene Max Wiskott, mit dem Wieland einen umfänglichen Briefwechsel über dieses Thema führte.

RÜCKKEHR NACH BAYREUTH

Interessante Nachrichten trafen im November 1948 aus Bayreuth ein. Nicht das bayerische Kultusministerium, sondern das Wirtschaftsministerium zeigte jetzt an einem baldigen Wiederbeginn der Festspiele Interesse. 1950 war zum »Heiligen Jahr« erklärt worden. In Oberammergau sollte die »Passion« gespielt werden, man rechnete mit 400000 Touristen, vielen aus Übersee. Das würde Geld ins Land bringen, das für den Wiederaufbau dringend benötigt wurde.

Anfang November fand mit dem Staatssekretär des Wirtschaftsministeriums, Geiger, der auch Vorsitzender des Bayerischen Fremdenverkehrsverbands war, im Rathaus von Bayreuth ein Gespräch statt. Der Oberbürgermeister fragte Wolfgang Wagner, ob die Familie bereit sei, die Festspiele 1950 wiederaufzunehmen. Die Antwort lautete: Ja, wenn die Voraussetzungen in der Stadt – gemeint: die Bereitstellung von Unterkunft und Verpflegung für Tausende von Besuchern – geschaffen seien.

Die Reparaturen am Festspielhaus dauerten länger, als vorgesehen war. Und der Zustand von »Wahnfried« hatte sich verschlechtert; an der Ruine mußten Sicherheitsvorkehrungen getroffen werden. Eine Entscheidung über die weitere Verwendung des Hauses stand an.

Mitte November 1948 reiste Wieland zusammen mit seiner Mutter, die in Nußdorf zu Besuch geweilt hatte, nach Bayreuth. Für ihn war es der Abschied vom Bodensee. Das alte Hausfaktotum Christian Ebersberger weinte vor Freude, daß »sein« Wieland wieder da war. Der schlief in seinem früheren Atelier, einem Raum über dem Gewächshaus. Bad und Toilette benutzte er im Gärtnerhaus, das Wolfgang mit seiner Familie bewohnte. Im unzerstörten Teil von

259

»Wahnfried«, dem ehemaligen Büro seiner Mutter, war für ihn ein Arbeitszimmer hergerichtet worden. Gertrud beschrieb es der New Yorker Freundin: »Es ist recht gemütlich geworden, ein Flügel, darüber Papas Bild, eine Sofaecke, ein Arbeitstisch und ein Kanonenofen sind gerade hineingegangen. Alles drum herum ist zwar Ruine und Staub, aber das macht nichts, ich koche jeden Mittag auf dem Kanonenofen Wielands Kaffee ... Wenn man dann noch Festspiele planen kann und auf dem Flügel der Parsifal erklingt, dann kann man direkt glücklich sein.«

Der Brief ist am 15. Dezember 1948 geschrieben. Da lag Winifreds Berufungsverhandlung bereits eine Woche zurück. Die Familie war erleichtert. Das Revisionsgericht hatte sie als »minderbelastet« eingestuft, ihre Strafe auf zweieinhalb Jahre zur Bewährung ausgesetzt. Die Bedingung war, daß sie für immer auf die Leitung der Festspiele verzichte. Der Verzicht wurde am 21. Januar 1949 schriftlich fixiert. Sie erklärte: »Ich verpflichte mich hiermit feierlich, mich jedweder Mitwirkung an der Organisation, Verwaltung und Leitung der Bayreuther Bühnenfestspiele zu enthalten. Einer schon lange gehegten Absicht entsprechend, werde ich meine Söhne Wieland und Wolfgang Wagner mit den bezeichneten Aufgaben betrauen und ihnen die entsprechenden Vollmachten erteilen.«

Wegen seiner eigenen Entnazifizierung hatte sich Wieland in den letzten Monaten keine Gedanken mehr gemacht. Im November hatte ihm der Bruder mitgeteilt, es bestehe Grund zu der Annahme, daß die Spruchkammer nicht mit einem weiteren Familienmitglied zu tun haben wolle. Und so war es auch. Zwei Tage nach dem revidierten Urteil der Mutter erhielt er den Sühnebescheid der Entnazifizierungskommission. Er wurde als »Mitläufer« eingestuft. Damit konnte er seinen Beruf uneingeschränkt ausüben.

Weihnachten 1948 verbrachte seine Familie erstmals seit der letzten Kriegsweihnacht 1944 wieder in Bayreuth. Indessen: nicht geeint, sondern auf drei verschiedene Wohnplätze verteilt. Soll man dies als böses Omen für die Zukunft nehmen? Oder einfach als Ausdruck der Lebensumstände in der Nachkriegszeit, die noch nicht zu Ende war?

Gertrud war von der kleinen Daphne mit Keuchhusten angesteckt worden. Sie konnte deshalb nicht mit ihren anderen Kindern Weihnachten feiern. Mitte Dezember waren Iris und Wolf Siegfried wohlgenährt und heilfroh, wieder bei den Geschwistern zu sein, aus der Schweiz zurückgekehrt. Sie feierten das Fest zusammen mit Nike bei der geliebten »Omi«. Daphne war zusammen mit Elfriede bei den Großeltern Reissinger einquartiert. Die kranke Mutter und der Vater verbrachten die Tage in der »Ruine Wahnfried«, was sie jetzt als Adresse über ihre Briefe setzten. Eine festliche Stimmung wollte nicht aufkommen. Die neue Zeit, die schon angebrochen war, erfüllte beide mit Unruhe und Nervosität. Anfang Januar mußte auch Wieland, der zwischen den verschiedenen Wohnungen hin- und hergegangen war, das Bett hüten.

Die Unruhe hielt die nächsten Monate an. Die Familie befand sich in einer Übergangszeit. Gertrud kehrte für ein paar Wochen mit den Kindern nach Nußdorf zurück, allerdings ohne Iris, die in Oberwarmensteinach zur Schule ging. Ein Besuch der »Walküre«, die schon Wieland so »schlimm« gefunden hatte beim Zwischenaufenthalt in München, während ihre Schwester Lilo die Kinder im Hotel hütete, entlockte ihr die Bemerkung: »Es wird höchste Zeit, dass in Bayreuth wieder gezeigt wird, was eine anständige Wagner-Aufführung ist.«

Wie sehr identifizierte sie sich doch inzwischen mit den Festspielen! Wäre es nicht so gewesen, dann hätte sie nicht die Rolle spielen können, die sie bald übernehmen sollte. Für Wieland war Gertrud unentbehrlich geworden. Sonntags, wenn es ruhig war, arbeiteten sie gemeinsam die Partituren durch. In der Woche war sie seine Allroundhelferin, die Briefe tippte, Kaffee kochte, zuhörte und mitplante. »Wieland war heute morgen sowieso schon unglücklich, als ich ihn allein lassen mußte«, schrieb sie der Schwiegermutter, »da will ich ihn nicht länger im Stich lassen.«

Sie war deshalb schon Mitte Februar wieder nach Bayreuth zurückgekehrt, ohne die Kinder. Dieses »Ohne die Kinder«, das sich in jener Zeit aus den Lebensumständen ergab, entwickelte sich bei ihr später zu schweren Schuldgefühlen. Jetzt, im Frühjahr 1949, war sie eine junge Frau, die sich nach so langer Abstinenz wieder amüsieren, wieder tanzen und mit anderen Menschen zusammensein wollte. Nach Konzerten saß man bis morgens fünf in der »Eule«, einer Bar, die in den kommenden Jahren *das* Bayreuther Künstlerlokal wurde. Zaghaft fragte sie die Schwiegermutter, ob sie ihr ein Abendkleid ausleihen könne. Winifred schickte sogleich »zur Auswahl: 1 Panne Kleid mit Schleppe, 1 Spitzenkleid, 1 chinesisches Gewand, einige Paar Schuhe.« Gertrud nahm am »Humanisten-« und am Presseball teil.

Wieland war dabei. Er litt in diesen Tagen an einer nicht näher bezeichneten »seelischen Sache«, über die der alte Schweiger nicht sprach. In Wien war eine »Meistersinger«-Inszenierung, die er hätte machen sollen, abgesagt worden. Man wußte dort nicht genau, wie seine NS-Vergangenheit aussah und ob er tragbar wäre. Der Mutter sagte er einen angekündigten Besuch ab: »Sei nicht bös, wenn ich über Sonntag nicht nach Warmensteinach komme, ich bin zur Zeit verbittert und unangenehm und wäre demzufolge als Besuch keine Freude.«

Im selben Brief vom 25. Februar 1949 heißt es: »Mit Festspielen 1950 wirds eh nichts mehr, da wir ja das Geld nicht aufbringen können.«

Zwar war Bewegung in die Sache gekommen, doch die Finanzierungsfrage war noch immer nicht gelöst. Immerhin erklärte der bayerische Ministerpräsident Ehard in diesen Wochen, die Festspiele würden nicht unter staatliche Aufsicht gestellt. Ferner versprach er, einen Weg zu finden, um die Festspiele aus der Treuhandschaft zu lösen. Er weigerte sich jedoch, in einem Gnadenakt die Bewährungsfrist für Winifred aufzuheben, weil das, laut Wieland, die »ganze Öffentlichkeit mobil machen« würde. Er schrieb der Mutter am 10. März: »Mir weiss Gott wäre es lieber gewesen, wenn dieser … Generationswechsel unter anderen Umständen und ohne die Mitwirkung von politischen Instanzen vor sich gegangen wäre. Ziehen wir eine Lehre daraus: ein Mitglied der Familie lasse die Hände von der Politik.«

Hände weg von der Politik – das war die Stimmung bei einem großen Teil der Menschen im Nachkriegsdeutschland. Ein Jahr zuvor hatte Wolfgang Wagner der Schwester nach Amerika geschrieben, seine Generation wolle mit Politik nichts zu tun haben, einem Künstler sei sie »zutiefst verhaßt«. Auf alle politischen Äußerungen, die sich auf die Vergangenheit der Familie bezogen, reagierten die neuen Wortführer im Haus Wagner, die beiden Brüder, abweisend, sarkastisch oder mit Hohn. So etwa auf eine Rundfunkansprache des Vertriebenensprechers Hupka, der die beiden als »Strohmänner« ihrer Mutter bezeichnete.

Um diesem Verdacht keinerlei Nahrung zu geben, bat Wieland die Mutter am 15. März 1949, darauf zu verzichten, weiterhin die Festspielpost zu erledigen. »Du musst verstehen, dass wir für die Zeit des Überganges nicht vorsichtig genug sein können und jedenfalls aus falscher Sparsamkeit keine eventuell verhängnisvollen Fehler machen dürfen.« Sparsamkeit war allerdings dringend geboten. Wieland und Wolfgang hatten mit ihren Familien nicht mehr als 200 Mark monatlich zur Verfügung; ebenso Winifred.

Am 12. April schrieb Wieland an die Dernburg: »Gestern hat man uns gnädig das Festspielhaus zurückgegeben – alles andere Wahnfried, Oberwarmensteinach und Nussdorf bleiben weiter betreuhändert. Dazu haben wir 10 000 D-Mark Verpflichtungen übernommen, keinen Pfennig Bargeld und Wertpapiere weit unter dem Kurs, nachdem sie schon abgewertet waren.« Im selben Brief heißt es: »Von Festspielvorbereitungen kann sonst nicht die Rede sein, da Wolf und ich ja nicht einmal das Geld haben, einen Sänger auswärts anzuhören oder eine Sekretärin zu engagieren.«

In einer beispiellosen Kampagne, die eine Art Wiederbelebung der alten Patronatsidee darstellte, war Wolfgang Wagner Tausende von Kilometern mit dem Motorrad unterwegs. Dabei trommelte er bei privaten Spendern so viel Geld zusammen, daß die öffentlichen Subventionsgeber ermuntert wurden, dahinter nicht zurückzustehen. Dennoch: für die beiden Brüder war längst klar, daß sie die Festspiele 1950 nicht würden eröffnen können.

Dies hatte ihnen »Maus« bereits aus der Ferne prophezeit. Im Juni 1949 malte sie eine »allerfinsterste politische Krise« an die Wand, in der kein Mensch auf Reisen gehen werde. »Wie in der halbzerstörten Stadt mit doppelter Population nebst all den anderen Schwierigkeiten eine Festspiel-Stimmung entstehen soll, ist mir ein Rätsel.« Doch

Friedelind kümmerte jetzt keinen mehr. Nicht einmal nach dem Geschick seiner Bilder erkundigte sich Wieland.

Der Wiederaufbau der Villa »Wahnfried«, die im Mai an die Familie zurückgegeben wurde, war im Gang. Das Baudarlehen einer Bank machte es möglich. Der »Ohm« schloß die Südwand, wodurch ein schmales, hohes Haus für Wieland und seine Familie entstand. Wolfgang Wagners Kernsatz bei der Baumaßnahme, die nicht viel kosten durfte, lautete: »Wos praktisch is, is schee.« Freilich, praktisch war das Haus mit der Küche im Souterrain, den Schlafzimmern im zweiten Stock »und dazwischen nichts als Türen und Wendeltreppen« nicht.

Wolfgang bemerkte denn auch gegenüber Gertrud: »Ich hätt des ja nie gmacht, ich hätt mir oben nei a scheene, gemütliche Wohnung, a Etagenwohnung gbaut.« Immerhin, der Bau wurde in Rekordzeit vollendet. »Es wird nur gemacht,« schrieb Wieland am 20. Juni an die Mutter, »was zur Erhaltung des Alten notwendig ist, ohne auf Schönheit Rücksicht zu nehmen.« Er entschuldigte sich bei ihr, die zur Überwachung des bevorstehenden Umzugs bereits am Bodensee weilte, dafür, daß er ihr die Baupläne noch nicht geschickt habe, »sie sind endgültig aber erst gestern fertig geworden.« Einen Monat später war die Familie bereits eingezogen.

Über dem Bauwesen geriet das Hauptereignis des Frühsommers fast ins Hintertreffen: die »Wiederweihe« des Festspielhauses am 22. Mai 1949. Knappertsbusch dirigierte die Münchner Symphoniker, sie spielten die »Meistersinger«-Ouvertüre und das »Siegfried-Idyll«. Winifred nahm daran nicht teil. Wieland war davon, wie er der Mutter meldete, »begeistert«. Sie hatte sich einige briefliche Bemerkungen über den Dirigenten nicht verkneifen können; sie hatte von einer »völlig negativen Haltung« ihr gegenüber gesprochen – was Wieland entkräftete – und sodann seine »Meistersinger«-Tempi kritisiert. Wieland widersprach ihr und zwar grundsätzlich.

»Ich habe noch niemanden gefunden, der mir über die Geheimwissenschaft der Bayreuther Temponahme authentischen Aufschluss geben könnte – ich habe aber den Eindruck, dass es diesen Jemand auch nicht geben kann. Mit Richter war Richard Wagner selbst nie zufrieden, Mottl dirigierte laut Cosima zu langsam. Diese beiden haben die Bayreuther Dirigiertradition ... geprägt. Strauss dirigierte angeblich zu schnell, Toscanini zu langsam, Furtwängler zerdehnt angeblich alles – – und die kleinen Geister? Jeder beruft sich bei allem auf Mottl, auf Richter, auf Siegfried Wagner und auf Muck – ich komme immer mehr zu der Überzeugung, dass wichtiger als die Haarspalterei über das Metronomische das innere Erfüllen eines Tempos ist, sei es nun etwas schneller oder etwas langsamer. Tante Eva trifft hier schon den Nagel auf den Kopf mit ihrem berühmten Ausspruch, dass die Dirigenten entweder zu schnell oder zu langsam dirigieren.«

Im selben Brief vom 20. Juni gratuliert er der Mutter, die am Bodensee weilte, zum Geburtstag. Sie hatte statt der üblichen Lilien und Rosen, die es immer zu ihrem Geburtstag gab, »bloß eine Postkarte zu zehn Pfennig« erbeten. Söhne, Freunde, Personal hatten zusammengelegt zu einer echten Nachkriegsgabe: »Wenn Du wieder nach Hause kommst, so erwartet Dich in Oberwarmensteinach ein neuer Radio – ein Blaupunkt, 6 Röhren.« Winifreds schönstes Geburtstagsgeschenk war jedoch ein weiteres Enkelkind. Verena hatte kurz zuvor in Konstanz ihr viertes Kind, eine Tochter, zur Welt gebracht.

Gertrud, Wieland, Wolfgang erfuhren davon in Garmisch-Partenkirchen bei der Feier zum fünfundachtzigsten Geburtstag von Richard Strauss. Alles, was Rang und Namen in Bayern hatte, war versammelt, an die fünfzig Leute. Kultusminister Hundhammer hielt eine Rede auf den weißhaarigen Musikpatriarchen. »Er sieht aus wie der liebe Gott«, schrieb Gertrud an Winifred, »und als Wieland ihm sagte, daß er so gut aussehe, antwortete er: ›Ja, im Gsicht bin ich auch net krank.‹« Zum Mittagessen gab es »Weißwürste und gleich hinterher Kaffee mit phantastischen Torten«. Wieland trug den einzigen Anzug, den er besaß, jenen aus dem gefärbten »Parteistoff«. Dank des kühlen Wetters mußte er in dem dicken Anzug nicht schwitzen. »Das Zusammensein mit Wolf«, erfährt die Schwiegermutter, »so einen ganzen Tag war besonders nett – er ist da so gemütlich und ganz der nette Kerl mit seinem herzerfrischenden Humor wie früher. – Schade, daß man nicht immer so mit ihm zusammen sein kann.«

Strauss' Frau Pauline, eine Generalstochter und ehemalige Sängerin, die als bayerisches Original bekannt war, betrachtete im übrigen die jungen Herren und ihre Festspielambitionen mit Skepsis. »Geht's Buam«, sagte sie, »loßt dös bleibn. Ih kennt's ned, wos eier Großmudda kennd hod.«

Derweil gab es in Nußdorf zu Nikes viertem Geburtstag, von der »Omi« hergestellt, eine »Schichtentorte mit Syrup« und einen »Festfraß aus einer Amifleischbüchse«. Man stellte sich bereits auf den Umzug ein. Die Kinder unternahmen mit Tante Elfriede zum Abschied eine Dampferfahrt, die den Eltern zuvor angekündigt worden war: »Hoffentlich habt ihr wegen des Geldes nichts dagegen.« Kurz zuvor war sie wegen eines Telegramms von Gertrud in Tränen ausgebrochen, weil ihr dieser Postweg als die reinste Geldverschwendung erschien, wo sie nicht wußte, wie sie »das Zeugs für die Kinder« kaufen sollte.

Auch der Umzug mußte so billig wie möglich vonstatten gehen. Um Geld zu sparen, fuhr Gertrud nicht selber nach Nußdorf, um die drei kleineren Kinder abzuholen. (Iris war nach einer gut verlaufenen Mandeloperation im März nach Oberwarmensteinach zurückgekehrt, wo die alte Emma sie in der Abwesenheit der Großmutter versorgte.) Vielleicht wollte sie auch dem Abschied von dem Überlinger Amtsarzt aus dem Weg gehen, der bis zuletzt hoffte, sie würde noch einmal kommen. Das schrieb jedenfalls Elfriede, die einiges von Gertruds Gefühlen für den Doktor ahnte, an Wieland. Gertruds Mann interessierte das überhaupt nicht. Er hatte in dieser Zeit ganz andere Dinge im Kopf.

Der ursprüngliche Plan, das Umzugsgut auf einen am Bodensee gemieteten Lastwagen zu verfrachten und die Familie mit der Bahn reisen zu lassen, wurde aus Kostengründen verworfen. Es war billiger, aus Bayreuth den Allroundmann Eberhardt mit einem Auto und einem Anhänger nach Nußdorf zu schicken. Was keinen Platz hatte, sollte als Frachtgut per Bahn geschickt werden. In einer von freudigem Tatendrang zeugenden »Botschaft an alle Großmütter, Mütter und Tanten in Nußdorf« setzte Wieland fest, was unbedingt auf den Anhänger geladen werden sollte:

»1.) der elektrische Herd von Beckers (im Gärtnerhaus wird mein Münchner Herd verwendet, sodass ein neuer angeschafft werden müsste, was zur Zeit nicht möglich ist) / 2.) der Ebersbergsche Radio / 3.) die beiden weißen Kindergitterbetten mit Matratzen / 4.) das Bettzeug und die Kinderbettwäsche und Handtücher, Badetücher / 5.) Holländer und noch vorhandener Roller 6.) Puppenwagen / 7.) Badeofen / 8.) die noch brauchbaren Kleider von Kindern und Erwachsenen / 9.) gelber Teppich und grüne Vorhangstoffe und Bettbezüge.

Sollte es noch möglich sein, auf dem Anhänger Bücher zu transportieren, so werden diese eingeladen, andernfalls werden sie in Kisten verpackt und von Herrn Eberhardt zum Bahnhof Nussdorf gebracht, um dort aufgegeben zu werden. Das Fahrrad wird auf alle Fälle aufgegeben. Das Klavier und mein Malkram bleibt im Atelier stehen. Mein Selbstbildnis mit Rahmen, die Kinderbilder, Aktzeichnungen und die helle Bodenseelandschaft sowie das Richard Wagnerbild aus dem Wohnzimmer werden, falls sie nicht mehr auf den Anhänger gehen, gelegentlich von Nussdorf nach Bayreuth mitgenommen. Für die beiden Fotoapparate ist Elfriede haftbar, sie hat beide um ihren Leib zu schnallen. Was mit den Trümmern des Meistersingermodells geschieht, wird euch Herr Eberhardt mündlich mitteilen. Den Eimer mit Kirschen wird Elfriede auf den Schoss nehmen. / Alles übrige wird verkauft, versteigert, verbrannt oder in den Nussbach geschmissen.«

Fahrer und Fahrzeug trafen am 10. Juli abends in Nußdorf ein. Der Umzug erfolgte am nächsten Tag. Winifred schickte Gertrud und Wieland ein paar Zeilen: »Zum Einzug Eurer Kinder in Wahnfried Glück- und Segenswünsche der Omi zuvor – möge die kleine liebe Bande sich dort wohlfühlen und Euch zur steten Freude gedeihen und heranwachsen!«

Die neue Zeit konnte beginnen.

Wahnfried bot, von der Straße aus gesehen, den alten gewohnten Anblick. Selbst die Kastanien, von denen einige nach der Bombardierung wie Krüppel mit Armstümpfen aussahen, hatten sich erholt. Erhalten geblieben war die klassizistische Hauptfassade des Hauses mit der berühmten, von Richard Wager erdachten Inschrift: »Hier, wo mein Wähnen Frieden fand, Wahnfried sei dieses Haus von mir benannt.« Doch von hinten, von der Hofgartenseite her, war es ein völlig anderes Haus.

Der »Ohm« hatte das, was die Bombe weggerissen hatte, nicht wieder aufgebaut, er hatte nur die Wand geschlossen. Wo früher das Heiligtum des Hauses, der »Saal« gewesen war, lag jetzt ein offener Patio. Die Rückfassade war weiß verputzt, an den Seitentrakten gab es zwei von nüchternen Gitterstäben begrenzte Balkone. Die Fenster waren als rechteckige, schmucklose Öffnungen in die Wand eingelassen; später kam ein kleines Rundfenster im Zwischengeschoß hinzu, das die Kinder »Mutters Bullauge« nannten. Auf dem Dach, das mit Wellpappe gedeckt war, reihten sich kleine häßliche Kamine. Die karge Ehrlichkeit, welche die Nachkriegsarchitektur kennzeichnet, präsentierte sich hier auf fast schockierende Weise. Das Haus mit den zwei so unterschiedlichen Gesichtern demonstrierte brutal, welchen Schaden der vom NS-Regime verursachte Krieg dem Wagner-Mythos zugefügt hatte. Der Kult, einst im Saal gepflegt, war weggeblasen. Wer in diesem Haus lebte, konnte gar nicht anders, als sich der neuen Zeit stellen.

Gertrud beschrieb das Interieur: »›Schee‹ war's wirklich nicht mit all den zusammengewürfelten Restmöbeln, die wir in der Abstellkammer des Festspielhauses zusammensuchten. In der ›Halle‹ war der schöne alte Steinfußboden aus zweifarbigen Sollnhofer Platten erhalten geblieben, die Wände waren nüchtern weiß, der große Flügel stand in einer Ecke, auch Daunensofas in Blau waren erhalten; als Novität gab es Südlicht durch ein großes Fenster zum Garten. Der Blick ging bis zum Grab Richards. Über Cosimas Kamin war der Spiegel verschwunden, statt dessen Beethoven, die Kopie des Waldmüller-Porträts. Im Eßzimmer tafelten wir noch am originalen runden Eßtisch mit den gepolsterten Stühlen. In einer Vitrine Altberliner Porzellan, an der Wand Cosima im weißen Atlasgewand von Lenbach, eine Lisztzeichnung von Ingres. Außerdem Fauteuils in Rotbraun aus der Nazi-Zeit, an der großen Fenstertür nach Norden ein Samtvorhang Marke NS-Geschmack.«

Es fehlte an allen Enden, auch wenn Gertrud Strobels Notat, Wieland und Gertrud »essen kein Mittagsbrot, um zu sparen« etwas übertrieben sein dürfte.

Und wieder wurde die unerschöpfliche Quelle aller Güter, Winifred, angegangen. Sie sorgte für Besteck, schickte Tisch- und Bettwäsche. Seit Richards Zeiten war die Wäschebesessenheit im Hause Wagner groß. 1864 hatte der luxusverwöhnte Meister bei seiner Wiener Lieferantin, der legendären »Frl. Bertha«, 250 Ellen Atlas für Bettdecken sowie Haus- und Schlafröcke mit »Rüschen, Schoppen, Maschen«, alles »reich und schön gearbeitet«, bestellt; dabei war der richtige Farbton wesentlich gewesen: »Verwechseln Sie Nr. 2, das dunkle Rosa, nicht mit dem früheren Violett-Rosa, welches ich nicht meine, sondern wirkliches Rosa, aber nur sehr dunkel und feurig.«

Jetzt ging es nur um profane Nutzwäsche. Winifreds Brief vom August 1949, den sie einer Sendung von »Wahnfriedbett- und -tischwäsche« beilegte, ist dafür ein Beweis. Die Liste umfaßt 76 Stück Bett- und 69 Stück Tischwäsche. Da gibt es Plumeaubezüge »gezeichnet Wieland Wagner«, Laken »gezeichnet Wahnfried«, Wäsche, gepunktet, kariert oder mit Hohlsäumen und solche, die »an sich nur für mein großes Doppelbett benutzt« wurde, geblümte Steppdecken und jede Menge Tisch- und Kaffeedecken aus Leinen und Kunstseide, in verschiedenen Farben und mit bunten Rändern. Schließlich war ein silbernes Taufbesteck beigelegt, »W.W.« gezeichnet.

Die Kinder gewöhnten sich schnell an die neue Umgebung. »Wahnfried« war zwar kein Kindernest wie das Haus am Bodensee oder das der Großmutter im Fichtelgebirge. Dafür aber gab es hier zwei neue Spielkameraden, Eva und Gottfried, die Kinder des Onkels, der noch für eine Weile mit seiner Familie im ehemaligen Gärtnerhaus wohnte. Manchmal gab es ein Spielverbot, weil die Wieland-Kinder, ganz wie der Vater einst, zu schlimme Schimpfwörter gebrauchten.

Überhaupt gab es zwischen den Familien eine gewisse Distanz – sie ging von Wolfgangs Frau aus –, wie aus einem Brief Gertruds an die Freundin Romanowski vom 9. Juli 1950 hervorgeht. Es gibt dort ein bißchen freundlichen Klatsch über die Nachbarfamilie: »Wolf und Ellen interessieren sich hauptsächlich fürs Motorradfahren und für

Lederhosen, Ellen ist ganz mondän geworden mit dunkelroten Fingernägeln und – wie gesagt – mit Lederhosen. Wir sehen uns fast nie und wenn, dann grüssen wir uns freundlich wie zwei Fremde. Sie will diesen Abstand, also soll sie ihn haben.«

Manchmal kam Gertruds Vater vorbei. Er zeigte seinen Enkeln die Vögel, die auf der Esche nisteten. Luise hielt sich zurück. Ein einziges Mal wird erwähnt, daß sie an Festspielen teilgenommen habe. 1953 berichtete Friedelind, »Omi Reissinger« habe beim »Rheingold« in der Familienloge gesessen.

Wie in Nußdorf kümmerte sich Elfriede um die Kinder. Wieland hatte sie gebeten zu bleiben. Er wollte keine neuen Gesichter um sich haben. Die gab es dann aber doch, vor allem in späteren Jahren, in rasch wechselnder Folge bei den Köchinnen. Im Souterrain war die alte Küche mit dem riesigen Herd und den großen Kupferspülen erhalten geblieben. Auch der klapprige Aufzug funktionierte noch. Gertrud kümmerte sich nicht ums Kochen. Als Mitarbeiterin Wielands hatte sie genug zu tun. Außerdem erledigte sie die Anschaffungen für die Kinder und den Mann. Wieland hätte sich nie selbst ein Paar Schuhe, eine Krawatte, geschweige denn Hemden oder gar einen Anzug gekauft.

Übrigens ist es eine Legende, daß er sich überwiegend schwarz gekleidet, schwarzseidene Hemden getragen habe. So wählerisch konnte man in der Nachkriegszeit gar nicht sein. In den fünfziger Jahren liebte er italienische Strickjacken aus feinster Wolle in Grau und Blau und als es Mode wurde, die Kombination von Strickwaren und Leder, dazu trug er gern helle Hosen, die optisch günstig waren für seinen zunehmenden Leibesumfang.

Das Weihnachtsfest feierte die Familie zusammen mit Winifred zum erstenmal seit 1944 wieder in »Wahnfried«, auf »fast der gewohnten Ebene«. Das war schlicht architektonisch gemeint, kennzeichnet aber im übertragenen Sinn, was viele Deutsche damals empfanden. Es war fast wie zuvor, fast als hätte der Krieg nicht stattgefunden. Man hatte es schon fast wieder geschafft. Winifred brachte dies in ihrem Dankesbrief vom 28. Dezember zum Ausdruck. »Ich meine, dass wir Alle trotz der Unsicherheit der allgemeinen Lage – doch stolz und glücklich auf das im vergangenen Jahr Erreiche schauen können …« Die Restaurationsepoche der Bundesrepublik begann heraufzuziehen.

Das erste größere Familienereignis im Haus war im April 1950 die gemeinsame Taufe der vier Kinder. Für die Eltern, die keine starke Bindung zum christlichen Glauben hatten, war dies wohl eher ein Akt, welcher der Familientradition entsprach und ein Zeichen dafür setzte, daß sich das Leben bürgerlich normalisierte.

Gertruds Onkel Theodor, Pfarrer in Bayreuth, nahm den Taufakt in »Wahnfried« vor. Die Familie war versammelt, Overhoff spielte auf dem Flügel Bach. Die Täuflinge saßen auf einem Bänkchen und kamen sich wichtig vor. Die Mädchen trugen hellblaue Seidenkleider mit weißen Spitzenkrägen. Alle vier hatten junge Männer als Taufpaten: Daphne Richard Strauss jr., Nike Fritz Reissinger, den Sohn des »Ohm«, Iris Dr. Danzer, der ein Schulkamerad der Eltern war, und zu »Wummis« Paten war Wolfgang, der Onkel, ausersehen. Es war das erste und das letzte schöne Familienfest, das Gertrud in diesem Haus feierte.

Im gleichen Monat wurde der Vertrag geschlossen, in dem Winifred zugunsten ihrer Söhne auf die Wahrnehmung ihrer Erbschaftsrechte hinsichtlich der Weiterführung der Festspiele verzichtete. Der erste Punkt der »Vereinbarung« lautet: »Wieland und Wolfgang Wagner werden die Festspiele als Veranstalter im eigenen Namen und auf eigene Rechnung fortführen.« Unter Punkt 8 heißt es: »Stirbt einer der Veranstalter, so tritt der Überlebende in dessen Rechte und Pflichten ein.« Ferner war zum 31. 12. 1961 die Möglichkeit einer Kündigung festgelegt. Ein wenige Wochen später geschlossener Vertrag regelte die Vermietung des Festspielhauses an die beiden Brüder. Er sah vor, daß die Mutter statt einer Miete mit vierzig Prozent dessen entschädigt würde, was beide Söhne zusammen für ihren Unterhalt aus den Einkünften der Festspiele entnähmen.

Winifred Wagner hatte das volle Recht, so zu verfahren. Freilich, sie hatte mit diesen Vereinbarungen ihre Töchter von der Leitung des Unternehmens ausgeschlossen. Das entsprach ganz dem Willen ihrer Söhne. Deren geheimer Wahlspruch hieß: »Nach Cosima und Winifred Schluß mit der Weiberdiktatur!« Von Wolfgang Wagner wird aus dieser Zeit ein Ausspruch gegenüber seinem Bruder Wieland überliefert: »Die Weiber lassn mr draußen.« Die Weiber: das war die nicht mehr gefährliche Friedelind und die eigentlich desinteressierte Verena, es war aber vor allem Gertrud. Für sie sollte diese Einstellung verhängnisvoll werden.

Verena protestierte gegen den Vertrag, vor allem, weil man sie nicht vorher darüber informiert hatte. Winifred verteidigte am 17. Juni 1950 das schnelle Handeln damit, daß die Brüder wegen eines doch dringend benötigten finanziellen Zuschusses für die Festspiele ins bayerische Kultusministerium bestellt gewesen seien und eine Verhandlungsvollmacht gebraucht hätten. Außerdem kämen doch weder sie, das heißt Verena, noch Friedelind »zur Durchführung der Festspiele in Frage«. Und sie fügt hinzu: »Die einzige mögliche und vernünftige Lösung« sei die Beauftragung der Brüder. »Sie ergänzen sich Beide aufs Glücklichste ...«

Die Reaktion von Friedelind, am 7. Juni 1950 abgefaßt, war ein mit Verdrehungen, falschen Behauptungen, falschen Versprechungen gespickter Wut- und Tadelbrief an die Brüder. In einem einzigen Schwall versprach sie, eine Liste mit für Bayreuth geeigneten Sängern zu schicken, für Wielands Bilder einen Markt zu schaffen (»ich koennte heute keine fuenf Dollars fuer solch ein Bild bekommen«), amerikanische Geldquellen zur Wiedereröffnung der Festspiele zu erschließen und den Geschwistern gleichzeitig mangelnden Anstand und Dummheit vorzuwerfen, weil sie es »durch Hitlerismus, Knittelismus, Tietjenismus« fast fertiggebracht hätten, das Erbe zu verschleudern. Sie prophezeite den schnellen Bankrott des Unternehmens und protestierte lautstark gegen den Verkauf von Wagnerschen Originalmanuskripten, der im Vorfeld der Wiedereröffnung der Festspiele angesichts des notorischen Geldmangels diskutiert worden war.

Kühl stellt Winifred in einem Brief vom 17. Juni 1950 an Verena fest, daß sie durchaus das Recht habe, die »Tristan«-Partitur zu verkaufen, ohne daß die Nacherben, also ihre Kinder, ein Recht zum Einspruch hätten. Der Verkauf unterblieb; dennoch weitete sich das Scharmützel mit der Schwester in Amerika im Sommer aus.

Friedelind, zu öffentlichem Showgehabe neigend, sandte eine Protestnote gegen den Verkauf von Manuskripten Richard Wagners nicht nur an den bayerischen Ministerpräsidenten; sie gab diese an die Presse. Die Brüder reagierten nach den ersten Veröffentlichungen mit aller Schärfe. Wenn Friedelind nicht öffentlich dementiere, werde man sie als Lügnerin anprangern.

Wieland brachte in einem Brief an »Maus« einen besonders heiklen Punkt zur Sprache. Der Komponist Gottfried von Einem, dessen Mutter Friedelind während des Kriegs angeblich Schmuck im Wert von 40 000 Mark anvertraut hatte, bitte um Nachricht über deren Verbleib, andernfalls würden gerichtliche Schritte erfolgen.

In die Affäre um den Schmuck der Baronin von Einem mischte sich, da Friedelind darüber hartnäckig schwieg, ihre Schweizer Freundin Beerli ein. Sie schickte eine Liste der siebzehn Schmucketuis nebst ihres Inhalts an einen Luzerner Rechtsanwalt, der eine Abschrift davon Winifred zugehen ließ.

Im Herbst machte sich der Komponist selbst auf den Weg, um Friedelind aufzusuchen. Er mußte erfahren, daß der Schmuck, den Friedelind in einem amerikanischen Pfandhaus hinterlegt hatte, zwangsversteigert worden war, weil sie die Gebühren der Pfandanstalt nicht hatte bezahlen können. Den Brüdern konnte die Affäre nur recht sein. Sie diskreditierte eine Konkurrentin, die, wenn sie es klüger angefangen hätte und 1945 sofort in Bayreuth erschienen wäre, reelle Chancen gehabt hätte, als ausgewiesene Hitlergegnerin von den Treuhändern mit der Leitung der Festspiele betraut zu werden.

Auch mit Winifred kam es immer wieder zu Reibereien. Wieland warf ihr vor, auf ihrem Briefbogen unter der Adresse den Aufdruck »Im Exil« zu verwenden. Das war im Blick auf das wirkliche, noch nicht lange zurückliegende Exil vieler Intellektueller und Künstler nicht gerade geschmackvoll. Doch Wieland dachte nicht im geringsten an dieses Exil, es war noch kaum ins Bewußtsein der Deutschen gerückt. Er persönlich war es, der sich durch dieses Wort gemaßregelt fühlte, so als habe er die Mutter gezwungen, aus »Wahnfried« auszuziehen. Er griff zu einem Mittel, das er gern benutzte, wenn er wußte, daß der andere nicht darauf eingehen würde: Er schlug der Mutter vor, ihr das Haus vom 1. April 1951 an ganz zur Verfügung zu stellen. Winifred reagierte, wie der Sohn vorausgesehen hatte. Sie versprach, den Briefkopf zu ändern und beeilte sich kundzutun, in Oberwarmensteinach bleiben zu wollen.

Einig war sich die Familie von Anfang an in der Abwehr aller öffentlichen Bestrebungen, ihre jüngste Vergangenheit einer Durchleuchtung zu unterziehen. Dieses Schweigen war auch im Blick auf die »Freunde von Bayreuth« opportun; den Geldgebern war nicht daran gelegen, daß allzuviel Unrat aus der NS-Vergangenheit publik wurde. So wurden alle Interviewanfragen abschlägig beschieden, denn, so Winifred an Wieland, »die Jahre 1930–1944 gänzlich zu übergehen, wäre ja wohl selbst den größten Akrobaten nicht recht möglich.«

Ein »Revue«-Reporter, der eine Artikelserie über die Familie Wagner machen wollte, wurde abgewehrt. Ein »Spiegel«-Artikel sollte unterdrückt werden. Den Söhnen schrieb Winifred am 28. Mai 1951: »Es tut mir ja unendlich leid, daß Ihr immer wieder Euch über mich und meine Vergangenheit ärgern müßt – aber ... eine andere Einstellung meinerseits ab 33 (hätte) wahrscheinlich zur Folge gehabt, daß es keine Festspielarbeit mehr für Euch gäbe ...« Dies war Winifreds Einstellung gegenüber der Vergangenheit: sie wurde gerechtfertigt, nicht analysiert oder gar bedauert.

Wie aber stand es bei den Söhnen? Die Ansicht von Wolfgang Wagner wurde durch ein Zitat aus seinem Erinnerungsbuch im vorigen Kapitel wiedergegeben. Wieland war von Natur aus ein Schweiger. Er fraß, was ihn bewegte, in sich hinein. Dieses Schweigen war aber auch ein Kennzeichen seiner Generation. Sie fragte nicht nach der Ursache der Katastrophe, sie blickte nicht zurück, sie widmete sich dem Wiederaufbau, also dem Leben und der Zukunft. Heute vom »betretenen Nachkriegsschweigen« zu reden, ist nicht richtig. Es gab keine allgemeine Betretenheit, es gab einen allgemeinen Aufbauwillen. Das war notwendig, verhalf aber auch der betroffenen Generation allzuleicht zu einem guten Gewissen und dem vermeintlichen Alibi dafür, sich nicht mit der Vergangenheit befassen zu müssen.

Dennoch: ein Mann, ein Künstler wie Wieland Wagner dachte nach, über das, was geschehen war, auch wenn er nicht darüber sprach, nicht einmal mit seiner Frau. Die pervertierten Vorstellungen des Dritten Reichs, der Rassenwahn, der Judenhaß, das großdeutsche Delirium waren trotz der persönlichen Nähe zu Hitler nie die seinen gewesen. Er hatte keine Ideale verloren. Er glaubte an die Kunst, an »Gott, Mozart und Beethoven«, wie er in einem Vortrag formulierte, und natürlich an Richard Wagner, den »alten Wagner«, wie er ihn nun titulierte, sich damit vom familiären Großpapakult distanzierend. Mit seiner Kunst wollte er etwas von Scham und Schuld der besonderen Protektion, die sehr wohl auf ihm lasteten, abarbeiten. Der, den sich der kleine Junge einst als Vater gewünscht hatte, mußte auf der Bühne öffentlich exorziert werden.

Die meiste Zeit war jetzt den Vorbereitungen für den Neueinsatz gewidmet, der für den Sommer 1951 festgelegt war. Wieland sah fünf Neuinszenierungen vor; vier lud er sich selber auf. Der »Ring« mußte sein. Doch als Herzstück war der »Parsifal« vorgesehen, der während des Kriegs nicht mehr gespielt worden war und mit dem sich Wieland am Bodensee intensiv befaßt hatte. Auch die »Meistersinger« standen auf dem Programm. Allerdings sollte das durch die NS-Zeit kompromittierte Stück ein Fremder inszenieren. Rudolf Hartmann wurde dafür gewonnen. Zu den Dirigenten Knappertsbusch und Karajan gab es schon des längeren Kontakte. Mühe machte die Beschaffung von Sängern. Auch auf diesem Gebiet hatte der Krieg als ungeheurer Aderlaß gewirkt. Die alten waren vertrieben, deportiert, umgebracht worden oder gestorben, die neuen, die jungen mußten erst entdeckt werden.

Unentwegt war Wieland, oft in Begleitung Gertruds, unterwegs, um Wagner-Aufführungen zu sehen, Sänger zum Vorsingen zu bitten. Im April 1950 schreibt er an Ursula Küppers, die Tochter des Komponisten Weismann, in Nußdorf, er habe in Düsseldorf den »Parsifal«, in Köln den »Lohengrin«, in Wuppertal den »Tristan« gesehen. »Dazwischen war reichlich Vorsingen.«

Gertrud berichtet, wie Wieland im Sommer 1950 in Salzburg Kirsten Flagstad, die dort unter Furtwängler die Leonore sang, in ihrer Garderobe bedrängte, in Bayreuth die Brünhilde zu singen. Flagstad lehnte ab, sie sei zu alt dafür. Doch empfahl sie ihm eine junge schwedische Sängerin, die an der Met eingesprungen und eine hervorragende Sieglinde gesungen habe: Astrid Varnay. Wieland verließ sich auf die Empfehlung, kaufte, wie er sagte, »die Katze im Sack«.

In derselben Salzburger »Fidelio«-Aufführung hörten sie die junge Elisabeth Schwarzkopf, »ein Traum an Singen und an Stimme« (Gertrud), die sie sogleich engagierten. Aus Wien, wo er einen aufregenden »Don Giovanni« gesungen haben sollte, kam George London nach Bayreuth zum Vorsingen.

Gertrud stand, als er in »Wahnfried« eintraf, im oberen Stock am offenen Fenster. Sie hörte die Stimme ihrer fünfjährigen Nike: »Doch, ich seh's, du bist ein Neger.« Darauf eine tiefe, sonore Stimme: »Nein, mein Kleines, nein.« »Doch«, widersprach das Kind, »du bist ein Neger.« Gertrud blieb fast das Herz stehen. Sie brauchten so dringend einen guten Baßbariton! Bei Tisch war die Frage diskutiert worden, ob der Amerikaner London schwarzer Abstammung sei oder nicht.

Gertrud rannte hinunter, um den Schaden zu beheben. Weder das Kind noch der Sänger waren zu sehen. Gertrud befürchtete, der Mann habe sich auf dem Absatz umgedreht, sei gegangen. Doch London war nur zum Grab Richard Wagners gegangen. Kurze Zeit später sang er in »Wahnfried« vor, mit einem Ausschnitt aus der Partie des Amfortas überwältigte er seine Zuhörer.

Weitere Glücksfälle folgten. Aus Stuttgart hatte man von einem jungen Tenor namens Wolfgang Windgassen gehört, des weiteren von Martha Mödl, die schon irgendwo die Kundry gesungen haben sollte. Beide kamen zum Vorsingen, und beim ersten Ton wußte man: sie sind es – Parsifal und Kundry. Ludwig Weber in Wien, den Wieland und Gertrud noch von vor dem Krieg kannten, wurde als Bassist gewonnen. Weitere Bassisten kamen aus Dresden. Die Semperoper war daran interessiert, daß ihre Sänger auch außerhalb der DDR auftraten. Der junge Theo Adam, der früh verstorbene Werner Faulhaber sowie Gerhard Stolze wurden von dort engagiert, desgleichen – die Hauptschwierigkeit jeder »Ring«-Besetzung – Bernd Aldenhoff als Siegfried. Das war zwar keine ideale Besetzung, doch, so Gertrud, »wir mußten einen nehmen, der die Partie überhaupt singen konnte«. Schwierig war auch die Besetzung des Wotan. Man nahm den gutaussehenden Schweden Sigurd Björling, der singen konnte, dem es aber ein bißchen an Ausstrahlung gebrach. Andere, die bald eine große Karriere machten, kamen hinzu: Leonie Rysanek, Hertha Töpper, Hermann Uhde.

Mitte September 1950 meldete Gertrud der Schwiegermutter nach Nußdorf: »Die Besetzung steht nun bis auf ein paar kleine Lücken.« Sie berichtete weiter über einen »unvorstellbar gemütlichen« Karajanbesuch, über den Wieland schon ein paar Tage zuvor der Mutter geschrieben hatte: »Karajan von fünf bis zwei Uhr nachts da, sehr passabel.«

Zwischen Gertrud und Wieland war Karajan eine heikle Angelegenheit. Gertrud mochte ihn sehr, sie empfand ihn seit ihrer Berliner Zeit als Freund. Wieland stand ihm distanziert gegenüber. Dabei mag eine gewisse Eifersucht mitgespielt haben. Er hatte Karajan, der als Wagnerverehrer begierig war, in Bayreuth zu dirigieren, engagiert, damit er mit dem Orchester arbeite. Karajan galt als großer Orchestererzieher.

Im Winter 1950 kam er frischweg vom Wintersport im Skifahrerdreß nach »Wahnfried«. Zu dritt saß man beisammen, alle drei hatten die Partitur oder einen Klavierauszug des »Ring« in der Hand. Karajan lag an einer Partnerschaft von Dirigent und Regisseur; er wollte wissen, was ihn auf der Bühne erwarten würde. Wieland gefiel das nicht. Er fühlte sich beengt, gestört, kontrolliert.

Als junger Mann hatte er erlebt, wie Clemens Krauss den Regisseur Hartmann auf den zweiten Platz verwiesen hatte. Er wollte Musiktheater machen und der Welt beweisen, daß ein Opernregisseur nicht zugleich Dirigent zu sein brauchte. Ein zweites kam hinzu: Wieland war kein Mann der Partnerschaft. Er wollte herrschen, er brauchte Untergebene. Außerdem gab es reale, objektive Differenzen. Regisseur und Dirigent hatten andere stilistische Vorstellungen. Karajan dirigierte den ersten »Ring« des Bayreuther Neubeginns. Danach engagierte Wieland ihn nicht mehr.

Die einzige Person, mit der Wieland partnerschaftlich arbeiten konnte, wen wundert's, war Gertrud. Von ihr fühlte er sich nicht bedrängt. Sie wollte ihn nicht überflügeln, in den Schatten stellen, übertrumpfen. Sie wollte ihm helfen, doch so, daß er sich deshalb nicht erniedrigt vorkam. Gertrud war glücklich, ihre Fähigkeiten einbringen zu können, gebraucht zu werden. Sie war genau das, was Wieland brauchte: eine Ideenlieferantin, die, ohne einen Mangel zu empfinden, im Schatten ihres Mannes blieb. Bereits 1946, in einem Brief an Maria Dernburg vom 20. Juni, in dem Wieland Rechenschaft über seinen künstlerischen Lebensweg ablegte, hatte er Gertruds Mitarbeit in Altenburg und Nürnberg mit keinem Sterbenswort erwähnt. Vermutlich ohne einen Gedanken daran zu verschwenden oder gar Gewissensbisse zu haben, gab er nun »Neu-Bayreuth« als sein alleiniges Werk aus.

Wieland war kein Theatermensch. Er hatte einen guten visuellen Geschmack, einen Sinn für Farben, Farbnuancen, Farbvaleurs, für Licht und Schatten. Er kannte sehr genau die Partituren seines Großvaters. Er besaß allgemeine Kenntnisse des gedanklichen Umfelds, dem sie entstammten. Seine »malerische Begabung«, so heißt es im zitierten Brief an die Dernburg, sollte ihm helfen, »das Inscenierungsproblem bei Richard Wagner auf neuartige Weise anzupacken«. Dabei übersah er, daß der Komponist, wie aus einem Brief an Ludwig II. ersichtlich, Bühnenbilder »nur als schweigend ermöglichenden Hintergrund und Umgebung einer charakteristischen dramatischen Situation mitwirkend wissen« wollte. Vom rein Optischen her konnten die Werke nicht inszeniert werden.

Overhoff hatte ihm die Partituren wunderbar erklärt, Struktur, Instrumentierung, Klang, er hatte ihn in das Denken, dem sie entsprangen, eingeführt, aber er hatte ihm nichts Konkretes, was zu Versinnlichung auf der Bühne nötig gewesen wäre, mitgegeben. Damit bewegte sich auf der Bühne noch gar nichts. Gertrud: »Bühnenbilder kann man nicht machen, nur indem man philosophisches Geschwätz losläßt oder inhaltlich redet, sondern da kommt es aufs Theater an. Was brauch ich, was soll der Raum zeigen, und was für ein Theater spiel ich, was für ein Theaterstück, in welcher Zeit. Das wird konkret. Zuerst muß die Spielidee kommen, was mache ich mit den Menschen, was sollen sie darstellen.«

Gertrud wußte, wie man den Bühnenraum belebt, Personen darin bewegt. Eine bildnerische Gestaltung, die aus Musik hervorging, war ihr aufgrund ihrer tänzerischen Ausbildung geläufig. In ihrem Kopf setzte sich Musik um in bewegte Bilder, in Bühnenszenen. Wieland kannte diese Stärke seiner Frau. Er, der sonst so Eifersüchtige, stellte sie nicht in Frage, er vertraute und baute darauf.

Es gab keinerlei Diskussion darüber, ob sie nun auch in Bayreuth weiter zusammenarbeiten würden, es war eine Selbstverständlichkeit. Gertrud genoß das. Am 9. Juli 1950 schrieb sie der Freundin Romanowski: »Dass wir im vergangenen Sommer Wahnfried wieder aufgebaut haben, d.h. den Teil, den uns die Bombe übrig gelassen hat – und der ist sehr gross und wir sind sehr glücklich darin, hab ich Dir schon erzählt? Wolf wohnt noch im Gärtnerhaus weil die Amis den Neubau noch nicht freigegeben haben. Meine Schwester Elfriede ist immer noch bei uns und versorgt die Kinder, in der Küche habe ich eine tüchtige Ostpreussin – so läuft der Haushalt recht gut und ich habe Zeit, mit Wieland zu arbeiten. Wir haben den Winter über sehr geschafft, die Bühnenmodelle für den Ring und den Parsifal sind das Ergebnis und ich glaube sie sind sehr gut und entsprechen den heutigen künstlerischen Ansprüchen und den Ideen Wagners. Meine Schwiegermutter wohnt nach wie vor in Oberwarmensteinach ... ich habe den Eindruck, dass sie all das Schwere der letzten 5 Jahre gut überstanden hat. Sie steht sehr positiv zu unserer neuen Arbeit – es ist also alles in schönster Ordnung.«

Selbst wenn man davon ausgeht, daß man einer Freundin, der man selten schreibt, nur das Gute mitteilt und dieses sogar ein bißchen übertreibt, spricht aus dem Brief Stolz, Zufriedenheit und das Bewußtsein, völlig zur Wagnersippe zu gehören. Gertrud hatte damals das Gefühl, das unbedingt Richtige zu tun. Die Zweifel kamen erst später. Da machte ihr der Gedanke zu schaffen, für die Zusammenarbeit mit Wieland ihre Kinder vernachlässigt zu haben. Objektiv wurden die Kinder keineswegs vernachlässigt. Gertruds Schwestern, Elfriede und nach ihr Lilo, kümmerten sich liebe- und hingebungsvoll um die Kinder. 1949, 1950 wurde darüber kein Wort verloren. Die künstlerische Arbeit, der Mann gingen vor.

Zur gemeinsamen Arbeit zogen sich Wieland und Gertrud zurück. Immer waren sie dabei allein. Sie saßen nebeneinander, über den Text, die Partitur gebeugt, oder aber: Gertrud lag auf dem Sofa, Wieland saß am Flügel, spielte aus dem Klavierauszug die Stellen,

Gertrud und Wieland bei der Arbeit

um die es ging. Die Textanalyse zuvor hatten sie beide gemeinsam betrieben. Gertrud war es, die redete, die sagte, was ihr einfiel, die aufsprang, die sich zu bewegen, die darzustellen begann. Der Körperausdruck kam aus der Musik, er floß in ihre Bewegungen durch die Anreize der Musik.

Gertrud spielte vor, zum Beispiel, welche Bewegungen, welche Gesten ein in seiner Sexualität gestörter Gralskönig haben muß, um das Aufbegehren zu zeigen, den Protest, nicht das Klagen und Leiden und Im-Stuhl-Liegen. Sie sprachen viel über diesen Amfortas, und man darf vermuten, daß in die Neuinterpretation einiges von der schwierigen Sexualbeziehung des inszenierenden Paares einfloß.

Wieland, der sehr gut visuelle Eindrücke zu speichern vermochte, nahm den Bildeindruck, den Gertrud ihm vermittelte, auf, ließ ihn vom Darsteller auf der Bühne reproduzieren. Als Erinnerungsstütze setzte er Kürzel für bestimmte expressive Haltungen an den entsprechenden Stellen in den Klavierauszug. Gertrud nannte ihn ihren »einstudierten Regisseur«.

Bei den Proben war Wieland auf der Bühne, Gertrud im Zuschauerraum. Das hatte sich schon in Nürnberg und Altenburg so ergeben. Sie arbeitete, dachte mit, indem sie beobachtete: »Wir waren ein Paar, das die Gestaltung des Inhalts eines Stückes stark in die Hand nahmen und in völliger Übereinstimmung – vier Augen, zwei Gehirne, zwei Seelen, die an einer Sache arbeiteten – wir waren in dieser Beziehung schon ein und derselbe.«

Gertrud, von der alle wußten, daß sie ausgebildete Choreographin war, wurde von den Darstellern von Anfang an akzeptiert. Sie blieb im Hintergrund, griff nur ein, wenn sie darum gebeten wurde. Wieland, der das, was er wollte, sehr gut in Worte umsetzen konnte, erklärte und demonstrierte auf der Bühne den neuen Darstellungsstil. »Seine Stärke war« – seiner Tochter Iris zufolge – »die Transposition des Wagnerschen Textes, der Figur des Dramas in die Begriffs- und Erfahrungswelt der Gegenwart, so daß der Sänger mit dem Kopf und dem Körper den Text sich anverwandeln konnte. Die Sprache dafür war sehr plastisch, drastisch.«

Die Bewegung wurde von den naturalistischen Bedingungen befreit, die Gebärde zum selbständigen Darstellungselement. Die Absicht war, Tautologien zu vermeiden; das heißt, Bewegungen und Gestik wiederholten nicht die Musik, sondern setzten ihr ein eigenes Spannungsmoment entgegen. Dadurch ergab sich eine gesteigerte Expressivität und Dynamik.

Gertrud arbeitete mit dem Chor, doch auf ihrem eigentlichen Gebiet, der Choreographie, war sie untätig. Den Tanz der Blumenmädchen im »Parsifal« choreographierte sie nicht. Warum? Die Antwort: weil Wieland sie nicht freigab. Er bestand darauf, daß sie bei jeder Probe mit ihm dabei war. Er sagte, sie dürfe ihn keinen Moment allein lassen. Ohne sie fühlte er sich unsicher, sogar auf seinem ureigenen Gebiet, dem Bühnenbild.

Fast ein Jahr lang war über das Bühnenbild des »Parsifal«, des »Ring« diskutiert worden. Im Winter hatten sie sogar Winifred mitherangezogen. Wieland hatte sie beauftragt, ihm eine Topographie des »Ring« aufzuzeichnen. Gertruds Schwester Lilo, die an der Kunstakademie in München Bildhauerei studiert hatte, stellte die Bühnenmodelle her. Sie arbeitete im ehemaligen Atelier von Wieland, modellierte Bäume für den Gralswald, Säulen für den Tempel. Als weiterer Gesprächspartner kam der »Ohm« hinzu, der das Bühnenbild für die »Meistersinger« von 1951 entwarf.

Zu dritt, zu viert wurde über die Arena, die Theaterfläche diskutiert. Gertrud sagte: »Ich kann nicht auf den ungestalteten Bühnenboden schauen, ich brauche ein Podest, eine Plattform.« Im alten »Parsifal« hatte man Steine hingelegt, den Grasboden einer Wiese. Das ging nicht mehr, der Naturalismus war passé.

Lilo modellierte über Nacht, weil die Diskussion über das Podest nicht weiterkam, zum Scherz schwarze Katzen, die sie ins Bühnenmodell stellte. Der Funke, daß da, in der ersten Szene, etwas sein müsse, zündete. Wieland erfand eine Form dafür: die berühmte Scheibe, ein Podest, nur eine Stufe hoch, auf das man steigen konnte.

Die Auslegung dieser Scheibe als Symbol, als Weltkreis, kam später, kam von außen. Sven Schwedt, der Überlinger Doktor, der 1952 die Festspiele besuchte, sprach von einem Mandala. Die Macher indessen, Wieland und Gertrud, hatten ursprünglich nur an die Verfestigung des Bühnenraums gedacht, an ein Formelement, das die Möglichkeit bot, Personen in verschiedener Höhe vorzuführen. Das

Theater des Expressionismus hatte die Kreisscheibe, die Treppe gekannt; für die Opernbühne in Bayreuth war es ein Novum.

Wieland hätte es gern gesehen, wenn Gertrud ein Tagebuch, ein Arbeitsjournal geführt hätte. Doch sie weigerte sich. Sie habe genug Arbeit, sagte sie, mit ihm und der Regie des Haushalts. Auch ihre Gesundheit schob sie vor. Es war ja auch wahr: wenn die Kinder eine Krankheit hatten, wurde sie meistens davon angesteckt. Im Sommer 1950 schrieb sie der Freundin Romanowski: »Ich muß schrecklich viel zu Ärzten, die einem aber doch nicht helfen. Deshalb habe ich auch nicht die Kraft zu trainieren und zu tanzen.« Davon abgesehen war sie nicht die richtige Person, um Buch zu führen, zu dokumentieren.

Immerhin gibt es ein solches Dokument, wenigstens für den Anfang von Neu-Bayreuth. Gertruds Schwester Elfriede, die Betreuerin der Kinder und nebenamtliche Sekretärin, führte vom 24. Juli 1950 bis zum 25. Februar 1952 ein Tagebuch. Es umfaßt 54 getippte Seiten. Die Eintragungen, die gegen Ende sehr spärlich werden, geben die vollkommene Verflechtung von Familienleben und Festspielarbeit wieder.

Elfriede gehörte wie Gertrud zum Typus der dienenden Frauen, der ancillae domini. Sie hatte ihre Ausbildung als Sprechstundenhilfe in Augsburg abgebrochen, um in »Wahnfried« mitzuhelfen. Ihre Stellung im Haus entsprach jener alten Rollenverteilung des vorindustriellen Zeitalters, wo unverheiratete Frauen in Familien von Verwandten gegen Kost und Logis tätig waren. Elfriede wurde für ihre Arbeit nicht bezahlt, sie bekam nicht einmal ein Taschengeld.

Wieland und Gertrud dachten sich nichts dabei, zumal gar kein Geld vorhanden war, um neben der Köchin eine weitere Haushaltsgehilfin zu bezahlen. Elfriede und ihre Schwester Lilo, die in dieser Zeit auch gelegentlich mit aushalf, bekamen hin und wieder etwas zum Anziehen, doch das war nicht geregelt oder selbstverständlich. So gab es einmal ein Geplänkel über ein »Sommerkleid mit Bolero«, das Wieland den Schwestern nicht kaufte mit dem Hinweis, sie sollten nicht so faul sein, sie könnten es sich selber nähen. Es gab zaghafte Anfragen Elfriedes, ob sie sich für eine Reise Gertruds roten

Schlafrock ausleihen, ob sie sich aus einem alten Frack von Wieland »was machen lassen« dürfe.

Elfriede schreibt in ihrem Tagebuch nirgends, daß sie ausgenutzt, ausgebeutet wurde, aber sie muß doch zumindest gelegentlich so empfunden haben. »Ich finde halt manchmal nicht die richtige Einstellung zu Gertrud«, notiert sie, nachdem sie sich bei Wieland über die Schwester beschwert hatte, was sie dann sogleich bereut, und fährt fort: »Es ist halt doch nicht so leicht, noch mit 28 Jahren für seine Schwester den Haushalt zu führen, während sie es ganz bequem hat.«

Ob Gertrud es so bequem hatte, sei dahingestellt. Elfriedes Tagebuch jedenfalls ist von einem gewissen Ressentiment gegen die »Herrschaften« erfüllt, denen sie gleichzeitig durch große Nähe verbunden war. Das Verhältnis zwischen den dreien war nicht unproblematisch. Gertrud erinnerte sich daran, die Schwester, die sich widerspruchslos vom Hausherrn schlecht behandeln ließ, in dieser Zeit »heulend, wütend und dann wieder flötend« erlebt zu haben.

Dennoch: Elfriede identifizierte sich völlig mit den Problemen des Hauses, sie liebte die Kinder und hatte die Einstellung: »Man hat zu dem vielen Kummer doch auch viel Freude und erlebt viel Neues.« Das Neue, das waren die berühmten Sänger und Dirigenten, die Aufbruchsstimmung dieser Zeit, die Aufregungen und Rückschläge, die besessene Arbeit von Wieland und Gertrud. Was Elfriede davon wiedergibt, ist manchmal naiv oder nur wichtigtuerisch, manchmal auch falsch. Doch ihre Aufzeichnungen vermitteln etwas von dem Sog, der in den Wochen vor den ersten Festspielen 1951 das ganze Haus erfaßte. Manches Familiäre wird hier en passant oder auch überkritisch erwähnt, was in diesen Jahren begann und später schmerzliche Konsequenzen zeitigte.

Die Kinder werden als Störfaktor empfunden, wenn sie an Weihnachten im Haus herumtoben, wenn sie in Oberwarmensteinach bei einem Wochenende auftauchen, das Wieland sich als Verschnaufpause mit Gertrud verordnet hat. Gertrud vergißt Vereinbarungen, der Kindergeburtstag von »Wummi« platzt. Gar nicht zu zählen sind die Hinweise auf »Ehekrach«. Elfriedes latente Eifersucht auf die »Hochehe« des Paares mag beim übergenauen Registrieren dieser

Verstimmungen eine Rolle gespielt haben. Doch von einem harmonischen Zusammenleben mit dem immer schwierigen Wieland konnte wohl keine Rede sein, zumal er wie jetzt unter ungeheurem Schaffensdruck und Erfolgszwang stand.

Dabei tut Gertrud, »was er befiehlt«. Immer erhofft sich Wieland »innerlich« etwas von seiner Umgebung und wird dann »innerlich« sehr enttäuscht, wenn dies nicht eintritt. Er ist unfähig und wohl auch nicht willens, seine Launen zu beherrschen, sich zu disziplinieren. Der Hausherr, um den als geheimen Mittelpunkt das Tagebuch kreist, ist ständig »schlechter Stimmung«, »sehr schlecht gelaunt« oder in einer »Stinklaune«. Der schlichte Aufbruch zu einer Reise am 24. August 1950 nach Salzburg wird zu einem Drama, das Elfriede im Stil von Ludwig Thoma karikiert.

»Gertrud war 2 Tage früher aus Augsburg gekommen, Wieland war scheißgrantig und hat ihr eines morgens ihr Pepitakleid zerfetzt. Sonst ist nichts recht im Haushalt und mit mir hat er auch Krach gekriegt, nur weil ich gewagt hatte zu sagen, daß ich einen Übergangsmantel bräuchte. Darauf gab er mir wütend 50.– DM und ich sollte mir bis nachmittags einen kaufen mit Anzahlung … Na, es gab noch viel zu nähen u. zu flicken u. bügeln. 3 Weiber waren dafür beschäftigt. Wieland riß noch seinen Schuh 5 Minuten vor Abfahrt kaputt, weil er angeblich schon wochenlang zerrissen war. Um 12 Uhr raste ich zu Barth u. holte Gertruds Strapsgürtel, um 1 Uhr sauste Lilo zu Platzer und schwenkte die Kleider über dem Arm durch die Stadt. 5 Minuten vor 2 lief Lilo mit Wielands Schuh zum Schuster u. ließ ihn noch flicken. 2.15 Uhr kam Eva mit dem Mantel von der Reinigung. 2.20 Uhr fuhren sie endlich ab. Das Schönste war, daß er bei Tisch zu uns sagte: »Ich möchte doch wissen, warum die mitfährt, bei dieser Stimmung.« Und sie sagte 5 Minuten drauf in ihrem Zimmer zu uns: ›Ach, ich würde so gerne dableiben, wenn er sich dann nur nicht so aufführen würde.‹ Aber in solchen Stimmungen sind beide nicht ernst zu nehmen. Lilo und ich, wir haben ausgemacht, daß wir bei der nächsten solchen Abreisestimmung einfach abhauen.«

Einmal stand die ostpreußische Köchin Eva Jagst nach einer Szene am Fenster und sah dem abfahrenden Hausherrn nach. Gertrud hörte die Worte, die sie sprach: »Nee nee, lieber keen Mann als so eenen.«

Die Schwestern lästerten manchmal untereinander über das Paar, ihren »beiderseitigen kulturellen Hochstand« (Lilo), doch die Spitznamen, mit denen manche Briefe an sie beginnen, klingen nicht unfreundlich: »Liebe Geißen«.

Auch wegen des Essens gab es immer wieder Kräche. Unter der Überschrift »Mein letztes Wort« legte Wieland der Familie einen »schriftlichen Vertrag« auf den Tisch. »Ich erkläre hiermit, daß ich aufgrund des lieblosen Karfreitagsfraßes vom 24. März bis einschließlich 26. nicht mehr im Hause Wahnfried zum Mittagessen und Abendessen anwesend bin. Gez. Wieland Wagner«

Genau führt Elfriede Buch über des Hausherrn häufige Krankheiten, die ewigen Fieberanfälle, Mandelvereiterungen, Magenverstimmungen. Im Winter 1950/51 liegt das Familienoberhaupt wiederum darnieder. Elfriede notiert: »Alles schwimmt vor Mitleid. Drei Frauen sitzen abwechselnd bei ihm am Bett. In erster Linie ist das natürlich die eigene Ehegattin. Ist diese aber einmal fort, erst dann traut sich immer eine der Schwägerinnen heran. Leider ist es ein paarmal passiert, daß man ihn aus süßem Schlummer geweckt hat, denn bei der Unübersichtlichkeit des Zimmers (Katorsch) ist es schwer die Lage bei unbemerktem Erscheinen zu überblicken. Aber es ist selten passiert, daß der Patient alleine war … Am 3. Tag steht der Hausherr plötzlich auf und behauptet, er wäre gesund. Aus seinem körperlichen Unwohlsein ergibt sich natürlich eine erdenklich schlechte Laune und ein undurchdringliches Maskengesicht. In einer späten Stunde schleimt er sich aus und beklagt sich über schlechte Behandlungszeit, er wäre immer allein im Bett gewesen nur, wenn er gerade am Einschlafen gewesen wäre, sei jemand ins Zimmer gerumpelt und hätte doof gefragt: ›Ach, du schläfst, entschuldige bitte – auf Wiedersehen.‹ Keiner hätte ihm an Weihnachten Nußschokolade geschenkt, obwohl er genug von den Kindern bekam. Niemand hätte ihm Zeitschriften ans Bett gebracht, daß seine Frau ihm unter Stöhnen aus der Eule einen Stoß mitgebracht hat, hat der Patient in seinem Delirium scheinbar nicht bemerkt.«

Selten gibt es Einträge wie diesen: »Die Herrschaften sind braungebrannt, ausgeruht und quietschvergnügt vom Urlaub zurück.«

Auf diesem Hintergrund vollzieht sich die Regiearbeit. Elfriedes roter Faden hier: »Wieland und Gertrud fest gearbeitet an ...« Genannt werden »Rheingold«, »Götterdämmerung«, »Parsifal«. Über die Art dieser Arbeit weiß Elfriede nichts zu berichten. Sie geschieht hinter geschlossener Tür. Nur Reflexe werden spürbar, etwa wenn Gertrud ihrem von Minderwertigkeitskomplexen geplagten Mann Mut zuzusprechen sucht. Indes, bemerkt Elfriede trocken, »seine Komplexe können nicht durch Reden, sondern nur durch Beweise widerlegt werden.«

Im November 1950 verzeichnet das Tagebuch die »erste Rheingoldbeleuchtungsprobe mit den Schwimmapparaten«. Die damalige Beleuchtungstechnik war, gemessen an den heutigen elektronischen Beleuchtungsanlagen, eine primitive, dabei hochkomplizierte Apparatur von größter Störanfälligkeit. Alles mußte genauestens manuell ausgetüftelt werden. Im nicht heizbaren Festspielhaus konnte man den Winter über nicht arbeiten. Im Mai 1951 wurde es dann ernst. Wieland verbrachte lange Abende oft bis tief in die Nacht mit den Beleuchtern. Unter dem 2.7. notierte Elfriede: »Nachts bis um 3 noch Beleuchtungsprobe.«

Am nächsten Tag geschah das Unglück. Paul Eberhardt, der Chef-Beleuchter und Bayreuther Alleskönner, kündigte. Das kam einer Katastrophe gleich. Wieland war von da an mit einer unerfahrenen Mannschaft allein. In der ersten Julihälfte folgt eine Hiobsbotschaft auf die andere: »Beleuchtung schlecht«; »Beleuchtung klappt nicht«; »großer Krach wegen schlechter Beleuchtung«; »Walküre«, II. Akt, Katastrophe wegen Beleuchtung«. Doch dann glätteten sich die Wogen, und Wieland ging mit den Beleuchtern und Technikern zum Abendessen. Elfriedes Kommentar: »Psychologisch sehr gut.«

Zwischendurch gibt es Beurteilungen der aufkreuzenden Stars, in denen sich wohl Bemerkungen der »Herrschaften« niederschlagen. »Frau Rysanek aus Saarbrücken – Elisabeth und Senta, sehr nervös, da sie sich vorher nicht einsingen konnte ... sehr kräftige durchschlagende Stimme. Nur das Aussehen ist nicht ganz so, wie man sich die Sieglinde vorstellt.« »Höngen (Fricka) entsetzlich – ganz alte Schule. Wieland ärgert sich sehr über sie ...« »Björling langweilig ... es wird überlegt, ob man ihm alles sagen soll und Hotter holen soll.« »Varnay ausgezeichnet, Aldenhoff nicht sehr gut, gibt sich wenig Mühe.«

»Ab 10 Uhr Karajan – Mittagessen – er spricht sehr viel bei der Regie mit – ist auch begeistert von Wielands neuen Bühnenbildern. Wieland hat Angst, daß aber Knappertsbusch da nicht mitmacht und eventuell davonläuft ... Die Bühnenbilder von Reissinger sind nicht so ausgefallen, wie Wieland sich es vorstellt. Wieland hat auch Angst wegen Karajan – Hartmann. Karajan will viel Neues in der Regie, auch viel anderes als in den Bühnenbildern. Hartmann aber ist stark konservativ.«

Bei der Einleuchtung der Siegfriedhöhle ist Wieland »schwer enttäuscht wegen des Drachens, weil er sich nicht so bewegt, wie er sich es vorgestellt hat«. Außerdem: »Drachen sieht ziemlich klein aus.« Ärger gibt es mit der für den »Parsifal« ins Auge gefaßten Kostümbildnerin sowie mit Gertruds ehemaliger Tanzlehrerin Maja Lex. Sie war engagiert worden, um die Blumenmädchenszene einzustudieren.

Mitte Juli notierte Elfriede, sich auf beide Frauen beziehend: »Große Pleite ... es wäre das beste, wenn beide verschwänden.« Die Lex, die nur gesagt hatte, sie brauche noch ein bis zwei Proben, war über die Behandlung empört. Sie meldete sich krank, was einer Arbeitsniederlegung gleichkam. Wieland und sein Assistent Hager mußten sich nun selbst um die Tanzszenen kümmern.

Auch gegenüber Overhoff, der nebem Wilhelm Pitz die Chorproben leitete, war die Stimmung umgeschlagen. Elfriede kann sich nicht genug tun, seine Arbeit »ohne Schwung« oder schlicht »entsetzlich« zu finden. Nachdem er alles »versaut« hat, wird Wielands altem Lehrer Ende Mai gekündigt. Er war das erste Opfer, das Wieland Jahr für Jahr brauchte, die berüchtigte »Festspielleiche«.

Die Ursache für das Zerwürfnis lag freilich tiefer. Overhoff, mit allen Fasern gespannt, was sein Schüler nun auf die Bayreuther Bühne bringen würde, lehnte den neuen Inszenierungsstil rundweg ab. Die Gegensätze waren unversöhnlich.

Zwischendurch erschienen allerlei Besucher. Walter Legge, mit Elisabeth Schwarzkopf verheiratet, in London Chef der Plattenfirma Columbia, kam, um Karajan unter Vertrag zu nehmen. Baronin von Einem reiste an, um für den von Friedelind immer noch nicht herausgerückten oder ersetzten Schmuck, dessen Wert inzwischen mit

60 000 Mark angegeben wurde, Friedelinds Erbteil einzufordern. Aufregung verursachte ein Illustriertenartikel in der »Revue«, der besonders Winifred und Friedelind aufs Korn nahm. Ende Mai hatten alle Kinder des Hauses Windpocken. Und zu allem Überfluß exerzierten auch noch die Amerikaner, die den »Neubau« besetzt hatten, im Garten von »Wahnfried«.

Die Nerven waren zum Zerreißen gespannt. Kleinigkeiten führten zu Explosionen. Über Wieland heißt es: »kommt kaum zum Schlafen«. Unter dem 23. Juni notiert Elfriede: »Omis (d.h. Winifreds) Geburtstag, furchtbarer Krach weil ich den Geburtstagstisch u. Frühstückstisch nicht schön genug gedeckt habe. Den ganzen Tag entsetzliche Stimmung. Krach wegen Briefen, die ich nicht geschrieben habe.«

Ende Juni rückten die Handwerker an, um das Haus aufzufrischen. Gertrud fuhr zur Schneiderin nach München. Das Kleid für die Eröffnungspremiere mußte in Arbeit gehen. Elfriede machte noch schnell ihre Fahrprüfung, um in Zukunft auch als Chauffeuse zur Verfügung zu stehen.

Dann begannnen die Bühnenproben, mit dem Chor, den Solisten. Allmählich hellen Elfriedes Notate sich auf: »Blumenmädchen-Chor mit Pitz – klingen goldig«; »Gralsritter klingen toll«; »Wielands Parsifal-Bühne III. Akt (Karfreitag und Tempel) wird großartig«; »London – Soloprobe – große Begeisterung«; »Hartmann mit Meistersingerproben angefangen. War ganz tolle Regie … Karajan sehr nett zu den Musikern – Beckmesser gemimt – spielte praktisch sich selbst.«

Freilich, die Aufregungen und Stimmungswechsel blieben bis zuletzt. Heißt es an einem Tag: »Wieland ist sehr zufrieden«, so am nächsten: »Wieland ist ganz niedergeschlagen.« Eine Woche vor der Generalprobe des »Parsifal« notiert Elfriede: »Abends III. Akt. Beleuchtung klappte vorn und hinten nicht – Schleier zerrissen, Gral hat nicht geleuchtet – macht aber alles einen großen Eindruck.« Bei der Generalprobe des »Siegfried« durften die Kinder dabeisein, um den Drachen zu sehen. Es kam zu einer Panne. Elfriede: »Als das Siegfried-Horn auf der Bühne ertönen soll, kommt nichts, dann ruft es aus dem Hintergrund, daß der Mann nicht wüßte, wo er sich hinstellen solle. Unterbrechung, die das Publikum doch etwas kritisch aufnimmt.«

Auch bei der Generalprobe des »Parsifal« ging es nicht ohne Panne ab. Wieland saß am Beleuchtungs-, Gertrud am Regiepult. Der Gazeschleier des Bühnenportals verfing sich an einer Säule. Wolfgang Wagner, der in den Kulissen stand, raste von der Hinterbühne zum Orchesterraum, rief dem Dirigenten zu: »Herr Professor, wir müssen wiederholen, es geht nicht so, wir müssen wiederholen.« Der alte Theaterhase Knappertsbusch gab seinem Orchester einen Wink, die letzte Passage wurde wiederholt, ohne daß eine Unterbrechung stattfand. Derweil wurde in Windeseile die Mechanik in Ordnung gebracht, der Schleier losgehakt, auf der Bühne wackelte es ein bißchen, aber es klappte. Gertrud: »Wir oben nahe einem Schlaganfall, was jetzt passieren würde, konnten nicht eingreifen, nichts machen, aber es lief gut ab. Wir trafen hinterher Dr. Krienitz, den Sekretär von Knappertsbusch, Musikkenner, Wagnerianer, besoffen vor Freude. Er hatte nicht gemerkt, daß er die Musik zweimal hörte.«

Elfriedes Eintragungen enden für den Sommer 1951 mit der »Parsifal«-Generalprobe am 22. Juli mit dem schlichten Wörtlein: »aus«. Die Vorbereitungen waren zu Ende. Nun war es soweit.

Der Vorhang hebt sich über Neu-Bayreuth.

DIE ERSTEN JAHRE

Die Stadt, die in einem toten Winkel der Bundesrepublik lag, nur sechzig Kilometer von der Grenze zur DDR entfernt, die damals noch überwiegend »Ostzone« genannt wurde, erholte sich erst sehr zögernd von den Schäden des Krieges. Noch lagen viele Häuser in Trümmern; in der Innenstadt hatten sich Ladenzeilen in Ruinen aufgetan. Überall in den Außenbezirken gab es Barackensiedlungen für die Flüchtlinge aus dem Osten. Bis weit in die fünfziger Jahre hinein war die Wohnungsnot riesengroß. Jeder größere Neubau im Stadtzentrum wurde von der Lokalpresse freudig begrüßt. Der auf einen rigorosen Sparkurs eingestellte Gemeinderat führte einen regelrechten Kampf um die Neuansiedlung von Industrien.

In der Stadtphysiognomie mischten sich altertümliche Züge mit den Amerikanismen der Besatzungsmacht. Noch immer gab es mitten in der Stadt Gärten, die von hölzernen Lattenzäunen eingefriedet waren, und so viele Pferde- und Kuhwagen, daß die Ortszeitung den warnenden Aufruf erließ: »Fuhrwerkslenker, beaufsichtigt eure Tiere!« Die Schulkinder wurden zu Kampagnen gegen den »Feind Nr. 1« auf die vor der Stadt liegenden Felder geschickt; sie sollten dort Kartoffelkäfer einsammeln.

Immerhin, auf dem Markt gab es schon wieder Bananen, in den Konditoreien roch es nach dem lange vermißten Kaffee. Die Jugend favorisierte die neuen Milchbars.

Die Stadt hatte rund 60 000 Einwohner, war also nicht mehr als ein größeres Provinznest. Den motorisierten Straßenverkehr bestritt überwiegend die Besatzungsmacht, die noch ganze Wohnviertel beschlagnahmt hatte. Die Autos trugen, weiß auf schwarzem Grund, das Zeichen A/B vor der Kennziffer, was »Amerikanische Besatzungszone Bayern« bedeutete. Es gab fünf Kinos und sogar ein »Nachtlokal«, die bereits genannte »Eule«.

Für die Festspiele 1951 waren im voraus 37 800 Karten verkauft worden; 12 000 Besucher von außerhalb hatten sich angemeldet, von ihnen ein Viertel Ausländer, besonders Amerikaner und Franzosen. Der Festspielorganisation war es gelungen, für die Gäste angesichts des Mangels an Hotelbetten Privatquartiere zu beschaffen; sie waren alle persönlich in Augenschein genommen worden. Ein Einzelzimmer kostete sechs bis acht Mark; ein Mittagessen mit Suppe, Fleisch, Kartoffeln und Gemüse 1,50 Mark, ein »gehobenes Menu« mit Gänsebraten 2,50 Mark. In Cafés wurden bereits vereinzelt »elektrisch gekühlte Getränke« angeboten. Im Sommerschlußverkauf bildeten sich lange Schlangen vor den Geschäften, wo es Damenmäntel für neunzehn Mark gab. Und wie im vorigen Jahrhundert suchten Familien zur Aufbesserung ihres Budgets per Zeitungsinserat »Schüler als Kostgänger«. Das war das Umfeld, in dem sich der Neubeginn der Festspiele vollzog.

Den Auftakt machte am Vorabend wie bei der Grundsteinlegung des Hauses 1872, wo Richard Wagner selbst den Hymnus an die Freude dirigiert hatte, Beethovens 9. Symphonie. Wieland hatte dafür den von ihm hochverehrten Wilhelm Furtwängler gewonnen. Dieser hatte in den Kriegsjahren in Bayreuth die »Meistersinger« dirigiert, ein Ereignis, das Wieland zu seinen großen musikalischen Erlebnissen rechnete. Der Dirigent, durch seine Tätigkeit in der NS-Zeit kompromittiert, hatte lange gezögert, bei den ersten Nachkriegsfestspielen mitzuwirken. Auf keinen Fall wollte er Wagner dirigieren, noch gar neben dem jungen Karajan, den er nicht mochte. Beethoven war ein Ausweg.

Nach dem Konzert führte Gertrud, die ein atemberaubendes Abendkleid aus schwarzem Duchesse trug, den großen alten Mann ins Festspielrestaurant, wo er enthusiastisch gefeiert wurde. Der Reporter des »Bayreuther Tagblatts« meldete: »Zu später Stunde trafen wir Wieland Wagner, seine Freude über den guten Start ist berechtigt. ›Noch nie habe ich eine so großartige Neunte gehört‹, sagte er und ließ sich sein Roastbeef schmecken.«

Die Stadt prangte festlich in internationalem Fahnenschmuck. Aus Nürnberg, Augsburg und der Schweiz waren Sonderzüge der Bahn eingetroffen. Über zehntausend Menschen säumten am Montag, dem 30. Juli den Weg zum Grünen Hügel, um nach langer Zeit endlich wieder ausländische Prominenz neben den deutschen Ehrengästen anfahren zu sehen. 753 Fahrzeuge aus 22 Nationen zählten die Verkehrsordner. General Thomas A. Handy, der Oberkommandierende der europäischen US-Streitkräfte, ließ seinen Wagen von Highway-Patrol-Fahrzeugen eskortieren.

Der erste Bundespräsident der Republik, Theodor Heuss, blieb der Eröffnung fern. Auch Bundeskanzler Adenauer nahm daran nicht teil. Die Regierung ließ sich durch den Minister für Bundesratsangelegenheiten vertreten. Es nahmen teil der Bundestagspräsident, der bayerische Ministerpräsident und sein Kultusminister, desgleichen die drei Hohen Kommissare der westlichen Besatzungsmächte. Der Franzose François-Poncet brachte Gattin und Tochter mit. Der Brite fuhr im Rolls Royce vor. Auch die Botschafter der Türkei und Australiens waren gekommen. Das besondere Interesse der Zuschauer fanden Königliche Hoheiten aus Ägypten. Der sehr alte Kronprinz Rupprecht von Bayern erschien mit seiner Tochter zu einer späteren Aufführung. Das Ritual der Auffahrt, das in jedem Sommer Bayreuth in seinen Bann zieht, war wieder geboren.

Im verdunkelten Festspielhaus, wo das Publikum um 16 Uhr der Ouvertüre harrte, geschah etwas Unerwartetes. Vor den Vorhang trat Wieland Wagner und hielt eine Ansprache, frei, aus dem Herzen kommend, welche die Zuhörer in Bann zog. Die Rede wurde nicht aufgezeichnet, es gibt dazu keine Notizen. Der sonst so zurückhaltende Mann war zu solchen spontanen Akten fähig, er traf dann genau den richtigen Ton. Er sagte ein paar Worte zu der neuen Zeit, die nun anbreche. Über die alte verlor er kein Wörtchen.

Und dann kam dieser Donnerschlag, der »Parsifal« der leergeräumten Bühne, für Bayreuth eine Revolution und eines der großen Daten des Musiktheaters in diesem Jahrhundert. Das Publikum saß wie betäubt. Nichts, an das es gewohnt war, war hier zu sehen. Es gab keinen Wald, keinen Weg zur Gralsburg, keine Karfreitagsaue, es gab keine Blumenwiese, kein Zauberschloß, keine Tempelarchitektur. Der Schwan fehlte, die Taube fehlte, der Speer fehlte. Es gab Licht und Schatten und verhaltene Farben. Die Sänger trugen zeitlose Kostüme, alle Anklänge an ein pseudochristliches Ritual waren vermieden. Herausgearbeitet war der Widerstreit unterschiedlicher Lebensprinzipien.

Der Aufruhr war gewaltig, Zuschauer, auch Kritiker fühlten sich überrumpelt, überfordert. Nicht nur die alten Wagnerianer tobten. Doch bald schlug die Stimmung um, frenetische Zustimmung überwog die wütende Ablehnung.

Neu-Bayreuth war geboren.

Die nächsten Aufführungstage brachten den »Ring«. Er war weniger radikal stilisiert. Hier gab es noch die Esche in Hundings Hütte, Mimes Schmiede und den Walkürenfelsen, die dem hin- und hergerissenen Publikum ein bißchen Vertrautes boten. Gewiß, die Protagonisten waren keine germanischen, sondern eher griechische Götter, Ansätze zur Abstraktion waren vorhanden. Doch da Wieland und Gertrud im ersten Jahr alle Kraft in den »Parsifal« gesteckt hatten, kamen sie erst im nächsten Jahr dazu, den »Ring« weiter durchzustilisieren.

Aufatmen durften die Altgetreuen am folgenden Samstag bei den »Meistersingern«. Doch dies konnte nicht darüber hinwegtäuschen, daß die Marschrichtung feststand.

Im folgenden Jahr zog die abstrahierende Inszenierung des »Tristan« die Summe des Neu-Bayreuther Stils. Es gab weder Segel noch Schiffsmast, keinen nächtlichen Garten, keine Burg, die Matrosen und Höflinge traten nicht auf. Tristans und Isoldes Geschick vollzog sich in einer dunklen Welt monumentaler Öde. Freilich, »Entrümpelung«, das griffige Stichwort für den neuen Stil, bezeichnet nur eine Seite der Medaille. Die andere, der Gewinn, war eine Intensivierung der theatralischen Wirkung. Das Bühnengeschehen schlug die Zuschauer in einen so nie zuvor erlebten Bann.

Wieland Wagner befreite »das Werk« aus den Verkrustungen und Überwucherungen jahrzehntelanger Regietraditionen. Seine Überzeugung war es, daß die Ehrfurcht vor Richard Wagners Werken gebiete, die darin enthaltenen Ideen zu verwirklichen. Jede Zeit müsse sie aus der Partitur heraus neu sehen und neu gestalten. Die ursprünglichen Bühnenanweisungen seien für das Hoftheater des Spätbiedermeier und der Spätromantik gemacht, für ein Theater mit gemalten Kulissen und Gasbeleuchtung, für Sänger, die im Hoftheaterstil agierten. So abwegig es heute sei, Spielvorschriften für das Theater des Jahres 2050 zu machen, so unmöglich sei es jetzt, sich nach Angaben zu richten, die für das Theater der Zeit zwischen 1830 und 1870 gemacht worden seien. Einzig darauf komme es an, »das von aller Konvention losgelöste Rein-Menschliche« der Kunst Richard Wagners zu zeigen.

In Zusammenarbeit, im Gespräch mit Gertrud unterzog Wieland Wagner jedes einzelne Element – Musik, Wort, Handlung, Bedeutung – einer analysierenden Prüfung. Sie spielte dabei weit mehr als die Rolle der Zuhörerin oder die Rolle einer Person, die in der Lage war, technische Probleme zu lösen, sie war die Mitbewirkerin seiner Gedanken. Gemeinsam kamen sie dazu, Bühnenbild und Kostüme zu vereinfachen. Gemeinsam entwickelten sie die Vorstellung von den Figuren als Trägern archetypischer Handlungen in einer mythischen Welt. Gemeinsam arbeiteten sie daran, den Raum der Bühne durch sinnliche Zeichen – Licht, Farbe, Formen – zu strukturieren, die singenden Protagonisten zu bewegen, die Psychologie der Handlung durch Gesten und Gebärden, die dem Reduktionsstil entsprachen, zu unterstreichen. Gertruds Tätigkeit war nicht untergeordnet, sie war beigeordnet. Sie war nicht Wielands Assistentin, sie war Miturheberin von Neu-Bayreuth. Als solche trat sie indessen nie in Erscheinung.

Ein Lebensunglück kann sich aus kleinem Keim entwickeln. Bereits bei den ersten Regiearbeiten in Nürnberg und Altenburg hatte sich Gertrud daran gewöhnt, als Mitregisseurin nicht genannt zu werden. Es war ihr damals ziemlich gleichgültig gewesen. Sie ließ sich abdrängen, in alle möglichen Rollen, 1950 in die der dienstbaren Stenografin. »Gertrud schreibt alles auf«, sagte man, wenn sie, etwa bei Wielands Gesprächen mit Overhoff, im Hintergrund saß und kritische Fragen auf einen Block kritzelte. Jetzt, bei der Wiedereröffnung von Bayreuth, hätte sie nicht im Traum daran gedacht, sich in den Vordergrund, zwischen das Dioskurenpaar Wieland und Wolfgang Wagner zu drängen. Später, als sie es richtig und notwendig fand, aufgrund fortdauernder intensivster Mitarbeit auf dem Theaterzettel genannt zu werden, hätte es eines Gewaltakts bedurft, um das Bayreuther Markenzeichen »Wieland und Wolfgang« in »Wieland und Gertrud« umzuwandeln.

Gelungen wäre es nur, wenn Wieland es der Familie gegenüber durchgesetzt hätte. Er hätte es gekonnt, er allein. Er scheute aber den Kampf mit der Mutter, die alle Welt aufgeboten hätte, dies zu verhindern. Er scheute den Kampf mit dem Bruder, dessen Eifersucht auf die künstlerischen Erfolge des Älteren bereits zu schwelen begann und der alle Hebel in Bewegung gesetzt hätte, um Gertruds Anerkennung zu verhindern. Und wenn es je eine Bereitschaft zu einem solchen Machtkampf bei Wieland gegeben hätte, sank sie, je mehr sein Ruhm stieg. Selbst wenn er sich zum Kampf hätte mobilisieren können, er hätte es nicht über sich gebracht, Gertrud die Hälfte dieses Ruhmes zuzugestehen.

Und die ließ es sich gefallen. Sie schwieg. Zuerst aus Gleichgültigkeit, dann aus Ärger – sie wollte lieber nicht genannt, denn als »Assistentin« bezeichnet werden. Sie schwieg am Ende aus Resignation. Und sie schwieg schließlich, um den Mann zu schonen.

Wieland aber legte sich eine Legende zu, um den Aufstieg vom mäßig begabten Kunstmaler zum international renommierten Bühnenrevolutionär zu beglaubigen. Er sprach von seinen »dunklen kreativen Jahren« am Bodensee, wo er, der von allen modernen künstlerischen Entwicklungen ferngehaltene junge Mensch die Moderne entdeckt und verarbeitet habe. Dort habe er Freud, Jung, Adler gelesen, Picasso und Klee entdeckt, sich mit dem Theater der Griechen sowie mit der modernen Naturwissenschaft befaßt.

Die Welt hat Wieland Wagner diese Mystifikation geglaubt. Bis heute steht es so in den Büchern, die es über ihn gibt. Wieland Wagner hat sich in den »dunklen Jahren«, die Hunger- und Armutsjahre waren, wo die Beschaffung des täglichen Brotes jeden Tag im Vordergrund stand, gewiß auch geistig betätigt. Er hat die Partituren studiert, er hat sich, malend, in Richard Wagner hineingedacht und dadurch Frieden geschlossen mit dem Auftrag, diesem Werk als Erbe zu dienen. Dies war der Hauptgewinn jener Jahre.

Alles andere geschah marginal oder gar nicht. Er hat sich, ohne keinerlei Vorkenntnisse zu haben, ein wenig mit C.G. Jung befaßt, er hat Freud dem Namen nach kennengelernt. Vielleicht las er das eine oder andere altgriechische Drama, aber keinesfalls systematisch »die griechischen Dramatiker«. Wo hätte er am Bodensee die Bücher herbekommen sollen? Und wo hätte er dort die Klassische Moderne der Kunst kennenlernen können? Mit Sicherheit hat er sich in Nußdorf nicht mit der Physik dieses Jahrhunderts auseinandergesetzt.

Wenn er im Festspielbuch von 1951 schreibt, er rechne sich einer Generation »diesseits der Quantenthorie und der Atomforschung« zu, was andere Bühnenbilder als die bisher gewohnten nötig mache, so war das nicht mehr als eine modische Floskel, die jeder halbwegs Gebildete hätte machen können. Um 1950, als man auch in Deutschland die Physik als Leitwissenschaft der Epoche entdeckte und zugleich die Bedrohung durch einen Atomkrieg in aller Munde war, waren das geläufige Worte. Sie flogen Wieland zu, der ein seismographisches Empfinden für den Zeitgeist hatte. Ebenso leicht konnte er in den sechziger Jahren, als er Ernst Bloch und Hans Mayer für Beiträge in seinen Programmheften gewann, über Marxismus und dialektische Philosophie plaudern. Er war wohl ein Intellektueller, aber kein wissenschaftlicher, kein philosophischer Kopf. Aber ist das ein negativer Befund, wenn es um einen Theatermann geht? Wohl hat Wieland Wagner sein Leben lang darunter gelitten, daß er kein Universitätsstudium hatte absolvieren können; indessen, für das Theater bedarf es anderer Fähigkeiten als der akademischen Qualitäten. Das Wunder dieses Lebenswerkes besteht gerade darin, daß es trotz seiner dürftigen Grundlagen entstehen konnte.

Die Bemerkung Winifreds, sie habe angenommen, die leere, von Dekorationen freie Bühne sei Ausdruck der Finanznot des Unternehmens, kam der Wahrheit näher, als viele Interpreten glaubten. Auch hier steht am Anfang Gertrud. Sie war es, die Wieland Mut zur leeren Bühne machte: »Was brauchen wir Kulissen – wir haben doch Menschen!« Die Bemerkung eines maliziösen Kritikers, Neu-Bayreuth entspreche der Avantgarde von 1922, war nicht so falsch. Gertruds Tanzkunst stammte aus jener Zeit, sie kam von der Reformbühne der zwanziger Jahre. Dort gab es keine Kulissen, dort hatte allein die Ausdrucksfähigkeit des menschlichen Körpers den Bühnenraum zu füllen. Wieland gestand in späteren Jahren Gordon Craig, dem großen Theaterreformator, eine gewisse Vorbildrolle zu. Das war eine nachträgliche Erklärung, eine neue Mystifikation. Es war leichter einzugestehen, man sei von einem Theaterkoryphäe beeinflußt, als zu sagen, man habe das alles von der eigenen Frau übernommen. Jedenfalls war Gordon Craig Wieland in seinen »dunklen Jahren« nicht über den Weg gekommen, höchstwahrscheinlich kannte er ihn auch 1951 noch nicht.

Im Nachkriegsdeutschland der frühen fünfziger Jahre und vor allem auf der Bühne des Bayreuther Festspielhauses wirkte die Abstraktion der Szene, die Emanzipation des Lichts, das als ein von der Wirklichkeit entrückendes Element benutzt wurde, die Konzentration auf den singenden Darsteller, der eine alle Menschen angehende archetypische Situation verdeutlicht, als revolutionär.

21 Aufführungen wurden 1951 gegeben. Am 26. August endeten mit den »Meistersingern« die ersten Nachkriegsfestspiele. Während die »Weltdiskussion um Bayreuth« einsetzte – so der Titel eines im folgenden Jahr von der »Gesellschaft der Freunde von Bayreuth« herausgegebenen Bandes – fuhren Wieland und Gertrud in ihrem VW-Käfer nach Italien, das in den fünfziger Jahren zum Traumland der deutschen Urlauber werden sollte. Wieland war völlig erschöpft. Aber wie es häufig bei solchen Zuständen geschieht, es fiel ihm schwer, sich von der Welt, aus der er gerade kam, loszureißen.

In Salzburg machten die beiden Station, um den Tenor Ramon Vinay singen zu hören, der ihnen als möglicher Tristan-Sänger empfohlen worden war. Wieland hatte die Karten für den »Othello« telefonisch bestellt. Als er sich beim Kartenbüro meldete, wurde er österreichisch angeraunzt: »Wagner? So kann a jeder hoaßn!« Wütend fuhr er zurück ins Hotel, wo er Gertrud eine Szene machte, weil sie ihre Visitenkarten nicht mitgenommenen habe. Gertrud hörte sich an diesem Abend Vinay als Othello alleine an. Der Krach wegen der Visitenkarten schwelte bis zur zweiten Reisestation, Riva am Gardasee. Auch bei der sonst so friedfertigen Gertrud lagen die Nerven bloß. In einem Hotel von altmodischer Eleganz griff sie nach einem schweren silbernen Handspiegel und schleuderte ihn gegen den Quengelgemahl. Wieland wich dem Geschoß im letzten Moment aus. Von da an herrschte Eheharmonie. Über Mailand, wo an der Scala der Intendant Ghiringhelli besucht wurde, ging es weiter nach Ischia zur Erholung.

Dort stellte sich heraus, daß die Sonne und das warme Meer, das Gertrud in vollen Zügen genoß, für Wieland Gift waren. Eine große Mattigkeit befiel ihn. »Mein Geist ist durch Hitze und Salzwasser«, schrieb er an die Mutter, »stark angegriffen.« Schon am 23. September tauchte er unerwartet wieder in Bayreuth auf. Gertrud war in Augsburg zurückgeblieben, um einen Arzt zu konsultieren. Sie hatte eine Fischvergiftung aus Italien mitgebracht; der tiefere Grund ihrer Kränklichkeit waren wohl Verstimmungen mit Wieland.

Auf den wartete zu Hause ein riesiger Berg von Post. Geschrieben hatten Intendanten und Operndirektoren, Sänger und Leute aus dem Publikum. Auch alte Wagnerfans schrieben, die gar nicht zu den Festspielen gekommen waren. Unter ihnen befand sich Albert Schweitzer, der berühmte Urwalddoktor, der den Sommer über in seiner elsässischen Heimat weilte. »Auf Kritiken mit Leistungen antworten!« rief er den Brüdern zu.

Kritiken, negative, gab es in dem Postberg zuhauf. Was in dem genannten Buch »Weltdiskussion um Bayreuth« im nächsten Jahr erschien, vermag davon einen Eindruck zu vermitteln. Dabei darf man davon ausgehen, daß das dort Gedruckte eine gefilterte Wiedergabe des »Weltechos« darstellt. Doch selbst so kann man sich eine Vorstellung machen, nicht nur von den empörten Reaktionen der Alt-Wagnerianer, sondern auch von den Einwänden der Kritik.

Die ausländische Presse, die großen europäischen und nordamerikanischen Zeitungen reagierten im allgemeinen mit einem überraschten Lob – Beispiel Wolfgang Stresemann, damals Leiter eines New Yorker Orchesters, der darin ein »Zeichen der geistigen Gesundung« erblickte. Bei ihm liest man: »Aufs neue gedenkt unser schwergeprüftes Abendland seines kulturellen Besitzes und knüpft an eine bedeutungsvolle Tradition an.« Doch manche Kritiker der großen westdeutschen Regionalzeitungen, die damals die Presselandschaft der Bundesrepublik beherrschten, zögerten nicht, Vorbehalte zu äußern.

Man sah eine »Gefahr der Überspitzung«, eine allzu »oratorische« Interpretation, gar »verstiegene Experimente«. Wielands Bühnenbilder wurden als »intellektualistisch erklügelte Skelette« gebrandmarkt. Ein Kritiker schrieb, der Geist Wagners sei aus Bayreuth geflüchtet. Wieland war nicht der Mann, sich souverän über solche Einwände hinwegzusetzen. Sie verfolgten ihn, sie quälten ihn. Gertrud, die kaum Zeitungen und noch seltener Kritiken las, war es, die ihm zuredete, ihn stützte, ihm »Weitermachen!« zurief und dieses Weitermachen mit in die Tat umsetzte.

Anfang Oktober war sie nach Hause zurückgekehrt, wo die Überlegungen für die nächsten Festspiele bereits im Gang waren. Sänger und Sängerinnen wurden zum Vorsingen bestellt. Mit Vinay, der im nächsten Jahr die Titelpartie im »Tristan« singen sollte, wurde vorverhandelt. Vor allem hielt das Dirigenten-Karussell alle in Atem. Würde es gelingen, Furtwängler für den »Ring« zu gewinnen? Es wurde darauf gewettet, er würde kommen, einzig und allein, um Karajan zu verdrängen. Sollte man im Fall seiner Absage Clemens Krauss einplanen? Er galt als »Todfeind« von Knappertsbusch, den Wieland unbedingt wiederhaben wollte. Es gab Zusagen und Absagen und solche, die widerrufen wurden.

Doch dann standen schon im Oktober die Dirigenten für 1952 fest: Knappertsbusch, Keilberth, Karajan. Mitte November wurden die Verhandlungen mit Vinay erfolgreich abgeschlossen. Ende Oktober begannen Wieland und Gertrud mit der Regiearbeit am »Tristan«. Sie beschäftigte sie den ganzen Winter.

Elfriedes Tagebuch hält das Auf und Ab der Arbeitsstimmungen fest. »Sie raufen sich die Haare« heißt es mehrfach, »Regiearbeit geht schlecht voran.« Oder: »Sie bringen die Fackel nicht unter, weil nichts mehr auf der Bühne steht.« Während Gertrud offenbar nie verzagte, heißt es von Wieland: »Er sehr negativ«; »Wieland ganz schlechter Stimmung« oder gar: »Er kann uns alle nicht mehr leiden, hat er gesagt«, – eine Bemerkung, die von dem Eintrag gefolgt ist: »Bis nachts ½ 12 mit Gertrud Regie und Bühnenbild gearbeitet.«

Ende November machte das Paar eine Stippvisite in Stuttgart, wo

Windgassen gerade seinen ersten »Tristan« probte. Er sollte in den kommenden Jahren Bayreuths »Traumtristan« werden. Mit der Bahn fuhren Wieland und Gertrud weiter nach Zürich. Dort bestiegen sie ein Flugzeug nach Barcelona, um an der Eröffnung einer Wagner-Ausstellung teilzunehmen. »Sehr begeistert«, wie Elfriede vermeldet, kehrten sie nach Bayreuth zurück.

Um die Jahreswende, mit Weihnachten und den Geburtstagen der Eltern, gab es eine familiäre Verschnaufpause. Weihnachten wurde auf die hergebrachte Weise gefeiert. Am Christbaum, den Gertrud geschmückt hatte, brannten die Kerzen. Iris als Älteste las die Weihnachtsgeschichte vor, Weihnachtslieder erklangen, dann kam die Bescherung. Später erschienen Bruder und Schwägerin mit ihren beiden Kindern aus dem Nachbarhaus. »Gemütliches Beisammensein« vermerkt Elfriedes Tagebuch. Über den zweiten Weihnachtstag steht dort zu lesen: »Omi« – Winifred – »mittags bei Wolf und Ellen eingeladen – Wieland entsetzlich schlechter Laune, hat vor Wut aufgeräumt, zum Mittagessen war Okaka« – die Malerin Margarete von Bodecker – »da, es gab eine ausgezeichnete Pute. Ich nachmittags geschlafen, Gertrud Kindertag, Wieland wütend gelesen. Schweigendes Abendessen, er um 8 Uhr ins Bett.« Solche Stimmungsumschwünge gehörten zu den Festtagen.

Zum Geburtstag schenkte Wieland Gertrud einen Pelz, der zu seiner großen Erleichterung rechtzeitig aus Barcelona eingetroffen war. Im übrigen stand der Geburtstag im Zeichen einer großen Familienbesprechung, zu der Verena und Bodo Lafferentz aus Nußdorf angereist waren.

Die Vermietung des Festspielhauses an die Brüder, ihre Bestallung als Leiter der Festspiele habe, das behauptete Verena, »den Keim zu einem Zerwürfnis innerhalb der Familie« gelegt. Die Mutter hatte diese Behauptung zurückgewiesen; als »befreite Vorerbin« ihres Mannes sei sie zu diesem Akt berechtigt gewesen. Winifred hatte ihren Schwiegersohn bereits im November zu einer Unterredung getroffen, an der auch ein Rechtsanwalt teilgenommen hatte. Der hatte bestätigt, daß zu ihrer Lebzeit die Töchter keine Aussicht auf eine erfolgreiche Klage hätten. Allerdings könnten sie nach dem

Ableben der Mutter auf eine Zwangsversteigerung des Festspielhauses dringen. Deshalb sei es am besten, jetzt schon zu einer friedlichen und gerechten Lösung zu kommen.

Winifred hatte sich bereit erklärt, Verenas Wünsche zu erwägen. Sie schlug sogar vor, den Töchtern nach ihrem Tod die gesamte Einnahme aus der Vermietung des Operngebäudes zu überlassen.

Doch nun, als die Familie Anfang 1952 zusammenkam, gab es zuerst einmal einen großen Krach. Es hagelte Vorwürfe, es wurde geschrien und geschimpft. Verena, die wieder schwanger war, verlor die Nerven, Wieland spielte den Beleidigten, die Mutter schlug die Hände über dem Kopf zusammen. Am dritten Tag versprachen alle, sich gütlich zu einigen. Diese Absicht schlug sich freilich in keinem Dokument nieder. Das wäre auch schlecht möglich gewesen ohne die Einwilligung von Friedelind, und zu der hatte die Familie keinen Kontakt.

Ende Januar machten sich Wieland und Gertrud an die Überarbeitung des »Ring«. Dabei kam es zu einer der häufigen schweren Verstimmungen. Wieland kündigte Gertrud die Zusammenarbeit auf. Elfriede, die niemals ausläßt, einen Ehekrach schriftlich festzuhalten, notierte lakonisch: »Sie hat dann mit den 2 Großen Aufgaben gemacht und Klavier geübt.« Wieland holte sich für ein paar Tage Lilo als Mitarbeiterin für die Bühnenbilder. Wie immer wurde der eheliche Ärger zu einer Prestigefrage, bei der es darum ging, wer zuerst dem anderen Abbitte leistete.

Sobald das Gewitter vorüber war, erbat sich Gertrud als Kompensation für die schlechte Behandlung eine Reise nach Überlingen. Sie wollte Sven Schwedt sehen, an dem sie als »Gegenpol zu ihrer Ehe- und Familiensituation« (Gertrud) festhielt. Sie brauchte ihn als Halt, sie wollte sich bei ihm aussprechen. Und auch der Gedanke spielte dabei eine Rolle, daß sie, wenn sie zu einem anderen Mann flüchtete, den eigenen, der die Eifersuchtsrolle geradezu musterhaft spielte, um so fester an sich binden könnte.

Sie blieb einige Tage weg. Wieland holte sie mit dem Auto in München ab. Auf der Heimfahrt verunglückte der Wagen – seit neuestem ein Borgward – auf der eisglatten Autobahn. Er drehte sich, schleuderte und fiel aufs Dach; danach richtete er sich von selbst wieder auf. Die Passagiere waren unverletzt und konnten geradewegs weiterfahren. Auf solche Pannen war man damals gefaßt. Man fuhr langsam, der Verkehr war dünn, und meistens liefen solche Zwischenfälle glimpflich ab. Vollkommen unaufgeregt vermerkt Elfriede: »Auf der Autobahn umgefallen, aber es ist nichts passiert.« Und am nächsten Tag: »Wieland Regie mit Gertrud (Tristan)«.

Eine Woche später reisten beide, wiederum im Auto, über München nach Neapel. Schon im November war ein Gastspiel des »Ring« verabredet worden; »Rheingold« und »Die Walküre« sollten den Auftakt machen. Die Proben begannen am 4. März; die erste Premiere war auf den 15. März angesetzt.

Zwei Tage später schrieb Gertrud der Schwiegermutter über das Ereignis. Technisch sei die Aufführung tadellos gewesen; sie krittelt ein bißchen an den Sängern herum, meldet aber stolz, di Costanzo (der Intendant des Opernhauses) habe vor Freude geweint. Das Publikum habe getrampelt und eine Viertelstunde lang geklatscht, ohne daß ein einziger den Saal verlassen habe. »Die Begeisterung in der Presse, auch bei den schärfsten Kritikern war ebenso einmütig und superlativ wie beim Publikum.«

Den ersten Auslandserfolg von Neu-Bayreuth erlebten auch Wolfgang Wagner und seine Frau mit; zur zweiten Premiere am 25. März wurde Winifred erwartet. »Du brauchst ein langes Kleid«, schrieb Gertrud, »am besten schwarz und für die anderen Aufführungen etwas kurzes Schwarzes!« Dann aber konnte Winifred wegen einer Erkrankung doch nicht kommen.

Einen Monat nach diesem Ausflug in die Welt wurden Wieland und Gertrud von der gleichen Krankheit befallen: einer schweren Gelbsucht. Wochenlang waren sie bettlägrig. Gertruds Schwestern rackerten sich ab. »Lilo macht die Kinderarbeit«, schrieb Elfriede an die »Omi«, »und ich so das Übrige. Diese Treppensteigerei ist schon wirklich entsetzlich – meine Beine tun mir schon ordentlich weh am Abend.« Dabei hatte Wieland erwogen, mit Elfriede »Schluß zu machen«. Gertrud schrieb der Schwiegermutter, sie sei dabei, eine neue »Kinderhilfe« zu suchen. Das Arbeitsamt wolle ihr dabei behilflich sein. Doch die Krankheit machte vorläufig einen Strich durch diese Überlegungen.

Rechtzeitig zum Probenbeginn waren die beiden wieder auf den Beinen. Dann wurde es so wie im Vorjahr und wie es nun in jedem Jahr werden würde: Das Haus wurde zum Taubenschlag, zur funkensprühenden Kernzone des Kraftwerks Festspiele, wo heitere Einlagen zu kurz bemessenen Entlastungen führten. Die Kinder, zwischen sechs und zehn Jahre alt und »viel frecher geworden, da sie doch etwas mehr sich selbst überlassen waren« (Elfriede), lebten am Rand dieser chaotischen Hochspannung. Sie tobten durch Haus und Garten, sie stritten um Spielzeug, um Rollschuhe und Räder, sie riefen sich, als echte Kinder des Hauses, Verse und Tonfolgen aus den »Meistersingern« nach: »Ich hau dir den Buckel voll.« Und eines kritzelte nach einem der üblichen Kräche im Haus auf die Wand der Toilette: »Der Baba ist bös.« Nach den Hauptproben, bei denen sie dabeisein durften, fuhr Lilo mit ihnen nach Elmau in die Sommerferien. Die Eltern konnten sich ihrem »Hauptgeschäft« widmen.

»Der letzte Tristan war eine unerhörte Steigerung und die Begeisterung ungeheuer«, so schrieb Winifred nach Beendigung der Festspiele am 27. August an Maria Dernburg. Die Kritik, nun nicht mehr überrumpelt wie im Vorjahr, war überwiegend voller Zustimmung. In Bühnenbildern voll glühender Leere wurde nicht die Liebesverklärung gefeiert, sondern ein zeitloses Geschick dargestellt, das Liebende in den Tod treibt. Die Reduktion der Bühnenelemente auf Kreis und Viereck, Scheibe und Quader, die Vereinfachung der Kostüme entlasteten das Auge und führte zu einer Intensität des Erlebens, die zu steigern nicht mehr möglich schien.

Erstmals erholten sich Gertrud und Wieland anschließend auf der Insel Sylt, die ihnen die Theaterfotografin Liselotte Strelow empfohlen hatte. Das Klima war für Wieland Balsam. »Hier ist's in jeder Beziehung ideal«, schrieb er an die Mutter, »ich pfeife auf Italien und ähnliches.«

Währenddessen trafen in Bayreuth die Presseberichte aus aller Welt ein. Sie feierten Wieland als großen Erneuerer der Festspiele, als brillanten Regisseur, als Star und Genie des Musiktheaters. Was Wolfgang Wagner angesichts dieses überwältigenden, internationalen Echos dachte, läßt sich nur vermuten.

Im Vorjahr hatte man das Brüderpaar wie eine Markenbezeichnung für Neu-Bayreuth stets gemeinsam genannt: »Wieland und Wolfgang Wagner«. Doch nun waren die Scheinwerfer der Aufmerksamkeit ausschließlich auf Wieland gerichtet. Wolfgang, dessen organisatorische Begabung allgemein geschätzt, anerkannt, bewundert wurde, mußte sehen, daß allein mit der Kunst Ruhm zu erlangen war. Er mochte ein noch so kluger Manager des Festspielbetriebs, ein noch so genialer Finanzdirektor sein, man mochte sein Verhandlungsgeschick mit den Künstlern, seine Begabung, Geld zu beschaffen, seine Fähigkeit, Ordnung zu halten, seine Glaubwürdigkeit, Integrität, Loyalität noch so preisen – in den Augen der Welt gab das nichts her.

Sollte er den Ruhm ganz allein dem Bruder überlassen? Der Vertrag von 1950 gestand beiden Brüdern gleiche Rechte zu; es war keine Aufgabenteilung vorgesehen. Die Mutter mochte davon ausgegangen sein, daß beide Brüder ihrer Begabung gemäß die Arbeit vernünftig unter sich aufteilen würden. Hatte der Jüngere bisher nicht die Schwächen des Bruders mit Liebe und Toleranz auszugleichen versucht? Er, der keine schwierige Natur war, der mit sich selbst eins zu sein schien, dem Leben positiv gegenüberstand?

Winifred hatte wohl den Ehrgeiz des jüngeren Sohnes unterschätzt. Sie hatte ihm an der Staatsoper in Berlin eine Ausbildung zuteil werden lassen für den Fall, daß Wieland seinem Erbe nicht gerecht würde. Und sie hatte, als Wieland bereit war, das Erbe anzutreten, sich nicht zu der vertraglichen Abmachung entschließen können, Wieland allein die künstlerische Leitung anzuvertrauen. Dies warf Wieland der Mutter vor, solange er lebte.

Wolfgang Wagner beschloß, ebenfalls als Regisseur zu wirken, für die nächsten Festspiele den »Lohengrin« zu inszenieren. Er hatte in Berlin mit einer Oper seines Vaters sein Gesellenstück abgeliefert; andere Regieerfahrungen hatte er nicht. Noch nie hatte er eine Oper von Richard Wagner inszeniert. Wieland und Gertrud hatten dies auf Nebenschauplätzen durchexerziert, in Nürnberg und Altenburg; in gewisser Weise war für sie selbst der »Ring« in Neapel ein weiteres Experiment. Wolfgang Wagner mußte sogleich aufs hohe Bayreuther Seil, er, der keine ausgeprägte künstlerische Ader hatte. Und zugleich würden Organisation, Technik, Finanzen weiterhin an ihm hängen, eine Doppelbelastung, die Wieland weit von sich wies. Niemals, so sagte er immer wieder, sehe er sich in der Lage, beides zu bewältigen.

Wolfgang Wagner trieb der Ehrgeiz und wohl auch der Wunsch,

seine Machtposition zu verbessern. Er, der Optimist, traute es sich zu, obwohl er keine Gertrud zur Seite hatte. Er hoffte aber, daß der Bruder, den er loyal unterstützt hatte, dem er Verwaltung und Organisation abnahm, nun ihm künstlerisch mit Rat und Tat zur Seite stehen, daß er tätigen Anteil an seiner Arbeit nehmen würde. Der Gedanke war nicht abwegig; immerhin waren die Festspiele ein gemeinsames Unternehmen.

Doch Wolfgangs Hoffnungen erfüllten sich nicht. Wieland zeigte keinerlei Interesse, er half dem Bruder nicht, er schwieg. Dieses Schweigen hieß: daß er des Bruders Anspruch, in Bayreuth zu inszenieren, nicht billigte, mehr, daß er ihn zutiefst ablehnte, daß er aber aufgrund der Rechtslage nichts dagegen tun konnte.

Am 14. März 1953 schrieb Winifred an Wieland, der in Neapel mit Gertrud zusammen den zweiten Teil des »Ring« machte, Wolfgang habe sich beim Modellbauer Wissner bitter darüber beklagt, »daß Du dich überhaupt nicht um seine Lohengrin-Arbeit kümmertest.« Da Wolfgang in dieser Zeit ebenfalls in Neapel weilte, empfahl sie dem Älteren, »dieses Problem der Hemmung mit ihm zu besprechen, solange Du ihn allein in Neapel hast. Der arme Kerl braucht Dich also und bringt es nicht fertig, Dir das zu sagen – aber damit ist doch ... eine Aussprache darüber ... ob er es wünscht oder nicht, möglich, meinst Du nicht auch?«

Diese Aussprache fand nicht statt. Sie fand nie statt. Es gab kein Gespräch, kein offenes Wort zwischen den Brüdern. Jeder ließ den anderen machen, jeder wußte, was der andere von ihm hielt. Nach außen hielt Wieland dem Bruder die Stange. Als 1961 ein einflußreicher Mann aus dem Kreis der »Freunde Bayreuths«, in dem die privaten Geldgeber saßen, ihn schriftlich aufforderte, die Inszenierungen des Bruders – wegen ihrer mangelnden Qualität – zu unterbinden, legte Wieland den Brief in die Schublade. Er beantwortete ihn nicht, er unternahm nichts gegen den Bruder.

Die Enttäuschung Wolfgang Wagners im Jahr 1953 muß grenzenlos gewesen sein. Hier ist die Wurzel zu sehen für die Entfremdung, für die Abwendung vom Bruder. Die negativen Kritiken, die Wolfgang in den kommenden Jahren erntete, trugen das ihre dazu bei. Er hatte kein eigenes Regiekonzept, keine Visionen, die er verwirklichen wollte. Er verwendete Einfälle des Bruders, die er abwandelte, ins Megalomane steigerte: eine Riesenscheibe, eine zerbrochene Scheibe. Der in London lebende Victor Valentin Rosenfeld, den Wieland als Briefpartner schätzte, ein aus Wien emigrierter Anwalt und Musikpublizist, verheiratet mit einer Freud-Schülerin, sagte, als er Wolfgangs »Ring« mit der zerbrochenen Scheibe sah, zu Gertrud: »Sehen Sie nicht, was er tut? Er zerbricht, was Wieland gemacht hat.«

Nie in seinem langen Leben brachte Wolfgang Wagner eine künstlerisch überragende Inszenierung zustande. Er war einfach nicht der Mann dafür. Wenn er dennoch nicht ganz abstürzte, dann lag es daran, daß ihm der hervorragende Apparat half, den er zur Verfügung hatte, die großen Dirigenten und Sänger, die Musiker und Techniker. Mit den Jahren kam eine gewisse Routine hinzu und – nach dem Tod des Bruders – der Glanz des Namens, der nun allein auf ihm lag.

Ob es ihm gelang, die Mängel seiner Regiearbeiten vor sich selbst zu vertuschen, diese Frage könnte nur er allein beantworten. Selbstverständlich nahm er die laue bis ablehnende Reaktion auf seine ersten Inszenierungen – 1953 »Lohengrin«, 1955 »Der Fliegende Holländer«, 1957 »Tristan« – zur Kenntnis. Mit der Entfremdung zum Bruder kam der Neid, vielleicht der Haß. Nach außen zeigte Wolfgang Wagner das nicht. Er wollte das Markenzeichen nicht beschädigen. Außerdem gab es ein Ventil für seine Emotionen: Gertrud. Auf sie, die Wieland zum Regisseur gemacht hatte, konzentrierte er alle Wut und allen Haß. Als endlich die Gelegenheit da war, sie als künstlerische Potenz zu vernichten, zögerte er nicht.

Im Festspielsommer 1953 erschien in der Stadt ihrer Jugend nach fünfzehnjähriger Abwesenheit Friedelind Wagner. Sie wohnte in »Wahnfried«, Gertrud nahm die alte Freundin trotz der zurückliegenden Verrätereien herzlich bei sich auf. Friedelind war Mitte Dreißig, blond onduliert, amerikanisiert. Die Kinder, an die sie Kaugummi verteilte, waren von ihr begeistert. Sie, die als einzige ihrer Familie dem Nationalsozialismus eine entschiedene Absage erteilt hatte, trat mit großer Selbstbewußtheit auf. Noch im Mai hatte sie versucht, durch einen Rechtsanwalt die Herrschaft ihrer Brüder auf dem Festspielhügel in Frage zu stellen. Doch die Rechtslage war eindeutig; Friedelind hatte keine Chance.

Sie hatte blendende Karten gehabt. Schon als Schülerin interessierte sie sich für das Theater. Wenn sie Anfang der dreißiger Jahre zu ihrem Internat nach Heiligengrabe fuhr, ging sie in Berlin, was die Familie mit Verwunderung konstatierte, »freiwillig« ins Theater. Heinz Tietjen machte Winifred auf Friedelinds Interesse aufmerksam. Doch die gegen ihre Tochter eingenommene Mutter hatte das nicht wahrhaben wollen. In Amerika tat sich die Emigrantin schwer. Immerhin besaß sie Theatererfahrung, und es hätte, wäre sie sogleich nach Kriegsende in Bayreuth erschienen, für Winifred und die Brüder schlecht ausgesehen. Doch die Briefe, die sie in jener Zeit an die Brüder richtete – Briefe voller Unterstellungen, Beschuldigungen, finsterer Prophezeiungen, geprägt von einer völligen Verkennung der wirklichen Situation –, offenbaren eine sanguinische Wirrköpfigkeit. Sie neigte zu einem enthusiastischen Aktivismus, ohne vorher die Lage zu sondieren. Und ständig tendierte sie dazu, die eigenen Fähigkeiten, auch die künstlerischen, zu überschätzen.

Im Sommer 1953, die großen Inszenierungen Wielands vor Augen, muß sie erkannt haben, daß sie zu spät nach Bayreuth gekommen war. Und da sie über eine gewisse Schläue verfügte, tat sie, was jetzt allein auch ein wenig Glanz auf sie lenken konnte: sie stellte sich demonstrativ an die Seite der bisher befehdeten Familie. Auf Fotos dieses Sommers legt sie immer wieder die Hand auf Wielands Schultern, als erteile sie, Siegfrieds Lieblingstocher, dem erfolgreichen Bruder den Segen.

Es gibt einen entzückenden Brief von ihr an Gertruds Kinder nach Sylt, der zeigt, daß sie eine gute Kinderbuchautorin geworden wäre. Sie erzählt von den Sängern (»die arme Varnay ist bei der Todesverkündung, wie sie Sieglinde mit ihrem Schild schützen wollte, ausgerutscht und hingefallen, sie hat es aber so geschickt gemacht, dass nur wir es gemerkt haben, dass es nicht so sein sollte, das andere Publikum hat gemeint, es gehört dazu«), von ihren bevorstehenden Reisen zu Opernaufführungen und Konzerten.

Besonders pikant war Friedelinds Präsenz bei der Uraufführung von Gottfried von Einems Oper »Der Prozeß« in Salzburg; die Affäre um den Schmuck seiner Mutter war noch immer nicht geklärt.

Friedelind unternahm die Reisen mit ihrer Mutter. Die beiden versöhnten sich in diesen Wochen. Gespannt blieb das Verhältnis zu den Brüdern. Die Spannungen kamen von ihren Plänen, im Umfeld der Festspiele tätig zu werden. Schon früh verfolgte sie das Projekt der »Bayreuther Festspiele Meisterklassen«, die allerdings erst 1959 Gestalt annahmen. Vorher schon wurde sie als Werbeagentin für die Festspiele in den Vereinigten Staaten tätig.

Diese Aktivität, die vertraglich festgelegt wurde, war eine Art Abschiebung. Als Wolfgang Wagner dem Bruder im Oktober 1957 den Vertragsentwurf zuschickte, nahm er kein Blatt vor den Mund. Das gemeinsame Interesse, schrieb er, gehe ja dahin, sie möglichst bald loszuwerden.

»Die Weiber« draußen zu halten, war ein elementarer Bestandteil der Männerherrschaft auf dem Grünen Hügel. Wolfgang, der Kanzler, konnte so verfahren. Wieland, der König, der ohne Gertrud keine einzige Inszenierung zustande brachte, nicht. Er hatte zwei Möglichkeiten: 1. Gertrud zu verschweigen, unsichtbar zu machen; 2. ihr einen kleinen Bereich zuzugestehen, der allerdings sofort als untergeordnete Zulieferertätigkeit definiert wurde. Das erste geschah bei der Müncher Inszenierung von Glucks »Orpheus und Eurydike«; das zweite beim Bayreuther »Tannhäuser« von 1954.

Als der Intendant der Bayerischen Staatsoper, Rudolf Hartmann, der 1951 in Bayreuth die »Meistersinger« inszeniert hatte, Wieland zu einer Neuinszenierung einlud, griff dieser sogleich zu. Es war das erste Angebot nach dem Krieg, etwas anderes als Wagner zu inszenieren. Daß das Angebot aus München kam, der Schicksalsstadt Richard Wagners, entzückte den Enkel, der sich nun bewußt als dessen Erbe sah. Auch seine tiefe Befriedigung über die Wahl des Werks, Glucks »Orpheus«, versteht sich aus dieser Identifikation. Richard Wagner hatte in Dresden die »Iphigenie in Aulis« dirigiert und in Gluck einen Vorgänger gesehen.

Auch Gertrud war über diese Wahl beglückt. Vor langen Jahren, als sie Wieland in seinem Münchner Atelier Modell gesessen hatte, war von ihr immer wieder eine Schallplattenaufnahme dieses Werks aufgelegt worden. Der »Reigen der seligen Geister« wurde damals für sie zum Ohrwurm. Seit dem Augenblick, da sie vom Tanz zum Theater gewechselt war, hatte sie davon geträumt, den »Orpheus« zu choreographieren. Von Wieland stammte die tragische Zuspitzung auf die Totenklage – Knappertsbusch, der Dirgent, mußte für diese Veränderung des barocken Happy-End mit viel Mühe gewonnen werden – doch die Realisierung, der Einsatz von Chor und Ballett, die Bewegungsbilder und Tänze, die Interpretation der seligen Geister als weiblich-männliche Doppelwesen waren Gertruds Erfindung.

Wie immer hatte sie »ihren« Regisseur »einstudiert«. Auf der Bühne durfte sie nicht anwesend sein, sie war in den Zuschauerraum verbannt. Offenbar hatte sich das Paar über den Schluß nicht abgesprochen. Als Wieland bei der Probe auf der Bühne stand, hatte er keine Vorstellung, wie er die Nicht-Wiederkehr der Eurydike sichtbar machen sollte. Der zufällig anwesende Solotänzer und Choreograph Pino Vlakar sprang ihm bei: »Ich zeige es Ihnen, Herr Wagner – so.« Er neigte leicht das Haupt.

Ein Mann durfte Wieland öffentlich beispringen; Gertrud war dies untersagt. Der Theaterzettel der Premiere, die am 4. März im Prinzregententheater stattfand, lautet: »›Orpheus und Eurydike‹ von Christoph Willibald Gluck. Regie Wieland Wagner. Dirigent Hans Knappertsbusch. Bühne Wieland Wagner. Kostüme Wieland Wagner.« Gertrud gab es nicht.

Insgeheim kam dies dem Mann, der allen Ruhm allein einheimste, wohl nicht ganz korrekt vor. Warum sonst hätte er Gertrud einen Prachtband der modernen Malerei geschenkt, der, ein Wort aus Glucks Oper aufgreifend, die Widmung trug: »Zärtlich und mitleidsvoll – Ascendite fasces« – (Also: Zündet die Fackeln an) – »Gertrud als Dank für den Orpheus – 4. 3. 1953«.

Zärtlichkeit und Mitleid für die Frau, welche die Arbeit getan hatte, der keine Fackeln öffentlich leuchten durften – wahrhaftig, es könnte nicht zynischer sein. Dem Verfasser der Widmung in Skiras »Histoire de la Peinture Moderne – 2. Volume: De Picasso au Surrealisme« – ein Opus übrigens, das Wieland mit der modernen

Malerei bekannt gemacht hatte –, war dieser Zynismus höchstwahrscheinlich nicht einmal bewußt.

Das völlige Verschweigen von Gertruds Mitarbeit an den Inszenierungen war das eine. Die andere Methode bestand darin, sie herunterzuspielen, sie auf einen kleinen Beitrag einzugrenzen. Er hieß: Choreographie – ein Bereich, der Frauen am Theater traditionell offenstand und meistens nichts anderes bedeutete als die Einstudierung der Tanzeinlagen. Bis heute wird Gertrud Wagner in Büchern, die sich mit Wieland oder der Geschichte der Festspiele befassen, auf diese Arbeit festgelegt. Walter Erich Schäfer, der Generalintendant der Württembergischen Staatstheater, formulierte diese akzeptierte Meinung, als er schrieb, Gertrud habe »für einige Choreographien« von Wielands Inszenierungen »die Mitverantwortung« getragen. Ihr »selbständiges Werk« – unterschwellig mitgemeint: ihr einziges selbständiges Werk – sei die Choreographie des ersten »Tannhäuser«-Bacchanals gewesen.

Die Wirklichkeit sah so aus: Sogleich nach den Festspielen von 1953 reisten Wieland und Gertrud nach Sylt. Dort machten die Kinder schon seit Wochen in einem gemieteten Häuschen am Watt mit Lilo Ferien. Elfriede hatte im Herbst des Vorjahrs Werner Fehr, den Festspieldrucker, geheiratet und im Mai Zwillinge zur Welt gebracht. Wieland und Gertrud brannten darauf, trotz des herrlichen Wetters – »für die Nordsee sensationell schön«, wie Wieland an die Mutter schrieb – sogleich an die »Tannhäuser«-Arbeit zu gehen. Sie hatten ein altmodisches Grammophon mitgebracht und Platten, und sobald die Kinder abgereist waren, bestimmte »Tannhäuser« den Tageslauf. Als Besetzung war vorgesehen Windgassen als Tannhäuser, Fischer-Diskau als Wolfram und Gré Brouwenstjin als Elisabeth. Wieland hatte die Holländerin entdeckt und war in ihr »romanisches Gesicht«, das ihn an die Utafigur des Naumburger Domes erinnerte, geradezu vernarrt.

Zwischen dem Ehepaar herrschte in der »göttlichen Einsamkeit« – so Wieland an die Mutter – Harmonie. Ein humorvoller, mit Zeichnungen versehener Brief des Vaters voller absichtlicher Schreibfehler an seine Älteste spiegelt die entspannte Atmosphäre. »Essen jeden Abend biefsteck und schlafen meistens, wenn wir kein Geld ausgeben. Mopps ist noch schlechter frisiert wie Liloh. Dafür eine stärkere Persönlichkeit wie jene (Person). Auch fetter wie ...« Unterzeichnet: »dein lieber tr.« – lies: treuer – »Bieber und abwesender Mopps.« Bieber, mal mit, mal ohne e geschrieben, war Wielands Spitzname in der Familie. Gertrud, ein bißchen rundlicher geworden, hieß Mops, später Möppi.

»Wir quetschen ... verzweifelt am Tannhäuser«, heißt es in dem Brief. Tannhäuser war der Mann zwischen Geist und Trieb, das war zu zeigen, darüber brauchte man gar nicht zu diskutieren. In ihre Arbeit ging die Erinnerung ein an jene »Tannhäuser«-Inszenierung Siegfried Wagners, die sie 1931 gemeinsam gesehen hatten. Seither war der »Tannhäuser« in Bayreuth nicht aufgeführt worden. Gertrud würde die »große und exzentrische Tanzszene« (Richard Wagner) des Bacchanals choreographieren.

Wieland ging vom Bild aus. Er sah die Muschel, Symbol des weiblichen Genitals, das zu abstrahieren war, die Farbe kein Rot, sondern ein mystisches Dunkelblau, die Formen geometrische Windungen. Von »Ellipsenbögen« sprach später die Kritik. Die sexuelle Ekstase setzte Gertrud in minimalistische Bewegungen um. Sie wollte »kein Herumgerenne«, sondern einen rhythmischen Fluß von Frauenleibern, die in ihren fleischfarbenen Trikots nackt wirkten. Aus den Windungen der Muschel sollte sich wie aus einem Strudel ein zweigeteilter Strom von Bacchantinnen ergießen, die eine entfesselte Sexualorgie feierten. Manche Kritiker fühlten sich an eine Walpurgisnacht erinnert. Daran hatte Gertrud nicht gedacht. Sie sprach von einem »Coitus interruptus«, der in der Musik vorgegeben sei.

Noch vor der Konzeption des Bacchanals drängte sich beiden das Bild des Einzugs der Gäste auf der Wartburg auf. Die Gegenwelt zu Frau Venus' Hörselberg sollte mittelalterlich streng, asketisch wirken. Wieland »sah« Formen und Farben vor sich. »Die Kostüme«, sagte er, »sind blau und lila. Die lange Schräge bis zur Hinterbühne hat ein Schachbrettmuster.«

Gertruds Einfälle kamen meistens mit der Morgendämmerung, zwischen Schlaf und Erwachen. Dann empfand sie, noch im Bett liegend: Ich hab's! Dann »sah« sie den Chor, sie hörte aus der Musik, wie er sich bewegen mußte, wie er sich die Schräge hinaufbegibt; sie

»sah«, wie jeder hereinkommt, einzeln, zur Seite rückt, ohne eine Drehung zu machen. Beim Zuschauer sollte der Eindruck entstehen: die Einziehenden kommen direkt auf mich zu. Wieland wußte von der Wichtigkeit der Bewegungsszenen, er ließ Gertrud freie Hand.

Die Feinarbeit erfolgte im Winter. Gertrud brauchte fünfzig Tänzerinnen, ausgebildet im modernen Bewegungstanz. Sie fand sie in Berlin und Hamburg. Und sie mußte den Chor trainieren, der nicht an diese Art der Bewegungsregie gewöhnt war. Gertrud brachte die Choristen dazu, die Musikalität ihres Körpers zu empfinden, sich organisch zu dem zu bewegen, was sie hörten und sangen, in Ruhe dazustehen. Dafür war ein tägliches Morgentraining angesetzt. Gertrud erlebte, wie schwer es ist, im Opernchor Männer und Frauen zu mischen und von ihnen einen Gleichklang der Bewegungen zu erwarten. Sie bildete deshalb Männer- und Frauengruppen und gab jeder einen eigenen Bewegungsgestus vor. Die Choristen waren entzückt, etwas Neues, das schwer war, einzustudieren und machten gerne mit.

Begeistert erinnerte sich der Solorepetitor Kojetinsky fast zwanzig Jahre später an ihre Arbeit: »Ich will gar nicht reden von der intensiven Zusammenarbeit in den ersten Bayreuther Jahren, ob sie sich nun vorbereitend am Flügel in Wahnfried abspielten, ob wir am Schreibtisch ›Berechnungen‹ anstellten, um Deine Ideen, improvisatorisch aus Dir geboren, zu fixieren … oder ob wir dann, wieder gemeinsam, in der Turnhalle, im Probensaal, auf der Bühne, im Ballettsaal das Erarbeitete Takt für Takt an Tanzgruppe, Chor, ja sogar an Solisten weitergaben.«

Wieland sah diese Arbeit Gertruds mit Verwunderung und Mißtrauen. Daß fünfzig junge Frauen taten, was sie vorgab, erfüllte den Frauenhelden mit Neid. »Bist du lesbisch?« fragte er, der den gerade ins Deutsche übersetzten Kinsey-Report »Das sexuelle Verhalten der Frau« verschlungen hatte, in einer Mischung von Spott und Ernst.

Der »Tannhäuser«, umstritten und befehdet wie er war, galt vielen als der Gipfel von Neu-Bayreuth. Er sei das Kühnste, konnte man in den »Festspiel-Nachrichten« lesen, was die Bayreuther Festspielgeschichte je an Neuerungen erblickt habe. Der neue Stil war damit durchgesetzt. Und zum erstenmal seit 1951 stand auf dem Theater-

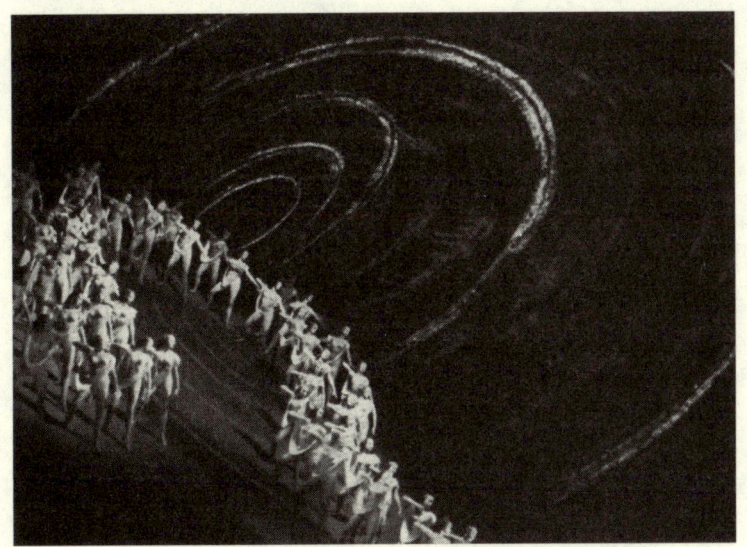
Gertruds Bacchanal 1954 auf der berühmten Scheibe

zettel: »Choreographie und Regieassistenz: Gertrud Wagner«. Choreographie und Assistenz, im Klartext also: Mithilfe und Einstudierung der Tänze – mehr wurde Gertrud nicht zugestanden. Doch die Kenner sahen, daß sich dies nicht allein auf das ominöse Bacchanal bezog.

Mary Wigman trat nach der Premiere auf Gertrud zu: »Das hast du gemacht, das ist deine Arbeit, das ist die Arbeit eines Choreographen.« Desgleichen Heinz Tietjen. »Gertrud«, sagte er, »sag mir die Wahrheit: den Einzug der Gäste hast du gemacht?«

Sie wurde für ihre Arbeit nicht bezahlt. Als die Kinder in der Probenzeit beim Mittagessen fragten, ob denn die Mama dafür Geld bekomme, antwortete Wieland, an seine Frau gewendet: »Dafür bist du mir zu schade.« Zu schade, um für eine Arbeit entlohnt zu werden?

Gertrud hätte für ihre Tätigkeit ein vergleichbares Honorar wie dem Leiter des Chors, Wilhelm Pitz, zugestanden, also 30000 Mark. Sie erinnert sich, in späteren Jahren aus finanztechnischen Gründen wegen einer Nachforderung des Finanzamtes nachträglich und rein formal eine Quittung über den Empfang von 30000 Mark unterschrieben zu haben. Das stand indessen nur auf dem Papier. Aus den frühen Jahren gibt es einen undatierten, von Wieland und Wolfgang unterschriebenen »Gutschein« über 1500 Mark – »als mangelhafter Ausdruck von herzlicher Dankbarkeit – abzuholen bei Herrn Sesselmann«. Heinrich Sesselmann war der Leiter der Festspielverwaltung. Lange Jahre blieb es bei dieser einmaligen Auszahlung.

Gertrud Wagner war auch in finanzieller Hinsicht ein Anhängsel, ein Bestandteil ihres Ehemanns, keine selbständige Person.

Betrug und schweres Leid

Der Donnerschlag, der Gertruds Leben zerriß, erfolgte im Sommer 1954, gerade, als sie auf ihren öffentlichen Triumph zuging. Eines Tages im Juli, als sie vorzeitig von den Bacchanal-Proben nach Hause kam und wie immer eilig die Wendeltreppe hinaufrannte, überraschte sie ihren Mann in flagranti. Gertrud glaubte, die Sinne schwänden ihr. Noch unter dem Schock der Entdeckung ging sie hin und verbrannte die Liebesbriefe, die ihr Wieland als Schüler geschrieben hatte, im Kamin.

Wieland, zur Rede gestellt, gestand, wobei er keinerlei Gewissensbisse zeigte, daß dies schon lange so währe und daß es im Haus zuvor noch eine andere Frau gegeben hatte, mit der er es genau so gehalten habe.

Die Entdeckung, daß Wieland mit zwei Frauen in ihrem unmittelbaren häuslichen Umfeld ein Liebesverhältnis unterhielt oder unterhalten hatte, traf die bis dahin völlig arglose Gertrud in der Mitte des Lebensnervs. Sie hatte immer gewußt, daß Wieland, der sich so gerne zum Griechen stilisierte, Frauenaffären hatte. Wie oft sprach er bei Tisch, von lateinischen Ausdrücken durchsetzt, über Liebespraktiken. Aber daß dies nicht nur lockeres Gerede war, sondern im Zentrum ihres Daseins geschah, innerhalb ihrer häuslichen Wände, dort wo der Mensch sich geschützt fühlt, zerstörte Gertruds Vertrauen ins Leben. Sie hatte das Empfinden, ihre Familie sei im Kern zerstört worden.

Gertrud wies die Schuldige, mit der sie ihren Mann überrascht hatte, sofort aus dem Haus. Wieland nahm dies ohne Auseinandersetzung hin. Indes, er war nicht der Mann, sich sexuelle Verhaltens-maßregeln vorschreiben zu lassen, erst recht nicht von seiner Frau.

Die Wahrheit drang erst allmählich in Gertruds Bewußtsein. Sie klammerte sich an ihre Arbeit, versuchte, sich am Erfolg bei den Festspielen zu freuen. Doch es gelang ihr nur schlecht.

In der zweiten Augusthälfte trafen Gertrud und Wieland auf Sylt ein. Die Kinder, die schon einige Wochen an der See verbracht hatten, freuten sich, die Eltern zu sehen. Doch ein sehr fröhlicher Urlaub wurde es nicht. Am Ende der Schulferien reiste Gertrud mit den Kindern nach Bayreuth zurück, ohne ihren Mann.

Ein Foto vom September 1954 zeigt die Mutter mit ihren hübschen, adrett gekleideten Kindern bei einer Zirkusvorstellung; der Fotograf hielt fest, wie »Wummi« ein Pony taufte. Gertrud sitzt hinter den interessiert dem Vorgang folgenden Mädchen im ärmellosen Kleid, mit Brille und verrutschtem Collier. Sie wirkt angespannt, verhärmt, älter als sie ist.

Wieland indessen ließ sich durch dieses Ereignis nicht von seinen Neigungen abbringen. Der Mann trumpfte auf. Er wollte der Welt zeigen, daß er tun konnte, wonach ihm der Sinn stünde.

Er war herrschsüchtig, unduldsam, sarkastisch, neigte zum Zynismus. Immer suchte er die Schuld beim anderen. Sein Hang zum Beleidigtsein ging leicht in Sadismus über. Bei allen Festspielen brauchte er eine »Leiche«, jemanden, den er mit seiner gefürchteten Kritik vernichtete. Er haßte die Abhängigkeit von seiner Frau, der gegenüber er künstlerische Minderwertigkeitskomplexe hatte. Im tiefsten Inneren aber hatte er Angst vor dem Weiblichen.

Nie wurde er die Furcht los, eine homosexuelle Veranlagung geerbt zu haben. Manchmal fand ihn Gertrud, wie er in der Badewanne lag und mit Ekel seinen weichen, schlaffen Körper, den er als feminin empfand, betrachtete. Er haßte seinen Körper, seinen Mund. Er konnte nicht küssen. Und häufig in diesen Jahren kam er aus dem Badezimmer mit einem blutenden Schnitt, den er sich beim Rasieren zugefügt hatte. Die Antwort auf Gertruds fragendes Gesicht, auf ihre Bemerkung: »Schon wieder!« lautete: »Du weißt, ich mag mich nicht.« Immer wollte er sterben. Er sprach davon, wenn er im Flugzeug saß, oder auch, wenn er besonders gefeiert wurde.

Der Selbsthaß war das Zentrum, aus dem seine Liebeshemmung floß. Und je mehr er sich haßte und sich vor seinen Instinkten fürchtete, um so mehr griff er nach Frauen. Ständig brauchte er die Bestätigung seiner Männlichkeit. Dabei empfand er Schuldgefühle. Warum sonst hätte er seiner Frau auf seinem letzten Krankenbett gesagt: »Das Christentum ist an allem schuld.« Er meinte damit, daß man eben kein »Grieche« sein konnte, was er so gern gewesen wäre, ein Mensch mit einer frei bestimmten, sünden- und schuldlosen Sinnlichkeit, sondern daß man in einer Ehe lebte, an eine Aufgabe, an eine Moral gebunden war. Wielands sexuelles Aufbegehren war ein Aufbegehren gegen seine Rolle, nicht nur als Ehemann.

Gertrud, die ihn kannte wie niemand sonst, wußte all dies oder ahnte es doch. Deshalb versuchte sie, es zu ertragen, ja sogar ihm zu verzeihen. Für Wieland hatte sie, wie sie in einem Brief 1976 schrieb, Sanftmut und Langmut, »weil er beides brauchte«. Sie fand ein Wort für sein Verhalten: sie sprach vom »Liebesdefekt« dieses Mannes. Er sehnte sich nach Liebe und konnte sie selbst nicht geben; er stieß von sich, wen er liebte und erhoffte, immer wieder, daß ihm vergeben werde.

Als sie sich im September bei einem Telefongespräch mit Wieland, der noch immer auf Sylt weilte, übergeben mußte, wußte sie, daß sie schwanger war. Ein großer Schrecken befiel Gertrud. Würde ein fünftes Kind in ihr Leben passen, wo sie den vorhandenen vieren nach ihrem Empfinden schon nicht gerecht wurde?

Die Arbeit am Wagnerschen Werk mußte weitergehen, dafür war sie Wieland unentbehrlich.

Und dennoch erfaßte Gertrud bei dieser Entdeckung auch eine tiefe Freude. War dieses neue Kind nicht eine Chance für einen Neuanfang der Ehe, eine Möglichkeit, miteinander von vorne zu beginnen? Hatten sie einander nicht oft gesagt, weil sie die vier anderen als Babys ganz früh hatten weggeben müssen: »Eines Tages werden wir ein Baby haben, für uns, zum Genießen«? Gertrud dachte es sich so schön aus.

Als Wieland aus dem Urlaub zurückkam, gebräunt, gut erholt, hatte sie nicht bedacht, daß die Schuldgefühle ihr gegenüber ihn nicht weich stimmten, sondern im Gegenteil verhärteten. Sobald sie ihm die Sache vortrug und den schönen Satz zitierte – »ein Baby zum Genießen« –, sah er vor sich nieder, schwieg eine Weile und sagte dann: »Das geht mich nichts an, das ist deine Sache.« Gertrud empfand diese Herzlosigkeit als ein Nein zur Versöhnung. Sie wollte kein Kind haben, das der Vater ablehnte.

Bei der Reise zu »Fidelio«-Proben in Stuttgart machte sie mit Wieland einen Abstecher zu einem Arzt, den sie seit Jahren kannte, einem Internisten. Er nahm die Abtreibung vor. Der Eingriff verlief nicht glatt, es kam zu Komplikationen. Gertrud bekam in der Nacht danach hohes Fieber. Dennoch setzte sie am nächsten Tag die Reise nach Stuttgart fort. Sie quartierten sich in einem Hotel auf der Solitude ein. Da spitzte sich die Lage zu; für Gertrud entstand eine lebensbedrohende Situation. Wieland ließ sie mitten in der Nacht in die Frauenklinik transportieren. Ein paar Tage lag sie dort. Dann rettete sie sich wieder zur Kunst.

Die Zusammenarbeit mit Wieland ging gut. Warum auch nicht? Die Frau hatte sich wieder einmal den Wünschen des Mannes gefügt, ihr eigenes Lebensinteresse, das Kind, das sie gern gehabt hätte, hinter dem seinen zurücktreten lassen.

Die Arbeit an dem Stück, das die Gattenliebe verherrlicht, band sie erneut zusammen. Sie begeisterten sich für die andere Musik, Beethoven nach so viel Wagner.

In einer Art Kunsteuphorie kam Gertrud nach Bayreuth zurück. Wieland kaufte ihr ein hübsches altes Bild, 1730 in Wien gemalt. Es zeigte einen Hund, einen Mops, mit fünf Jungen. Als Gertrud es sah, konnte sie nicht einmal weinen. Sie war wie versteinert. Nach wenigen Tagen überfiel sie hohes Fieber, gefolgt von einem totalen Zusammenbruch. Ihr Körper streikte, er verweigerte ihr die Gefolgschaft.

In dieser Situation fand Gertrud Hilfe nicht bei ihrem Mann, dem Urheber des Unglücks, sondern bei zwei Ärzten. Ihr Leben lang lehnte sie sich an diesen Typus Mann an, suchte dort nicht nur medizinischen Rat, sondern auch menschliche Zuwendung. Sie rief Sven Schwedt an. Er eilte sofort herbei, brachte sie selbst zu einem Psychotherapeuten, den er kannte. Schwedt nannte Gottfried Kühnel »einen der besten Ärzte Deutschlands«. Er arbeitete im Niedersächsischen Landeskrankenhaus in Tiefenbrunn bei Göttingen. Dort, am Rande des Harzes, verbrachte Gertrud lange Winterwochen.

Kühnel, 1900 in Plauen geboren, war im Wiener Freud-Kreis zum Psychiater ausgebildet worden. Er hatte eine Lehranalyse bei Alfred Adler gemacht und war später Assistent bei Ernst Kretschmer in Tübingen gewesen. Er hatte als Psychiater, Nervenarzt und Therapeut gearbeitet; seit 1949 leitete er die Anstalt in Tiefenbrunn. Gertrud beeindruckte er als medizinischer Ratgeber, vor allem aber durch seine Menschlichkeit. Sie, die immer von einem Mann geträumt hatte, an den sie sich anlehnen könnte, fand ihn in diesem Arzt. Sie vertraute ihm völlig. Nur mit seiner Hilfe überdauerte sie die Zeit, die kam. Elf Jahre lang reiste sie alljährlich zu ein- bis zweiwöchigen Intensivbehandlungen nach Tiefenbrunn.

Dem immer eifersüchtig auf Alleinherrschaft bedachten Wieland war diese männliche Gegenfigur nicht geheuer. In seinen letzten Lebenswochen nannte er ihn den »Teufel von Tiefenbrunn«. Aber als er Gertrud im Winter 1955 abholte, mußte er die Kompetenz und Integrität des Arztes widerwillig anerkennen.

Die Wiederbegegnung des Paars fand – die ärztliche Regie hatte es so gelenkt, wie überhaupt Kühnel darauf bestanden hatte, daß Wieland selbst seine Frau abhole – im Behandlungszimmer des Seelenarztes statt. Gertrud stürzte auf Wieland zu, umarmte, küßte ihn. Das Glück, ihn wiederzusehen, der Glaube, daß nun alles gut würde, stand ihr ins Gesicht geschrieben. Für Wieland war diese Begrüßung eine Überraschung. Die von Natur so spontane Gertrud hatte sich in den letzten Jahren den kühlen Gebräuchen der Familie Wagner angeschlossen, wo man keine Gefühle zeigte, schon gar nicht vor Fremden. Er sah also sofort, daß seine Frau eine andere war, spontan, frei und dennoch liebevoll.

Von dieser neuen, selbstbewußteren Gertrud profitierte das Eheleben eine ganze Weile. Sie steckte, am Familientisch, nicht mehr jede Bosheit ein; sie konterte, sie ließ Sätze fallen, die sie von Kühnel gehört hatte, wie: »Die Ehe ist kein Befriedigungsinstitut.« Das mag harmlos klingen, doch für Wieland war das neu, selbst die Kinder merkten, daß die Mutter anders war, lockerer. Trocken bemerkte »Wummi«: »Die Mama ist ja richtig frech.«

Sie bekam nun auch ihr eigenes Bankkonto. Das zweite in ihrem Leben. Die Schwiegermutter hatte ihr nach der Hochzeit 1941 eines eingerichtet mit der Bemerkung, eine Frau müsse eigenes Geld haben. Den gleichen Standpunkt vertrat der Seelendoktor. Widerstrebend stattete Wieland das Konto mit 30000 Mark aus, wobei der Unwille wohl weniger der Summe galt als der Tatsache, daß er die Anordnungen eines anderen Mannes auszuführen hatte.

Demonstrativ kaufte sich Gertrud sogleich bei einem römischen Juwelier ein breites goldenes Armband.

Auch über das Haus »Wahnfried« brach in diesen Jahren das Wirtschaftswunder herein. Der Lebensstil veränderte sich grundlegend; Auslandsreisen, Automarken, Restaurantbesuche, ausgewählte Kleidung begannen, in Deutschland eine wichtige Rolle zu spielen. Alle diese Trends machte man in »Wahnfried« mit. Wieland trug nun Packen loser Geldscheine in der Hosentasche, die er achtlos hervorzog, damit andeutend, daß genug vorhanden war, daß es ihn aber gleichzeitig nicht sonderlich interessierte. Im Restaurant zählte er das Geld unter dem Tisch, ehe er es nonchalant zum Bezahlen reichte.

Die Familie fuhr Nobelkarossen; Reisen nach Italien, das 1954 ein Drittel der Deutschen zum Sehnsuchtsland Nummer eins erklärten, standen fast jedes Jahr auf dem Programm. Dort lockten das Meer und die Kunst, man begeisterte sich an der Lebensart, an den Eis- und Melonenverkäufern, den Papagalli und Mandolinenspielern, man besuchte – in Maßen – Ausgrabungen und Sehenswürdigkeiten. Ein Foto zeigt Gertrud in den Ruinen von Paestum. Bald kam Spanien als Reiseland Nummer zwei hinzu. 1953 und 1954 machten sie Blitzvisiten in London und Paris.

Auch die Eßgewohnheiten veränderten sich. Zwar war man in den fünfziger Jahren noch ziemlich vorsichtig. Die Pizza bürgerte sich schnell ein, auch Chianti-Wein und Espresso. Knoblauch und Olivenöl gewannen dagegen erst in den sechziger Jahren eine kleine Anhängerschaft. Eine Küchen-Story aus »Wahnfried«, die von einem Besuch von Clemens Krauss handelt, wirft auf die neue Bedeutung des Essens ein Schlaglicht.

Gertrud, die gehört hatte, daß die Frau des Dirigenten mit Kochtöpfen reiste und selbst in den elegantesten Hotels im Badezimmer kochte, war sehr aufgeregt, weil sie nicht wußte, wie die Kochkünste ihres Hauses ankommen würden. Es gab ein »Naturkalbsschnitzel«, garniert mit Kalbsragout, überbacken mit Schweizerkäse, als Beilage Reis und gegrillte Tomate. Dieses für die »feine Küche« der frühen fünfziger Jahre wohl typische Gericht entlockte dem empfindlichen Krauss einen Seufzer des Wohlbehagens: »Mmmm, Sarastro führt eine gute Küche!«

Auch der Kleidungsstil wurde von den Reisen beeinflußt. Corsagenkleider, Caprihosen, quergestreifte Pullover, Sonnenhüte aus naturfarbenem Reisstroh kamen auf. Für Gertrud kaufte Wieland in den Ateliers der Alta Moda. Sie trug handgearbeitete Roben des römischen Modehauses Mingolini-Guggenheim.

Zum Luxus der neuen Zeit gehörten auch die Hunde. 1952 fing Gertrud ziemlich ungeübt mit einer Neufundländerzucht an. Eines ihrer Tiere zerbiß auf der Straße einen Pekinesen. Von »fünf jungen Hunden« und ihrem Verhalten berichtete Friedelind ihren »süßen, geliebten Spatzen« 1953 nach Sylt. Ende der fünfziger Jahre hielt Gertrud ein Reitpferd.

Auch die Ansprüche an den Wohnkomfort wuchsen. Man hatte auf einmal das Bedürfnis, im Eigenheim, das keine Eigentumswohnung, sondern ein freistehendes Haus sein mußte, einen großen Repräsentationsraum zu haben. Gertrud ließ nun aus dem vorderen Teil des Hauses, wo früher Eßzimmer, Halle, Salon aufeinander gefolgt waren, die Zwischenwände herausnehmen. Der neu entstandene große Raum, die Halle genannt, konnte 120 Personen fassen. Gertrud trieb zur Möblierung im In- und Ausland Antiquitäten auf, eine alte Truhe, eine gotische Madonna, eine barocke Säule, eine griechische Amphore. Mit bequemen, chintzbezogenen Sesseln und Sofas schuf sie ein gepflegtes Wohnambiente. Die Einrichtung, der Rückgriff auf alte Dinge und den Repräsentationsstil einer zurückliegenden Zeit entsprach dem Lebensgefühl jener Jahre, völlig konform zu Adenauers Wahlslogan von 1957 »Keine Experimente«.

Im Zuge dieser Neueinrichtung hängte Gertrud die alten Familienbilder ab. Sie wollte nicht länger von den Wagnerschen Ahnen umgeben sein.

Im Erdgeschoß gab es neben der Halle das Eßzimmer und das Gartenzimmer, in dem das Frühstück eingenommen wurde. Die großen Fenster reichten bis auf den Fußboden. Der Blick ging auf den Patio; der Garten war durch eine hohe Mauer, in die Rundbogen eingelassen waren, von der Umwelt abgeschirmt. Hier standen am neu angelegten Swimmingpool Sonnenschirme, elegante Gartenmöbel, eine Hollywoodschaukel. Dies war der Gipfel dessen, was man in der Bundesrepublik jener Jahre unter Luxus verstand.

In einem aber ging die Wagnerfamilie über das, was in Deutschland damals an gehobenem Lebensstil üblich war, hinaus: es gab noch immer Personal. Neben dem Gärtner waren eine Köchin, eine Haushälterin, eine Putzfrau vorhanden, und, solange sie gesund war, die alte Emma. Sie hatte ihre frühere Herrin Winifred verlassen und wohnte im ehemaligen Gärtnerhäuschen.

Das geistige Leben aber, die intellektuelle Konversation in diesem Heim war, soweit es nicht die Festspiele und die Musik Richard Wagners betraf, von bescheidenem Zuschnitt. Die neue deutsche Literatur, die sich mit dem Krieg, der NS-Diktatur, der Adenauerrepublik auseinandersetzte, wurde kaum wahrgenommen. Das Paar besuchte in den sechziger Jahren gelegentlich Theateraufführungen der Münchner Kammerspiele, des Berliner Ensembles am Schiffbauerdamm. Doch Kunst nahm der einstige Maler Wieland Wagner überwiegend aus zweiter Hand wahr. Wesentlich für ihn wurden die Prachtbände des Schweizer Verlagshauses Skira, in welche die Farbreproduktionen mit der Hand eingeklebt waren. Immerhin sah er zwei Ausstellungen, die in den fünfziger Jahren Meilensteine für die Rezeption der Moderne in der Bundesrepublik darstellten: die Picasso-Ausstellung im Münchner Haus der Kunst 1955 sowie die große Schwitters-Retrospektive in der Kestner-Gesellschaft Hannover 1956. Von da an benutzte er gern den Begriff der Collage.

Die Mitte der fünfziger Jahre markierte für die Familie einen Einschnitt. Das große Problem nach dem Abgang der Schwestern war die Frage, wer sich nun um die Kinder kümmern solle. Bei dem Zusammenbruch der Mutter im Herbst 1954 war Iris zwölf, Daphne, die jüngste, gerade acht Jahre alt. Für die Zeit von Gertruds Abwesenheit im Winter hatte man eine Zwischenlösung gefunden. Die Kinder waren in ein Internat nach Adelboden in der Schweiz gebracht worden.

Die Eltern holten sie dort im Frühjahr 1955 gemeinsam ab. Dann stand auch schon ein längerer Familienausflug bevor, eine große Autofahrt nach Spanien. Es war die erste gemeinsame Reise in ein Land, in dem nicht Deutsch gesprochen wurde.

Im Gran Teatro del Liceo in Barcelona erlebten sie bei einem Gastspiel des »Parsifal« den Triumph der Eltern. Hier stand die Mutter als Choreographin auf dem Theaterzettel; bei »Tristan und Isolde« sowie bei der »Walküre« wurde sie als Regieassistentin genannt. Doch beim Schlußapplaus trat sie nicht mit Wieland und den Sängern vor den Vorhang.

»Frauen« bestimmte er, »gehören nicht auf die Bühne!«

Immerhin, die Kinder waren entzückt. Vor allem über die Blumen, die wie ein Vorhang von der Beleuchterbühne auf den Vater herabsanken, so daß er am Ende fußhoch in Blüten stand.

Zu dem Ereignis waren Tante Lilo, die Großmutter und auch Onkel Wolfgang angereist, der gern dabei war, wenn auswärtige Erfolge zu feiern waren. Den Kindern trübte er allerdings vorübergehend das Vergnügen. Ohne Umschweife sagte er sogleich nach der Begrüßung: »Eure Hera ist tot.« Das war der Lieblingshund in »Wahnfried«, ein wuscheliger schwarzer Neufundländer. Ein großes Geschrei und Weinen hob an. Nike war so geschockt, daß sie sich übergeben mußte. Zum Trost kauften die Eltern ihrem Nachwuchs in einer Haute-Couture-Boutique schöne Kleider. Für die Mädchen mußten es immer die gleichen sein. Sie haßten das, wagten aber nicht, dagegen aufzumucken.

Auf Mallorca am Meer vergaßen sie dann ihren Kummer. Es war so aufregend: das Hotel, das sie gebucht hatten, war voll belegt, so daß sie sich ein anderes suchen mußten. Und das Auto, das der Vater mietete, sprang nur an, wenn man vorne eine Kurbel hineinsteckte und lange drehte.

Für das neue Schuljahr, das im Mai begann, wurden Iris und »Wummi« ins Internat nach Stein am Chiemsee gegeben. Im September 1955 folgte Nike ihren Geschwistern dorthin nach. Daphne besuchte das Realgymnasium in Bayreuth, ehe sie in ein Internat nach Berg am Starnberger See, danach ins oberbayerischen Weyarn kam.

Damit waren die Eltern frei für ihre Tätigkeit. Die Arbeit, die sie leisteten, war enorm. In den nächsten Jahren wurde das gesamte Wagnersche Werk auf die Bühne gebracht. Zu den bereits erarbeiteten Opern kamen in Bayreuth »Die Meistersinger« (1956), »Lohengrin« (1958), »Der Fliegende Holländer« (1959) hinzu. Stuttgart wurde jetzt zur Herbst- und Winterbühne; Hamburg kam als neuer Schauplatz hinzu, Anfang der sechziger Jahre Berlin. Im Ausland folgten auf Neapel und Barcelona Brüssel und Kopenhagen. Neben Wagner rückten auch andere Komponisten ins Blickfeld. In Stuttgart war es 1956 und 1957 Orff mit »Antigonae« und dem Osterspiel »Comoedia de Christi Resurrectione«. In Hamburg wagte sich das Paar an Bizets »Carmen«, in Berlin an Verdis »Aida«. Opern von Richard Strauss (»Elektra«, »Salome«) und Alban Berg folgten. Mozart stand als ferner Gipfel am Horizont. Wieland träumte davon, ihn zu erreichen, doch er wollte sich dafür Zeit lassen.

Jedes Jahr wurden zwei bis drei Inszenierungen neu erarbeitet. Das Zentrum blieb Bayreuth, das Gertrud nun auch als »ihr« Bayreuth empfand. Ihre »Integration in den Ort und in die Sache« (Gertrud) war vollkommen. Was hier geschah, entsprach ihrem eigenen Lebensinteresse. Sie wußte, daß sie gebraucht wurde an jenem »wichtigsten Ort der Welt« (Gertrud), daß sie dort tat, was sie konnte und wollte. Die Arbeit erfüllte sie mit tiefer Befriedigung. Da war es, bei der ihr anerzogenen weiblichen Bescheidenheit, nicht so wichtig, als Mitregisseurin auf dem Theaterzettel und im Rampenlicht zu stehen. Nur mit ihr zusammen war Wieland in der Lage, seiner Mission gerecht zu werden. Die gemeinsame Arbeit band, über alle Disharmonien hinweg, das Paar zusammen. Gertrud: »Das tat uns unglaublich wohl.« Die Genugtuung, welche die Arbeit brachte, ließ sie ertragen, daß sie von der Familie, in die sie eingeheiratet hatte, vom Schwager und der Schwiegermutter, nie ein Wort der Anerkennung bekam. Überhaupt entfernten sich Wieland und Gertrud innerlich in diesen Jahren vom Familienclan. Auch die Kinder der beiden Familien sahen sich kaum noch.

Wolfgang hatte das »Wahnfried«-Grundstück 1955 verlassen. Er war mit seiner Familie in eine Villa in der Nähe des Festspielhauses gezogen. Dafür kehrte einige Monate vor ihrem sechzigsten Geburtstag am 23. Juni 1957 Winifred nach Bayreuth zurück. Sie nahm Wohnung im alten Siegfried-Häuschen, dem »Neubau«, der diesen Namen seit seinem Umbau für Hitler trug. Die Amerikaner waren nach zwölf Jahren endlich ausgezogen.

Ein spitzer Brief von Wieland vom 31. März 1957 bietet der Mutter an, daß sie in Haus »Wahnfried« selbstverständlich ihre Wäsche waschen und trocknen könne, daß sie aber vorher die Hausfrau, also Gertrud, fragen müsse. »Hausangestellte können im fremden Haushalt nicht ein- und ausgehen wie im eigenen.« Der Streit, den Schwätzereien von »Domestiken« (Wieland) verursacht hatten, wurde bald beigelegt. Winifred legte sich eine eigene Waschmaschine zu.

In diesem Brief wird auch schon vom Bau einer Mauer gesprochen. Wieland merkte an, er wolle ein kleines Stückchen Garten nur für sich haben, damit angesichts der »dynamischen Mimosennatur« beider Kontrahenten – gemeint: Mutter und Sohn – ein »positives nachbarliches Leben« möglich sei.

Der Brief ist indessen weniger wegen dieser »internen Angelegenheiten tragikomischer Natur« (Wieland) interessant, sondern weil der Sohn hier wiederum der Mutter »Wahnfried« anbietet. Er sei zur Räumung bereit, schrieb er, denn er betrachte mit diesem Sommer seine künstlerische Lebensaufgabe als abgeschlossen. Dabei hatte er weder den »Lohengrin« noch den »Fliegenden Holländer« inszeniert. Da aber der Bruder diese beiden Werke auf die Bayreuther Bühne gebracht hatte, waren in der Tat im Festspielsommer 1957 sämtliche sieben Opern von Richard Wagner seit der Wiedereröffnung neu inszeniert worden.

Den Stachel, gegen den Wieland in diesem Brief löckte, war der »Doppelkopf«, die Konstruktion der Mutter, die Festspielleitung mit beiden Söhnen gleichrangig zu besetzen. »Du weißt, daß mich nichts mehr in Bayreuth hält«, heißt es in dem zitierten Brief. »Das von Dir beschlossene dualistische System der künstlerischen Führung entspricht weder der Festspiel-Tradition noch den Erfahrungen des Theaters oder der Kunst überhaupt.«

Häufig sprach er von sich als dem »Halbdirektor«, und nie wurde er müde zu sagen: »Mir gehört ja nichts.« Der Protest gegen die Konstruktion, der auch ein verdecktes Nein zur künstlerischen Tätigkeit des Bruders bedeutete, war bei Wieland ständig vorhanden. Er wußte aber auch, daß ihm die geballte Faust nichts nützte.

Solange Winifred lebte, davon war er überzeugt, würde diese Konstellation bestehen bleiben. Deshalb ging er im nächsten Satz sogleich zur Realität über, dem abgeschirmten Stück Garten, »um während der Festspiele eine Kollision der beiderseits zu erwartenden und im allgemeinen keineswegs harmonierenden Gäste zu vermeiden.« Winifreds unangenehme Gäste, die Wieland und Gertrud nicht bei sich sehen und, wenn sie im Garten saßen, nicht hören wollten, das waren Leute wie etwa Edda Göring, Ilse Heß, Gertrud Troost, der NS-Filmregisseur Karl Ritter, der ehemalige »Reichskultursenator« Hans Severus Ziegler oder der englische Faschistenführer Oswald Mosley.

Um auch nach außen zu signalisieren, daß er mit diesen Besuchern nicht zu schaffen habe, ließ Wieland zwischen seinem Gartenstück und dem der Mutter eine hohe Mauer errichten. In Bayreuth wurde darüber jahrelang gelästert. Die Abgrenzung, die Winifred die Sicht und die Sonne nahm, führte zwischen Mutter und Sohn fast zum Bruch. Das Verhältnis zwischen den beiden blieb jedenfalls gespannt bis zu Wielands Tod.

Die Arbeit, die jedes Jahr getan werden mußte, war gewaltig. Am liebsten hätte der Perfektionist Wieland alles allein gemacht. Berge von Korrespondenz, bei denen es nicht nur um Bewerbungen von Sängern und Musikern, um Anfragen auswärtiger Opernhäuser nach Inszenierungen ging, waren zu bewältigen. Was in anderen Theatern einem Dramaturgen oblag, war in Bayreuth, wo es diese Position nicht gab, Wielands Aufgabe. Er gab die Programmhefte heraus, schrieb Artikel dafür, suchte sich Beiträger. Darunter waren Wissenschaftler, Philosophen, Intellektuelle wie Wolfgang Schadewaldt, Ernst Bloch, Hans Mayer sowie der bereits genannte Victor V.

Rosenfeld – er schrieb unter dem Pseudonym »Viviar« –, der Wieland auf prähistorische Plastiken wie Menhire und die Steine von Stonehenge aufmerksam machte. Alle mußten, auch wenn sie dieses Podium gern benutzten, angerufen, angeschrieben, gefragt, umworben werden.

Mit den Fotografen war es leichter. Gewiß, auch hier hätte der Fotospezialist am liebsten alles allein gemacht, weil es ihm mühsam war, Neulingen zu erklären, worauf es ankam. Die Fluktuation unter den Fotografen war groß. Immerhin, es gab Glücksfälle: Lieselotte Strelow, die lange bei Gründgens gearbeitet hatte, Siegfried Lauterwasser, mit dem Wieland seit Jugendzeiten befreundet war.

Außer den Festspiel-Programmbüchern gab es alljährlich die zum Jahresende publizierten Hefte für die »Freunde Bayreuths«. Mit ihrem Rückblick auf die vergangenen Leistungen und Erfolge, mit dem Ausblick auf die kommende Saison sollten sie die Geldgeber mobilisieren. Wieland war ein geschickter Propagandist, der mit Worten überzeugen konnte. Hier kam die Kunst der Fotografie zum Zug, hier konnte er, der das Layout der Hefte selbst gestaltete, seine Begabung ins Spiel bringen.

Die Programm- und Jahreshefte entstanden im Herbst und Winter zwischen den Gastspielen. Im Mai, fast den ganzen Monat hindurch, wurden dann Beleuchtungsproben gemacht. Zwar stand seit 1954 wieder der alte Beleuchtungsmeister Paul Eberhardt zur Verfügung; doch die Technik war noch immer mangelhaft, der Mitarbeiterstab wenig theatererfahren. Stunden-, ja tagelang saß Wieland im dunklen, nicht heizbaren Haus, das ausgekältet war vom Winter. Er arbeitete um so besessener, je mehr der Ruhm wuchs, den er für seine musikalische Führung des Lichts einheimste. Licht war für ihn, anders als für den Bruder, der den Schalter der neu angeschafften Xenon-Lampen an- und ausknipste, eine Bewegung, die der Musik folgte.

Nach den Beleuchtungsproben kam die Detailarbeit mit der Kostümabteilung, die von dem erfahrenen, kompetenten Kurt Palm geleitet wurde. Dies alles lief neben dem Kern der Tätigkeit, der Regiearbeit, her und mußte getan werden. War dann alles vollendet, saß Wieland, während im Festspielhaus die Aufführung lief, häufig in seinem Büro und erledigte Post. Durch einen Lautsprecher konnte er hören, ob die Pause oder schon das Ende nahte. Dann zog er den Smoking über und begab sich ins Foyer oder vor den Vorhang.

Von der Intendantenarbeit konnte Gertrud ihm nichts abnehmen. Sie war Dialogpartnerin und Ideenlieferantin für die Inszenierungen und unersetzliche Kontrolleurin der künstlerischen Arbeit. Während der Proben betreute sie die Sänger. Sie sagte ihnen, an welchen Stellen sie noch zu feilen hätten, was anders sein sollte, sie zeigte ihnen Gesten, spielte ihnen Bewegungen vor.

Das war notwendig selbst bei Solisten, die in jedem Jahr in Bayreuth die gleiche Rolle sangen. Denn in der Zwischenzeit hatten sie anderswo die gleiche Rolle gesungen, aber sich dort in einem anderen Regiekonzept anders bewegt, anders agiert. Das Original der Bayreuther Inszenierung, das bei ihnen verwischt war, mußte wieder herausgearbeitet werden. Die Sänger verließen sich auf Gertruds Kontrolle, auf ihre Hilfestellung. Manchem, der als schlechter Schauspieler galt, verhalf sie zu einem neuen Körpergefühl. Windgassen, der in Stuttgart, wo er der erste Tenor war, den Ruf eines mäßigen Schauspielers hatte, wurde in Bayreuth zum perfekten Darsteller. Er sagte zu Gertrud, er brauche ihre Führung, denn er habe entdeckt, daß er besser singe, wenn sein Körper ihm gehorche wie ein musikalisches Instrument. Bei ihm war das Bayreuther Rollenprofil sofort wieder da, sobald er die Bühne des Festspielhauses betrat.

Ein anderes Beispiel für darstellerische Perfektionierung, die Bayreuth einem Sänger gab, war Birgit Nilsson. Sie sang 1962 bei Wielands und Gertruds zweiter Bayreuther Neuinszenierung von »Tristan und Isolde« die Titelrolle. Wieland übertrug, was er und Gertrud vorher für Martha Mödl erarbeitet hatten, auf die Schwedin, die als Isolde bereits Weltruhm hatte. An ihrem Darstellungsstil war aber immer herumgemäkelt worden. Wieland war der erste Regisseur, der ihr den dichterischen Fluß des Textes erklärte. Dabei mußte er feststellen, daß die Sängerin bisher nur ungefähr verstanden hatte, was sie sang.

Eine Anekdote, die Rees Fischer überliefert – sie sang 1960 die Mary im »Fliegenden Holländer« – zeigt, daß Wieland durchaus bereit war, Anregungen der Sänger aufzugreifen. Als er wollte, daß

Rees Fischer aus Ärger und Unwillen die Bibel zu Boden schleudere, erwiderte die Sängerin: »Das kann ich nicht tun, und das werde ich auch niemals tun, Herr Wagner.« Sie sagte ihm, warum. »Die Mary ist ein aus tiefstem Herzen gläubiger Mensch. Ihr ist die Bibel das heiligste Gut, und sie würde sie nie zu Boden werfen oder gar zu Boden schleudern.« Daraufhin »schaute mich der Wieland ruhig an, lächelte und sagte: ›Gut. Behalten Sie die Bibel in der Hand und spielen Sie so, wie Sie es empfinden.‹«

Zu Gertruds konstanter Wiederholungsarbeit gehörte die Überprüfung von Chor und Ballett. Auch wenn alles zu sitzen schien, mußten vor jeder Aufführung neue Proben angesetzt werden. Nur so konnte die Qualität einer Inszenierung erhalten bleiben. Bei diesen Überprüfungen merkte Gertrud, daß eine ständige Weiterarbeit, eine andauernde Verbesserung nötig war. Ein Assistent hätte diese Tätigkeit nicht bewältigen können; es bedurfte dazu Wielands Alter ego, eines zweiten mitdenkenden Regisseurs, Gertrud. Es kam vor, daß er morgens aus dem Haus ging, ihr ein Bühnenmodell in die Hand drückte: »Mach einen anderen Einzug, ich hab gar keine Zeit, auf Wiedersehen!«

Auch in wichtigen Besetzungsfragen setzte Gertrud ihren Willen durch. Sie war es, die Karl Böhm als Dirigenten des »Tristan« 1962 nach Bayreuth holte und gegen den Willen Wielands Maurice Béjart 1961 als Choreographen des Bacchanals gewann. »Was er tat«, sagt sie, »war eine harte, unharmonische Veränderung. Eigentlich ging das nicht. Aber es war gut. Wieland sah es ein.«

Er verließ sich vollkommen auf Gertrud; er akzeptierte, was sie tat. Mehr: er setzte durch, was sie wollte. Sie war es, welche die Stücke Jahr für Jahr veränderte. Vor der Welt machte das Wieland interessant. Man sprach von seiner schöpferischen Unruhe, von seinem Drang nach Perfektion. Die Perfektionistin war jedoch Gertrud, und ihre Kreativität war es, die er aushalten mußte. Es fiel ihm nicht immer leicht.

Die Arbeit und der Rückhalt an Kühnel machten Gertrud selbstbewußt. Zur Zeit der Festspielproben im Juni, wenn in Bayreuth die Sommerhitze brütete, lebte sie auf. Ihre alte Tanzlust erwachte. In der »Eule« wurden die Nächte durchzecht und durchtanzt, und zum guten Schluß fuhr die ganze Gesellschaft hinaus zur Eremitage und ergötzte sich im nächtlichen Schloßpark. Nachts waren die Wasserspiele abgestellt. Da sprangen dann die Sänger und Musiker im Rausch des Dolce vita, die filmischen Vorbilder vorwegnehmend, in die Brunnen und Teiche, Gertrud unter ihnen. Es war ihr egal, was mit ihrem römischen Modellkleid passierte. Einmal tauchte die Polizei auf, sie wollte nachsehen, was sich im eigentlich verschlossenen Park tat. Übermütig rief ein österreichischer Kapellmeister den Polizisten zu: »Sie haben ja keine Ahnung, wen Sie vor sich haben!«

Ein paarmal hatte Gertrud kurzfristige Affären, die sie von ihrem unbefriedigenden Eheleben ablenkten. Es müssen merkwürdige Erfahrungen für sie gewesen sein. Einmal schwärmte einer der Starsolisten, während er mit ihr im Bett lag, von ihrem Mann; erklärte, daß er sich für Wieland den rechten Arm hätte abhacken lassen. Ein andermal hatte Wieland selbst die Sache arrangiert, für Gertrud und einen Musiker zwei nebeneinanderliegende Zimmer in einem Münchner Hotel reservieren lassen. Der seltsame Mann wünschte, daß seine Frau in sexuellen Dingen ebenso frei lebe wie er – es hätte sein Gewissen entlastet. Und gleichzeitig erhoffte er, der notorisch Eifersüchtige, sich eine Belebung der Ehe durch Gertruds Beziehung zu anderen Männern. Indessen, die Rechnung ging nicht auf. Gertrud war zu wenig an fremden Männern, vielleicht überhaupt zu wenig am Sexuellen interessiert, um dieses Spiel lange zu treiben. Mit den Männern, mit denen sie schlief, verband sie eine herzliche Freundschaft. Im Grund lag ihr nur an Wieland. Selbst Sven Schwedt ersehnte sie sich nicht als Ehepartner.

DER BRUCH

Das Auseinanderdriften des Paares Wieland und Gertrud begann mit einem Anlaß, der von innen kam, aus dem Kern der künstlerischen Zusammenarbeit. Gertrud rebellierte gegen die Gastspiele. Für Wieland waren sie zu einer Manie geworden. Er genoß den Ruhm. Er liebte es, wenn die Intendanten auswärtiger Opernhäuser sich um ihn rissen. Auch gegenüber dem Bruder, der viel weniger eingeladen wurde, auswärts zu inszenieren, war das eine Trumpfkarte. Außerdem und sehr wesentlich: er brauchte das Geld. Die Lebensführung der Familie war kostspielig. Der Hausherr konnte nicht sparen; Gertrud wohl auch nicht. Selbst wenn Wieland sich lange Zeit mit dem Schulden machenden Großvater identifiziert hatte, irgendwann sagte ihm sein Verstand, daß Geld nicht nur ausgegeben werden konnte, daß es auch eingehen mußte. Der aufwendig geführte Haushalt in »Wahnfried« mit Hausangestellten, die Internate der Kinder, die Autos, die Reisen und Ferienaufenthalte verschlangen Unsummen.

Gertrud sah sehr wohl, daß mehr Geld nur durch mehr künstlerische Arbeit zu beschaffen war. Dennoch argumentierte sie gegen die Methode, Modelle der Haute Couture anderswo billig nachzuahmen. Sie meinte damit, daß es falsch sei, Bayreuther Inszenierungen, die bei den Festspielen perfekt waren, in andere Theater zu übertragen, wo die Raumverhältnisse anders waren und im Blick auf Beleuchtung, Bewegung, Bühnenbild Kompromisse gemacht werden mußten. Es gab endlose Diskussionen. Wieland erwiderte, man sei dem oder jenem verpflichtet, auch könne man die auswärtigen Erfahrungen für Bayreuth nutzbar machen. Gertrud hielt dagegen.

Sie sagte: »Schön und gut, aber nicht mit Richard Wagner.« Sie sagte: »Wenn du anderswo noch einmal Wagner machst, dann machst du es allein, dann sitze ich nicht daneben, es geht mich dann nichts an.«

Daraus spricht Gertruds Selbstbewußtsein, aber auch die Verantwortung gegenüber den Festspielen. Sie wollte keine billige Kommerzialisierung zulassen. Und außerdem: sie traute Wieland zu, jetzt ohne sie zurechtzukommen.

Eine einzige Ausnahme wollte sie machen, bei einem Werk, an dem ihr sehr lag: »Tristan und Isolde«. Als Wieland eingeladen wurde, die Oper im Herbst 1959 in Berlin zu inszenieren, machte Gertrud mit. Es war jetzt das zweite Mal, daß sie sich den »Tristan« vornahmen. Gertrud hatte sich intensiv mit der Figur der Isolde befaßt, mit der Frage, wie mit ihr umzugehen sei, wie sie atmen, sich bewegen solle.

Beim ersten Mal, 1951, hatte sie die Gestik der Isolde revolutioniert, die Wagnersche Pantomime um den Liebestrank beiseite gewischt. Isolde riß Tristan den Becher aus der Hand, stürzte den Trank hinunter. Jetzt arbeitete sie an der Bewegung der beiden Frauen, jede höfisch, doch die eine Herrin, die andere Dienerin. Die Aufführung mit Windgassen und Mödl in den Titelrollen und Kerstin Meyer als neuer Brangäne, mit Karl Böhm als Dirigent, war ein durchschlagender Erfolg.

Für Gertrud allerdings auch eine private Niederlage. Sie hatte gegen Ende der Proben wegen einer Schulangelegenheit dringend nach Bayreuth reisen müssen. Wieland reagierte darauf in seiner unguten Manier, mit Liebesentzug. Da er sich von Gertrud im Stich gelassen, wegen eines Kindes zurückgesetzt fühlte, glaubte er, sich eine kleine Rache gönnen zu dürfen: er ließ sogleich eine Freundin aus München kommen.

Zwei Briefe aus jenen Tagen der Trennung sind erhalten. Sie zeigen, daß diese Ehe angeschlagen war, ehe die Katastrophe kam. Das Paar spielte mit verdeckten Karten. Die bei ihm weilende Freundin wird nicht erwähnt. Von Schuld und Wunden ist die Rede. Wieland nennt Gertrud abwehrend eine »zwischen Arbeit, Mann und Kindern zerrissene Ehefrau«; er beklagt, daß sie meine, »ein ausgestreckter Arm wäre das Maximum, was man mir als Zärtlichkeit bieten kann«. Wieland bedauert, daß sie den Kindern »dies traurige Schauspiel« bieten. Er schreibt: »Nichts trifft mich tiefer als wenn du wieder behauptest, ich behandle dich schlecht.« Er endet: »Ich hab dich lieb, trotzdem ich dir als Mann nicht genüge.«

Gertrud, wohl tief verletzt, antwortet beherrscht; sie sei »sehr berührt«, danke ihm »von Herzen« und wolle ihm »eigentlich nichts anderes als das gleiche sagen«. Seinen Schlußsatz empfindet sie als Ausdruck seiner »gequälten Seele«. Sie spricht von Wunden, »Deinen und meinen«, und bittet ihn, »einmal schweigen« zu dürfen, ohne daß er daraus gleich auf »eine negative Haltung« schlösse.

Im Sommer 1959 hatten beide die letzte Wagner-Oper, die noch zu machen war, in Bayreuth inszeniert: »Der Fliegende Holländer«. Gertruds Bedürfnis mitzuwirken war nun gestillt. Wieland hatte sie als Mitregisseurin verschwiegen; er war berühmt, sein Ruhm wuchs, von ihr wußte man nichts. Sie hatte den Wunsch, sich jetzt um ihr eigenes Leben zu kümmern. Feste Pläne hatte sie nicht. »Ich gönne dir Haus, Kinder, Pferd wirklich von Herzen« hieß es im zitierten Brief Wielands aus Berlin.

War das alles? Stellte Gertrud, die so lange im Theater gewirkt hatte, sich vor, nun abtauchen zu können in eine private Existenz? Sie versuchte es. Sie war des Reisens müde. Die Berliner »Meistersinger« von 1960 wurden ohne sie einstudiert. Aber dann muß sie doch geschwankt haben. Als Wieland eingeladen wurde, für den Herbst 1961 in Berlin »Aida« zu inszenieren, zögerte sie nicht, wieder ins Geschäft einzusteigen. Sie war von dieser Oper tief berührt, seit sie diese in den dreißiger Jahren in München gesehen hatte. Nun sollte in dem seit dem Sommer zweigeteilten Berlin Ende September die Deutsche Oper in der Bismarckstraße damit eingeweiht werden.

Gemeinsam erarbeiteten sie eine neuartige Konzeption. Sie wollten ein vom amerikanischen Bread and Puppet Theatre inspiriertes afrikanisches Mysterienspiel auf die Bühne bringen. Wieland ließ riesige Puppen aus Pappmaché anfertigen, die als Geister herumspuken sollten. Gertrud wollte dem üblichen Kitsch der Aufmärsche und Tänze eine andere Version entgegensetzen. Engagiert arbeitete sie an den Frauenszenen, bei denen der Chor Funktionen des Balletts übernehmen sollte. Die Besetzung war glänzend: Gloria Davis in der Titelrolle, Jesse Thomas als Radames, Josef Greindl als Priester; der Dirigent war Karl Böhm.

Und exakt während dieser »Aida«-Proben in Berlin im Herbst 1961 spürte Gertrud, daß etwas nicht stimmte. Es war Sand im Getriebe. Nach dem gemeinsam erarbeiteten Regiekonzept, das wie immer im Dialog entstanden war, schloß Wieland Gertrud von der Detailarbeit mit den Sängern aus. Er ließ sie nicht aktiv an den Proben teilnehmen, sie durfte nicht eingreifen. Gertrud saß schweigend da, lange. Dann nahm sie sich Wieland vor. Sie sagte: »Wenn du nicht mehr willst, daß ich mitarbeite, dann gehe ich heim. Aber schweigend zu sitzen neben einer halbfertigen Arbeit, die ich gemacht habe, das mache ich nicht mit.«

Wieland sagte nichts. Da packte sie ihre Koffer und fuhr nach Hause, allein. Das Unglück war da. Es hatte ein Gesicht, ein weibliches, einen Namen: Anja Silja.

Bei den Festspielen 1959 hatte Leonie Rysanek die Senta im »Fliegenden Holländer« gesungen. Sie erfüllte, wie Wieland meinte, »in idealster Form alle Wünsche und Vorstellungen« der Rolle. »Stimmlich und darstellerisch kann ich mir keine vollkommenere Leistung denken.« Rysanek gehörte neben Tebaldi und Nilsson zu den Großen ihres Fachs. 1959 war sie an der Met für die Callas eingesprungen. Es war keineswegs ungewöhnlich, daß sie mit steigendem Ruhm eine Erhöhung ihrer Gage in Bayreuth erwartete. Sie wollte dort soviel haben, wie sie an den Opernhäusern in Wien und Stuttgart bekam, 4000 Mark pro Auftritt.

In Bayreuth war die Hälfte üblich. Wieland hatte zwar Verständnis, aber er sprach ein »eisernes Nein« aus gegen ein »Callas-System für Bayreuth«. Es ging nicht an, einer Primadonna die Gage zu erhöhen, um alle Mitwirkenden besser zu bezahlen, dafür fehlten die Mittel. Er zitierte den »alten Wagner«, auf den er sich immer häufiger zu berufen pflegte. Der hatte gesagt, Sänger erhielten in Bayreuth keine Bezahlung, sondern nur eine Entschädigung, und weiter: »Wer nicht aus Ehre und Enthusiasmus zu mir kommt, den lasse ich, wo er ist.«

Man brauchte also Anfang 1960 dringend eine Senta. Wolfgang Sawallisch, Generalmusikdirektor in Wiesbaden, schlug Anja Silja vor. Wieland gefiel der Vorschlag nicht. Die Sängerin war in Bayreuth bekannt, sie hatte dort mehrfach vorgesungen. Wieland und Gertrud nannten sie »die Kindertrompete«; sie wußten nichts mit ihr anzufangen.

Anja Silja war ein ehemaliges Wunderkind, dessen Karriere wie die vieler Wunderkinder schnell im Sande hätte verlaufen können. Sie hatte eine höchst unorthodoxe stimmliche Ausbildung durch ihren Großvater genossen, der sich auch sonst um das von seinen Eltern vernachlässigte Kind kümmerte. Mit zehn Jahren war sie zum ersten Mal in einem Konzert aufgetreten, mit elf hatte sie als Solistin Arien und Lieder gesungen, mit fünfzehn in Braunschweig ihr erstes Bühnenengagement angetreten.

Im Grunde gab es für dieses blutjunge Ding mit wippendem Pferdeschwanz und weitschwingendem Rock, das den Dialekt eines Berliner Kellerkindes sprach, keine Rollen. In Braunschweig kursierte die Geschichte, wie sie nach den Proben dem Großvater zurief: »Darf ick noch 'n bißchen Fußball spielen, Opa?« Doch der Teenager mit den Halbstarkenallüren wollte keine Kinderlieder singen. Sie war Koloratursängerin und strebte ins hochdramatische Fach.

Sawallisch erklärte, für die Senta sei Fräulein Silja stimmlich und darstellerisch geeignet, und so wurde sie im April 1960, gerade zwanzig Jahre alt geworden, zum Vorsingen bestellt. Dabei ging es nicht nur darum, ihre Stimme und ihre Darstellungsgabe zu testen; Wieland und Gertrud wollten sehen, ob sie in der Lage wäre, in die Rolle zu schlüpfen, die mit der Rysanek einstudiert worden war.

Gertrud saß wie immer auf der Probebühne hinter Wieland und betrachtete die Gestalt, wie sie stand, wie sie sich bewegte, wie sie sang. Sie wirkte wie ein ungelenkes Fohlen, auch seltsam unansprechbar, und es zeigte sich, daß es ihr unmöglich war, die Rollenschablone zu übernehmen. Wieland war ratlos. Er drehte sich um zu Gertrud: »Was machen wir denn mit der?« Gertrud, von ihrem Theaterinstinkt, ihrer so viel größeren Bühnenphantasie beflügelt, sah das Neue, das mädchenhaft Wilde; sie antwortete: »Genau so lassen. Das ist gut, das paßt.« Wieland brauchte noch eine Bedenkzeit. »Ja danke, Fräulein Silja«, sagte er, »die Proben sind beendet, Sie bekommen Nachricht.« Die junge Frau, hochgemut in ihrer Erwartung, wurde weggeschickt, ohne zu wissen, ob sie versungen und vertan hatte oder nicht.

Anja Silja wurde engagiert, ihre Senta wurde zur Sensation. Noch nie war in Neu-Bayreuth eine so junge Sängerin aufgetreten. Die Rolle im »Fliegenden Holländer« schien ihr auf den Leib geschneidert zu sein: »Ich bin ein Kind und weiß nicht, was ich singe.« Wieland sah durch sie hindurch Wilhelmine Schröder-Devrient, die bei der Uraufführung in Dresden die Rolle gesungen hatte. Richard Wagner hatte für diese Sängerin eine alte Schwäche; er hatte sie mit sechzehn Jahren gesehen, als sie den »Fidelio« gesungen hatte; er war davon so hingerissen gewesen, daß er ihr einen enthusiastischen Brief schrieb, in welchem stand, von heute an habe sein Leben Bedeutung erhalten; sie habe ihn zu dem gemacht, was er nun werden wolle. Wieland spiegelte sich in den Ahn hinein, seine Verfallenheit an Anja Silja begann mit dieser Identifikation, dem Ineinssetzen des Anfangs mit der Gegenwart.

Anja Silja sang im nächsten Jahr die Rolle wieder, und als dann im Herbst in Berlin die »Aida«-Proben begannen, fiel es Gertrud auf, daß die junge Frau ums Haus strich. Gertrud dachte sich nichts dabei. Daß Sängerinnen mit Ambitionen sich an Wieland heranmachten, war nicht ungewöhnlich. Sie wußte, daß Silja im folgenden Jahr in Bayreuth als Elsa im »Lohengrin« und Elisabeth im »Tannhäuser« engagiert war. Der Krach bei den »Aida«-Proben gab ihr nicht zu denken. Wieder war sie arglos und ohne Verdacht.

Der »Lohengrin« hatte im Winter einen Vorlauf in Berlin. Gertrud war nicht dort, während Wieland mit Anja Silja die Elsa einstudierte, übrigens so, wie Gertrud die Rolle für Bayreuth 1958 entworfen hatte. An Weihnachten, das auf die übliche familiäre Art in »Wahnfried« gefeiert wurde, fiel ihr nur auf, daß Wieland, der im allerletzten Moment nach Hause gekommen war, ständig »mit Berlin« zu telefonieren hatte.

Im Januar und Februar 1962 standen in Stuttgart zwei Strauss-Opern auf dem Programm, die Wieland inszenieren sollte. Er konnte dies nicht ohne Gertrud tun, die eine besondere Liebhaberin dieses

Komponisten war und sich sehr auf die Arbeit freute. Gemeinsam arbeiteten sie die Inszenierung vor; die Dekorationen waren vorgefertigt, so daß in Stuttgart die Proben zügig vorangehen konnten.

Das erste Stück war »Elektra« mit Martha Mödl, das zweite »Salome« mit Anja Silja in der Titelrolle. Gertrud hatte sich beim zweiten Stück geweigert, die Rolle vorzuarbeiten, obwohl die Oper zu ihren Lieblingsstücken gehörte. Sie streikte. Sie dachte, der Regisseur solle selber zusehen, wie er mit seiner neuen Muse zurechtkomme. Sie blieb aber bei den Proben dabei, weil sie sehen wollte, was aus dem berühmten Schleiertanz werden würde. Sie war der Ansicht, daß ihn die Sängerin der Salome, nicht ein Double tanzen sollte, obwohl der Komponist dies zugelassen hatte. Sie hatte den Tanz mit einer Assistentin in Bayreuth ausgearbeitet, so daß diese ihn jederzeit auf die Protagonistin übertragen konnte. Auch die Idee für das Kostüm kam von ihr; eine schwarz durchbrochene Robe: Salome als Spinnenfrau.

Gertrud, der es um die Sache ging, saß bei den Proben und sah, daß der Regisseur und seine Darstellerin nicht weiterkamen. Es gab keine Inspiration, es flog kein Funke. Silja stand da, wie sie als Senta oder als Elsa dastand, es kam nichts anderes. Der Regisseur gab sich Mühe, aber er war nicht in der Lage, der Sängerin etwas zu vermitteln. Das konnte Gertrud nicht mit ansehen. Sie ging auf die Bühne und griff ein auf ihre alte Art. Sie spielte vor, sie zeigte, wie Salome aufzufassen sei.

Silja begriff sofort. »Herr Wagner«, sagte sie keck, »gehen Sie doch weg, Ihre Frau kann das besser.«

In Briefen an Daphne meldete Gertrud: »Mit Anja schon am Salomé-Tanz gearbeitet – sie ist sehr talentiert, auch in der Tanzbewegung ... Dem Biber gibt sie herrlich freche Antworten.« Oder am 8. Februar 1962: »Die ›Salomé‹ geht gut voran, es ist ein wesentlich besseres Theaterstück als Elektra ... Anja müßte auch gut werden. Sie ist oft abends bei uns und frißt sich voll im wahrsten Sinne des Wortes.«

Einen Monat später saß Gertrud im oberbayerischen Bad Kohlgrub, niedergebeugt von Kummer und Schmerz. Sie hatte das Gefühl, daß etwas Schreckliches auf sie zukommen würde. Allein war sie in den Kurort am Rand der Ammergauer Berge gefahren, in dem noch Schnee lag. Wieland hatte ihr ein neues Auto geschenkt, einen Karman. Sie dankte ihm »für die hochherzige Geldausgabe« und suchte, wie sie es gewohnt war, die Schuld für »unser Nicht-Zusammenleben-Können« bei sich. Flehentlich heißt es: »Hoffentlich ist es nicht zu spät, umzusteuern …«

Es war zu spät. In Brüssel, wo Wieland im Frühjahr 1962 mit Anja Silja in der Titelrolle »Tristan und Isolde« inszenierte, traten die beiden zum erstenmal öffentlich als Paar auf.

Gertrud wußte davon nichts. Doch die Briefe aus der Kur an ihre jüngste Tochter sind voll trauriger Gedanken und Stimmungen. Der Arzt habe nach der Untersuchung gesagt: »Das glaube ich Ihnen, daß sie nicht mehr weiterkönnen.« An Fasching heißt es: »Ich sitze hier unter lauter alten Leuten und denke sehnsüchtig ans Tanzen.« Oder: »Das Alleinsein hier fällt mir nicht leicht – nun sind wir alle auseinandergerissen.«

Im Mai wurde Gertrud von ihrem alten Freund Walter Legge gebeten, ihn in München zu treffen; er habe ihr Wichtiges mitzuteilen. Der in London ansässige Plattenproduzent war immer sehr gut informiert über das, was sich in der Musikwelt tat. Er sagte: »Gertrud, ich bin dein Freund, ich bin dazu verpflichtet, dir etwas zu sagen, was du offenbar nicht weißt.« Er sagte, was sie nicht wissen wollte, wozu sie aber eine Haltung entwickeln mußte: daß Wieland und die Silja ein offizielles Paar geworden seien.

Die Nachricht traf Gertrud wie ein Fausthieb. Sie hatte geglaubt, es sei eine von seinen üblichen kleinen Affären. Nun aber fühlte sie sich nicht bloß betrogen, sondern in ihrem Lebensnerv, der gemeinsamen künstlerischen Arbeit mit Wieland, getroffen. Mit dieser Herabsetzung, von der bald die ganze Welt wußte, mußte sie leben bis zum Tod ihres Mannes.

Wielands Verhalten entsprach einem allgemeinen Muster. Seine Bewerbung um die Intendanz der Deutschen Oper Berlin war fehlgeschlagen. Gustav Rudolf Sellner hatte das Rennen gemacht. In Bayreuth hatte er den Vertrag zum 31. Dezember 1961 nicht gekündigt, er war nicht »zur Tür hinausgegangen«, womit er so oft gedroht hatte. Er mußte also die unselige Doppelkonstruktion, die Teilung der Macht mit dem Bruder, weiterhin ertragen. Gertrud hatte ihm für Wagner-Inszenierungen außerhalb von Bayreuth die Mitarbeit aufgekündigt. Er fühlte sich durch die Ehe, die er als Institution von Anfang an gehaßt hatte, gefesselt. Der leichteste Ausweg aus dieser Midlife-crisis, die einfachste Beglückungsmöglichkeit hieß für ihn wie für viele Männer seines Alters: eine neue Liebesaffäre, eine neue Frau.

Anja Silja, so gar keine gepflegte »Kammersängerin« alten Stils, sondern eine kesse »Berliner Schnauze«, arrogant trotz ihrer Jugend, auf der Bühne bald kühl, bald glühend und von der Aura umgeben, von weither zu kommen, entzündete in ihm ein Verlangen nach Verbotenem, welches das, was er sich bisher zugestanden hatte, überstieg.

Sie war groß, ihr hart wirkender Körper hatte männliche Züge. Sie hätte seine Tochter sein können. Und er hatte ihr gegenüber auch väterliche Neigungen, ein Gefühl der Verantwortung und dies nicht nur für ihre Karriere. Sie verehrte ihn als Genie, sie krittelte nicht an ihm herum. Ihre physische Erscheinung, die Kombination von Juvenilität, Mädchenhaftigkeit und Vamp reizte ihn, besonders ihre rotgefärbten Haare, die er von Jugend an mit der Vorstellung erotischer Verruchtheit, ja Hurenhaftigkeit verband.

In ihm, der nie ein Bordell besucht hatte, steckte eine pennälerhafte Neugier nach »solchen Frauen« und ihren Praktiken. So wie er als junger Mann einschlägige Abbildungen in Fotobänden mit griechischer Vasenmalerei betrachtet hatte, so griff er nun, wann immer er dessen habhaft werden konnte, zur amerikanischen Ausgabe des »Playboy«. Wenn er auf der Straße eine Prostituierte sah, blieb »der Grieche« fasziniert stehen und sah ihr nach. Die Hure war für ihn das Symbol der Freiheit, der nicht schuldbeladenen Sinnlichkeit. Eine der ersten Mitteilungen, die Wieland Gertrud über Anja Silja machte, war: »Sie ist nicht getauft, sie ist keine Christin.« Hoffte er, mit dieser Heidin zur »Verherrlichung des Dionysischen«, zur »Apotheose des ewigen Eros« zu gelangen?

Mit diesen Worten hatte Wieland den Liebestod in »Tristan und Isolde« charakterisiert. Es war deshalb nur konsequent, daß er, sobald er der Ausstrahlung der jungen Frau erlegen war, danach gierte, sie in der Rolle der Isolde zu sehen. Stimmlich und darstellerisch war Anja Silja dafür keine ideale Besetzung, es fehlte ihr die Reife.

Wieland wollte dies nicht sehen. Bereits im November 1961 schrieb er an Victor V. Rosenfeld in London: »Mit der Silja probiere ich die Isolde in Brüssel aus. Ich möchte sie in dieser Partie erst in Bayreuth starten, wenn ich einen Tristan, der zu ihr paßt, habe ... Nächstes Jahr also Besetzung in Bayreuth, die ich eigentlich gar nicht haben will (Windgassen, Nilsson).«

Die Abwertung von Brigit Nilsson und Wolfgang Windgassen, die international als *das* ideale Paar der Oper galten, zeigt, wie sehr Wieland von seiner Liebesphantasie besetzt war. Solange es den idealen Tristan für Anja Silja nicht gab, konnte er sich in diese Rolle hineinträumen, sich mit der Geliebten zusammen als »erotische Atombombe« fühlen (so hatte er das Opernpaar charakerisiert). Er spiegelte sich mit der Geliebten in das Werk hinein, und so blieb es nicht aus, daß er die dunkle Folie des Eros sehen mußte: Thanatos, den Tod.

Sobald er von der Brüsseler »Tristan«-Premiere nach Bayreuth zurückgekehrt war, bedrängte er den Bruder geradezu überfallartig, eine neuen Vertrag zu schließen, der vornehmlich eine Regelung für den Fall vorsah, daß einer der beiden Festspielleiter sterben würde. Der von Liebes- und Todesphantasien erfüllte Mann dachte dabei gewiß weniger an den Tod des Bruders als an seinen eigenen. Vielleicht hatte Wieland, in dem auch ein Romantiker steckte, das Gefühl, daß die Liebe ihm den Tod bringen würde. Freilich waren solche Vorstellungen in ein umfassenderes Todesdenken eingebettet, das ihn sein Leben lang begleitete: ein tiefsitzender Wunsch, eigentlich nicht leben zu wollen; der Gedanke, zu Zeiten fast eine Idée fixe, daß ihm, nachdem der Großvater mit siebzig, der Vater mit sechzig gestorben sei, die Todesstunde im fünfzigsten Lebensjahr schlage.

Der Konflikt – exemplarisch wie tausend ähnliche Affären – war nicht lösbar. Gertrud und Wieland wollten Unterschiedliches, das nicht miteinander zu vereinbaren war. Sie verlangte, daß er die Liaison sofort beende. Wieland war dazu nicht bereit. Er sagte, daß er

sich in Anja Silja verliebt habe; daß sie, Gertrud, ihn nie ganz ausge-
füllt habe; daß man »ein unschuldiges Mädchen nicht verstoßen«
könne: »Man kann nicht morden.« Beide lehnten, nach den Anfangs-
turbulenzen, eine Scheidung ab. Dies war das Grundmuster. Über-
lagert wurde es – und dies gab den vier Jahren bis zu Wielands Tod
Bitternis und eine herzzerreißende Dynamik – durch eine nie nach-
lassende Bemühung beider, einander nicht zu verlieren, die künstlerische Zusammenarbeit wieder aufzunehmen und, bei Wieland,
eine fast mystische Hoffnung auf die Zukunft, in der die Gegensätze
schwinden und selige Harmonie herrschen würde.

In den Auseinandersetzungen dieser Jahre spielte ein Faktor keine
Rolle: nie warf Gertrud Wieland vor, daß er sie in der Öffentlichkeit
brüskiere und bloßstelle. Wohl aber hielt sie ihm die schädliche Aus-
wirkung der ehelichen Zwietracht auf die Kinder vor. Die Kinder,
ihre Krankheiten und Verhaltensstörungen, wurden zu einem zentralen Thema der Korrespondenz, gerade so, als ob Gertrud, die
von ihrer eigenen Befindlichkeit lange schwieg, Wieland am Beispiel
von Sohn und Töchtern das Unrecht seines Verhaltens klarmachen
wollte.

Die Stärke der Kinder war, daß sie, an Jahren nicht sehr verschieden,
ein starkes Zusammengehörigkeitsgefühl hatten. In ihren frühen Jahren war keines richtig glücklich, wenn »die anderen« nicht dabei-
waren. Als Teenager ließ Daphne, die im Realgymnasium eine andere Fächerkombination hatte als ihre Geschwister, den Eltern keine
Ruhe, bis sie mit Hilfe einer Sonderregelung zu »den anderen« nach
Stein kam. Lange blieben sie dort nicht zusammen. Das Schulleben
brachte ein ewiges Hin und Her, das die Eltern, bei aller Unlust, sich
darauf einzulassen, nicht völlig ignorieren konnten. Nike, zu früh aus
dem gewohnten Umfeld genommen, kam zurück. Auch Iris, die
nicht gern im Internat war, kehrte zurück nach Bayreuth und machte
dort am musischen Gymnasium ihr Abitur.

Wie die Generation vor ihnen hatten alle Kinder Klavierunterricht.
Bei den Hauskonzerten taten sich Nike und Iris hervor. Andere
Talente wurden in der Schulzeit nicht gefördert. Wieland, der dar-
unter litt, daß er keine Fremdsprache beherrschte, kam gar nicht auf

343

den Gedanken, für seine Kinder einen Schüleraustausch in England oder Frankreich zu organisieren.

Und nie besuchten die Eltern die Abiturfeiern ihrer Kinder. Auch als Daphne, noch nicht achtzehnjährig, in Berlin ihre erste Premiere hatte, nahmen die Eltern daran nicht teil. Iris bekam zum Abitur ein elegantes Abendkleid und eine VW-Aktie. Die anderen werden Ähnliches entgegengenommen haben. Als Studenten wurden sie mit einer monatlichen Zuwendung von 400 Mark kurzgehalten. Damit konnte man in den sechziger Jahren hinkommen, doch verwöhnten jungen Leuten wie diesen fiel es schwer.

Alle hatten sie Talente geerbt, die zwischem den Begabungen ihrer Eltern oszillierten. Daphne, die früh zum Theater drängte, kein Abitur machte, trotz der Drohung der Großmutter Winifred, sie könne dann nur »Klofrau« werden, schwankte zwischen Tanz und Schauspiel. Nike studierte zunächst Musik, ehe sie sich dem Wort, der Sprache und Literatur zuwandte. Iris bewegte sich zwischen Wort und Bild, sie malte, filmte, fotografierte, sie übersetzte. Wolf Siegfried ging auf Umwegen auf die Opernbühne zu.

Mit ihm hatte Wieland ein typisches Vater-Sohn-Verhältnis. Er war auf ihn eifersüchtig, sogar wenn »Wummi« nur gut Ski fuhr. Iris war sein Lieblingskind, ehe er sich Nike zuwandte. Seine älteste Tochter mit ihrer Neigung zur Schwermut empfand er als ihm viel zu ähnlich. Ihre depressiven Anfälle machten ihn ratlos und wütend. Er sah an ihr Schwächen, die er an sich nicht ertragen konnte, gegen die er Barrieren zu errichten versuchte.

In einem undatierten Brief, der wohl 1963 geschrieben wurde, charakterisierte der Vater die Kinder: »Nr. I: versponnen; Nr. II: kurz vor dem Durchfallen; Nr. III: sehr gut; Nr. IV: Sexbombe Modell 1960.« Generell galten »Wummi« und Daphne, die gern Sport trieben, als die »ungeistigen« Kinder, über die der Vater abschätzige Bemerkungen machte. Sie hielten sich deshalb an ihn, suchten ihm zu gefallen. Iris und Nike hingegen, die »auf der Heizung saßen, Joghurt aßen und lasen« (Daphne), wurden als Vorbilder herausgestrichen. Sie konnten es sich leisten, zur Mutter zu halten.

Die Silja-Affäre ging an keinem der vier spurlos vorüber. Die Mädchen brauchten die Hilfe von Nervenärzten, sie hatten Eßstörungen, litten an Haarausfall. Bei Wolf Siegfried wurde von einer Lungen-, später von einer Leberschädigung gesprochen. Er legte sich das Verhalten eines Halbstarken zu, der viel trank, mit dem Auto durch die Gegend raste, Mädchen imponieren wollte. Wegen Nike, die an einer all zu fidelen Party teilgenommen hatte, kam die Polizei nach »Wahnfried«. Verzweifelt schrieb Großmutter Winifred am 18. November 1962 an die Internatsleiterin, wobei sie ihr herzlich für alle Bemühungen dankte, »noch was aus diesen Kindern zu machen«.

Das Verhältnis der Kinder zu Winifred war in dieser Zeit bereits stark getrübt. Innerhalb der Familie sprach man abfällig, ja zynisch über sie. Anfang der sechziger Jahre durften die beiden ältesten Kinder den Dokumentarfilm »Mein Kampf« von Erwin Leiser sehen. »Wummi« beschmierte am nächsten Tag die Haustür des Neubaus mit Kaffeesatz: »So braun war unsere Großmutter.« Hier explodierte ein Thema, das von den Eltern nicht berührt wurde: die NS-Vergangenheit. Niemals befragten die Kinder ihren Vater, nie fiel der Name Hitler. Überhaupt wurde in der Familie kaum über Politik gesprochen. Die Eltern gingen nie zu irgendeiner Wahl.

Im ersten Jahr dieser Dreiecksbeziehung war Gertrud von kämpferischem Mut erfüllt. Sie wollte einfach nicht glauben, daß der Sturm nicht abziehe. Immer wieder gab es Aussprachen, bei denen die Charaktergegensätze zwischen beiden scharf hervortraten. Wieland stritt nichts ab; er wand sich, er bagatellisierte. Gertrud, von einem aufrechten, simplen Wahrheitswillen erfüllt, der nur ein Entweder-Oder kannte, warf ihm Heuchelei, Lüge, Egoismus vor, Eigenschaften, die sie immer mehr zu Charakterzügen der Familie erklärte, in die sie eingeheiratet hatte.

An den Festspielproben des Sommers 1962 nahm sie nicht teil. Er brachte endlich »ihren« in drei Anläufen erarbeiteten »Tristan«. Nach einem kurzen, von Spannungen erfüllten Familienurlaub auf Sylt während der Pfingstferien, bei dem sie sich Wielands ehelichen Annäherungsversuchen entzogen hatte, reiste sie sogleich weiter an den Chiemsee zum Internat der Kinder. Sie blieb drei Wochen in Stein; von Wieland hörte sie die ganze Zeit kein Sterbenswörtlein.

Der tobte inzwischen, ein unwürdiges Schauspiel bietend, gegen die Mutter und die alte Familienfreundin Wiskott an, um die vermeintlich beschmutzte Ehre der Geliebten wiederherzustellen. Er ging so weit, beiden Frauen mit Paragraphen des Bürgerlichen Gesetzbuches zu drohen, falls sie weiterhin Anja Silja mit herabsetzenden Ausdrücken belegten. Ilse Wiskott wies den Anwurf energisch zurück und bat Wieland zu einem »seelsorgerlichen Gespräch« nach München. Natürlich gab er der Bitte nicht statt.

Winifred, welcher der Sohn Umgangsverbot mit den Kindern angedroht hatte, weil sie beim Geschirrspülen zu Iris gesagt habe, er, der Vater, läge in den Armen der Silja, schrieb an Gertrud: »Ich glaube kaum, daß das Strafgesetzbuch gegen die berechtigte Empörung einer Mutter vorgehen könnte.« Außerdem habe sie die beleidigenden Wörter, die Wieland zitierte, gar nicht benutzt, sondern nur ähnlich klingende gebraucht. Im selben Brief erklärte Winifred, daß sie nicht an den Festspielen teilnehmen werde. An Ilse Wiskott schrieb sie: »›Wirr und kraus kreist die Welt‹ jedenfalls in und um Wahnfried!«

Derweil schockierte Anja Silja die Bayreuther. Viele sperrten Maul und Augen auf, wenn die junge Frau mit den langen, roten Haaren, über die in diesen Tagen viel geklatscht wurde, im Minirock und barfuß durch die Straßen ging.

Das Arbeitsklima während der Proben war bedrückend. Der Betrieb rebellierte gegen die Silja, gegen den geliebten und verehrten Chef, der seinen Ruf dieser Frau wegen aufs Spiel setzte. Wieland, in seiner damaligen Verfassung, sah rot, er verhärtete sich in einer trotzigen Jetzt-erst-recht-Haltung und sagte jedem, der es hören wollte, daß er sich von niemandem sein Verhalten vorschreiben lasse. Eine Zeitlang legte er sich während der Proben schmollend ins Bett, um seinem Protest Nachdruck zu verleihen.

Der Sänger Hans Hotter lud Gertrud zu einer Autofahrt ein. Dabei beschwor er sie, bei den Proben wieder mitzumachen. In ihrer Abwesenheit sei die Arbeit mit Wieland unerträglich.

Ein ruhender Pol in den Turbulenzen war Birgit Nilsson. Obwohl sie wußte, daß Wieland sie am liebsten auf der Stelle durch seine Favoritin ersetzt hätte, stand sie in guter Haltung, Öl auf die Wogen gießend, die Proben durch und demonstrierte damit für jedermann und jedefrau, was zu tun war: sich auf die Arbeit zu konzentrieren, dieser zum Erfolg zu verhelfen.

Während der Festspiele war Gertrud zugegen. Eine verheiratete Freundin der Familie stand in diesem Sommer dem Haushalt vor. Sie wollte Gertrud helfen, damit diese ein wenig zur Ruhe kommen könnte. Sie war eine schwungvolle Person, immer bestens gelaunt, die die Pflichten der Hausfrau in jeder Beziehung mit großem Elan erfüllte.

Zur Erheiterung der Gäste hatte sie ein Lamm im Haus einquartiert. Es hieß Susi, stakste durch den großen Wohnraum und leckte den Besuchern am Swimmingpool die Füße.

Doch selbst dieses Schaf, bei dessen Anblick alle in den Ruf: »Ach wie süß!« ausbrachen, heiterte Gertrud nicht auf. Sogleich nach den Festspielen reiste sie ab. Wieland hatte ihr mitgeteilt, er wolle zuerst mit Anja Silja, dann mit ihr und den Kindern Ferien machen. Sie verfaßte daraufhin ein Memorandum, in dem sie ihre Position und die daraus erwachsenden Absichten für die nächsten Monate darlegte. Sie lauteten: zunächst keine Scheidung, doch ein völlig getrenntes Leben.

Wieland weigerte sich, das Schreiben zur Kenntnis zu nehmen. Er schickte Gertrud am 29. August einen Brief nach Sylt, der eine Mischung von Demutsgesten, Vorwürfen und Liebesbeteuerungen bietet. Die wesentliche Passage darin lautet: »Du weisst, dass ich Dich liebhabe wie eh und je seit zweiunddreißig Jahren. Du weisst, dass ich ohne Dich nicht einen erfolgreichen Schritt gehen konnte und gegangen bin. Muß man Schwächen seines Lebenspartners gar so hassen???«

Zum erstenmal gab es keine gemeinsamen Familienferien. In Gertruds bitterem Antwortbrief heißt es, sie brauche jetzt »viel Zeit für die Kinder, die ja bei all ihren Fragen und Kümmernissen auf mich angewiesen sind, da in Deinem Leben ja kaum Platz für sie ist und war«.

Indes, einen Monat später war Gertrud, ihrem alten Antrieb des »Ich werde gebraucht« folgend, wieder im Geschirr. Am 21. September 1962 schrieb sie an Daphne: »Gestern hatten wir noch – ver-

Gertrud und Wieland bei einem Empfang in Wahnfried

zweifelt in letzter Minute – einen neuen und idiotensicheren Einzug der Gäste in Stuttgart gesucht. Er hat in den Tagen hier schnell eine neue und andere Meistersinger-Dekoration gemacht.« Eine Tagebuchnotiz aus diesen Wochen lautet: »Es sieht so aus, als könnten wir trotz allem nochmal zusammen Theater spielen.«

Trotz dieser hoffnungsvollen Perspektive begann nun eine Zeit der Trennung. Gertrud begleitete Wieland nicht nach Stuttgart, wo Silja die Elisabeth im »Tannhäuser« sang, und Wieland »ist froh, daß ich es ihm bequem mache« (Tagebuch). »Der Bieber«, schreibt sie im zitierten Brief an Daphne, »ist heute abgereist: nun fängt also dieses Jahr seines fast pausenlosen Herumziehens quer durch Europa an.«

Gertrud stand ihm kaum nach. Sie reiste zu Konzerten nach München, nach Hamburg. Im Oktober verbrachte sie einige Ferientage auf Ischia; anschließend hielt sie sich kurze Zeit in Neapel auf. Die Hoffnung auf gemeinsame Herbstferien hatte sich nicht erfüllt. Die Familie war total zerrissen. Die Eltern reisten auf getrennten Pfaden durch die Welt. Iris hatte ihr Studium in Tübingen begonnen. Nike, die jetzt in Bayreuth das Gymnasium besuchte, wohnte allein in »Wahnfried«, versorgt von der alten Emma. Wolf Siegfried ging in Stein, Daphne in Weyarn zur Schule.

Im November kehrte Gertrud von ihren Reisen zurück, Nike hatte »Wahnfried« verlassen, ging wieder in Stein zur Schule. Die Mutter war allein im »hundeleeren« Haus. Die Einsamkeit ödete sie an. Die Tätigkeit, die sie bisher erfüllt hatte, war vorbei, eine neue nicht in Sicht. Selten waren ihre Briefe bitterer als in diesen Wochen. Sie igelte sich ein. An Wieland, der in Berlin die »Salome« machte, telegrafierte sie: »Bitte um Einstellung aller Telefonate mit mir.« Der Adressat schickte sogleich einen beschwichtigenden Brief: »Es hat doch keinen Sinn, dass wir uns zerfleischen wegen einer Sache, die geht wie sie gekommen ist.« Gertrud hielt dagegen: »Wir sind zu weit voneinander schon weg.« Sie ließ ihn wissen, daß, wenn Weihnachten – »Familienheuchelei en gros« – ausgestanden sei, sie ihre »Kräfte zusammenklauben« und sich eine »ablenkende Arbeit« suchen wolle.

Zum erstenmal wurde Weihnachten nicht wie gewohnt in »Wahnfried« gefeiert, sondern in einem Hotel in Seefeld, wo die Familie seit Jahren ihren Winterurlaub zu verbringen pflegte. Die neutrale Atmosphäre half der Stimmung nicht auf. Geradezu greifbar empfand jeder, daß etwas unwiederbringlich verloren war. Gertrud notierte auf ihre Tagebuchblätter: »Verlogene zerrissene Weihnachtstage. Keinerlei Weihnachtsstimmung. Mit meinem Mann eiskalt und verlegen in einem Zimmer.« Sie litt an Herzkrämpfen und Erstickungsanfällen, und als Wieland ihr am Abreisetag, dem 31. Dezember, ihrem Geburtstag, rote Rosen, ein Buch mit dem Titel »Eros Kalos« (Schöne Liebe) und Geld schenkte, hatte sie das Gefühl, erwürgt zu werden.

Bei der Autofahrt nach München löste sich ihre starre Abwehrhaltung. Der Silvestertag endete in einer Liebesnacht; »eros kalos – wie kaum je«, hält das Tagebuch fest. Doch der Neujahrsmorgen stürzte Gertrud erneut in Verzweiflung. Wieland »stiehlt sich leise wie ein Dieb von mir und mit einem leichtsinnigen Wort.«

Als Gertrud, allein mit der Bahn nach Bayreuth zurückgekehrt, feststellt, daß Wieland am Tag vor Weihnachten mit Anja Silja in

»Wahnfried« genächtigt hatte, gab ihr das den Rest. Sie war diesen Wechselbädern nicht gewachsen. Am 5. Januar 1963, Wielands Geburtstag, an dem sie nichts von ihm hörte, setzte sie den Abschiedsbrief auf, den sie zwei Tage später nach Brüssel absandte: »Ich verlasse Dich ab sofort, um mein Leben getrennt von Dir weiterzuführen. Sollte Dir diese meine private Mitteilung nicht genug sein, so kann ich gerne als nächsten Schritt den zum Rechtsanwalt tun. Unsere Kinder werde ich informieren …«

Aus der Bahn geworfen

Dieser Brief hieß im Klartext, daß Gertrud die Scheidung ansteuerte, obwohl das Wort, als scheue sie sich, es auszusprechen, nicht fällt. Daß es letztendlich doch nicht dazu kam: sowohl die Kinder wie auch Wieland lehnten die Scheidung ab. Für Gertrud gab die Haltung der Kinder den Ausschlag. Deretwegen harrte sie bis zum Schluß in ihrer Ehe aus. Iris, die sich zum Sprecher ihrer Geschwister machte, sagte: »Mami, wir haben nichts, wo wir hingehören, keinen gemeinsamen Grund als dieses Stückchen ›Wahnfried‹ – nimm uns dies nicht weg.« Und Wieland warf sich, als Gertrud ihn wieder einmal befragte, ob es nicht doch besser sei, die Scheidung ins Auge zu fassen, ins Sofa zurück und rief: »Hier liege ich, und wenn mich die Polizei holt, ich lasse mich nicht scheiden!«

Die Scheidung, das wußte er, würde ihn mit Anja Silja in Zugzwang bringen. Warum aber sollte er, der Ehehasser, eine neue feste Bindung eingehen? Die Vorstellung war absurd. Wenn ihn etwas an der Geliebten störte, dann war es ihr beharrlicher Wunsch, er möge sie heiraten. Ziemlich früh mußte er erkennen, daß diese Frau, auch wenn sie rote Haare hatte, in manchem seinem Männerwahn nicht entsprach. Sie wollte Kinder haben, ein Familiennest bauen.

Als Wieland seiner Frau im Frühjahr 1962, von Brüssel zurückkehrend, unter die Augen trat, verbarg er sein schlechtes Gewissen, aber auch seine Enttäuschung unter der altbekannten mißmutigen Miene. »Die Weiber«, sagte er verächtlich, »sind alle gleich; sie wollen bloß heiraten.«

Und als Gertrud ihn fragte, ob es denn mit Silja ein so beglückendes sexuelles Erlebnis sei, sagte er wegwerfend: »Ach hast du eine

Ahnung!« Er muß im folgenden der Freundin unmißverständlich klargemacht haben, daß aus dem Heiraten nichts werden würde. Gertruds Scheidungsbegehren hatte ihn aufgeschreckt.

Anja Silja schickte ihm einen traurigen, großmütigen Abschiedsbrief, in dem sie ihm für das schönste Jahr ihres Lebens dankte und ihm und Gertrud Glück wünschte.

Wieland hatte schon im Januar 1963 an Gertrud telegrafiert: »Können wir ab 27. Januar Meistersinger vorbereiten?« Ein paar Wochen später schrieb er aus Neapel, wo Anja Silja nach anfänglicher Absage die Isolde sang: »Ich flehe dich an: jetzt keine Trug- und Kurzschlüsse – es hat vielleicht noch dieser widerlichen Tage bedurft, um mir meinen ganzen Wahnsinn zu zeigen – hab Geduld – ich freue mich so auf Dich.« Kurz zuvor hatte Gertrud in diesen Wochen im Blick »auf die Disposition der nächsten Monate« wiederum mit dem Rechtsanwalt gewinkt. »Es dreht sich nicht um Scheidung«, schrieb sie, »noch nicht – aber um ein getrenntes Leben.«

Im April verbrachte sie einige Tage auf Ischia. Von dort schrieb sie an Wieland, er sei dabei, sich selbst und seinen guten Namen als Künstler zu verlieren. »Beschränke Dich auf Bayreuth«, schrieb sie, »wo Du auf alle Fälle besseres Theater machen kannst – auch mit ungenügenden Sängern. Melde Dich krank – Sanatorium – und sage Du machst eine ›schöpferische Pause‹ und gib während 1–2 Jahren Deinem Geist Nahrung (Philosophiestudium oder dergl.) – bereite Dich gleichzeitig aufs Schauspiel vor.«

Der Ratschlag war gewiß nicht nur selbstlos gemeint, sondern von dem Wunsch gefärbt, die Silja loszuwerden. Aber er hatte einen ernsthaften Kern. Wieland, der in diesen Monaten einem geradezu manischen Inszenierungsdrang nachgab, stand in Gefahr auszubrennen. Im Januar hatte er an Victor V. Rosenfeld in London geschrieben: »Ich hatte inzwischen in Berlin eine szenisch gute, musikalisch sehr angreifbare Salome-Aufführung (der Regisseur hatte die Ehre ausgepfiffen zu werden), danach eine Meistersinger-Aufführung mit Note 3 … einen musikalisch miesen Tristan in dem … neuen Haus von Genf, sowie eine Salome in meinem Brüsseler Lieblingstheater. Geistig betrachtet waren die Monate also nicht sehr ergiebig.« Er fügte hinzu: »Ich war allerdings auch gezwungen, den Blick starr aufs Finanzamt zu richten.«

Das war mißverständlich formuliert. Wieland mußte Geld verdienen, nicht wegen des Finanzamts (obwohl er dort ein notorischer Steuerschuldner war), sondern wegen der kostspieligen Lebensführung der Familie. Zwar wurden seine Gastinszenierungen nun mit 20 000 Mark honoriert, doch er gab das Geld, wie es dem Stil der wilden, vulgären sechziger Jahre entsprach, auch mit vollen Händen aus. Bei Reisen wohnte man nur in »palastartigen Hotels« (Iris), aß in den besten Restaurants. Das Teuerste war gerade gut genug. Der Mann, der für alle bezahlte – Gertrud sprach einmal von einer veritablen »Haremsspeisung« – aß gerne gut; feines Essen hob seine Stimmung. Und selbstverständlich demonstrierte er damit auch Macht, Vermögen, Potenz.

Gertrud war gespalten. Von Haus aus zu Bescheidenheit erzogen, hatte sie sich doch an diesen Lebensstil gewöhnt. Dennoch schrieb sie aus Ischia an Wieland: »Sage bitte nicht noch einmal, daß Du wegen Deiner Familie gezwungen bist, auf Gastspielen Dich zu verbrauchen, notgedrungen schlecht zu verkaufen und dann noch Mädchen für alles zu spielen. Alle Kinder und ich, wir sind sofort bereit, *wesentlich* billiger zu leben und zu sparen ...« Und um diesen Vorsatz sogleich in die Tat umzusetzen, logierte sie diesmal in einem kleinen, einfachen Hotel.

Bei dieser Ischia-Reise war Iris mit von der Partie. Von dort reiste sie weiter zum Vater nach Neapel. Die Mutter hatte sie mit der Mission betraut, Wieland ihre Gedanken nahezubringen. Die junge Frau empfand es als Geschenk, den verehrten, geliebten Vater auf der Heimfahrt von Neapel im Familienauto ganz allein für sich zu haben. Sie bat ihn, sich ein halbes Jahr krank zu melden, sich nicht öffentlich mit Silja zu zeigen. Wieland gab sich schuldbewußt. Iris: »Man rannte bei ihm offene Türen ein.« Doch dann hörte sie nachts, vom Abendessen auf der Piazza in Siena kommend, wie er im Hotelzimmer neben ihr stundenlang mit der Freundin telefonierte. Die Tochter verstand nicht, was er sagte. Doch sie hörte am Tonfall, am Lachen, mit wem er sprach.

Sobald Gertrud nach Bayreuth zurückgekehrt war, machte sie sich daran, dem Sohn in einem Brief vom 14. Mai zu erklären, die Kinder müßten ihre »Einstellung zum Geld ... neu orientieren. Es ... wird wesentlich sparsamer bei uns zugehen müssen.« Der Vater habe »wegen Herzanfällen (scheinbar erblich – und außerdem wohl wegen der Sorgen, die er sich selbst verursacht hat) alle Verpflichtungen außerhalb Bayreuths ab Januar 64 abgesagt.«

So schien also Gertrud erreicht zu haben, was sie wollte. Aus einem undatierten, vermutlich an Pfingsten 1963 auf Sylt geschriebenen Brief Wielands an sie geht hervor, daß er dort allein weilte und tat, was sie ihm empfohlen hatte. Er befaßte sich mit dem griechischen Drama. »Reichlich spät habe ich die Orestie entdeckt – drei tolle Stücke – das müsste man für einen Abend bearbeiten und inscenieren – das wär was, was sich lohnte. Mit dem Prometheus ists so eine Sache – ich weiss nach wie vor nicht recht. Die Perser wirken original nicht, ich kann mirs nach dem lesen jedenfalls nicht denken, besser sind die 7 gegen Theben.« Anrede und Schluß klingen, trotz der leisen Ironie, liebevoll: »Allerliebster Mops – Vermisse dich manchmal Dein sehr lieber Bieber.«

Doch Gertrud wurde ihres Sieges nicht froh. Die Festspielproben fanden in einer ähnlich gespannten Atmosphäre statt wie im Vorjahr. Die Mannschaft murrte gegen die Favoritin. Gertrud hatte Wieland auf der Fahrt zum Festspielhaus geraten: »Duzt euch wenigstens nicht während der Proben.« Winifred und Tietjen hatten sich auf der Bühne und im Haus stets per Sie angeredet. Doch Silja setzte sich über solche bewährten Theaterbräuche hinweg und schrie von der Bühne herunter: »Wieland, wie hast du das gemeint?« Das Ensemble litt unter solchen Entgleisungen.

Gertrud wurde von den Soloproben mit der Silja ausgeschaltet. Wieland wußte nur zu gut, daß sie die Besetzung nicht billigte. Anja Silja war nicht der Typus der »Meistersinger«-Eva, sie war kein liebenswürdiges bürgerliches Mädchen, keine Muse. Es war darüber schon im Herbst zuvor mit Wolfgang Sawallisch zum Konflikt gekommen, der die »Meistersinger« dirigieren sollte. Auch er hatte, mit Wieland am Grab Richard Wagners sitzend, von der Besetzung abgeraten. Da Wieland nicht darauf einging, hatte Sawallisch abgesagt.

Er fand als Dirigenten einen jungen Amerikaner, Thomas Schippers. Der dirigierte die Proben, wenn es im Orchestergraben zu heiß war, wobei er sich wohl nichts dachte, mit nacktem Oberkörper. Auch das führte zu Irritationen unter den Musikern.

Als »Festspielleiche« hatte sich Wieland in diesem Jahr Gertrud erkoren. Sie hatte die Arbeit anfangs als beglückend empfunden. Beim Einzug der Meistersinger auf der Festwiese hatte sie sich von der Wagenprozession des Münchner Oktoberfests inspirieren lassen. Während sie gerade dabei war, auf dem zweistöckigen, der Shakespeare-Bühne angenäherten Brettergerüst, das sich Wieland für seine zweite Bayreuther »Meistersinger«-Inszenierung ausgedacht hatte, die nächtliche Prügelszene einzustudieren, brach Wieland die Probe unvermittelt ab. Gertrud fand ihre Arbeit desavouiert und blieb von da an den Proben fern.

Bei der Premiere kam es zum Eklat. Als sich der Vorhang hob und der Regisseur mit seinen Sängern den Applaus entgegennehmen wollte, entlud sich die Enttäuschung des Publikums in einem regelrechten Wutschrei. Wieland Wagner wurde ausgepfiffen.

Gertrud saß in der Familienloge, umgeben von ihren Kindern. Sie trug eine knöchelfreie weiße Robe mit straßbesetzter Corsage, dazu passende Schuhe und Handschuhe; der weite Tüllrock nahm die ganze Breite der Logentreppe ein. Wieland liebte es, seine Frau als Ikone der Weiblichkeit zur Schau zu stellen. Das fiel ihm leichter, als sie als Künstlerin öffentlich anzuerkennen. Als Co-Regisseurin hätte sie mit auf der Bühne stehen müssen; doch daran dachte sie schon lange nicht mehr. Sie hatte das Gefühl, nicht dazuzugehören, verinnerlicht. Sie pfiff nicht, sie klatschte nicht. Hätte sie ihrer eigenen Arbeit, die sie im Ansatz gut, aber im Kontext der Aufführung verhunzt fand, applaudieren sollen? Stets überkam sie in solchen Augenblick das Gefühl, als ob es sie gar nicht gäbe.

Sie wartete diesmal das Ende der Festspiele nicht ab. Wieland brachte sie nach Nürnberg zum Bahnhof, von wo sie nach Sylt fuhr. Beim Abschied sagte sie zu ihrem Mann, es brach spontan aus ihr heraus: »Ich will dich nie wiedersehen.« Als sie in Sylt ihre Tasche auspackte, fand sie darin ein kleines Etui aus blauem Samt, darinnen eine kostbare kleine Uhr. Wieland hatte das Präsent heimlich hineingesteckt. Es war ein geheimer Gruß, eine Bitte: Vergiß mich nicht.

Am »27. August – 10 Uhr abends« schrieb er an sie. »In der letzten Stunde der diesjährigen Festspiele denke ich an Dich: dankbar, traurig, voll Reue und sehr niedergeschlagen. Deine Arbeit war gut – wirklich! Und bedarf nur kleiner Korrekturen – auch ich will nächstes Jahr alles tun, um unsere Meistersinger Deinen Ansprüchen etwas näher zu bringen.« Dann, unterstrichen, die Bitte: »Gib mir eine letzte Chance bis Weihnachten … ich will bis dahin versuchen, eine Lösung zu finden, die dir und mir … eine Neufindung unseres gemeinsamen Lebensweges ermöglicht.«

Obwohl Gertrud diesen Brief keineswegs freundlich beschied, kam Wieland, nachdem die Kinder in die Schule zurückgekehrt waren, nach Sylt. Noch einmal verbrachten beide einen gemeinsamen Urlaub. Daß es der letzte war – wie hätten sie es ahnen können! Gertrud schrieb an den Sohn: »Ich habe all meine Verzweiflung in einen Sack gesteckt und es fertig gebracht, darüber hinweg zu leben … Wir hatten gutes Wetter, gute Wohnung, sehr gute kluge Gedanken, beste Stimmung, fast keine Theatergespräche, fast keine Telefonate … ringsherum kein Störpol.«

Das hieß: Wieland telefonierte nicht mit Silja. Die beiden schufen sich, wohl wissend, wie künstlich sie war, eine Insel des Friedens, der Harmonie. Sie führten Gespräche über Ethik und Religion. Sie sprachen offen miteinander, Gertrud nahm kein Blatt vor den Mund. Sie sagte: »Kann jemand in deine Wohnung kommen und sagen: ›Hier, dieses Bild gefällt mir, das nehme ich von der Wand, das nehme ich mit?‹« Und direkter: »Muß ich mir gefallen lassen, daß mir mein Mann gestohlen wird?«

Wieland war friedlich und nachdenklich gestimmt. Er hörte alles ruhig an; er stimmte Gertrud zu, er gab ihr recht. Und da er wußte, daß sie sich seit Monaten mit Religion befaßte, schenkte er ihr einschlägige Bücher, Pascal und Guardini, den Talmud, den Koran sowie ein gerade erschienenes Buch mit dem Titel »Die Religionen der Menschheit in Vergangenheit und Gegenwart«. Walter F. Ottos Buch über die Götter Griechenlands lasen sie gemeinsam. Sie hatten damit einen neuen Gesprächsstoff gefunden.

Beide waren, was Religion und Religiosität betraf, durch ihre Elternhäuser geschädigt. Gertrud war von ihrem mit dem Glauben zerfallenen Vater in die Kirche geprügelt worden; sie hatte Religiosität als unverständliche, freudlose Angelegenheit oder als bürgerliche Heuchelei erlebt. Im Haus Wagner pflegten die Tanten in den zwanziger Jahren ein verwaschenes christliches Brauchtum. Siegfried und Winifred ließen ihre Kinder taufen und konfirmieren, das gehörte zum guten Ton. Doch sonst wurde eine betont unkirchliche, ja anti-kirchliche Haltung gepflegt. Gespött über die »Pfaffen« war an der Tagesordnung. Das damals noch in vielen Familien – etwa bei Thomas Mann – übliche Tischgebet, das Nachtgebet mit den Kindern gab es nicht. Auch zum Besuch des Kindergottesdienstes wurden sie nicht angehalten. Wie hätten sie eine Haltung zur Religion entwickeln sollen? In ihrer ablehnenden Einstellung gegenüber dem Christentum konnten sie sich dann durch die NS-Ideologie bestätigt fühlen.

Gertrud selbst empfand, je schwieriger ihre Lebenssituation wurde, eine innere Leere. In den Ärzten Deubzer und Schwedt traf sie zum erstenmal Menschen, die von einem aufrechten christlichen Glauben geprägt waren. In den fünfziger Jahren wurde die Beschäftigung mit dem »Tannhäuser« für das Paar ein Anlaß, sich mit religiösen Fragen zu befassen. Die madonnenhafte Figur der Elisabeth führte zu Gesprächen über den Marienkult. Die im Protestantismus verdrängte weibliche Gottheit bot Wieland den Einstieg in das Thema. Gertrud: »Wir marschierten mit Wonne auf dem Oppositionspfad gegen den protestantischen Luther.«

Diese Gedanken fanden in der zweiten »Tannhäuser«-Inszenierung von 1961 eine Fortsetzung. »Madonnenverherrlichung« war das Stichwort. Sie hatten im Kloster Montserrat in Katalonien die Schwarze Madonna gesehen; die beiden Protestanten empfanden die Skulptur als »Götzenbild«. Die schwarze Sängerin Grace Bumbry spielte die Venus als schwarze Madonna. Gertrud dachte über die religiöse Thematik intensiver nach als Wieland. Er sperrte sich, sagte, der »Tannhäuser« sei kein christlich orientiertes Stück, hatte aber keine Argumente, wenn Gertrud ihn fragte, was wohl Richard Wagner mit »der Gnade Heil«, das »dem Büßer beschieden« wird, gemeint habe, oder mit der Wendung: »Hoch über aller Welt ist Gott, Und sein Erbarmen ist kein Spott!«

Als sich die beiden in Barcelona eine gotische Madonna und ein

Kruzifix kauften und statt der Ahnenbilder in ihrem Gesellschafts-raum aufhängten, war das indessen nicht mehr als die Präsentation einer modischen Antiquität. Gertrud: »Wieland verdrängte die reli-giöse Frage.« Und im Blick auf die Kunstwerke: »Niemals kam ein Wort dazu aus seinem Innern – und von mir keine Frage.« In diesen Urlaubstagen 1963 näherten sie sich dem Themenkomplex. Doch die Gespräche fanden danach keine Fortsetzung.

In diesem magischen Urlaubsmonat kaufte Wieland für Gertrud in Keitum einen Bauernhof. Es war ein bescheidenes Haus mit Scheune und Stall und einem Schaf auf der verwilderten Wiese. Er wußte, daß seine Frau von einem ländlichen Dasein träumte, einem Leben in der frischen Luft, mit Pflanzen und Tieren. Der Bayreuther Bauunternehmer Werner Nützel, eine fränkische Kraft-natur, verheiratet mit einer Wagner-Sängerin, hatte ihm zum Kauf geraten: »Was, Herr Wagner, mit Geld ham mer gar koa Not, mr müssen Schulden machen, um Steuern zu sparen.« Wieland kaufte also das Anwesen zu einem sehr günstigen Preis; er kaufte es aus-drücklich für Gertrud. »Damit du glaubst, hier will ich mit dir mein Alter verbringen, soll das ein Pfand sein, damit unser Leben eine neue Richtung hat und daß wir alle dort einen Ort haben, der uns einfach wohltut.«

Zugleich übergab er ihr ein Schreiben, in dem es hieß, er werde, wenn sie es wünsche, einer Scheidung nichts in den Weg legen. Er werde »niemals Wohn- oder Besitzrechte an dem Dir gehörenden Grundstück in Keitum geltend machen ...« Er schloß: »Ich hoffe, dass wir dieses Dokument bald als überholt gemeinsam verbrennen können. Wieland Wagner Kampen den 21. 9. 63.«

Gertrud hielt sich an dem Satz fest: »Hier will ich mit dir mein Alter verbringen.« Es gab eine Zwischenzeit zu überbrücken. Dies zu tun, war sie nun fest entschlossen. »Gespräche über ›Entscheidung‹«, schrieb sie dem Sohn, »liefen bestens, ruhig, aber eben ohne eine sol-che – trotzdem sein Herz und sein Verstand – wie er selbst sagt – ganz klar für mich – für uns sprechen. Es wird *alles* an mir bleiben und ich muß so oder so mit den Gegebenheiten leben.«

Nach diesen wunderbaren Tagen trennte sich das Paar am 22. September auf der Autobahn. Jeder fuhr im eigenen Wagen, Wieland in seinem Mercedes, Gertrud im Karman, sie fuhren eine Weile hintereinander her, ihre Zielorte waren nicht dieselben. Wieland fuhr direkt zu Proben nach Köln. Er inszenierte dort als Vorlauf für den Bayreuther »Ring« von 1965 »Siegfried« und »Rheingold« mit der Silja als Brünhilde. Gertrud hatte mit Daphne einen Arzttermin in Göttingen. Wielands Bitte: »Komm mit, laß mich nicht allein,« die er auf einem Parkplatz vor der Trennung noch einmal äußerte, gab sie nicht nach.

Drei Jahre zuvor wäre das unmöglich gewesen. Aber die Silja-Affäre hatte Gertrud verwandelt. Ihre erste Loyalität galt nicht mehr dem Mann, sondern den Kindern. Wenn diese sie brauchten, war sie in erster Linie für die Kinder da. Die letzten Tage, der Hauskauf hatten keinen Umschwung bewirkt. Für Wieland kam diese Absage als Schock. Hatte er nicht alles getan, um Gertrud wiederzugewinnen? Wie war es möglich, daß sie ihn nach diesen innigen Tagen abwies, ihn doch im Stich ließ? Gertrud selbst sollte dies nur allzubald bereuen.

Kaum in »Wahnfried« angekommen, floh sie schon wieder daraus. *»Ich will nicht mehr nach Bayreuth«*, schrieb sie, »das Haus sieht mich nicht wieder in dieser Situation.«

Am 6. Oktober reiste sie nach Baden-Baden, logierte wieder in einem Luxushotel, wo sie in tiefe Verzweiflung fiel. Sie war auf einmal ohne Kraft und ohne die innere Disziplin, welche der Tochter des knorrigen Adolf Reissinger sonst in allen Lebenslagen ein Stützkorsett gewesen war.

»Während du dort mit ihr lebst, liebst, arbeitest«, schrieb sie an Wieland, »bleibt mir nichts als sinnlos dahinzuvegetieren. Völlig allein, von niemandem gebraucht, für niemand sorgend, sinnlos Geld ausgebend.« Das eingeprägte Ancilla-Bild, auf dem das Grundverständnis ihres Lebens basierte, war zerbrochen. Hilflos bat sie Wieland, darüber nachzudenken: »Wohin soll ich? Was soll ich?« Der letzte Satz markiert den Tiefpunkt ihres Selbstverständnisses: »Oder mach ein Ende mit uns beiden – sei auch mit mir menschlich und gib mir den endgültigen Tritt.«

Dann aber in der tiefsten Niedergeschlagenheit regten sich die

Kräfte ihrer auf Tätigkeit ausgerichteten Natur. Es bedurfte nur eines aufrüttelnden Traumes, der Erinnerung an ein markantes Kühnel-Wort, und schon packte sie, ohne weiter nachzudenken, die Koffer und reiste ab nach Köln.

Am Freitag, 11., vormittags um elf trat sie mitten hinein in die Generalprobe. Unangemeldet schlich sie herzu, setzte sich hinter das Regiepult, an dem Wieland saß.

Die beiden Männer, der auf der Bühne und der am Dirigentenpult, Windgassen und Sawallisch, ließen sich nicht irritieren. Der Regisseur am Regiepult gab sich kühl, schweigend. Erst später ließ er seinen Zorn an Gertrud aus. »Wie konntest du es wagen, unangemeldet in eine Probe zu kommen, wie konntest du Anja zumuten, plötzlich hier zu sein?« Windgassen, den Gertrud hinter der Bühne traf, bat sie zu bleiben. »Mit Ihrem Mann«, sagte er, »kann man überhaupt nicht mehr arbeiten.« Auch Sawallisch bat Gertrud zu bleiben.

Und so blieb sie. Dem Sohn schrieb sie, es sei sinnvoller, »hier mitten im Freistil-Ringen« zu sein. »Ich kämpfe mit Liebe und Worten.« Obwohl sie wußte, daß sie für sich ein eigenes Leben finden mußte, wie sie in diesen Wochen an Maria Dernburg schrieb – sie konnte sich ein solches Leben nicht vorstellen. Arbeit, das war für Gertrud: Zusammenarbeit mit Wieland. Daß sie nun wieder dabei war, gab ihr, zumindest vordergründig, neue Stabilität.

Mal ging es gut, mal machten ihr die »täglich« auf sie »hereinbrechenden Giftdosen« zu schaffen; egal, ihr Leben hatte wieder die Richtung gefunden, an die sie gewöhnt war. Mit Anja Silja machte sie Spaziergänge im Stadtwald, bei denen auch über die Situation gesprochen wurde. Sie redeten freundlich miteinander, Silja trumpfte nicht auf, Gertrud zeigte Verständnis. Eigentlich schätzten die beiden Frauen einander, sie hätten sich gemocht, wenn sie nicht unglücklicherweise den selben Mann geliebt hätten.

Ende November reisten Wieland und Gertrud nach Kopenhagen, um dort mit einem dänischen Ensemble und Silja in der Doppelrolle der Venus und Elisabeth den »Tannhäuser« auf die Bühne zu bringen. Begeistert schrieb Gertrud, die wieder mitten in der Arbeit steckte, an Daphne: »Mit den Dänen kann man Theater spielen ohne Krampf – ganz echt und einfach. Die Männer singen wie die alten Germanen, etwas rauh und ungeschliffen, aber sie haben wirkliche Stimmen. Der Einzug klappt bei 2 Proben (anders wie in Bayreuth), die Statistengruppe (für Pilger) besteht aus lauter Theaterfans.« Über das vorgeprobte Bacchanal liest man: »Sehr altmodisch, sehr vornehme Erotik, sehr liebenswürdig, bestens geprobt und sehr musikalisch und gut in der Form – im ganzen auf keinen Fall störend.«

Über das Verhältnis zu Wieland heißt es: »Meine sogenannte Zusammenarbeit mit Biber geht bis jetzt wirklich problemlos und locker und gut.« Der Grund dafür: »Der Star ist Gottseidank noch nicht da.« Es gab zwei Däninnen, mit denen eine Zweitbesetzung einstudiert wurde. Die täglichen Telefonate Wielands mit Anja Silja empfand Gertrud als schmerzende Nadelstiche. Dennoch hatte sie sich bereit erklärt, im nächsten Festspielsommer ein neues Bacchanal für den »Tannhäuser« zu machen. »Habe auch schon eine ziemlich klare Gesamtidee (auf eigenem Mist gewachsen)«, heißt es im zitierten Brief. »Es wird auf jeden Fall nicht unanständig zugehen und die Blumenmädchen werden auch dahingehend gesäubert!!« Das war eine Anspielung auf die Bacchanal-Proben von Béjart 1961, bei denen Wieland den Franzosen zu Gertruds Verdruß angespornt hatte: »Seien Sie unanständig, Herr Béjart, seien Sie unanständig!«

Neben den Proben machte sie Weihnachtseinkäufe. »Wahnfried« erschien auf einmal wieder als erstrebenswerter Ort, weil sie dort nicht ständig über »Frl. Silja stolpern« werde.

Diese war inzwischen eingetroffen und wohnte im Hotel genau ein Stockwerk über dem Ehepaar. Bitter schrieb Gertrud an Winifred: »Du kannst Dir das Gezerre nicht vorstellen.« Über Wieland, der seine Aufmerksamkeit nun wieder voll der Rivalin zuwandte, schreibt sie, den Kopf schüttelnd, ein Lieblingswort der Schwiegermutter aufgreifend: »Kaum zu fassen, wie wenig Niveau er hat.«

Das Gastspiel endete mit einem Skandal. Kurz bevor sich der Vorhang zur Premiere hob, erklärte Anja Silja ihrem Regisseur, stimmlich indisponiert zu sein. Wieland Wagner mußte vor den Vorhang treten und dem festlich versammelten Publikum erklären, unter dem sich in ihrer Loge auch die Königin befand, Frau Silja sei unpäßlich, man werde Ersatz herbeischaffen, die Vorstellung werde in einer halben Stunde beginnen.

Dieser Vorfall war für Wieland ein Schock. Er war es gewohnt, daß die Frauen taten, was er wollte, daß sie sich anpaßten, sich unterwarfen. Hatte er die Macht über sie verloren? Die Erfahrung traf ihn so schwer, sie verunsicherte ihn so sehr, daß er, nach den einigermaßen mit Anstand in der Familie verbrachten Weihnachtstagen und den Geburtstagsfeiern in »Wahnfried«, an denen das Paar gemeinsam Pläne für das Haus in Keitum gezeichnet hatte, Anfang Januar zu Gertruds Seelendoktor, dem Psychiater Gottfried Kühnel, nach Göttingen fuhr.

Er telegrafierte danach an Gertrud: »7 Stunden Kühnel waren ein wirkliches Erlebnis, das ich wiederholen werde.« Der Arzt hatte ihm die Urkonstellation seines Lebens klargemacht: daß er von früher Kindheit an, als neben der Mutter Emma sich um ihn gekümmert hatte, immer zwei Frauen geliebt habe. Dies habe bei ihm die Sucht hervorgerufen, stets eine Liebe durch die andere zu stören, keine richtig anzunehmen, sich aus allen Lebensdingen zu entfernen, nicht einmal bei sich selbst zu Hause zu sein.

Was war an dieser Diagnose Beglückendes? Empfand Wieland sie als Alibi, eben so zu sein, wie er war? Doppeldeutig war der Satz, mit dem Kühnel ihn entlassen hatte: »Nicht wahr, man kann doch nicht das tun, was andere wollen, man muß doch das tun, was man selber will.« Was Wieland wollte, sagte er Gertrud nach dieser Sitzung: Ein halbes Jahr mit ihr, ein halbes mit Silja leben.

Gertrud, die mit ihm im großen Zimmer saß, ein altes Möbel vor Augen, reagierte spontan: »Ich bin doch kein Schrank!« Sie meinte: ein Ding, das man einmal freudig vor Augen hat, dann wieder nicht, und das unverändert ist, wenn man es nach langem Nicht-Anschauen wieder ins Auge faßt. Darauf Wieland: »Was – ganz zu dir zurück?« Sie, ohne zu fackeln: »Ja.« Er schwieg lange, seine Enttäuschung schlug ihr fühlbar entgegen: »Nein – das kann ich nicht.«

Manches kam da zusammen. Wieland gefiel es, sich mit einer schönen jungen Geliebten, die er zum internationalen Star gemacht hatte, zu zeigen und sich damit vor aller Welt als Mann darzustellen, der souverän über allem Klatsch stand. Die Silja betete ihn an; und er hatte väterliche Gefühle der Verantwortung für sie. Aber er hatte auch, nach dem Skandal in Kopenhagen, Angst vor ihr. Er wollte nichts Negatives über sich, womöglich über seine Sexualpraktiken, in der Presse lesen.

Kühnel hatte bei Wieland also keine Veränderung bewirkt. Seine Empfehlung, eine Psychotherapeutin in Paris aufzusuchen, deren Adresse er ihm gab, vielleicht in der Annahme, der Frauenheld liege lieber bei einer Doktorin auf der Couch, erschien ihm absurd. Er fühlte sich psychisch nicht krank. Er wollte nur zwei Frauen haben, abwechselnd die eine, dann die andere.

Am klarsten beurteilte Anja Silja die Situation. Sie erkannte, daß Wieland den Status quo nicht verändern wollte. Die beiden Frauen, Gertrud und sie selbst, die sich ihm ständig anpaßten, trugen dazu bei, daß er der bleiben konnte, der er war. Sie, die sich danach gesehnt hatte, einen Mann für sich allein zu haben, einen, der ihr gehörte, begriff, daß er sich niemals, so wie sie es wünschte, völlig ihr zukehren würde. Sie wandte sich noch nicht von ihm ab, der nun plötzlich von seiner »Verantwortung« gegenüber Gertrud sprach, doch sie begann höchstwahrscheinlich, über diese Abwendung nachzudenken.

Nach außen änderte sich zunächst nichts. Wieland machte mit der Freundin Skiferien. Gertrud fuhr mit den Kindern über Ostern nach Keitum. Wieland inszenierte ein bißchen weniger. Er werde »als Manager verheizt«, schrieb er an Victor V. Rosenfeld. Es gebe große Besetzungsschwierigkeiten für dieses Jahr. Auch sei bereits »ein raffgieriger Kampf um Solisten und Dirigenten für 1965« ausgebrochen.

Im Winter arbeitete er mit Walter Panofsky an einem Buch, das Wielands bisherige Arbeit dokumentieren sollte. Gertrud wurde herangezogen, um Formulierungen befragt, etwa: wie soll man unseren Regiestil beschreiben. Auch bei der Fotoauswahl fragte Wieland sie um Rat. Gertrud: »Ich wurde herbeigezogen, wußte aber nicht, wie das Buch heißt, wir waren schon sehr distanziert, ich kümmerte mich nicht um irgendwelche persönlichen Dinge, um Meinungsverschiedenheiten, die da vielleicht entstehen konnten.« Das Ergebnis: in diesem Buch, das einer Hagiographie gleicht, und – nebenbei – von falschen Daten wimmelt, kommt Gertruds Arbeit nicht einmal in einem Nebensatz vor.

Anfang April fragte Wieland schriftlich, also offiziell und in bittendem Ton bei Gertrud an, die bei Ursula Küppers am Niederrhein weilte, ob sie für die Festspiele das Bacchanal choreographieren wolle. Wenn ja, würde er dafür sorgen, daß Silja »nur während der Meistersinger-Probetage« in Bayreuth sei. Ferner bot er ihr ein Honorar von 3000 Mark an, das er ihr aus verfahrenstechnischen Gründen aus der eigenen Tasche bezahlen wolle. Gertrud antwortete umgehend. Präzise Fragen waren mit bitteren Anklagen vermischt. Der Schluß zeigt, wo sie nach wie vor ihre Zukunft sah: »Mein Interesse an der Mitarbeit in Bayreuth ist nicht tot und ebenso das Gefühl, dort neben Dir noch eine Aufgabe und meinen Platz zu haben.«

Ende Mai begannen die Kostümproben für das Bacchanal. Kurz zuvor hatte der alte Knappertsbusch Gertrud zu einem Spaziergang im Münchner Hofgarten gebeten. Es muß ihn einiges gekostet haben, mit ihr über eine solche Angelegenheit zu sprechen. »Frau Wagner«, sagte er, »Sie dürfen sich nicht scheiden lassen.« Das kam einem Befehl gleich. Und nun, Mitte Juni, zog die Arbeit sie wieder in ihren Bann.

Wieland hatte Gertrud ein Sonderrecht eingeräumt. Sie bekam jetzt einen eigenen Arbeitsraum, eine eigene Dusche im Festspielhaus. Als Zeichen besonderer Aufmerksamkeit stellte er ihr eine kleine Goethe-Ausgabe ins Zimmer. Zwölf Jahre hatten sie gemeinsam in einem Raum gearbeitet, was freilich eine Fiktion gewesen war. Ständig hatten dort Besprechungen stattgefunden, so daß Gertrud in den Pausen zwischen den Proben keine Bleibe gehabt hatte. Das eigene Zimmer gab ihr einen neuen Status. Es demonstrierte darüber hinaus den Willen des Festspielleiters Wieland Wagner, sie dort ein für allemal zu etablieren.

Gertrud stürzte sich mit Elan in die Arbeit. Der »Tannhäuser« war ihr Schicksalsstück. »Das Werk geht mir bitter nahe – es bestätigt mir zu sehr das eigene Denken und Fühlen« hatte sie im Dezember des Vorjahres in ihr Tagebuch geschrieben. Die schwere Störung ihrer Ehe gab ihr einen neuen Zugang zu dem zwischen zwei Frauen schwankenden, letztendlich erlösten Sünder Tannhäuser. Seine Hölle bestand darin, daß er nicht fähig war, zu lieben, sich weder Venus noch Elisabeth zuwenden konnte. »Gnade« fand er in der Freundschaft, in der Liebe Wolframs. In den Armen des Freundes, nicht an der Bahre Elisabeths fand der Getriebene Erlösung vom gespaltenen Ich, dort starb er seinen Liebestod.

Gertruds Choreographien zeigten in diesem Jahr eine neue stilistische Handschrift. Sie verwendete für das Bacchanal im »Tannhäuser«, die Blumenmädchenszene im »Parsifal«, die Prügelei in den »Meistersingern« abstrakte oder symbolistische Elemente. Für das Bacchanal hatte sie sich von einer fleischfressenden subtropischen Sonnentauart, der riesigen Regia carnivora, inspirieren lassen. Das kreisrunde Spielfeld der Blumenmädchenszene hatte der Kritiker des »Kölner Stadtanzeigers« mit einer Schale verglichen, »in der sich ein vielarmiger Riesenpolyp wälzt.«

Bei Wieland hatte sie durchgesetzt, daß Nike und Daphne, die dafür Talent hatten, mittanzen durften, nachdem Iris dies 1956 bei den »Meistersingern« getan, und »Wummi« schon beim ersten »Ring« mitgespielt hatte. Es freute sie, ihren hübschen, begabten Töchtern zuzusehen. Sonst waren die Proben trotz aller vorausgegangenen Bemühungen ein einziges bitteres Ringen des Paares, das keines mehr war.

Wenn Gertrud zu den Proben angehetzt kam, durchs Gärtchen am Hintereingang des Festspielhauses stürzte, um sich rasch umzuziehen, saß Wieland plaudernd mit Anja Silja in seinem Zimmer, das neben dem ihren lag. Die Begegnungen zu dritt ließen sich nicht vermeiden. Die Spannungen bestanden fort. Gertrud getraute sich nicht, dem Regisseur ein offenes Wort zu sagen, wenn Silja dabei war. Und diese duzte ihn weiterhin, was noch immer mit Unmut gesehen wurde. Das Arbeitsklima blieb gestört, es wurde getuschelt, kritisiert, gemurrt; Undiszipliniertheiten häuften sich.

Das Schlimmste: ihre gemeinsame künstlerische Arbeit funktionierte nicht mehr. Wieland mischte sich nicht in Gertruds Arbeit, es gab keine gemeinsamen Gespräche, keine Kritik, keinen raschen Austausch, kein Ausprobieren neuer Ideen. Und Gertrud wagte es nicht, sich in die Soloproben mit Silja zu mischen. Daran aber hing die Qualität des ganzen »Tannhäuser«, der ganzen »Meistersinger«. Gertrud empfand es geradezu körperlich, wie ein Millimeter nach dem anderen am festgemeißelten Profil der Inszenierungen abbrökkelte, wie die Aufführungen schlechter wurden. Sie litt darunter, ohne darüber sprechen zu dürfen.

Wieland aber, der eine telepathische Fähigkeit hatte, Gertruds Gedanken und Gefühle zu lesen, verstand sie auch so. Einmal trafen sie sich nach einer der wie üblich vehement umjubelten »Meistersinger«-Aufführungen. Wieland war nicht im Theater gewesen, aber Gertrud hatte sie gesehen und unter der Plumpheit der Wiedergabe, der wilden Improvisation gelitten. »Nun gut«, sagte Wieland zu seiner Frau, die gar nichts gesagt hatte, »dann werden wir im nächsten Jahr also die ›Meistersinger‹ absetzen.« Was dann auch geschah.

Er weilte während der Festspiele häufig bei Anja Silja in einem Dorf in der Nähe. Gertrud empfand dies als unerträgliche Zumutung. Sie und die beiden Töchter Iris und Nike waren die meiste Zeit ohne ihn in »Wahnfried«. Wohl gab es hin und wieder eine Einladung im Wagnerhaus. Doch da jeder wußte, wie schief der Haussegen hing, waren dies wenig erfreuliche Abende.

Das resümierende Heft dieses Jahres – »Bayreuth 1964« – bringt Fotos der Protagonisten des Ehedramas. Wieland, im Profil mit der charakteristischen Wagnernase ganzseitig abgebildet, gibt sich als jugendlich-ernster Liebhaber; vermutlich handelt es sich dabei um eine ältere Aufnahme des Festspieldirektors. Anja Silja wird halbseitig in der Rolle der Eva präsentiert, als lächelnde Diva, die unter der Glasperlenkrone und dem Blondkopf eine blitzende Reihe von Raubtierzähnen zeigt. Gertrud ist einspaltig abgebildet; sie trägt eine damals modische, doch für sie unvorteilhafte Brille mit hochgezogenem Rahmen; im angespannten Gesicht sitzt ein schmallippiges Lächeln. Die Aufnahmen sprechen für sich, sie zeigen, wie die Kräfte im Parallelogramm der Leidenschaften verteilt waren.

Am Tag der »Tannhäuser«-Premiere erschien – in rotes Leinen gebunden, dessen Farbe Gertrud an einen alten Theatervorhang erinnerte – Panofskys Buch »Wieland Wagner«. Der Dargestellte überreichte seiner Frau das allererste Exemplar, das er in die Hände bekam. Er schrieb eine Widmung hinein, spontan, in der Halle von »Wahnfried« stehend. Die Widmung in Wielands großer Kringelschrift lautet: »Das sollte eigentlich ein Buch über *dich* sein – ohne dich wäre *kein* Bild und *kein* Gedanke!!! – Am Bachanaltag 1964«.

Wielands Widmung für Gertrud in Walter Panofskys Buch

Er drückte ihr das Buch in die Hand, ohne ein Wort, ohne eine Umarmung, ohne einen liebevollen Blick. So war dieser Mann: er hatte sich in dieser Widmung bloßgestellt, alles gesagt – dies persönlich zu tun, es zusätzlich, von Angesicht zu Angesicht zu bekräftigen, dies brachte er nicht fertig. Gertrud sah das Buch kaum an, sie stellte es in ihr Wohn-Schlafzimmer zu den übrigen Büchern.

In den Jahren, die kamen, wurde das Buch und seine Widmung, die seltsam kühle, gepreßte Übergabe zu einem Schlüsselerlebnis ihres Lebens mit Wieland. Zunächst erschien ihr die Widmung als Ausdruck des schlechten Gewissens. Sie empfand sie sogar als Beleidigung. In diesem Buch, welches das bisher in Bayreuth Geleistete dokumentierte, wurde sie genau so verschwiegen wie in den alljährlichen Programmbüchern. Was war der Eintrag, der nicht einmal namentlich unterzeichnet war, in das Buch ihrer Privatbibliothek wert, wo keiner ihn je lesen würde! Gertrud sah darin keinen Dank und keine Liebe, sondern einen wütend gezogenen Schlußstrich, als ob er ihr den Bettel vor die Füße werfe: Da hast du das, was ich von dir übernehmen mußte!

Walter Legge öffnete ihr nach Wielands Tod die Augen für eine andere Lesart. Er sah in der Widmung eine Legitimation für die zukünftige Regisseurin Gertrud Wagner. »Das würde ich mir«, sagte er, »als Visitenkarte drucken lassen!« Noch später fragte sich Gertrud, ob Wieland damit habe andeuten wollen, ihre Arbeit nicht länger unter seinem Namen zu usurpieren. Manchmal fragte sie sich auch, ob er, indem er ihre Tätigkeit unterschlug, damit dem Unternehmen hatte Geld sparen wollen. Dann wieder glaubte sie, es sei ein Trick gewesen, um Winifred nicht aufzubringen, die es niemals hingenommen hätte, ihren Sohn als einen auf die geistige und künstlerische Hilfestellung seiner Frau angewiesenen Mann zu sehen. Doch diese Gedanken drehten sich im Kreis. Sie führten zu nichts.

Nach den Festspielen nahm das alte böse Leben seinen gewohnten Gang. Nach einigen Ferientagen in Keitum, wo beide sich gemeinsam um die Bestellung und Einrichtung des Hauses gekümmert hatten, das als ihr Alterssitz gedacht war, zog Wieland zur Geliebten nach München. Sie hatte sich dort im Stadtteil Nymphenburg eine Wohnung genommen. Verwundert mußte Gertrud dann, als sie nach dem Urlaub mit »Wummi« zum Theatertreffen nach Berlin reiste, zur Kenntnis nehmen, daß Fräulein Silja »mit unserem Mercedes« aufkreuzte.

Nike und Wolf Siegfried hatten 1964 ihr Abitur gemacht. Die Kinder zerstreuten sich in alle Winde. Nike verbrachte einige Wochen in London bei den Rosenfelds; der Sohn brach zu einer Reise nach Finnland auf. Wieland arbeitete weiter am »Ring« in Köln. Er inszenierte die »Salome« in Paris, »Elektra« in Brüssel, den »Tristan« in Mailand. Fast immer war die Silja dabei. Nike, seine Lieblingstochter, schrieb aus London: »Laß dich nicht von Midinetten ausnehmen!«

Gertrud versteinerte in ihrem Kummer, sie fand daraus keinen Ausweg. Sie bat Mary Wigman um Rat, wie sie es ertragen solle. Die

Antwort lautete: »Aus dir selbst« leben. Genau dies konnte Gertrud nicht. Sie ertrug die Telefonate mit Wieland nicht und suchte doch das Gespräch mit ihm. Manchmal reichte sie Wolf Siegfried, der im Herbst einige Wochen zu Hause war, den Hörer, weil sie es nicht aushielt, Wielands unterwürfige Stimme zu hören. Hatte er ihr nicht nach Keitum geschrieben: »Ich werde dich bis zum 24.11. keine Sekunde vergessen«? Indes, er ließ sie im Elend sitzen, in der Verzweiflung. Mehrere Wochen verbrachte Gertrud auf der Insel. Ihre Stimmung wurde immer düsterer.

Ende November kam es dann in Bayreuth zu einem bösen Wiedersehen des Paars. Die Gesprächstherapie mit Kühnel, der sich Gertrud gerade unterzogen hatte, schien nichts mehr zu nützen.

Weihnachten feierte die Familie vereint in »Wahnfried«. Zum Geburtstag, ihrem siebenundvierzigsten, bekam Gertrud von Wieland einen eleganten antiken Frisiertisch, den er, wie er sie schriftlich wissen ließ, »mit Liebe ausgesucht« habe. »Laß das Möbel«, setzte er hinzu, »bitte nicht kaputtgehen« – gerade so, als sei es ein Symbol ihres Lebens. Es war für das Haus in Keitum bestimmt.

Dort hatten alle drei Akteure des zäh sich hinziehenden Dramas im Januar 1965 ihren Auftritt. Wieland, der die Tage zusammen mit Anja Silja verbrachte, hatte das Haus wohl vor Gertruds Ankunft gesehen, denn er schickte eine Notiz: »Auf Wiedersehen – du machst alles sehr, sehr gut.« Zu mehr als einem kurzen Zuruf war er in diesen Tagen nicht willens oder nicht fähig.

Offenbar dachten beide jetzt doch an eine Trennung. Warum sonst hätte Wieland im Januar 1965 eine Erklärung verfaßt, in welcher Vereinbarungen über das künftige Eigentum von Gertrud festgelegt sind. Danach sollte das Haus auf Sylt, das von ihr gefahrene Auto sowie das Inventar von »Wahnfried« – mit Ausnahme von Richard Wagners Flügel und Cosimas Schreibtisch – ihr gehören. Vereinbart wurde eine monatliche Zahlung; allerdings wurde der Betrag in das von beiden unterzeichnete Dokument nicht eingesetzt. Auch diktierte Wieland Gertrud einen Brief an die Festspielleitung, in der sie für die seit 1951 geleistete Arbeit als »Choreographin und künstlerische Assistentin« eine »Pauschalnachforderung in Höhe von 35000 DM« geltend machte. Wieland sagte, dies geschehe »aus steuerlichen Gründen«.

Der Betrag wurde, wie ein Schreiben vom Juni 1965 festhält, mit Mehrentnahmen Wielands aus der Festspielkasse verrechnet. Die Beziehungen zwischen den beiden Familien, den »Wielands« und den »Wolfgangs«, waren inzwischen überwiegend aufs Geschäftsmäßige reduziert. Winifred, »immer zwischen vier ›Familienklippen‹ hin- und herpendelnd«, wie es in einem Brief vom 8. Juni 1964 heißt, vermied es, ihre Kinder gemeinsam einzuladen. Der Boden war zu ungewiß.

Bald war das Verhältnis der »Wielands« zu Ellen »höchst problematisch«, dann wiederum nicht. Mal geruhten die »Wolfgangs« mit Friedelind zu sprechen, die 1964 vorübergehend bei ihrer Mutter wohnte, mal weigerten sie sich, ins Haus zu kommen, falls die Schwester da wäre. Und wer gerade Verena und Bodo Lafferentz zu sehen bereit war oder nicht, mußte Winifred immer erst herausfinden. Wieland schickte je nachdem ein sarkastisches Billett, etwa: »Wieland Wagner ist hocherfreut über die mit Postleitzahl versehene Einladung zu einem zwanglosen Beisammensein im Siegfried-Wagnerhaus und überlässt taktvoll anderen Familienmitgliedern das Sicheinfinden.«

Gertruds Situation wurde durch diesen Familienkonflikt nicht erleichtert. Im Wagnerclan hatte sie keinen Rückhalt; und mit ihrer eigenen Familie verkehrte sie, vom »Ohm« abgesehen, kaum. Die Eltern waren tot. Adolf Reissinger war 1954, Mutter Luise im März 1963 gestorben. Sie hatte noch erleben müssen, daß ihr Gefühl, Gertruds Ehe mit Wieland werde ins Unglück führen, nicht getrogen hatte. Zu den Schwestern war der Kontakt gestört. Elfriede, die mit ihrer Familie in Bayreuth lebte, sah sie gelegentlich, Lilo, die in Amerika verheiratet war, nie. Und mit ihren auswärts lebenden Brüdern hatte sie wenig Umgang.

Das Hauptübel des Familienzwistes aber war die sich immer mehr verhärtende Spannung zwischen den Wagnerbrüdern. Am 4. Juni 1965 schickte Wolfgang Wagner dem Bruder ein Schreiben, in dem er ihn regelrecht abkanzelt. Er hält Wieland die Arbeitsstunden vor, die aufgrund seiner Gastspiele dem Bayreuther Unternehmen entgangen sind; er hält ihm die Arbeitsstunden vor, die offenbar für Keitumer Schreinerarbeiten in den Bayreuther Werkstätten geleistet wurden, insgesamt 1712 $^1/_2$ Stunden, er hält ihm seine Zusammenarbeit mit dem Beleuchtungsmeister Paul Eberhardt vor, der ein primadonnenhaftes Benehmen an den Tag lege. Am Ende schreibt er, daß er überlegen müsse, ob er mit seinem Bruder noch zusammenarbeiten könne. Er verstehe zwar dessen Belastungen und Nervosität, die Einstellung ihm und dem Betrieb gegenüber sei für die Anforderungen, die sie gegenwärtig zu bewältigen hätten, aber höchst nachteilig.

Dies ist der Ton, wie man einem Mitarbeiter kündigt. Zwischen zwei gleichberechtigten Direktoren ist er ziemlich ungewöhnlich. Er zeigt aber auch, daß Wieland das Familienunternehmen zuzeiten vor Probleme stellte, die am Rande des Erträglichen waren.

Gertrud hatte, einer Regung ihrer Natur folgend, Wieland im März noch einmal ihre Mitarbeit angeboten. »Ich sehe ... Du bist in Not wegen der anfallenden Arbeit im Sommer.« Wieland nahm das Angebot mit Freuden an. Allerdings stellte Gertrud eine Bedingung. Die lautete: Du wohnst in »Wahnfried« bei uns, Du wechselst nicht zwischen Bayreuth und Mistelbach (wo Anja Silja während der Festspiele wohnte). Sie war nicht mehr bereit, ihm während der Proben als fremdem, einer anderen Frau gehörenden Mann zu begegnen und dann während der Festspiele die Ehefrau und Gastgeberin in »Wahnfried« zu mimen.

Wieland erklärte, er könne diese Bedingung nicht erfüllen. Und so ging die Neuinszenierung seines »Ring« im Sommer 1965 ohne Gertrud vonstatten. Der Regisseur arbeitete mit großer Routine. Das Grundmodell der Inszenierung war in Köln ausprobiert und verbessert worden. Die Bewegungsszenen studierte Gertruds Assistentin mehr schlecht als recht ein. Doch Wieland hatte hervorragende Solisten, die Nilsson als Brünhilde, die Rysanek als Sieglinde, Anja Silja sang die Freia, eine Rolle, für die sie paßte, Theo Adam war der Wotan. Sie verhalfen der Aufführung zu einem überwältigenden Erfolg. Und wer im Publikum hörte schon, was im Betrieb gemunkelt wurde? Daß der Selbstmordversuch der Frau eines Dirigenten auf das Konto der Silja gehe, weil diese sich an ihren Mann herangemacht habe?

Gertrud erschien erst zur Premiere. Sie war während der Proben nicht in Bayreuth gewesen. Und wiederum war Wieland bemüht, aller Welt und vielleicht am meisten sich selbst ein Zeichen zu geben,

Nike, Wieland und Gertrud bei der Eröffnung
der Festspiele 1965

daß diese Ehe fortbestand. Er bat Gertrud, mit ihm und Nike, die als einziges der Kinder anwesend war, am Eröffnungstag über den Festspielhügel zu schreiten. Noch nie zuvor hatten sie das getan. Es war eine Demonstration, ein Hinweis: das ist meine Familie – wir sind eine Familie. Die Aufnahme eines zufällig vorbeikommenden Fotografen hält die Szene fest. Es zeigt eine sehr gut aussehende Gertrud in einer rotglühenden, rosengemusterten Robe aus Seide, Nike im cremefarbenen Abendkleid mit Spitzenoberteil, Wieland – sehr gealtert und angespannt wirkend – im Smoking. Sein Gesicht, nicht unfreundlich, doch ernst, zeigt die Anstrengung, die der Geste zugrunde liegt. Wer hätte wissen können, daß dieser Eröffnungstag der letzte sein würde, den dieser Mann erleben sollte.

Dann gab es wiederum ein paar Tage Familienurlaub in Keitum. Zu einem klärenden Gespräch zwischen dem Ehepaar kam es nicht. Sobald Gertrud allein war, versank sie in eine tiefe Depression. Die Briefe, die sie in diesem Herbst Wieland nachsandte – er verbrachte »mit Fräulein Silja sonnige Ferientage« auf Ischia – belegen einen schleichenden Persönlichkeitszerfall. Die Briefe dieser von Natur aus vernünftigen, stabilen Frau sind jetzt voll pathetischer Vorwürfe, selbstgerecht, ohne Augenmaß, schrill.

Das rote Tuch Silja hieß jetzt »Ehediebin« und »Familienmörderin«. Obwohl sie am 26. September 1965 an den Abtrünnigen schrieb: »Einer muß den Strick loslassen, der Dir um den Hals gelegt wurde, ich möchte nicht derjenige sein, der Dich erdrosselt«, war sie weniger denn je geneigt, ihn freizugeben. »Du weißt«, hielt sie ihm vor, »daß es für uns beide keine natürliche in sich stimmende Trennung geben kann.«

Einem Brief vom 17. Oktober an Bodo Lafferentz zufolge hatte Wieland ihr auf Sylt gesagt, »Fräulein Silja habe wohl eine starke Bindung an ihn, aber nicht so sehr er an sie, deswegen wolle er sie auch nicht heiraten.« Daran klammerte Gertrud sich fest. »Wie soll ich einsehen können«, schrieb sie dem Schwager, »dass er das Recht hat, mich, ohne ein Verschulden meinerseits angeben zu können oder ein Nichtmiteinanderauskommenkönnen und ohne zwingenden Grund von aussen her zu verlassen.«

Daß eine Frau willkürlich verlassen wird, allein weil der Mann es will, wollte ihr nicht in den Kopf gehen. Es war allerdings auch schwer zu verstehen. Wieland telefonierte aus der Ferne freundlich mit ihr, vertröstete sie auf »später«, und wenn er bei ihr war, schien es ihm selbstverständlich, daß sie miteinander ins Bett gingen.

Mit dem Verlust der künstlerischen Zusammenarbeit war Gertrud um ihre Identität, um Inhalt, Zweck und Sinn ihres Lebens gebracht. Was ihr fehlte, war eine Aufgabe, eine künstlerische Tätigkeit. Ursula Küppers, die das erkannte, hatte schon Anfang des Jahres Wieland schriftlich gebeten, Gertrud ein Angebot als Regisseurin zu verschaffen. Die Anfrage hatte zu nichts geführt. Allerdings lag das auch an Gertrud, die noch allzusehr auf Bayreuth fixiert war. Vermutlich hat sie ihn wegen anderer Möglichkeiten gar nicht bedrängt und selbst nicht nach solchen Ausschau gehalten.

Auch litt Gertrud unter der Situation der Kinder, zu denen sich ihr Verhältnis verschlechterte. Die Töchter, der Sohn waren junge Erwachsene am Anfang ihrer beruflichen Ausbildung. Sie liebten die Mutter, sie wollten den Vater nicht verlieren. Das ging nicht ohne zwiespältiges Verhalten gegenüber den Eltern ab, das bald den einen, bald den anderen kränkte. Eine schwere Krankheit von Nike, die »totale Distanzierung von Iris«, das Auseinanderleben mit dem

Sohn, kurz, der Verlust des harmonischen Verhältnisses zu ihren Kindern, all dies schob Gertrud Wieland in die Schuhe.

Die Ratlosigkeit, die Verzweiflung Gertruds spiegelt der genannte, fünf Seiten umfassende Brief an Bodo Lafferentz, in dem sie nach einer ausführlichen Schilderung der Lage den Schwager bittet: erstens Wieland zu bitten, einen Mittelsmann zu benennen, über den »Kinder- und Geldfragen« geklärt werden könnten; zweitens den Sohn für sie zurückzugewinnen.

Wolf Siegfried machte besondere Probleme. Er, der all die Jahre sehnsüchtig den Vater gesucht hatte, von diesem aber auf Distanz gehalten worden war, litt besonders unter der Familienzerrüttung. Er hatte gehofft, der Vater werde ihn sogleich nach dem Abitur zur künstlerischen Mitarbeit heranziehen. Da dies nicht geschah, schrieb er sich für ein Architekturstudium an der FU in Berlin ein, ohne ernsthaft ans Arbeiten zu denken. Er führte, um die Aufmerksamkeit, die Liebe des Vaters zu gewinnen, in Berlin die Silja aus, was die Mutter vor den Kopf stieß. Um das Haus auf Sylt, was Gertrud gern gehabt hätte, kümmerte er sich dagegen nicht.

Im Sommer war es zu einem ärgerlichen, auch lächerlichen Vorfall gekommen. Der junge Mann, immer in Geldnot, der bei seiner Schwester Daphne in Berlin wohnte, hatte mit dieser, die, um Geld zu verdienen, nachts in einer Bar namens »Blackbottom Night Club« jobbte, überlegt, wie sie ihr knappes Studiengeld aufbessern könnten. »Wummi« hatte eine Idee. Er fuhr nach Hause, nahm ein Bild – das kleinste, das in »Wahnfried« bei den Marmeladegläsern verstaubte –, und brachte es zu einem Münchner Auktionator.

Der traute seinen Augen nicht; es war eine Originalzeichnung von Ingres, ein Porträt des Urgroßvaters Liszt. Ob er das wirklich verkaufen wolle, einen echten Ingres? Später gestand er der Mutter, er habe nicht gewußt, wer »Ingres« sei. Man kann ihm das auch nicht verdenken; normalerweise hängen solche Kostbarkeiten nicht in der Rumpelkammer. Es gab peinliche Rückfragen; das Bild wurde durch einen Mittelsmann ersteigert, »Wummi« vom Vater Dieb und Betrüger gescholten. Der Sohn, dessen Minderwertigkeitsgefühle dadurch nicht geringer wurden, ließ seine Frustration an der Mutter aus.

Bodo Lafferentz beantwortete Gertruds Hilfeschrei am Telefon.

Die Quintessenz seiner Rede lautete, Gertrud werde sich damit abfinden müssen, ihr Leben allein zu leben.

Weihnachten 1965 war das letzte gemeinsame Fest der Familie. Widerwillig traf Gertrud die Vorbereitungen, besorgte die Geschenke, worum Wieland sie gebeten hatte (»pro Kind ist diesmal wirklich nicht mehr ›drin‹ wie 300 DM«). Für Gertrud gab es nichts »mit Liebe Ausgesuchtes«, aber immerhin zu Weihnachten und zum Geburtstag je 2000 Mark. Noch einmal saßen alle sechs in der Halle am Tannenbaum, der traditionell mit Äpfeln, roten Kerzen und großen, plastischen Goldsternen geschmückt war. Im Kamin, vor dem Gertruds Dackel Cara lag – Daphne hatte ihr den Hund geschenkt –, brannte ein Feuer. Der Garten glänzte in weißer winterlicher Pracht. Sie waren »unter sich«, hatten, als ahnten sie, daß die gemeinsame Zeit sich zum Ende neige, die Großmutter »ausgeladen«. Emma besorgte die Küche. Das sonst so öde Haus strahlte Behaglichkeit und Wärme aus. Jeder spielte seine Rolle, um das Fest gelingen zu lassen.

Nach den Feiertagen ergriffen die Kinder sogleich die Flucht. Die Eltern waren allein. Nachts lagen sie einander in den Armen, es war wie ein Wunder, daß beide dies wollten, Wieland so sehr wie Gertrud. Tagsüber sprachen sie und fanden keine Antwort auf die Frage: Wie geht es weiter?

Eine Trennung, das empfanden beide, war unmöglich, weder innerlich noch äußerlich. Der Kummer, die Not waren groß. Sie retteten sich in Gespräche über das Theater. »Der Ring«, sagte Wieland, »war das letzte, was ich in Bayreuth gemacht habe, ich komme nicht mehr.« Er sagte, Gertrud könne den »Ring« betreuen, sie könne den »Parsifal« neu machen. »Du kannst deinen Greindl engagieren«, sagte er, »den willst du doch als Gurnemanz.« Der »Parsifal« mußte in der Tat neu inszeniert werden, er war überfällig. Noch immer lief die Inszenierung von 1951. Die gelegentlichen Änderungen waren minimal; Knappertsbusch sollte sie nicht bemerken. Erneuert hatte Gertrud nur die Szene der Blumenmädchen, das war alles. »Mach das weiter so«, sagte Wieland.

Er sagte ihr, daß er auch Wolfgang mitgeteilt habe, daß er gehen werde. Er trug sich mit dem Gedanken, in die Schweiz zu ziehen. Nach außen wurde gesagt: aus steuerlichen Gründen. Gertrud vermutete, daß es mit Anja Silja zusammenhing. Wenn er mit ihr zusammenzöge, wenn er Bayreuth aufgäbe, dann hätte sie keine Chance mehr.

»Bist du verrückt«, sagte sie, »du willst draußen arbeiten, und wir sollen hier in Bayreuth weitermachen? Du ›draußen‹, ich ›hier‹? Das wird niemand akzeptieren.« Wieland schwieg. Er wußte, daß sie recht hatte. Es gab keinen Ausweg.

Gertrud schrieb in ihr Tagebuch: »3 Tage, 3 Nächte voller Harmonie. Ein gefülltes Haus mit ihm allein. Ich rede mit ihm von seinen Interessen, vom Theater, wie ehedem und wir sitzen stundenlang nach dem Frühstück und fühlen uns wohl. Wenigstens im äußeren Bereich. Tief drinnen – ich kenne ja nur noch den meinen – ist Resignation, ist beinahe Friede, ist Ruhe, ist Ende.«

Die Silvesternacht – Gertruds Geburtstag – war ihre letzte gemeinsame Nacht. Gertrud ahnte, daß das neue Jahr eine Entscheidung bringen würde. Es tat ihr weh, Wieland anzusehen, »den Menschen, den ich wirklich und lange geliebt und auf den ich bis dahin immer noch gewartet hatte.« Wiederum verließ er sie, wiederum ging er schweigend von ihr, »wie man nie einen Hund zurücklassen könnte.« Nach einem Anruf von Silja, die schon in Seefeld war, um mit ihm Winterferien zu machen, schlich er aus dem Haus, grußlos, ohne Abschied.

Am Tag nach Dreikönig fuhr Gertrud nach München und, wie ihr Tagebuch festhält, von dort nach Elmau zur Freundin Ingrid, in die »Geborgenheit eines lebendigen Hauses, mit Tanz und Musik und Sonne und Schnee«. Sonntags hatte sie Besuch; Wieland und »Wummi« erschienen zum Mittagessen. Gertrud wußte, daß Wieland Silja von Stuttgart nach München hatte bringen müssen und daß er mit ihr am Abend zurückfahren würde. In Stuttgart wurde »Lulu« geprobt. Gertrud empfand mit Bitterkeit den Besuch bei ihr als eine Pflichtübung. Der Spaziergang im Schnee war wie der Gang von zwei Fremden. Wozu verlängerte Qualen, wo sie den Abschied längst hinter sich glaubte?

Es gab unangenehme Telefongespräche – Gertrud vermerkte jeden Anruf Wielands in ihrem Taschenkalender –, in denen es stets um dasselbe ging und die immer ähnlich verliefen. Zuerst versuchte Wieland, sich herauszureden, »unsachlich und schwach«, dann gab er zu, daß Gertrud recht habe; er zeigte Verständnis für sie und sagte, es tue ihm leid, was er ihr antue. Oft legte Gertrud einfach den Hörer auf die Gabel, was er ihr dann beim nächsten Mal vorhielt.

Auch über die »Lulu« sprachen sie. Wieland bat Gertrud, zur Premiere Anfang Februar zu kommen: »Ich bin nicht sicher«, sagte er, »ob es gut wird – das erste Stück ohne dein geistiges Eigentum.« Doch Gertrud sagte kategorisch nein.

Frostig verlief eine Begegnung beider, als Gertrud von Elmau zurückfuhr. Sie trafen sich in München im Hotel »Vier Jahreszeiten« zum Tee; Iris und Wolf Siegfried waren zugegen. Man machte Konversation, vermied alle wesentlichen Themen. Greifbar stand der Gedanke im Raum, daß Wieland »zwischen Abliefern und Warten auf Silja für seine Familie etwas Zeit opfere«. Zugleich sahen alle, daß dieser Mann, der so tat, als sei er stark und ungebrochen, sich in sich verkroch und litt. Sie begannen, Angst um ihn zu haben.

Wieland begleitete Gertrud »hinunter zum Wagen«. Sie notierte: »traurig schweigend – liebe arme Augen. Er versucht mich zu küssen – ich lasse ihm nur die Backe – und stelle mich tot. Sehe ihn weggehn wie einen Unwirklichen ... Man spürt lauter Tod und kann nicht schreien.« Welche Prophetie! Gertrud sollte Wieland erst sechs Monate später wiedersehen. Da lag er bereits auf den Tod darnieder.

Doch wer hätte das an jenem kalten, grauen Januartag wissen können! Die nächsten Monate waren von Bemühungen der Familie erfüllt, ein wenig Ordnung in ihr Leben zu bringen und Wieland finanziell zu entlasten, außerdem von Fluchtversuchen Gertruds, die noch immer vor der Notwendigkeit zurückschreckte, ein eigenes Leben aufzubauen.

Sogleich nach der Rückkehr nach »Wahnfried«, am 23. Januar 1966, schrieb sie an den damaligen bayerischen Finanzminister Konrad Pöhner, einen Bayreuther, welcher der Familie freundschaftlich verbunden war, er solle Wieland raten, das Haus in Keitum abzustoßen. Er, den das Bayreuther Testament – sie meinte den Vertrag zwischen Winifred und ihren Söhnen – »als ältesten Sohn degradiert und freudlos gemacht« habe, hänge zwar an dem Haus auf Sylt, weil er »auf eigenem Boden ein echtes zu Hause« habe schaffen wollen, inzwischen aber glaube er, aus einem Märtyrerkomplex heraus, es »bewerkstelligen zu müssen – als Ersatz der eigentlich notwendigen Lebenswerte, die die Gründung einer Familie an einen Mann stellen«. Es sei aber sinnlos, dafür »seinen Namen und seine Gesundheit zu zerstören«.

»Wahnfried« beschrieb Gertrud in diesem Brief als »völlig heruntergekommen«. Küche, Teppiche, Polstermöbel, Wäsche, Porzellan müßten ersetzt werden; eine Gastlichkeit sei kaum möglich, da es keine Gästezimmer gebe und das Geld fehle, um ein paar Flaschen in den Weinkeller zu legen. Es sei beinahe nicht möglich, »so in die nächste Festspiel-Zeit zu gehen«.

Sie beschrieb ihre familiäre »Grotesk-Situation«: »Zwei Häuser, die fast das ganze Jahr leerstehen, ein Vater und 4 Kinder, die ihre Lebensaufgaben überall in den kostspieligen Wohnungen bzw. Zimmern oder Hotels überall verstreut haben und weiterhin haben werden, eine Mutter, die die Wahl hat, völlig allein oder dort zu sein oder sich bei Freunden oder in Hotels herumzutreiben.«

Im Februar schrieb sie in ihr Tagebuch: »Immer noch das Gleiche: Allein in Wahnfried. Kinder weg – Wieland mit Silja in Hamburg. Im 5. Jahr – und ich lebe noch. Aber das innere Alleinsein ist nicht zu lernen.«

Betrachtet man Wielands überfüllten Terminkalender, die wechselnden Lebensstationen in diesen Monaten, so gewinnt man den Eindruck, er habe die letzten Funken von Kraft aus sich herausgeschlagen. Auf die »Lulu« in Stuttgart am 4. Februar folgte »Der Fliegende Holländer« in Hamburg am 4. März, die »Salome« in Rom am 5. Mai.

Auch Gertrud, deren Leben ohne Inhalt war, ging auf Reisen: nach Wien, wo Iris und Nike beim Opernball debütierten; nach Mailand; sie war in Ascona und immer wieder in München.

Im März begab sie sich zur gewohnten Psychotherapie nach Göttingen, wo Kühnel wieder einmal versuchte, ihr Selbstbewußtsein aufzubauen. Sie wohnte in einem Gasthof mit Pferdebetrieb, in dem sie vor zehn Jahren die ersten Reitstunden genommen hatte. Gern sah sie zu, wie die Pferde unter ihrem Fenster gestriegelt und gesattelt wurden, doch sie fühlte sich zu kraftlos, um aufzusitzen und wegzureiten. An den Sohn schrieb sie, sie sei dabei, »mit Kühnels Hilfe einen Weg« für sich zu suchen.

Doch die Therapie schlug diesmal weniger an denn je. Kühnel konnte die Situation, in der seine Patientin lebte, nicht ändern, er konnte nur zuhören und ihr Mut machen. Zweimal unterbrach Gertrud den Aufenthalt in Göttingen. Sie fuhr nach Bayreuth; besuchte Daphne, die in Berlin eine Schauspielschule absolvierte. Bei einem Gang über den Kurfürstendamm überfiel sie, ohne daß es einen äußeren Anlaß gegeben hätte, ein Weinkrampf. Es war wie 1954, wo sie, wenn die Leute ihr zum »Bacchanal« gratulierten, in Verzweiflungstränen ausgebrochen war. Die Tränen rüttelten sie auf. Sie merkte, daß sie krank war und daß sie selbst etwas dagegen tun mußte. »Daphne«, sagte sie, »es muß etwas geschehen, ich will nicht ins Irrenhaus.«

Vermutlich erzählte sie Kühnel von diesem Zwischenfall. Und er wird ihr, wie es seines Amtes war, zugeredet haben. Ein Satz aus einer Behandlungsstunde blieb ihr im Ohr, gesprochen aus dem Hintergrund, während sie auf der Couch lag, nicht mehr wußte, was sie noch sagen sollte. »Frau Wagner«, sagte der Arzt, »dort ist die Tür; wir können hinausgehen.«

Sie war noch nicht soweit. Immerhin äußerte sich das neue Selbstvertrauen in einem langen maschinengeschriebenen Brief, den sie über ihren Rechtsanwalt an Wieland sandte. Es ist ein fordernder Brief, hart im Ton und somit Gertrud eigentlich nicht gemäß. Er wirkt wie diktiert. Vermutlich hatte Kühnel ihr aufgetragen, so zu schreiben.

Kalt beginnt sie, sie möge sich nicht mehr zumuten, »Dir in Deinem Leben, das Du Dir mit Frl. Silja einrichtest, zu begegnen«. Sie will Klarheit über ihre künftige finanzielle Situation. »Ich denke nicht daran, das übrig bleibende armselige Stück Leben mir nicht angenehm zu gestalten. Schlechter als an Deiner Seite will ich auf keinen Fall leben.« Also: Keine Sparsamkeit mehr aus Rücksichtnahme auf einen Mann, der mit einer Geliebten sein Geld verpraßt. Sie läßt durchblicken, daß sie sich eine eigene Wohnung nehmen will, mit einer »Betreuerin«. Sie läßt ihn wissen, daß sie sich ein neues Auto bestellt habe.

Und ausführlich äußert sie sich zu Bayreuth: »Mit Deiner derzeitigen Lebensform und Arbeitsart als Theaterdirektor und Regisseur möchte ich mich nicht identifizieren.« Deshalb müsse sie zu ihrem »großen Kummer auch noch auf die mir nach wie vor am Herzen liegende Theaterarbeit verzichten. Du weißt außerdem wie ich, daß falsch eingedrillte Chorbewegungen nicht mehr umzubiegen sind und da alles Übrige auch nicht besser ist, muß der Holländer eben so über die Leinwand laufen.« Der »Parsifal« sei keine Festspiel-Aufführung; sie lasse nicht zu, daß ihre Arbeit, also die Blumenmädchen-Szene, »nochmal schlecht wiederholt wird«. Wieland solle für die Choreographien einen »künstlerischen Menschen« engagieren. »Aber versteh mich recht: keine meiner Versionen gebe ich dazu her.«

Nach Keitum, schrieb sie, werde sie nicht mehr gehen. »Ich erinnere Dich daran, daß wir dieses Unternehmen nach Deinem Versprechen, gemeinsam miteinander zu leben, begonnen haben.« Nun solle er sich um die Vermietung und Betreuung des Hauses kümmern. Wichtiger als dieses Haus sei für sie »ein neuer Lebensinhalt«, ein »eigener Boden und berufliche Arbeit«. Sie wolle nun endlich von seinem Schlepptau loskommen. Am Ende wünschte sie ihm frostig, der Mensch zu werden, »der Du sein könntest«.

Wieland antwortete gelassen, handschriftlich, doch erst zwei Monate später, weil ihn der Brief offenbar erst mit großer Verspätung erreichte. Er ist ein bißchen belustigt über Gertruds Verhalten, er hat natürlich das Gezwungene des Tons gemerkt, doch in der Sache ist er bekümmert. Er sagt ihr zweitausend Mark monatlich zu. Er ist »sehr traurig, dass du mir für dieses Jahr deine Mitarbeit« – gemeint: in Bayreuth – »um die ich dich wirklich sehr ernst und nachdrücklich gebeten habe – vor die Füße wirfst«. Für das Haus in Keitum sieht er keine Lösung. »Ich habe dieses Haus für dich gebaut.« So wie es eingerichtet sei, sei es praktisch nicht zu bewirtschaften. Der letzte Brief vor seinem Zusammenbruch endet: »Alles Liebe! Meine Gefühle für dich sind dieselben wie 1930, 1942 und all die anderen Jahre. Wenn das auch niemand – du am wenigsten – versteht.«

Wieland schrieb diesen Brief aus Keitum, wo er die Pfingsttage zusammen mit zweien seiner Kinder verbrachte. Vielleicht hatte er gehofft, Gertrud werde sich auch einfinden. Statt ihrer tauchte überraschend Anja Silja auf. Es gibt ein Foto, das Wieland, Silja, Nike, Wolf Siegfried und einen weiteren Gast in der Einfahrt des Hauses zeigt. Alle lachen – außer Wieland. Er wirkt wie ausgeschlossen, nein: wie sich selbst ausschließend, und blickt so mürrisch drein wie auf den frühen Kinderbildern.

Griechisches Intermezzo

Inzwischen hatte Gertrud ihre Kräfte wieder mobilisiert. Noch wirkte alles ein bißchen spielerisch, noch reichte es nicht zur Planung eines ernsthaften neuen Lebens. Sie hatte inzwischen einen neuen Verehrer gefunden; sie hatte begonnen, Gedichte zu schreiben; und sie plante eine große Reise. Dies alles geschah im österreichischen Kurort Schruns in Vorarlberg, wo sie fast den ganzen April verbrachte. Sie hatte dort eine Art Auferstehungserlebnis. Die alten Freunde Walter Legge und Elisabeth Schwarzkopf hatten ihr die »Wasseranstalt« empfohlen. Der Arzt, der sie aufnahm, verordnete Bäder, Diät, Spaziergänge – das Übliche, das Kurärzte anraten, wenn kein handfester Krankheitsbefund vorliegt.

Als Gertrud an einem der ersten Tage auf dem Weg zum Bad durch das Souterrain des Hauses ging, begegnete ihr der Kurdoktor. Er fiel ihr in die Arme: »Schade, daß ich schon verheiratet bin.« Gertrud war befremdet, sie wich zurück. Der Arzt – er hieß Edwin Alberich – verstand das Signal. Er schickte seiner Patientin nun Gedichte und Blumen, machte ihr Konfidenzen. Gertrud in ihrer Unglückssituation und immer geneigt, Ärzten ein besonderes Vertrauen einzuräumen, ließ sich mitreißen, nicht in eine Liebesbeziehung, sondern in eine erotisch gefärbte Schwärmerei. Auch sie schrieb nun Gedichte, die sie dem Seelenfreund vorlegte. Die Lebensstarre begann zu weichen.

Als am Karsamstag eine großer Osterstrauß »im Auftrag Wieland Wagner« für sie abgegeben wurde, brach »ein Sturzbach von Tränen« aus ihr heraus. »Ich wollte doch so gerne ›leben‹ – das war immer wieder mein Stöhnen und mein Weinen seit der Trennung von Wieland«, schrieb sie in ihr Tagebuch. Tagelang meditierte sie über eine Orchideenrispe – die »Blume der unerfüllten Liebe« –, die der Medizinalrat ihr zum Abschied gesandt hatte, zusammen mit einem Billett, auf dem in eckiger Schrift stand: »Liebe gnädige Frau! Zum ersten Male nach vielen Jahren verlasse ich morgen nur weinend dieses Kuhdorf Schruns. Warum? Vergessen Sie bitte nicht Ihren Leibarzt Edwin Alberich. Handküsse.« Gertrud, welche die Begegnung als »Geschenk Gottes« empfand, hatte zugleich »Angst, daß es mich tiefer ergriff, als es gemeint ist«.

Einmal, als sie bei ihm saß, um mit ihm zu beraten, was sie tun solle, brach es spontan aus ihr heraus: »Ich weiß, was ich will – ich will nach Griechenland.« Das war die offene Tür, durch die sie hinaustreten würde, die Tür, auf die Kühnel gedeutet hatte. War ihr bewußt, daß sie damit einen Urwunsch des »Griechen« Wieland aufgriff? Einmal in diesen Jahren hatte er zu ihr gesagt: »Komm, laß uns abhauen nach Griechenland!« Dachte sie daran, ihn zu kränken, wenn sie nun ohne ihn ins Land seiner Sehnsucht reisen würde?

Resolut ging Gertrud die Sache an. Sie würde mit dem Auto fahren. Sie brauchte eine Reisebegleiterin, und da sie ja die Brücken hinter sich abbrechen wollte, wäre es am besten, wenn diese Person kein Deutsch spräche. Eine in England verheiratete Freundin unternahm es, eine Reisegefährtin ausfindig zu machen.

Am Vorabend der Reise ging Gertrud durch ihr leeres Haus in Bayreuth, durch den Garten, den Wieland angelegt hatte. Sie dachte an ihn und an die Kinder. Sie sprach laut mit sich. Freiwillig und doch gezwungen verließ sie ein Paradies, das keines mehr war. Sie wußte nicht, wann sie zurückkommen würde. Vielleicht zu den Festspielen, vielleicht erst im Herbst.

Der Aufbruch erfolgte am Pfingstsonntag, 29. Mai 1966. Gogols Wort ging ihr durch den Kopf: »Kein Hund, keine Katze, kein Mensch war zu sehen«, als sie früh am Morgen das wie ausgestorben wirkende »Wahnfried« verließ. Rasch und mit Lust fuhr sie auf der Autobahn nach Süden. Am Hauptbahnhof in München, der von ankommenden und abfahrenden Gastarbeitern aus Süd- und Südosteuropa wimmelte, holte sie die Reisebegleiterin ab. Diese sollte mit dem Tauernexpreß eintreffen. Es handelte sich um eine in Uruguay geborene Engländerin namens Monika Tovar, die bis vor kurzem bei ihren Eltern in Südamerika gelebt und zuletzt in London als Sekretärin gearbeitet hatte.

Der Entschluß, mit einer völlig fremden Person zu einem neuen Lebensabschnitt aufzubrechen, war gewagt und leichtsinnig und wie ein Griff in die Tombola. Das zeigt, daß Gertrud die Reise als Abenteuer auffaßte. Freilich: für sie war es auch ein Aufbruch zu den Quellen der abendländischen Kunst, des Theaters, des Tanzes. Von all dem wußte die dunkelhaarige Engländerin, die wesentlich jünger war als Gertrud, nichts. Sie kannte deren Intentionen nicht, und sie hatte wenig Bildung. Sie glaubte, einer reichen Dame, die ihren Launen folgte, als Begleiterin zur Seite stehen zu sollen, sie zu chauffieren, ihr Englisch zu verbessern.

Der Schrankkoffer voller Kleider – Indiz, daß die Engländerin sich auf ein reiches Gesellschaftsleben eingerichtet hatte – wollte kaum in Gertruds kleines Auto passen. Während die Frauen sich um das Gepäck mühten, nahte ein Mann, der Gertrud spontan um den Hals fiel. Es war der Sänger Otto Wiener, der in Bayreuth den Hans Sachs gesungen hatte. Sie nahm es als gutes Omen. Nun winkte ihr bei der Abfahrt doch noch einer nach. Gute Reisewünsche gab es noch einmal, als Gertrud von einer Autobahnraststätte am Chiemsee Iris und Nike anrief, welche die Pfingsttage in ihrem alten Internat auf Schloß Stein verbrachten.

Das erste Reiseziel war die Insel Ägina. Dort besaß die Schauspielerin Joana Maria Gorvin ein Haus direkt am Meer, das sie Gertrud für den Juni zur Verfügung stellte. Die Fahrtroute durch den Balkan, das kommunistische Jugoslawien, schreckte Gertrud nicht ab. Sie war eine blendende Autofahrerin – man sagte, sie fahre »wie ein Mann« –, sie liebte die Bewegung. Jetzt sollte es eine Bewegung sein, weg von ihren Sorgen, weg von den Problemen, weg von Wieland.

Der erste Abend, verbracht in einem »k.u.k.-Gartenhaushotel« mit großem altmodischen Bad, dessen Balkon zur Drau ging, verlief schlecht. Die Begleiterin, die reisekrank geworden war, mußte von Gertrud zu Bett gebracht werden. Anschließend hörte sie im »Konzert-Boy«, einem tragbaren Plattenspieler, von Italienern gesungen,

Glucks »Orpheus«. Sie weinte die halbe Nacht, um ihr verlorenes Leben, die verlorene Arbeit. Als sie dann endlich einschlief, plagten sie schwere Träume.

Zagreb, Belgrad waren die nächsten Stationen. Während der Fahrt gab es eine »Dauer-Englischstunde«. Die Frauen unterhielten sich über die Schönheit der Landschaft, die Häßlichkeit der Städte, durch die sie kamen, die Verwahrlosung, den Schmutz, über die materielle, seelische, geistige Armut der Menschen. In Banja Luka sahen sie Männer, deren gefurchte Gesichter sie beeindruckten, mit Pluderhosen, Stöcken, »türkischen Mützen« und armseligem Schuhwerk; manche trugen Fußlappen.

Die Eindrücke verschafften Gesprächsstoff. Wenn die Engländerin am Steuer saß, machte Gertrud Reisenotizen. Die Begleiterin hatte schnell einen der in der Familie üblichen Tiernamen weg; sie hieß die »Bernhardinerin«. Sie war ein dienendes Wesen, sie hatte große, traurige Augen, sie war schwerfällig, doch sie war treu und seelenvoll. Die Ruhe, die sie ausstrahlte, tat Gertrud gut. Jeden Abend holte Monika zwei gerahmte Fotografien hervor und stellte sie auf ihren Nachttisch. Die eine zeigte ihre Eltern, die andere ihre Geschwister. Besonders liebevoll sprach sie von ihrem Vater. Als Lieblingsbeschäftigung nannte sie Kochen. Eigentlich hatte sie Tierärztin werden wollen. Gertrud fiel es leicht, ihr Entzücken über die Tiere am Straßenrand zu teilen. Sie lernte nun die Tierbezeichungen, dazu alle klischeehaften Adjektive auf englisch, die mit den Tieren verbunden wurden.

Erst im Land ging Gertrud auf, daß sie sich in Jugoslawien eines Vergehens schuldig machte. Sie reiste mit nicht deklarierten Devisen und mit Dinaren, die sie in Deutschland, ohne nachzudenken, eingetauscht hatte. So passierten die beiden Frauen denn mit großer Erleichterung am vierten Reisetag die Grenze nach Griechenland.

Wohlgefällig betrachtete Gertrud den großgewachsenen Zöllner in makedonischer Tracht, der breitbeinig im hohen Grenzhäuschen stand und auf die Damen herunterlächelte. Der »erste Gruß von Hellas« war ein schöner Mann – wenn das kein gutes Omen war! Sie genossen den ersten Abend in einem kleinen Hotel am Meer, wo sie die einzigen Gäste waren. Hinter ihnen lag der fast dreitausend

Meter hohe Olymp, der Berg der Götter. Nur das Wetter war anders, als sie erwartet hatten: es goß in Strömen. Und die ganze Nacht schrie in der Nähe ein Esel. Gertrud erschien es wie das Schreien einer unerlösten Seele.

Noch in der ersten Juniwoche trafen sie auf Ägina ein. Das Haus war einfach, aber schön und einsam gelegen. Gertrud hatte ein großes Ziel: sie wollte neu denken, neu sehen, neu fühlen lernen. Sie lag vor dem Haus in der Sonne, sie träumte in die Hitze, das Glitzern, die Bläue von Himmel und Meer hinein. Die träge, kaum vergehende Zeit gab ihr das Empfinden, »Flitterwochen mit der Natur« zu verbringen. »Jeden Tag«, notierte sie, »möchte man festhalten, die Stunden nicht weiterrücken lassen.« Die »Bernhardinerin«, welche die Fähigkeit besaß, unsichtbar zu werden, störte sie kaum.

Gertrud las. Ungleiche Texte. Homer und Goethe, Henry Miller, Peter Bamm. Sie gab sich Wörter vor, über die sie meditierte. Und sie schrieb Gedichte, meist reimlose Verse, die ausdrückten, was ihr durchs Gemüt ging. Manchmal zog der Doktor in Schruns durch ihre Gedanken und Notate. Wieland kommt in den Gedichten, in den Aufzeichnungen von Ägina nicht vor. Doch er quälte sie in den Träumen. »Nächte schmerzhaft und unruhig«, notierte sie, »Seele und Körper wehren sich gegen Absterben und Versteinerung.«

Die Euphorie der Tage dauerte nicht an. »Manchmal und täglich öfter rücken die nebelhaften Zukünfte heran. Wo werden wir wohnen? Wie wird es mit dem Geld?« Sie wurde unruhig, versuchte, die Unruhe mit Ausflügen zu bannen. Eine Schiffsreise wirkte desillusionierend. »Die nur häßlichen Laute der Sprache«, notierte sie, »die Frauen ohne jeglichen Charme und ohne jegliche Haltung und Drang nach Schönheit.«

Sie verfaßte Geburtstagsgedichte für Nike und Iris, einen Geburtstagsbrief an Winifred. Sie zeigen, daß sie ihre alte Welt nicht einfach zurücklassen konnte, auch wenn sie schrieb: »Ich habe vor, lange hier unten zu bleiben.« Und dann begann sie, auf den Briefträger zu warten. Die ausbleibende Post wurde zur Obsession der beiden Frauen. Nachfragen im Postamt nützten nichts. Die Gänge dorthin, wo immer derselbe »Zwetschgenmann mit … ängstlichen Augen« saß, mehrten sich. Er murmelte was von Poststreik. Endlich eines

Abends nach zehn Uhr kam der Postbote. Zu Fuß hatte er die ganze Insel zu bedienen. Er kam nur, so erklärte er den Frauen, wenn es sich rentierte. 16 Sendungen legte er auf den Tisch: 11 für Monika, 3 Briefe und 2 Bankmitteilungen für Gertrud. Alle drei umarmten einander, es gab ein langes Palaver zum Kaffee und Ouzo. Gertruds Briefe kamen von den Kindern. Wieland schrieb nicht.

Mitte des Monats fuhr Gertrud nach Athen, um eine deutschsprachige Ödipus-Aufführung zu sehen. Sie nahm an einem Empfang in der österreichischen Botschaft teil, machte einen kurzen Museumsbesuch. Das Inselglück schien nachzulassen. Im »Hilton« wartete ein Brief des Doktors von Schruns auf sie. »Neuer Glaube, an ihn«, notierte Gertrud, »allerdings …« Den Pünktchen folgte kein Satz. Es war alles zu fern. An den Sohn schrieb sie: »Das absolute Glück: hier auf einem Stück Stein sitzen zu dürfen.« Das war eine Ausflucht und zeigt, wie falsch angelegt dieser Urlaub war. Er führte Gertrud kein Stück weiter, er zeigte keinen Ausweg, er brachte keine Neudefinition ihrer Rolle, ihrer Aufgabe, ihrer künftigen Tätigkeit. Glück wäre gewesen, wenn sie sich aufgerafft und gesagt hätte: Ich bin eine selbständige Künstlerin, ich stehe auf meinen eigenen Beinen, ich brauche Wieland nicht. Doch dazu war Gertrud nicht in der Lage, ja, sie strebte es nicht einmal an.

Aber Hellas, Wielands Land befreiter Sinnlichkeit, bescherte ihr ein Erlebnis, das Gertrud sich nicht auszudenken gewagt, auf das sie im Innersten gehofft haben mochte: eine kurze, ekstatische Liebe. Sie kam wie ein mythisches Ereignis. In der gleißenden Hitze des Strandes tauchte ein Mann aus dem Meer, kraftstrotzend, dunkelbehaart, vom Wasser silberglänzend. Er lachte faunisch, mit blitzend weißen Zähnen. Sein »undeutsches Deutsch« hatte den Reiz des Fremden: »Guten Tag – hab gesehen – draußen auf Meer – Erdbeben drinnen – fühlte wie nie – Heiraten will ich – Frau suche – Sie!« So stilisierte Gertrud seine Wörter. Sie blieben ihr im Kopf hängen. Sie ging ins Haus. Spürte der Mann ihr Liebesverlangen?

Nachts, sie lag im Halbschlaf bei offenem Fenster, zu ebener Erde, hörte sie eine Stimme, flüsternd, flehend; sie sah die dunkle Gestalt vor dem Nachthimmel. Sie lag still, ohne Schrecken. Keine Angst überfiel sie, als der Mann lautlos wie ein Tier an ihr Bett kam, sich zu ihr legte. Er besaß Takt und Zartgefühl und die Weisheit des mediterranen Liebhabers. Gertrud schien es, als besuche sie ein Gott. Er ging in der letzten Stunde der Nacht, ehe der Morgen graute, hinunter zum Meer, aus dem sie ihn hatte kommen sehen. Noch krähten die Hähne nicht. Ihr war, als habe sie geträumt.

Sie traf den Mann noch einige Male. Einmal gingen sie zusammen hinauf zum Aletheia-Tempel. Worüber mögen sie gesprochen haben? Gertrud saß auf den Steinen, die noch warm waren vom Tag und betrachtete den Nachthimmel. Sie stand in ihrem fünfzigsten Lebensjahr, der Mann hat es wohl nicht geahnt. Er nannte sie »Irene«. Er war Gastarbeiter in Deutschland, kein Gott also – Gertrud hat dies nicht notiert. Er schrieb ihr Anfang Oktober einen Brief, in dem steht, daß sie ihm wie ein kleines verlassenes Mädchen vorkomme, daß sie einen Mann brauche, der sich um sie kümmere, und daß es eine große Ehre für ihn wäre, wenn er dies sein könnte. Einmal tauchte er in Keitum auf, trällerte Schlager, als sie bereits Witwe war. Es muß eine peinliche Begegnung gewesen sein. Jetzt aber im Sommer gab er ihr Lust und Lebensfreude; und daß es nur kurz dauerte, war gut.

Und noch einen Gedanken gab der Mann aus dem Meer ihr ein. Sie umkreist ihn in einem Gedicht: »O Himmel, gib ein Messer – / Pistolen mir zur Hand ...« In Prosa heißt es unverhüllt: »durch Mord an Silja alle Fragen zu lösen.« Flüchtig überlegt sie, ob Wieland die Tat begehen könne. »Vielleicht ist ihm das Morden gar keine Beschwernis.« Der nächtliche Liebhaber hatte sie gefragt, ob sie keinen Mann habe und auf ihre Antwort, der lebe mit einer anderen Frau, gelacht: »Man nimmt ein Messer.« Der Gedanke ist unernst; er geht allen, die in einer unlösbar scheinenden Dreiecksbeziehung stecken, irgendwann durch den Kopf. Er zeigt allerdings deutlich, daß sie keineswegs gewillt war, Wieland aufzugeben.

Ende Juni verließ Gertrud das schöne Haus und die Insel. Sie quartierte sich und die Begleiterin, die ihr inzwischen wegen ihrer Naivität lästig geworden war, in einem Hotel in Athen ein, von wo sie – allein – Ausflüge nach Epidaurus und Delphi machte. Im Theater von Epidauros überfielen sie Gedanken an Bayreuth. Das Verlorene ergriff sie mit aller Macht. Im Brief an Winifred hatte sie den wirklichen Antrieb ihrer Reise genannt. Sie wollte nicht noch einmal Festspielproben erleben, in denen sie ausgeschaltet zusehen mußte, wie ihr Mann mit einer anderen Frau ein Leben neben ihr führte. »Ich will«, hieß es in dem Brief, »in einer Zeit, in der ich mein ganzes Herz und Denken seit so vielen Jahren für eine Sache und einen Menschen eingesetzt hatte, nicht irgendwo in einem langweiligen Winkel sitzen und Geschmacklosigkeiten und Rücksichtslosigkeiten einstecken. Da muß man sich schon was Schönes und Starkes zuführen, um darüber hinwegzukommen.«

Jeden Morgen stieg sie zur Akropolis hinauf. Sie ging in die Museen. Und sie sah, jetzt auf Griechisch, »Ödipus auf Kolonnos« im Theater von Epidauros. Sie schrieb danach an Daphne: »Hier ist das Theater einfache schlichte Wahrheit des Wortes und sonst nichts und das Wort ist zugleich Musik und zugleich Gesang.« Sie berichtet von Naturlauten, die während der Aufführung zu hören waren – ein bellender Hund, ein weinendes Kind –, und empfiehlt, »daß Ihr im Parsifal dieses Jahr an der hochheiligsten Stelle eine Katze miauen läßt.« Das war kindisch und aggressiv und zeigt, daß ihr Gemüt in Griechenland nicht zur Ruhe gekommen war.

Der Brief ist am 9. Juli verfaßt. Gertrud hatte am Tag zuvor die »Anti-Griechin« Monika ins Flugzeug gesetzt. Es war ein Befreiungsschlag. Sie hatte die in der Hitze erstickende, staubige Hauptstadt verlassen, plante eine Rundreise durch den Peloponnes.

Der hochgestochene Satz im Brief an Winifred, sie wolle nicht sehen, sondern erkennen, entlarvte sich als Unsinn. Erkennen kann nur, wer weiß, wer schon Kenntnisse hat. Gertrud las die falschen Bücher. Die Geschichte, die Literatur und Kunst, die Philosophie der Griechen kannte sie nur oberflächlich. Ihr Meditieren über Wörter wie »Heiligtum«, »Tempel«, »Kunst« konnte zu nichts führen. Vermutlich hat sie unbewußt, halbbewußt, die Fruchtlosigkeit dieser Wochen empfunden. Warum hätte sie sich sonst in Bewegung gesetzt?

Sie fuhr also den Peloponnes ab, sah Mykenä, Sparta, Pyrgos, Olympia, Mytilini und kam, nachdem die Rundfahrt hinter ihr lag, zu dem Schluß, daß es sich, mit Ausnahme von Epidauros, nicht gelohnt habe. Noch mochte sie sich nicht eingestehen, daß ihr Ausbruchsversuch gescheitert war. Sie litt auf einmal unter dem Alleinsein, nahm Reisende im Auto mit, nur um sich mit jemandem unterhalten zu können. Als sie sich von einer solchen Zufallsbegleiterin, die sie zur Fähre nach Delphi brachte, verabschiedete, liefen ihr die Tränen übers Gesicht. Sie schob ihre traurigen Gedanken auf ihren schlechten Gesundheitszustand, ihre miserablen Nerven.

Am 10. Juli notierte sie in ihr Tagebuch: »Kenne nun alle Straßen und Landschaften. Nie wieder!« Auf durchlöcherten Straßen, im Staub von Lastwagenkolonnen fuhr sie in der brüllenden Hitze nach Athen zurück. Dort erhielt sie, am 14. Juli den Brief ihrer Schwester Elfriede, den diese nach Wielands »Herzanfall« und seiner Einlieferung ins Krankenhaus von Kulmbach am 27. Juni geschrieben hatte.

Der leitende Arzt, Dr. Danzer, so referierte Elfriede, war der Meinung, man müsse Gertrud, die vermutlich doch nicht zu erreichen sei, nicht benachrichtigen, denn: »eine akute Gefahr bestehe nicht«. Einen »Herzinfarkt« habe der Arzt nicht festgestellt. Elfriede benutzte das Wort »Herzschwäche«. Gertrud zögerte keinen Augenblick. Sie ging zur Bank, packte den Wagen und machte sich auf den Weg nach Patras (»elender lausiger scheußlicher Hafen«), wo sie sich kurz vor Mitternacht nach Ancona einschiffte.

Nach »bestem Schlaf in guter Alleinkabine« notierte sie am nächsten Morgen: »Nach 14 Tagen Fragen ins Dunkle und Bitten um Fingerzeig wohin und was tun – bis zum völligen Absacken in Phantasielosigkeit und Nichtmehrwissen wohin – Brief von Elfriede mit Schreckensnachricht über Wieland. Wenn es auch im Moment wohl gut vorbeiging – ist das ein Warnsignal, das ich ernst nehmen muß. *Er* wird es nicht als solches verstehen und sein Leben wie bisher weitertreiben. Die nächste Attacke muß kommen und ich will nicht dazu beitragen, meinen Kindern den Vater zu nehmen und ihm auf dem Totenbett erst wieder begegnen.« Wieder erwachte in ihr die Dienerin. Sie will ihm »trotz allem« helfen, sie will entsagen, sich bescheiden. »Gott gebs, daß ichs schaffe.«

Die letzten Reisenotizen sind ein hochtönendes Gebet im griechischen Chorstil: »Gott gib mir die Kraft zu verzichten – und nicht in Leiden zu ersticken und tätig zu sein ... Und dort Ruhe zu geben wo meine Wurzeln und wo Erinnern an ein Stück Jugend und an das lange gewesene Leben ... Dank Dir o Gott dass wissen ich darf wohin – dass nicht es ist ein zurück zu Trümmern ... Dank Dir dass Bande des Blutes Du mir bescherst – dass einzig dies bleibt ...«

Das war ein Versuch, der Reise doch noch ein positives Resultat abzugewinnen: Verzicht, Besinnung auf die Kinder, Rückkehr nach Bayreuth. Eine Vision über ein künftiges Leben, eine künftige Tätigkeit hatte die Reise nicht gebracht. Nun war es das Schicksal, das den Knoten zerhieb.

Unzeitiger Tod

Wieland war am 3. Juni mit Anja Silja von Sylt weggefahren. Am 6. begannen in Bayreuth die Proben. Häufig war Silja in Wahnfried zu Besuch, einmal übernachtete sie sogar dort, zur großen Mißbilligung der alten Emma, die das Haus versah. Die Töchter erschienen aus Protest nicht zu den Proben. Nike reiste aus Bayreuth ab. Sie wollte nicht mit ansehen, daß im Haus ihrer Mutter eine andere Frau verkehrte. Wolf Siegfried dageben blieb in »Wahnfried«. Es war das erste Mal, daß der Vater ihn, der sich Hoffnungen machte, eines Tages das Erbe anzutreten, zu den Proben heranzog.

Am 1. Januar 1966 hatte Wieland ihm unter dem Einfluß der Gespräche mit Gertrud einen Brief geschrieben: »Dein Studium kommt vor allen anderen Dingen. Ich sage Dir das nocheinmal mit aller Deutlichkeit. Du hast so viele gute Anlagen und Fähigkeiten – mehr vielleicht als ich jemals gehabt habe! – aber das genügt einfach nicht: du *musst* sie entwickeln. Da hilft nur arbeiten. An den nächsten Jahren hängt dein ganzes – eigentliches! – späteres Leben. / Ich hatte niemand (ausser deiner Mutter!) in diesen schwierigen Jahren. Du hast mich – noch. Mache bitte Gebrauch davon.«

Wolf Siegfried war überglücklich, nun endlich lernen zu dürfen, was er eigentlich anstrebte, und stolz, nun endlich zum Vater, der sich ihm so lange entzogen hatte, zu gehören. Sein Glück dauerte keine zwei Wochen.

Am 17. brach Wieland bei einer »Tannhäuser«-Probe zusammen. Es wurde ihm schwarz vor den Augen, er hörte die Sänger, konnte sie aber nicht mehr sehen. Da er starke Schmerzen im linken Arm hatte, vermutete man einen Herzinfarkt. Der hinzugezogene Arzt,

Helmut Danzer, Chef der Inneren Abteilung im Stadtkrankenhaus von Kulmbach, ein Schulfreund Wielands und Gertruds und Pate eines ihrer Kinder, sprach von einer Herzschwäche. Zwei Tage lag Wieland in »Wahnfried«. Dann wurde er wegen der nötigen Untersuchungen nach Kulmbach ins Krankenhaus transportiert.

Und nun beginnt, was Gertruds spätere Jahre beschwerte, ja vergiftete. Sie nennt es die »Ärztelügen«. Die Ärzte sagten weder ihr noch dem Patienten, wie es stand, nämlich, daß es keine Rettung gab. Wieland hatte einen bösartigen Tumor am Herzen, der bereits die Lunge befallen und schwer geschädigt hatte. Am 2. Juli überwies Danzer den Patienten an die Chirurgische Universitätsklinik München, die vom »ersten Herzchirurgen Deutschlands« (Winifred an Gertrud) geleitete wurde. Danzer kannte dessen Oberarzt Skinner. Die beiden Ärzte besahen gemeinsam die Röntgenbilder. Sie waren einer Meinung über den Fall: hoffnungslos.

Im medizinischen Kommuniqué, das nach dem Tod herausgegeben wurde, heißt es: »Da der Tumor die Herzaktion sehr stark beeinflußte, wurde Prof. Bodechtel von der II. Med. Universitätsklinik München als Konsiliarius hinzugezogen. Aufgrund einer diffusen Aussaat kleinster Knoten in der rechten und linken Lunge wurde von einer radikalen Tumoroperation Abstand genommen.« Weiterhin erklärte das Kommuniqué, daß nach einer Gewebeentnahme der »Verdacht auf ein Boecksches Sarkoid« aufkam.

Mit dem nichtssagenden Begriff der Boeckschen Erkrankung wurde der Familie und dem Patienten Sand in die Augen gestreut. Man sagte, er werde bald wieder gesund, er könne in acht Tagen die Münchner Klinik verlassen, der Tumor sei nicht bösartig, er werde eintrocknen. Die Sache könne ambulant behandet werden. So klang es erleichtert in drei Briefen aus den ersten Julitagen, die Winifred an Gertrud schrieb. Wielands Zustand, heißt es dort, habe nach Auskunft der Ärzte »nichts mit Überarbeitung oder unvernünftiger Lebensweise zu tun … Die Sache sei eine seltene, aber den Ärzten nicht unbekannte Erscheinung.« Vermutlich spreche eine »Erbanlage« mit. Das war eine Anspielung auf Richard Wagners Herzkrankheit.

So klang es auch aus einem kurzen Brief Wielands an Gertrud vom 6. Juli: »Seit gestern neue Diagnose: keine Operation … Die

Geschwulst geht also friedlich zurück, und ich komme noch gerade rechtzeitig zum Probenende.«

Gertrud erreichte keines dieser Schreiben. Sie landete am 16. Juli in Ancona, von wo sie sogleich an Wieland telegrafierte, den sie in »Wahnfried« vermutete: »Vorgestern von deinem Mißgeschick erfahren – Bin seitdem unterwegs Bayreuth – Hoffe dir etwas zu helfen.« Die erste Etappe war Parma, die zweite Zürich. Von dort rief sie ihre Schwester Elfriede an, erfuhr, daß Wieland in München liege. In der Bahnhofstraße kaufte sie Blumen, wie sie noch keine gesehen hatte und die ihr als die schönsten der Welt vorkamen; es war ein Bouquet von Lotosblüten. Zuletzt hob sie ihr ganzes privates Geld ab, das auf einer Schweizer Bank lag, und fuhr los, so schnell sie konnte.

Am 19. Juli langte Gertrud in München an. Sie begab sich sofort zur Universitätsklinik in der Nußbaumstraße am Rand des Münchner Stadtzentrums. Was würde sie erwarten? Sie wußte nicht, wie krank, in welcher Stimmung Wieland sein würde. Sie trat an sein Krankenbett, und es war das Gewohnte: Er sagte nicht: schön, daß du da bist, sondern überfiel sie mit seinem Sarkasmus. Sie saß kaum an seinem Bett, da brach es aus ihm heraus: »Das Christentum ist an allem schuld.« Gertrud wußte genau, was er meinte, fragte dennoch: »An was denn?« »An der Ehe.« Vielleicht war das seine Art, der Griechenlandfahrerin zu sagen, daß er gerne dabeigewesen wäre, in Hellas, das er sich nur altgriechisch, heidnisch, sinnenfroh vorstellen konnte. Nach einer Weile setzte er hinzu: »Ich könnte dir heute ein guter Ehemann sein – aber auch Anja.« Gertrud ließ sich auf keine Auseinandersetzung ein.

Sie betrachtete das Zimmer dieses überhaupt nicht krank aussehenden Patienten und stellte fest, daß es ein Büro war, ein Festspielbüro. Es gab eine Schreibmaschine, ein Diktiergerät, und während sie sich unterhielten und Kuchen aßen, klingelte ständig das Telefon. In den Pausen hörte Gertrud Kurzinformationen. Keine Operation, er werde gesund und, mit dem Fuß gegen das Fußteil des Bettes dreschend: »Es wäre mir wurscht gewesen zu sterben – mein Leben hab ich ja gehabt – doch ich werde wohl noch gebraucht.«

Das war der alte egoistische Zynismus, der Selbsthaß, der Gertrud in die Seele schnitt. Was sie nicht wußte: daß er noch am gleichen

Tag einen wütenden Protestbrief an die Schwägerin Elfriede losließ, weil sie Gertrud, statt ihr »in Griechenland endlich die verdiente Ruhe zu lassen«, völlig unnötig herbeigetrommelt habe. Er berichtete aber Gertrud, daß er vom Krankenbett aus die Proben leite. Sie erkannte, was ihn am meisten ängstigte: daß Wolfgang seine Inszenierungen in die Hand nehmen würde.

Bald darauf kam seine Sekretärin Gabriele Taut, die jeden Tag zum Diktat erschien und die Post erledigte. Gertrud benutzte die Gelegenheit, sich beim Klinikdirektor zu melden. Sie äußerte ihre Verwunderung über den Bürobetrieb. Zenker beruhigte sie. Der Patient brauche diese Tätigkeit, man müsse sie ihm lassen. »Außerdem darf ich Ihnen sagen, Sie können ruhig nach Hause fahren, gnädige Frau, er hat die Boecksche Krankheit, die haben wir in der Hand. Er wird in Kürze als gesund entlassen.« Gertrud hatte keinerlei Ursache, dem Medizinprofessor nicht zu glauben.

Wieland führte in der Tat vom Krankenbett aus seine Geschäfte. Er schrieb zahlreiche Briefe, die von Plänen und Hoffnungen auf die Zukunft erfüllt waren. So teilte er zum Beispiel einer englischen Bayreuth-Freundin mit, Solti habe ihn »für das Ende des Jahrzehnts« nach London eingeladen, um dort den »Tannhäuser« zu machen. Vor allem aber kümmerte er sich um die Proben in Bayreuth, die sein Assistent Peter Lehmann »einwandfrei«, »namenlos fleißig und gewissenhaft«, »getreulichst Deine Anweisungen erfüllend«, wie es in Briefen Winifreds heißt, leitete. Ferner teilte sie mit: »Wolf ist stets auf der Bühne und notfalls zur Hand.« Außerdem kam Wolf Siegfried jeden zweiten Tag nach München, um mit dem Vater Einzelfragen zu besprechen.

Darüber hinaus waren künftige Gastspiele, Plattenaufnahmen, Verfilmungen zu bedenken. Wieland bat den Assistenten, schon während der Festspiele den ersten Akt der »Walküre« für ein 1967 in Japan vorgesehenes Gastspiel zu proben. Dem Bayreuther Solorepetitor Kojetinsky trug er auf, eine zweistündige »Tannhäuser«-Version für eine Verfilmung herzustellen.

Peter Lehmann erhielt Anweisungen, worauf er bei Plattenaufnahmen des »Tannhäuser« bei den einzelnen Sängern zu achten habe. So solle er mit der in Bayreuth als Brangäne debütierenden Helga Ludwig »streng und gerecht« sein. »Erlauben Sie ihr keine Extras in Richtung Rampe; das ist ihr liebster Aufenthalt … Sie brauchen sich nur umzudrehen, und schon ist die Künstlerin an der Rampe, den Blick erhaben ins Publikum gerichtet.« Im übrigen gelte: »auf unsere Kosten plein pouvoir für die Ton-Heinis.«

Plattenaufnahmen brachten Geld, und Wieland brauchte es dringend. Beim Unternehmer Nützel fragte er an, ob es sinnvoll sei, zur Tilgung seiner Keitumer Bankschulden ein Darlehen über 45 000 Mark von Anja Silja anzunehmen und ihr dafür seinen japanischen Vertrag zu verpfänden. Die Vereinbarung kam am 21. Juli zustande, ohne daß der Vertrag verpfändet wurde.

Und noch eine andere ihn bedrängende Frage ging Wieland an, noch ehe Gertrud an seinem Krankenbett erschien. Seinem Schweizer Rechtsanwalt von Castelberg teilte er am 11. Juli mit, er wolle seine Krankheit zur Übersiedelung in die Schweiz nützen. Am liebsten wäre ihm »eine Kleinstwohnung in Tribschen … da ich an diesem schönsten Fleck der Welt nicht nur aus sentimentaler Liebe hänge«. Auch das Tessin komme in Frage, wegen des Klimas, »außerdem wohnt Frau Silja bereits dort«.

Der Rechtsanwalt solle ihm helfen, die Übersiedlung seiner Familie schmackhaft zu machen, »und wenn wir alle in einen Sack gesteckt haben, … wollen wir uns erst gemeinsam mit meinem Bruder zusammensetzen«. Das hieß nichts anderes als: Rückzug aus Bayreuth.

Noch einmal, am 30. Juli, schrieb Wieland an von Castelberg. Die »Schweizer Pläne« hätten ihm in den letzten Wochen wesentlich geholfen, »mein körperliches und seelisches Tief zu überwinden«.

Von diesen hektischen, zum Teil widersprüchlichen Gedanken- und Planspielen wußte Gertrud nichts. Sie verabschiedete sich von Wieland, nicht ohne ihm eine Gabe in die Nachttischlade zu legen, und kam am 20. Juli in ihrem Haus in Bayreuth an. Freudig wurde sie von Emma begrüßt. Anja Silja hatte am Vormittag, auf einen Wink Wielands hin, das Feld geräumt. Die Spuren der Sängerin, die dafür berüchtigt war, immer etwas zu hinterlassen, Kämmchen im Bad, Strümpfe im Schlafzimmer, waren schnell getilgt.

Vier Tage später begannen die Festspiele. Wieland hatte Gertrud untersagt, im letzten Augenblick in die Proben einzugreifen. »Daß du dir nicht einfallen läßt«, sagte er, »ins Festspielhaus zu gehen, das würde ein heilloses Durcheinander schaffen, die Proben müssen so laufen, wie sie jetzt laufen.«

Gertrud sah ein, daß er recht hatte. Dennoch schmerzte es sie, jetzt zum erstenmal ausgesperrt zu sein.

Am Eröffnungstag hielt Wieland eine Rede im Rundfunk. Sie war betont lässig formuliert und im Grunde nichtssagend. Er äußerte sein Bedauern, nicht dabeisein zu können, versicherte dem Publikum, der gewohnt hohe Standard sei gewährleistet, wünschte den Mitarbeitern Glück.

Seine Familie glaubte an seine baldige Genesung. Gertrud und die vier Kinder gingen deshalb sorglos zur Eröffnung der Festspiele. Ausgerechnet der »Tannhäuser« stand auf dem Programm. Ein Foto hält ihren Auftritt fest. Gertrud in rotgemusterter Seide sieht blendend aus. Sie hat das Lächeln einer geliebten und begehrten Frau; ihre Haut ist straff und gebräunt von der Sonne Griechenlands. Die Gerüchte, die in Bayreuth die Runde machten, waren seltsamerweise nicht nach »Wahnfried« gedrungen. Erst im Winter sagte Birgit Nilsson Gertrud in Wien, was diese Gerüchte besagt hatten: »Der Wieland hat Krebs – der kommt nicht wieder.«

Nach der »Parsifal«-Premiere, die der neue Star, Pierre Boulez dirigierte, schickte Gertrud dem Patienten, um ihn zu erfreuen, ein Telegramm: »Gratuliere dir zu Boulez.« Sie tat dies, obwohl Wieland sie in der Zwischenzeit schon wieder enttäuscht hatte. Er gab ihr das Geschenk, das sie ihm in die Nachttischschublade gelegt hatte, zurück. Es handelte sich um Geld, viel Geld, dreißigtausend Mark aus ihrer Privatschatulle. Genau so viel hatte Wieland ihr einst gegeben, als er ihr Konto eröffnet hatte. Sie hatte ihn mit dieser Gabe von seinen finanziellen Sorgen entlasten wollen, die sie ja kannte und die um so drückender waren, seit er krank darniederlag und nicht wußte, wie schnell er wieder gesund werden würde, um Geld zu verdienen.

Wieland schrieb ihr: »Bitte, es war eine deiner wirklich rührenden Ideen, die mich auch sehr bewegt hat – aber du darfst mir Geschenktes nicht zurückschenken … ich kann das nicht annehmen.« Sie empfand die Rückgabe als Abweisung, als Zeichen einer Abtrennung, als Ausdruck seines Haderns mit der Ehe. Wieviel tiefer wäre sie getroffen gewesen, hätte sie von dem Darlehen der Silja und den Umzugsplänen in die Schweiz gewußt. Aber schon diese Zurückweisung genügte, um sie erneut in Verzweiflung zu stürzen. Ihre Bereitschaft zu helfen, bei den Festspielen, mit dem Geld, war nicht angenommen worden. So würde sie nun auch Wieland mit kühler Entschlossenheit entgegentreten.

Dies ist der Ursprung der bis an Gefühllosigkeit grenzenden Härte, mit der sie Wieland in den folgenden Wochen begegnete. Daß es die letzten seines Lebens waren, konnte sie nicht wissen. Daß sie absichtlich in Unwissenheit gehalten wurde, hat sie später fast an der Welt irre werden lassen.

Jetzt aber während der Festspiele genoß sie die Abwesenheit der Rivalin. Gertrud eroberte »Wahnfried« zurück. Am 4. August gab sie dort nach dem »Tannhäuser« einen Empfang. Anja Silja war nicht eingeladen. Männer, die Gertrud kaum kannte, schickten ihr Rosen. Viele drückten ihre Befriedigung darüber aus, daß sie wieder da sei. Vom Doktor in Schruns kam ein Telegramm mit einem Homer-Zitat: »Dulde nur still, mein Herz, schon Schweres hast du ertragen.« Zu dulden hatte sie immer noch. Im Programm des »Parsifal« mit ihrer Blumenmädchen-Szene wurde sie als Choreographin nicht genannt.

Am meisten freute sie in diesen Wochen ein Auftrag ganz neuer Art. Er kam von Rudolf Augstein, der sie bat, nachdem er ihr Domizil in Keitum gesehen hatte, sein Haus in der Nähe von Hamburg einzurichten. Sie sollte also als Innenarchitektin tätig werden. Gertrud war entzückt. Vielleicht tat sich hier die neue Perspektive auf, nach der sie so lange gesucht hatte, die Möglichkeit einer Tätigkeit, bei der sie von Wieland unabhängig wäre.

Dieser war am 3. Juni in den Orden Pour le mérite aufgenommen worden. Winifred schrieb dem Sohn am 31. Juli, der Ordenskanzler – es war der Historiker Percy Ernst Schramm in Göttingen – wolle mit der feierlichen Übergabe des Ordenszeichens warten, »bis Du wieder fest auf den Beinen bist«. Sie solle dann im Bayreuther Rathaus im Beisein der Familie, des Oberbürgermeisters, eines bayerischen

Ministers sowie von Wolfgang Schadewaldt stattfinden. Ihr P. S. lautete: »Schramm hatte einen Studenten mit dem gleichen Fall wie Du – er sei wieder *ganz gesund* geworden.«

Parallel zu den Zukunftsplänen der Eltern und sich mit diesen überschneidend, gab es die Aktivitäten der Kinder. Sie waren 24 (Iris), 22 (Wolf Siegfried), 21 (Nike), 19 (Daphne) Jahre alt, studierten oder standen in der Ausbildung, waren also noch von den Zuwendungen der Eltern, und nicht nur den finanziellen, abhängig. Es war ihnen nicht gleichgültig, wie es zwischen diesen stand. Sie wollten wissen, ob sie noch ein Elternhaus hatten und wo ihr Platz im Dreieck war. Am 19. Juli hatten sie einen gemeinsamen Brief an den Vater verfaßt.

»Lieber Biber, wir mussten Möppi gestern abend von Anjas Anwesenheit in Wahnfried und Sylt erzählen, damit sie es nicht zuerst von einer Putzfrau erfährt. Dass ihr damit jede Möglichkeit eines zuhauses und einer letzten Lebensbasis genommen ist, ist wohl selbstverständlich. Wir möchten Dir nun sagen, dass uns allen Vieren ausserordentlich viel daran gelegen ist, für sie und uns zumindest Wahnfried aufrecht zu erhalten. Das heisst, dass wir Dich bitten, uns in Zukunft nicht mehr mit Anja zusammenzubringen, denn es hat in letzter Zeit so ausgesehen, als hätten wir uns damit abgefunden. Diese Situationen sind aber nur entstanden, weil wir *Dich* sehen wollten und uns dafür keine anderen Gelegenheiten blieben. (Siehe Premieren, Ferien Sylt, Bayreuth usw.) Du darfst nicht vergessen, dass es dann nur geschehen ist aus Rücksicht gegen Dich, und um Dich nicht durch allzu scharfe Ablehnung zu verletzen. Wir haben bis jetzt möglichst viel geschwiegen, da sich jede Äusserung gegen Anja sofort in Ablehnung von Dir gegen uns verwandelt hat. Ehrlich sein hätte also geheissen, sich Deine nicht ganz objektive Wut zuzukehren. Wir müssen respektieren, dass Du sonst mit ihr zusammenlebst und arbeitest, aber wir stehen eindeutig hinter Möppi, zumal Du den Schein der Ehe nach aussen aufrecht erhalten willst. Durch Deine Krankheit war natürlich ein Ausnahmezustand gegeben, währenddessen sich vielleicht ein falsches Bild unserer Position ergeben hat. Falls Du mit diesem allem nicht einverstanden bist, wollen wir

Dich bitten, Anja zu heiraten, damit endlich auch einmal für uns die Orientierung möglich wird. Da für Dich dann Wahnfried Wohnsitz bleiben würde, wir andrerseits aber nicht mit Anja als Mutter zusammenleben wollen, sind wir selbstverständlich bereit, auszuziehen.

Lieber Biber, wir werden Deine Handlungen verstehen und akzeptieren und bitten Dich, auf uns nicht böse zu sein, aber die Situation ist jetzt leider so, dass uns nichts anderes übrig bleibt, als Dir dies mitzuteilen. Deine Bless, Wummi, Nine, Dussi«

Wieland hat den Brief zehn Tage später beantwortet.

»Liebe Iris, Wummi, Nike – Dussi –

dies ist der Anfang des soundsovielten Briefes, den ich versuche, um euch zu antworten. Dieser Versuch soll so kurz und klar sein wie euer Brief, für den ich euch umso mehr danke, als ich weiss, dass er Euch bestimmt nicht leichtgefallen ist: er schafft neue Wunden.

Ich versuche also die einzelnen Themen zunächst zu trennen: Es war falsch von mir, Anja nach Wahnfried mitzunehmen. Ich hatte Gründe (Brief Möppi usw.) über die wir inzwischen gesprochen haben – und ich kehre nicht den Spiess um, dass nämlich jeder von euch nach Wahnfried mitnimmt, wen er will, ohne Möppi oder mich zu fragen: das wäre zu billig, muss aber gesagt werden.

Ich weiss nur zu gut, dass Ihr mir zuliebe ein gelegentliches Zusammensein mit Anja in kauf genommen habt. Ich finde trotzdem Eure Haltung, die Ihr in dem Brief sehr verhärtet, nicht fair Anja gegenüber, auch nicht richtig, da inhuman. *Ich* habe Euch all das Schwere verschuldet: niemand anderes. Warum Übertragungen? *Ich* mute Euch seit Jahren eine Situation zu, die Euch Schwierigkeiten und Schmerzen bringt.

Über das neue Entweder-Oder bitte ich Euch noch einmal nachzudenken. Heisst denn Identifikation mit Möppi wirklich nur Ungerechtigkeit gegen Anja?

Ihr könntet mich glücklich machen, wenn ihr zu Möppi *alle* wieder das selbstverständliche Verhältnis finden könntet – (vielleicht habt ihr das sogar schon getan.) *Glaubt ihr wirklich, dass ihr die Liebe zur Mutter beweisen müsst???*

Wahnfried ist zunächst *Eure* Heimat – und das Haus Gertruds. Ich habe sie immer gebeten, das so zu sehen. Wenn einer auszieht oder ausziehen muss, bin *ich* es. Ich verdanke es Eurem Brief, das noch besser oder klarer zu wissen als vorher.

Also: *ich – nicht ihr.* Da kein versöhnlicher Standpunkt zu finden sein scheint: ist Euch dieser Vorschlag acceptabel?

Weiter: zu Eurem Scheidungs-Heiratsvorschlag: bitte Antwort: was versteht ihr unter »Orientierung«?

Wie würde die aussehen? Worin bestünde der Unterschied zu unserem jetzigen Verhältnis? Was würde für *Euch* leichter? Das wäre mir wichtig (blödes Wort) zu wissen.

So sieht alles von mir aus aus:

ich liebe und verehre Möppi wie eh und je – diese Gefühle klingen verlogen und absurd.

Ich fühle mich ihr gegenüber verantwortlich – und schuldig.

Ich fühle eine aufrichtige Liebe zu Anja. Ich fühle mich ihr gegenüber verantwortlich.

Ich liebe euch – wenn man das überhaupt formulieren darf, mehr als Möppi und Anja.« (Hierzu Fußnote: »Diese Liebe zu Euch war oft zu viel ›Freiheit‹ für Euch und wurde als ›Führungslosigkeit‹ – Nichtkümmern – Teilnahmslosigkeit meinerseits aufgefasst. Ich würde heute vieles anders machen.«)

»Ich habe von den 3 Seiten nur Gutes erfahren, ich fühle mich für Euch verantwortlich, besonders für Wummi.

Ich bin froh darüber, dass ihr alle langsam Boden unter die Füsse bekommt.

Ich finde es falsch und ungerecht von Möppi, dass sie als »Beweis« Eurer Liebe zu ihr die totale Ablehnung Anjas fordert.

Ich kann nur eine situationsändernde Entscheidung treffen, wenn diese für *alle* eine bessere Situation schafft.

(Ihr kennt den alten preussischen Spruch: »besser ein Ende mit Schrecken als Schrecken ohne Ende«.)

Trifft dieser auf unsere Situation zu? (Antwort.)

Meine vielgelästerte Entscheidungslosigkeit ist Ratlosigkeit, keine Feigheit.

Ich sehe bis jetzt hinter meiner – überraschenden – Gesundung keinen Sinn.

Ausser dem vielleicht: ich werde noch gebraucht. –
Bitte antwortet mir auf die Fragen und überprüft gemeinsam Euren und meinen Brief, mit dem ich sehr unzufrieden bin.
Euer Bieber.«

Von allen Briefen, die von Wieland Wagner geblieben sind, ist dieser der bewegendste, der menschlichste. Dieser Mann, der sonst immer schwieg, der sein Innerstes zu verhüllen pflegte, der als starker Mann erscheinen wollte, zeigte denen, die er am meisten liebte, seine Schwäche, seine Hilflosigkeit.

Der Brief macht aber auch deutlich, wie empfindlich er reagierte, wenn es um Silja ging und weiter, daß dieses Verhältnis nicht beendet war. Gertrud, die den Brief natürlich zu Gesicht bekam, war dadurch aufs neue erbittert. Sie beriet sich am Telefon mit Kühnel. Der stärkte ihr den Rücken, sagte: »Jetzt schreiben wir mal Briefe, Frau Wagner.«

Ende August erteilte Gertrud Anja Silja schriftlich Hausverbot. »Sehr geehrtes Fräulein Silja, aus gegebener Veranlassung darf ich Sie davon in Kennntnis setzen, dass ich nicht damit einverstanden bin, dass Sie Haus Wahnfried, wo ich die Hausfrau bin, betreten. Gleiches gilt für mein Haus in Keitum. Ich darf Sie bitten, sich nach diesem meinem Wunsch in Zukunft zu richten.«

Dieses Vorgehen war auch eine Reaktion auf ein langes Gespräch, das Gertrud mit ihrem Mann am 17. August im Hotel »Vier Jahreszeiten« in Hamburg führte. Die Ärzte hatten Wieland aus dem Krankenhaus entlassen, damit er auf Sylt mit seinen Töchtern Ferien mache. Gertrud war nach Hamburg gereist, um Augstein zu treffen und die Einrichtung seines Hauses zu besprechen. Im Hotel »Vier Jahreszeiten« hatte das Ehepaar 1958 während der »Carmen«-Proben gewohnt. Nun, im Sommer 1966, wohnten sie getrennt. Wieland hatte eine Suite zur Alster hin; Gertrud nahm ein billiges Zimmer nach hinten raus. Als Wieland das hörte, wollte er, daß sie zu ihm ziehe. Doch sie weigerte sich, sie demonstrierte, den Augsteinschen Auftrag im Rücken, Stärke. Wieland war auf Frieden gestimmt, Gertrud ging auf Konfrontationskurs. Sie war fest entschlossen, Ordnung ins Leben der Familie zu bringen.

Sie sprachen über alle Punkte, die geregelt werden mußten: Umgang mit den Kindern, Finanzen, die beiden Häuser, die gemeinsame Theaterarbeit in Bayreuth.

Gertrud setzte, nachdem sie wieder zu Hause war, ein Protokoll darüber auf. Der wesentliche Punkt lautete: eine Scheidung sei – von ihrer Seite – unmöglich und nicht beabsichtigt. Das hieß: sie war bereit, Anja Silja zu tolerieren. Sie verlangte aber, daß die Kinder alljährlich nacheinander mit dem Vater Ferien machten, ohne Anwesenheit von Frau Silja; daß sie anschließend mit der Mutter Ferien machten; daß die gesamte Familie während der Proben, während der Festspiele und an Weihnachten in »Wahnfried« zusammen sei. Sie schlug vor, das Haus in Keitum zu verkaufen, da sie nicht bereit sei, »Dienste als Vermieterin zu leisten«. Für sich selbst forderte sie eine monatliche Apanage von 3000 Mark.

Das Protokoll hält ferner fest: »Kein Verzicht auf erworbenes Recht, im Festspielhaus in Zukunft künstlerisch mitzuarbeiten.«

Als Wieland sie daraufhin fragte: »Also Bachanal 1967?«, gab sie keine Antwort. Der Grund: er hatte ihr nicht versprochen, während der Proben nicht bei Anja Silja zu wohnen. Das Protokoll verzeichnet darüber »starke Kontroverse«. Gertruds Resümee lautet: »Es wurde nichts vereinbart, nichts beschlossen, da W.W. auf alle Anfragen, Ansinnen, Vorschläge, eindringliche Feststellungen, inständige Bitten gar nicht, ausweichend oder mit dem Argument ›Erpressung‹ antwortete.« Nicht einmal über die Frage, wie »Wahnfried« das Jahr über bewohnbar zu erhalten sei, konnten sie eine Einigung erzielen.

Die Auseinandersetzung kam zu spät. Gertrud hätte diese Härte drei, vier Jahre früher zeigen sollen. Freilich: man muß ihr zugute halten, daß sie nicht wußte, wie es um Wieland stand. Doch dieses Gespräch und die sich daran anschließenden Briefe sind es, die ihr in den kommenden Jahren auf der Seele lasteten. Hätten die Ärzte ihr die Wahrheit gesagt, dann wäre sie diesem Mann, an dem sie hing, in seinen letzten Lebenswochen nicht mit Rechthaberei, gattinenhaftem Auftrumpfen, Ordnungsfanatismus begegnet, sondern mit Liebe. Daß man ihr und ihren Kindern dies nahm – ein gutes letztes Vierteljahr miteinander –, das hat sie nie verwunden.

Das Treffen des Paares im Hotel »Vier Jahreszeiten« war die letzte Begegnung in einer vermeintlich normalen Situation. Offenbar gab es außer den Zänkereien und Kontroversen auch freundliche Momente. Im nachhinein empfand Gertrud Wielands Einladung, bei ihm in seinem großen bequemen Zimmer zu schlafen, als liebevolle Geste. Und da ein gutes Essen für ihn »Stimmungsmacher Nummer eins« (Iris) war, ließen sie sich ein »Schlemmermahl« in seine Suite schicken. Da saßen sie entspannt beeinander, aßen und tranken und plauderten von angenehmen Dingen.

Wieland fuhr anschließend weiter nach Sylt. Von dort schickte er am 28. August eine Antwort auf Gertruds »Protokoll«, wobei er die Silja-Frage ausklammerte. Die Finanzlage sollten Rechtsanwälte in den ersten Oktobertagen in Bayreuth klären. Im Blick auf die kommenden Festspiele schrieb er: »a) wünschst du das Bachanal und die Blumenmädchen zu machen? b) wünschst du in einem von mir zu bestimmenden Rahmen mit Solisten zu arbeiten? Ich brauche auf beide Fragen aus Organisationsnotwendigkeiten Antwort bis zum 15. September – also in einem halben Monat. (Positive Zusammenarbeit ist Dir meinerseits zugesichert.)« Das ließ ihm, im Blick auf Anja Silja, alle Möglichkeiten offen.

Gertrud schrieb erst am 23. September aus Keitum, wo sie inzwischen angelangt war, zurück. Es ist eine knallharte Stellungnahme. Der Anblick ihres Hauses hatte ihren unbändigen Zorn erregt. Sie erklärte, sie werde nicht nur die Finanzfragen, sondern »die ganze Sache« einem Anwalt übergeben.

Alles aber hänge von seiner Stellungnahme oder Antwort zu »Punkt Nr. I des Protokolls« ab. Das hieß: wohnst du während der Proben und Festspiele in Zukunft bei uns in »Wahnfried« oder bei Anja Silja. »Solange ich diese nicht habe, ist es mir beim besten Willen nicht möglich, auf Deine Anfrage Bachanal- und Blumenmädchenarbeit zu antworten.« Im übrigen: »Mit Rücksicht auf Deinen Krankheitszustand behandle ich Dich nicht so wie ich es müsste und könnte.« Dies ist Gertruds letzter Brief an Wieland.

Ein paar Tage war er auf Sylt allein gewesen. Dann kamen nacheinander die Kinder, um ihn zu sehen. Iris machte mit ihm lange, schweigsame Spaziergänge. Über sie sagte er in diesen, seinen letzten Lebenswochen: »Die Bless und ich verstehen uns auch ohne Worte.«

Daphne, die gerade ihren Führerschein gemacht hatte, durfte ihn in seinem Auto auf der Insel chauffieren. Die Krankheit beeinträchtigte ihn offenbar dank starker Dosierungen von Cortison nicht übermäßig. In der frischen Salzluft, die er immer geliebt hatte, konnte er Atem schöpfen. Über seinen Zustand wurde nicht gesprochen.

Am 29. August mußte er den Aufenthalt unterbrechen; in München war eine Untersuchung angesetzt. Über ihr Ergebnis teilten die Ärzte dem Patienten nichts mit. Auch seine Familie erfuhr nichts über seinen Zustand.

Und so geschah es, daß er in den letzten Wochen seines Lebens aus dem Haus vertrieben wurde, das er als Alterssitz für sich und Gertrud ins Auge gefaßt hatte. Im Namen der neu erstrebten Ordnung verfügte Gertrud, daß er nach drei Wochen zu gehen habe. Jetzt war bei ihm, nach Gertruds Programm, Anja Silja an der Reihe. Sie selbst wollte mit den Töchtern in Keitum Ferien machen. Wieland teilte ihr am 11. September mit, daß er »Sylt mit Vormittagszug« verlasse. »Ich verzichte damit auf die ursprünglich vorgesehene ruhige Erholungszeit auf Grund Deines Briefes.«

Er fuhr nach Strande an der Ostsee, wo die Freundin ihn erwartete. Dort hatte Werner Nützel ein Ferienhaus, das er ihm zur Verfügung stellte. Wieland mochte die Ostsee nicht. Oft hatte er Gertrud erzählt, wie sie als Kinder an der Ostsee Ferien machten, wie sie in Stiefeln zum steinigen Strand gingen. »Da war keine Brandung, das war kein Meer.« Und dorthin war er nun also verbannt, von seiner Frau, die kein Gespür mehr dafür hatte, wie es um ihn stand. Wußte er es selbst? Was mochte durch seinen Kopf gehen, wenn er im Strandkorb saß und aufs Wasser hinausschaute? Er war mit Silja nicht allein. Sie hatte eine Freundin dabei, außerdem war noch die Nützelsche Haushälterin da. Wieland ließ sich seinen Strandkorb weit weg von den beiden Frauen aufstellen. Er wollte allein sein.

Über Wielands letzten Lebenswochen liegt ein Schleier. Es läßt sich nicht ausmachen, was er dachte, befürchtete, hoffte. Spiro, spero – solange ich atme, hoffe ich. Ernst Bloch, der »notorische Hoffer«, bedeutete ihm viel. »Wo Hoffnung ist«, hatte der geschrieben, »ist auch Religion.« Doch damit begibt man sich auf das Feld des Ungewissen. Wieland, der sich gern zynisch gab, sagte, als er Anfang Juli Bayreuth verließ, er mache jetzt schon mal Entwürfe für seinen Sarg. Wußte er also, daß er sterben würde? Vielleicht wußte er es manchmal – und dann auch wieder nicht.

Und genau so ungewiß, schwankend und nicht eindeutig benennbar ist in den letzten Lebenswochen seine Einstellung gegenüber den beiden Frauen, die er liebte. Mit Sicherheit hat ihn Gertruds ungewohnte Härte geschmerzt. Der Ausspruch vom »Teufel von Tiefenbrunn«, der in dieser Zeit fiel, deutet darauf hin, daß er einem anderen die Schuld für ihre Lieblosigkeit gab. Er wollte sie nicht dafür verantwortlich machen, er wollte ihr verzeihen können.

Bei der Abfahrt am 11. September hatte er für Gertrud, wie sie notierte, einen »Kleinstblumenstrauß« hinterlassen sowie zwei Zettel für die Wohnungsnachfolger. Einer mit einer Bitte an die Töchter – es ging um die Abholung von Sachen, die Anja Silja gehörten –, die sie ironisch kommentierten: »Für diesen Liebesgruß vielen Dank, Deine Töchter! (die Töchter Deiner Frau).« Der andere enthielt nebst einem beigelegten Kuvert mit dem Haushaltsgeld Mitteilungen für Gertrud, das Haus betreffend. Er lag bei der Vase. »Liebe Gertrud«, beginnt er, »die Blumen sollen bedeuten, daß ich am 12. Deiner gedenke –«

Der 12. September war ihr Hochzeitstag. Sie hätten in diesem Jahr gemeinsam ihre silberne Hochzeit feiern können, wenn Gertrud es nicht verhindert hätte. Und Wieland, der dieses eine Mal so unendlich viel lieber in Keitum geblieben wäre, fügte sich klaglos dem neuen Ordnungsstarrsinn.

Eine Notiz von Daphne verzeichnet an diesem Tag »Trauriges Abendessen.« Gertrud bedankte sich in ihrem letzten Brief an Wieland für Geld, Blumen, Gedenkworte. Bitter setzte sie, im Blick auf ihr Dasein neben ihm, hinzu: »Preßlufthammerschläge machen kaputt oder hart.«

Sie konnte nicht wissen, daß Wieland, von dem die Hammerschläge in diesen Wochen gewiß nicht kamen, offenbar an einer Beilegung des Konflikts arbeitete. Es sollte unter größter Schonung von Anja Silja vor sich gehen. Wieland wollte unter allen Umständen einen Skandal vermeiden. Ende August habe der Vater, so berichtete Iris der Mutter, mit Victor V. Rosenfeld in London telefoniert. Rosenfeld informierte Gertrud nach Wielands Tod über den Inhalt des Gesprächs. Erfreut über die offenbar fortschreitende Genesung, habe er, Rosenfeld, Wieland dringlich zugeredet, in Zukunft vernünftig zu sein, weniger zu reisen, weniger Gastspiele zu geben. Wieland darauf: »In dieser Beziehung können Sie ganz beruhigt sein. Ich habe vor allem beschlossen, überhaupt keine Gastspielreisen zu machen, und ich will auch die ›gewisse Sache‹, die Sie ja kennen, zu einem Ende bringen. Ich fahre jetzt auf Wunsch meiner Ärzte zu einer periodischen Untersuchung in der Münchner Klinik. Bei dieser Gelegenheit werde ich auch die Sache erledigen, was umso leichter sein wird, da ›die Silja‹ in Wien und nicht in München ist, und solche Dinge lassen sich schriftlich besser als mündlich erledigen. Ich hoffe, dass dann die Gertrud zu mir kommen wird und ich kann ihr dann wegen Bayreuth alles erklären damit sie mir die Arbeit fast ganz abnehmen kann.«

Rosenfeld schreibt in einem Brief vom 9. Februar 1970, nachdem ihn Gertrud um diese schriftliche Aussage gebeten hatte, er könne sie jederzeit unter Eid wiederholen.

Diese wesentliche Aussage hat allerdings einen Fehler. Wieland hat die Silja nach der Untersuchung in München getroffen; er war vom 11. September an mit ihr in Strande zusammen. Es ist kaum anzunehmen, daß er ihr vor dem gemeinsamen Urlaub mitgeteilt hat, er wolle das Verhältnis mit ihr beenden. Vielleicht hat er, als er mit Rosenfeld telefonierte, nicht gewußt, ob ihn die Ärzte noch einmal freigeben würden, um die Tage im Norden zu verbringen. Oder aber, er wollte dem Gesprächspartner nicht mitteilen, daß er, von Gertrud dazu angehalten, noch einmal mit Anja Silja Ferien machen würde, trotz seines Entschlusses, sich von ihr zu trennen.

Am 25. September reiste Wieland per Bahn nach München ab. Er wohnte in der Nymphenburger Wohnung der abwesenden Silja. Jeden zweiten Tag brachte ihn seine Sekretärin Taut in ihrem kleinen Auto zur ambulanten Behandlung in die Klinik. Was ihn in diesen

Tagen beschäftigte, war die Zukunft seiner Kinder. An alle vier schrieb er Ende September einen ausführlichen Brief. Er befaßte sich mit ihren Lebensplänen, ihrem Studium, ihrer Zukunft. Wie ein ordentlicher Buchhalter listet er auf, wieviel Geld zum Wohnen, zum Leben und wieviel in den Ferienmonaten er jedem geben könne.

An Iris, deren Problem ihre vielseitige Begabung war, schrieb er, sie habe jetzt fünf Jahre studiert und plane weitere acht Semester. Danach sei er »allenfalls bereit«, ihr »noch eine eventuelle Doktorarbeit zu finanzieren«.

An Nike schrieb er, sie habe jetzt zwei Jahre studiert und plane acht weitere Semester. »Dein Studium ist leider meinen Händen entglitten, da Du das Studium bei der Musikhochschule, zu der ich Dich gebracht hatte, aus eigenem Entschluß nicht fortsetzt. In dem nun beginnenden Studienjahr kann ich Dir leider die Extra-Klavierstunden aufgrund meiner durch die Krankheit entstandenen Beschäftigungs- und Finanzsituation nicht extra bezahlen.«

An Daphne schrieb er, sie brauche bis zum Abschluß der Reinhardt-Schule noch zwei Semester. Da sie viel weniger Zeit für ihr Studium als die Geschwister brauche, sei er gerne bereit, »Dir … auf ein Jahr ein Sonderstudium, wo immer Du willst, zwischen New York und Peking zu bezahlen. Natürlich würdest Du mich vor allen Dingen mit intensivem Fremdsprachen-Studium erfreuen.« Bedauernd stellt er fest, daß sie ablehne, »Schreibmaschine und Stenographie zu lernen«.

An Wolf Siegfried, der in London weilte, wo er sich bis zum geplanten Japan-Gastspiel Anfang 1967 aufhalten wollte, schrieb er: »Du hast seit Deinem Abitur zwei Berufs-Versuche – Architektur und Malerei – hinter Dir und beide aus eigenem Entschluß abgebrochen. Nun kommt eine Art Zwischenjahr mit Sprachenlernen und voraussichtlich mehr oder weniger fruchtbarem Volontieren. Wie ich Dir gesagt habe, war und bin ich mit all dem, wenn auch nicht besonders glücklich gewesen, so doch einverstanden. Wenn Du Dich aber –

worüber ich mich sehr freue – nun wirklich endgültig zum Theater entschlossen hast, möchte ich auf alle Fälle, daß Du eine abgeschlossene Ausbildung dazu erhältst. Ich habe inzwischen alle nur möglichen Informationen über die Regie- und sonstige Ausbildung in der Reinhardt-Schule in Wien gesammelt und möchte, daß Du nach den Festspielen 1967 dort anfängst und bis zur Abschlußprüfung bleibst. Ich werde mich, sobald ich im Winter in Wien bin, selbst um die ganzen Formalitäten kümmern.«

In allen Briefen heißt es: »Für das Jahr 1967/68, in dem ich wieder voll arbeitsfähig zu sein hoffe, glaube ich Dir dann einen endgültig wesentlich besseren Vorschlag machen zu können.« Er meinte damit die finanzielle Ausstattung der Kinder. Die leise Scham, ihnen im Augenblick nicht mehr bieten zu können, Sorge und Anteilnahme an ihrem Geschick charakterisiert diese Briefe. Sie sind das letzte schriftliche Vermächtnis Wieland Wagners an seine Familie. Im nachhinein wirken sie, als ob ein treuer Hausvater, ehe er weggeht, den Versuch macht, sein Haus zu bestellen.

Den Brief an »Wummi« hatte er mit den Worten geschlossen: »Ich bin auf alle Fälle noch bis Mitte nächster Woche in Händen der Ärzte, die sowohl von einer Super-Infektion, als auch von einem normalen Heilungsweg reden. Was genau los ist, habe ich nicht verstanden, da mir die Fachausdrücke, in denen immer beta und gamma vorkommt, unbekannt sind.«

Als er dies schrieb, hatte er schon begonnen, Blut zu spucken. Zu Nike, die das einmal mitbekam, sagte er schnoddrig-zynisch, wie es seine Art war: »Die sollen mir doch endlich sagen, was mit mir los ist – ich sterbe ja gern.«

Als die Töchter – Iris und Nike – ihn in diesen Tagen fragten, ob sie die Silja über seinen Zustand verständigen sollten, schüttelte er den Kopf. Und diese kam von sich aus nicht auf den Gedanken, ihn etwa an einem Wochenende von Wien aus zu besuchen.

Davon konnte Gertrud nichts wissen. Sie war in Keitum zürnend damit beschäftigt, die Spuren der Rivalin zu entfernen. Fast täglich telefonierte sie mit den Töchtern in München, die den Vater jeden Tag besuchten. Was sie hörte, begann ihr allmählich Sorgen zu machen. Sie wurde immer unruhiger. Sie hatte das Gefühl, daß sie sich um ihn kümmern müßte, doch Iris riet ab: »Komm nur du nicht, wenn von dir die Rede ist, wird er wild, das wollen wir ihm nicht antun.«

Gertrud, die ihm die letzten Wochen so schwer gemacht hatte, wurde ausgesperrt. Sie geriet in Panik. Sie hatte das Gefühl, daß sich etwas Schreckliches zusammenbraue. Sie begann, Winifred am Telefon zu beschwören: »Geh du hin, du bist seine Mutter, die Ärzte brauchen jemand, mit dem sie sich aussprechen können, ich will wissen, ob wirklich alles geschieht, was sie tun können.«

Aber auch Winifred war ausgesperrt. »Er will mich nicht sehen«, klagte sie, »wenn ich komme, schaltet er den Fernseher ein.« Am 14. Oktober schrieb sie der Schwiegertochter einen Brief, um sie zu beruhigen. Sie berichtete von einem Besuch der Lafferentzens am 5. Oktober, die nicht glauben könnten, daß Wielands Zustand sich seither gravierend verschlechtert habe. Auch vertrat Winifred noch immer die Meinung, Wieland habe die Boecksche Krankheit. Die Familie sei der Ansicht, daß der Kranke, der bis zum 14. Oktober in Siljas Wohnung teils allein, teils mit deren Freundin, die das Frühstück zubereitete, zusammenwohnte, eine Betreuerin brauche. Im übrigen leide er unter seiner Finanzsituation, aus der ihm leider niemand von der Familie helfen könne.

Als dieser Brief in Keitum ankam, war Gertrud bereits in München. Wieder einmal hatte sie sich in ihrer Not an Kühnel gewandt. Sie schilderte ihm am Telefon die Lage, sprach auch von dem Gebot, sie, Gertrud, fernzuhalten. Kühnel: »Nein, Frau Wagner, nun gehören Sie hin, fahren Sie, auch wenn sie nicht an sein Krankenbett gehen sollten, Sie gehören jetzt zu Ihren Kindern, Sie gehören in seine Nähe.« Sie war schon beim Packen, als ein Anruf aus der Klinik kam: »Machen Sie sich auf die Reise, Herrn Wagner geht es schlecht, es ist nötig, daß Sie so schnell wie möglich kommen.«

Gertrud versuchte noch, zwei ihrer Kinder telefonisch zu erreichen. Immerhin gelang es, bei einer Freundin Daphnes in Berlin eine Nachricht zu hinterlassen. Mit dem Sohn kam keine Verbindung zustande. Es war Freitag, er war über das Wochenende aufs Land gefahren. Sie bat Freunde, ihn zu benachrichtigen, dann bestieg sie den Abendzug, um in Hamburg den Nachtzug nach München zu erreichen. Gertrud saß im Zugabteil, den Dackel Cara auf dem Schoß. Ihre Antennen funktionierten wieder. Sie wußte, ohne daß es ihr jemand gesagt hätte, daß es ihre letzte Fahrt zu Wieland war.

Am Samstag, 15. Oktober, kam sie morgens in der Frühe in München an. Sie begab sich sogleich in die nahegelegene Nußbaumstraße zur Klinik. Sie stieß dort auf einen jungen Stationsarzt, sagte, wer sie sei, fragte: »Wie geht es meinem Mann? Besteht noch Hoffnung?« Der freundliche blonde Mensch schüttelte den Kopf, er sprach klar und deutlich: »Nein, es besteht keine Hoffnung mehr.« Damit war das Lügengespinst der Ärzte zerrissen.

Gertrud war wie betäubt. Sie konnte nicht schreien, sie flüsterte nur: »Das glaube ich nicht, das kann nicht wahr sein, wieso erfahre ich das jetzt erst, es kann nicht sein.«

Der junge Arzt rief Professor Bodechtel, den Gertrud nur dem Namen nach kannte. Er vertrat Zenker, der auf einer Vortragsreise in Amerika war. Der Professor brachte zwei Röntgenaufnahmen mit, die beweisen sollten, was der Stationsarzt gesagt hatte. »Gnä' Frau«, sagte er, »hier schauen Sie, ich habe Ihnen die beiden Röntgenaufnahmen vorzustellen, die erste, die gemacht wurde, da sehen Sie die Herde. Hier die letzte, da sehen Sie dieselben Herde, riesig groß, die Lunge besteht fast nicht mehr.« Gertrud konnte nichts erkennen. Sie war wie vor den Kopf geschlagen. Ein einziger Gedanke war in ihrem Kopf, der hieß: »Man hat's von Anfang an gewußt, ich bin belogen worden.«

Sie war wie versteinert und unfähig zu sprechen, zu denken. Und wußte doch, daß sie sich jetzt stellen mußte. Sie mußte sich dem Tod stellen. Sie mußte sich dem Menschen stellen, der direkt vor seinem Tod stand. Der Professor sagte, ehe er ging, der Patient wisse nicht, daß er sterbe.

Gertrud hatte noch nie einen Menschen sterben sehen, sie wußte nicht, wie das Sterben vor sich geht und wie lange es dauert. Zunächst dachte sie jetzt nur an eines: sie durfte Wieland auf keinen Fall erschrecken.

Sie bemühte sich um Lockerheit, als sie ins Zimmer trat. »Hallo, wie geht es dir«, sagte sie, »ich bin auf der Durchreise, du weißt ja, ich bin mit Augsteins Auftrag beschäftigt, ich bin auf der Durchreise und wollte doch mal nach dir schauen, ich habe gehört, du liegst wieder hier.«

Wieland sah ziemlich wohl aus. Das Gesicht war etwas angeschwollen, das war die einzige Veränderung, die ihr auffiel. »Na, komm her«, sagte er. Es war ein Wiedersehen mit einem Mann, der sich freute, seine Frau zu sehen. »Komm her und erzähl«, sagte er. Sie sprachen über Gott und die Welt, es war ein gutes, vertrautes Gespräch.

Später kam die Sekretärin, Wieland diktierte Briefe, machte Planungen. Auch sein Bühnenbildner Wolfgang Münzner erschien mit den Bühnenmodellen zur »Salome«, die Wieland in Genf neu inszenieren wollte. Der Mann ahnte wohl, daß dies eine Besprechung war, die keine Zukunft haben würde. Als Gertrud ihn auf dem Flur traf, liefen ihm die Tränen übers Gesicht. Es war ihm klar: er hatte den Chef zum letzten Mal gesehen.

Und plötzlich stand vor Gertrud, auf dem Korridor des Krankenhauses, wie eine Geistererscheinung Wolfgang Wagner. Gertrud stürzte auf ihn zu, umarmte ihn, sagte: »Wolf, nun kommt's drauf an, daß wir zwei anständig miteinander sind, nun gehören wir zwei zusammen.« Die Arglose! Der Schwager sagte kein Wort, er schloß den Mund, umarmte sie nicht, wurde steif und starr, bis sie ihn losließ.

Wieland empfing seinen Bruder nicht. Er ließ ihm ausrichten, er solle nächste Woche, am Montag, wiederkommen. Und niemand benachrichtigte offenbar die Mutter. Winifred trat nicht ans Sterbebett ihres Erstgeborenen, den die Eltern einst zärtlich »Huschele« genannt hatten.

Gertrud verbrachte die Nacht mit Daphne, die mit dem Flugzeug aus Berlin gekommen war, im gleichen Hotelzimmer. Bis tief in die Nacht sprachen sie miteinander über den Mann, den Vater. Dann brach Wielands letzter Tag an, Sonntag, 16. Oktober. Daphnes Notizen skizzieren den Tagesverlauf. »$\frac{1}{2}$ 7 aufgestanden, zu Biber gefahren. Versöhnendes Gespräch Möppi und Biber nachmittags. Nike und Iris da.« Man hatte für die Frauen ein Zimmer in der Klinik bereitgestellt, wo sie sich aufhalten konnten.

Das große Abschiedsgespräch zwischen Wieland und Gertrud drehte sich ums Theater. Sie sprachen zuerst über den »Lohengrin«, den Wielands Assistent Peter Lehmann an der Met in New York betreuen sollte. Sie sprachen über die kommenden Festspiele. »Bist du bereit, wieder mitzumachen?« fragte Wieland. »Ja selbstverständlich, was gibt es denn, was habt ihr vor?« Sie unterhielten sich über ihr »Schicksalsstück«, den »Tannhäuser«. Wieland hatte für die Tanzpartie 1966 die schwedische Choreographin Birgit Cullberg engagiert. Gertrud schlug vor, diese auch für 1967 zu beschäftigen. »Laß uns von vorn anfangen«, sagte sie, »wenn du wieder gesund bist, was soll ich mich in eine laufende Inszenierung einmischen.« Die Taut sollte beauftragt werden, ihm einen Klavierauszug der Oper zu beschaffen, damit der Cullberg erklärt werden könne, an welchen Stellen sie im nächsten Jahr etwas zu ändern hätte.

Solche Geistergespräche, kostümiert als Zukunftspläne, führten sie. Und niemand weiß, wer heftiger glaubte, wünschte, daß die Vision Wahrheit würde. Wieland, der sich stets durch seine Arbeit definiert hatte, der Identität nur in der Arbeit fand, bot Gertrud nun die bedingungslose Zusammenarbeit an – dies war die Versöhnung.

Gertrud lenkte das Gespräch auf ein anderes Thema, sprach von Boulez, schilderte im Detail, wie dieser den »Parsifal« dirigiert hatte. Das hörte Wieland mit Freuden. In Boulez glaubte er, endlich den musikalischen Partner gefunden zu haben, den er sich immer gewünscht hatte. Knappertsbusch hatte es nicht sein können; er war eine Autorität, kein Partner. Wieland hatte den geistigen Austausch auf gleicher Ebene gesucht. Mit Boulez hatte er im Frühjahr den »Wozzeck« gemacht; es war eine glückliche Zusammenarbeit, aus der fast eine Freundschaft erwachsen war. »Du mußt die Briefe lesen, die er mir geschrieben hat«, sagte Wieland, »sobald ich zuhause bin, werde ich sie dir geben.«

Es war das vertraute, vertrauliche Arbeitsgespräch zweier Partner, die in Kürzeln reden, in Andeutungen, in drastischen Wendungen und Witzen. Sie müssen nahe am Lachen gewesen sein. Wieland sagte, er werde den und jenen hinausschmeißen. Sie unterhielten sich über die Schlagtechnik von Boulez, über sein rasantes Tempo; sie kamen auf Cluytens (Wieland: »der Beste von allen« für den »Tannhäuser«) und auf Böhm (Wieland: »Na ja, den hast ja praktisch du nach Bayreuth geholt – weißt du noch, wie du mir schon bei seinem Tristan-Vorspiel in Berlin sagtest, daß das der Richtige sei?«).

Gertrud hatte das Gefühl, daß dieser Todkranke, während sie sich unterhielten, sehr viel Lebenswillen ausstrahlte.

Das Gespräch ging noch weiter an diesem letzten Tag, sie hatten ja viele Monate nachzuholen, in denen sie einander nicht gesehen hatten. Dann sagte Gertrud: »Ruh noch ein bißchen aus, bald kommt die Taut, du hast noch viele Briefe zu schreiben«, und setzte hinzu: »Ich gehe inzwischen mal zu den Kindern hinüber.« »Ja, ist gut«, sagte er, wie ein gehorsames Kind, das tut, was man ihm aufträgt. Sie war schon an der Tür, da sagte er: »Aber bitte fahr nicht noch einmal weg.« Gertrud: »Nein, auf gar keinen Fall.« Und fügte hinzu, weil sie wußte, was er befürchtete: »Ich bleib auch, wenn Silja dich besucht, ich fahre nicht weg.«

Und noch immer ließ der Sterbende die Wahrheit nicht an sich heran. In Gertrud erwachte das verschüttete christliche Erbe. Sie selbst fühlte sich zwar nicht in der Lage, Wieland zu sagen, daß er sterben werde. Aber irgendeiner mußte es tun. »Der Mensch kann nicht sterben wie ein Tier, das kann man nicht verantworten«, sagte sie zu ihren Kindern, »vielleicht will er was wissen.«

Kein Arzt war da, den sie damit beauftragen konnte, nicht die Professoren Zenker, Bodechtel, nicht einmal der junge Stationsarzt vom Vortag. Auf den Gedanken, die Schwester, die Nonne Engelberta zu bitten oder durch sie einen Krankenhausgeistlichen rufen zu lassen, kam sie nicht. Gertrud, welche die Lösung von Lebensproblemen immer bei Ärzten gesucht hatte, ließ Danzer rufen, den Schulfreund, der Wieland nach seinem Zusammenbruch als erster behandelt hatte.

Der Arzt setzte sich in Kulmbach sogleich ins Auto, war am Spätnachmittag zur Stelle. Aber Wieland, sein Leben lang von Todessehnsucht, von Todeswünschen besessen, ließ in der Stunde des Sterbens die Wahrheit nicht an sich heran.

Danzer kam nach einer Stunde aus dem Krankenzimmer, resigniert: »Er will nichts wissen, ich kann es ihm nicht sagen.«

Gertrud schrieb an diesem letzten Tag, an Wielands Bett sitzend, ein Gedicht, das ein Gebet ist für den Sterbenden.

»O Gott / Schick nicht den Mörder Tod / Schick einen Engel ihm, / der sanft deckt seine Not / mit guten Händen weich // O Gott / lass Deine harte Macht / nur wissen uns – / doch ihn führ in Dein Reich / an zarter Liebeshand // Und lass nicht Nacht es sein / um ihn – / zeig ihm Dein Land / im Licht // Und nicht / nur Herr der Ruh / Sei Engel – Du!«

Nun wurde ein Lager hergerichtet in Wielands Zimmer. Gertrud half ihm bei seinen kleinen Verrichtungen. Sie holte ihm das Wasser zum Zähneputzen, und er ließ alles geschehen, ohne den sonstigen Sarkasmus; auch daß sie im Zimmer blieb, war ihm recht. Es kam sogar zu einer kleinen zärtlichen Geste, einem Gutenachtkuß. »Nun schlaf schön.« Zuletzt kam die Schwester Engelberta mit ihrer großen Flügelhaube: »Herr Wagner, kriegen wir ein Spritzle?« Gertrud saß am Bett. Dann legte auch sie sich nieder. Im ersten Teil der Nacht wechselte sie sich mit Nike und Daphne ab, die ängstlich auf den Atem des Sterbenden lauschten.

Als Gertrud wieder im Krankenzimmer war, kurz vor Mitternacht, ging das Telefon auf dem Nachttisch. Gertrud nahm ab. Es war Anja Silja. Gertrud wußte von Daphne, daß die Sängerin am Abend in Wien bei einer Premiere gesungen hatte, »Hoffmanns Erzählungen«. Sie erklärte ihr, daß sie Wieland nicht sprechen könne. Dann legte sie den Hörer auf.

Der Atem des Sterbenden wurde lauter, er begann zu röcheln, zu rasseln. Doch er lag, wie er im Leben geschlafen hatte, auf dem Rükken, die Hände auf dem Bauch gefaltet. Nach ein Uhr erschien schreckensbleich Wolf Siegfried. Die Sterbesituation traf ihn völlig unvorbereitet. Hilflos griff er nach der Hand des Vaters. Und wiederum, nachdem einige Zeit vergangen war, kam der Arzt, um nach dem Patienten zu sehen. Er sagte: »Nun werden Sie Abschied nehmen müssen. Wollen wir die Töchter herüberrufen?«

Dann war diese Familie, die in den letzten Jahren getrennt, uneins, in Disharmonie gelebt hatte, um das Sterbebett des Mannes und Vaters versammelt; jeder berührte ihn, legte die Hand an ihn. Gertrud stand am Fußende. Und sie erlebten etwas Wunderbares: eine Gemeinschaft, wie sie ihnen im Leben selten vergönnt gewesen war. Sie hatten das Gefühl, daß der Sterbende es mitempfand, daß er ihnen sehr nahe war, nicht nur leiblich. Sein Todesröcheln, das Gertrud vor Siljas Anruf erschreckt hatte, war nun vorbei. Gertrud: »Sein Gesicht wurde immer erlöster, immer glücklicher, wie wenn man etwas Schönes, Helles sieht.« Die Familie begleitete ihn, sie hielt den Sterbenden an der Hand, erlebte seinen Hinübergang.

Es war sehr früh am Morgen des 17. Oktober. Gertrud öffnete das Fenster. Die herbstliche Luft drang herein. Draußen regnete es, der Regen fiel strömend und mild, den Hinterbliebenen erschien er wie ein Segensgruß.

Nach einiger Zeit trat Wolf Siegfried ans Fenster, sah verloren hinaus in den heraufziehenden Morgen. Es war gegen fünf. Ein Auto fuhr vor: es war Anja Silja.

Sie war in der Nacht, nach dem Anruf, von bösen Ahnungen getrieben, in Wien losgefahren. Die Frau des Sängers Otto Schenk begleitete sie. Wieland hatte ihr noch durch die Taut am Sonntag ein Telegramm schicken lassen mit guten Wünschen zur Premiere. Offenbar war es ihm wichtig gewesen, ihr noch einmal ein freundliches Wort zukommen zu lassen, der Art, daß er sich freue, sie bald wieder in seiner Nähe zu haben. Und nun war sie da. Und seine Nähe war die eines Toten.

Silja brach in lautes Schreien aus. Wolf Siegfried nahm sich ihrer an. Er sagte, daß Wieland gestorben sei, daß die Familie nicht fähig sei, ihn jetzt schon zu verlassen. Man werde ihr aber gegen neun den Raum überlassen. Und so geschah es.

Später kam Wolfgang Wagner. Auch er nahm einen langen Abschied. Als Gertrud noch einmal ins Zimmer zurückkehren wollte, in dem der Tote lag, sah sie den Bruder am Fußende des Bettes stehen »wie eine Bildsäule«. Sie machte die Tür rasch wieder zu. Als Wolfgang das Krankenhaus verließ, kam es zu einer grotesken Szene. Ein Betrunkener umarmte ihn auf den Stufen des Hospitals, lallte: »Gell, ich gratulier dir, ich gratulier dir, zum Geburtstag.«

Gertrud kümmerte sich um die Totenmaske. In Wielands Nachttisch fand sie, was er zuletzt gelesen hatte: »Die Liebe und das Abendland« von Denis de Rougemont. Sätze im Abschnitt über die Treue waren – wie nichts sonst im Buch – dick unterstrichen, am Rand viermal mit »Ja« bekräftigt. »Die Treue in der Ehe kann nicht jene negative Haltung sein, als die man sie sich im allgemeinen vorstellt ... Die Treue will sehr viel mehr, sie will das Wohl des geliebten Wesens ... An diesem Punkt wird man die Entdeckung machen, daß die Treue in der Ehe das Gesetz eines neuen Lebens ist, und zwar weder des natürlichen Lebens (das wäre die Polygamie) noch des Lebens für den Tod (das war die Leidenschaft Tristans). Die Liebe Tristans und Isoldes war die Angst, zwei zu sein ... Die Liebe der Ehe aber ist das Ende der Angst.« War Wieland in seinen letzten Tagen ans Ende der Angst gelangt?

Die Kinder nahmen der Mutter die Botengänge ab. Daphne und Wolf Siegfried holten Wielands Sachen aus Siljas Wohnung. Abends um sechs fuhren alle mit dem Familienauto nach Bayreuth zurück. Der Sohn saß am Steuer.

So war dieser Mann, dem München nach Bayreuth immer die wichtigste Lebensstätte gewesen war, nämlich der Ort eines anderen Erlebens, in der Wagnerschen Schicksalsstadt gestorben, noch nicht fünfzig Jahre alt. Das ärztliche Kommuniqué vermeldet: »Nach einer anfänglichen deutlichen Besserung, die eine ambulante Behandlung erlaubte, erfolgte dann schicksalsmäßig Anfang Oktober eine sehr schnelle Ausdehnung der Lungenbefunde auf beiden Seiten. Wieland Wagner wurde wieder stationär in die Chirurgische Universitätsklinik München aufgenommen. Am Freitag, 14. Oktober, trat eine deutliche Verschlechterung mit zunehmender Atemnot auf. In den Morgenstunden des 17. Oktober 1966 um 4.05 Uhr starb Wieland Wagner.«

Gertrud fühlte sich durch diesen unerwarteten Tod, der als ein Überfall gekommen war, wie vernichtet. Als ihr der behandelnde Arzt, Professor Zenker, im November ein Kondolenzschreiben schickte, in dem auch stand, man werde selbstverständlich auf ein Honorar verzichten, beantwortete sie den Brief nicht. Viele Jahre lang dachte sie über die »Ärztelügen« nach. Sie ging davon aus, daß Dr. Danzer Wolfgang mitgeteilt habe, wie hoffnungslos es um Wieland stand. Wolfgang habe dann alles daran gesetzt, daß weder Wieland noch sie selbst etwas davon erfahren würden, damit er in Ruhe die Weichen für die Zukunft stellen könne und Wieland daran gehindert werde, zugunsten seiner Frau ein Testament aufzusetzen. Gegenüber den Ärzten habe Wolfgang Wagner natürlich seine Absicht verschleiert und mit dem Hinweis gearbeitet, die Festspiele dürften durch die lebensgefährliche Krankheit seines Bruders nicht gestört werden.

Gertrud war zudem der Meinung, Wieland sei falsch behandelt worden. Jahrelang ließ ihr die Sache keine Ruhe. Am 31. Oktober 1978 schrieb sie an Professor Zenker, sie schreibe ein Buch über ihren Mann und bitte ihn deshalb um Aufklärung über die Tatbestände seiner Krankheit.

Zenker antwortete pikiert. Er schilderte den Krankheitsverlauf, wies zweimal draufhin, daß die Festspiele nicht hätten gestört werden sollen, stritt ab, konnte sich nicht erinnern und machte Gertrud seinerseits den Vorwurf, ihn nur ein einziges Mal aufgesucht zu haben. Er schloß mit einer Drohung: Er werde es nicht hinnehmen, wenn in ihrem Buch Falsches über die ärztliche Behandlung stehen sollte. »Wir haben uns keinen Vorwurf zu machen.«

Nun war Gertrud erst recht aufgescheucht. Als sie Anfang der achtziger Jahre in München wohnte, bat sie ihren damaligen Arzt, Wielands Krankenblatt zu beschaffen. Dieser bemühte sich; es gab mehrfache Anläufe dazu, dann aber machte er, am Telefon stotternd und sich windend, einen Rückzieher: »Sie müssen verstehen, ich muß mit den Kollegen in gutem Einvernehmen leben, ich kann die Sache nicht weiter verfolgen.« Es stellte sich heraus, daß Professor Zenker das Krankenblatt an sich genommen und nur Teile davon ins Archiv zurückgegeben hatte. Zenker war inzwischen pensioniert, er starb in den achtziger Jahren in München.

Kurz vor seinem Tod kam es in der Bayerischen Nationaloper in München anläßlich einer »Meistersinger«-Aufführung zu einer peinlichen Begegnung zwischen ihm und Daphne Wagner. Der Professor war auf Gertruds Tochter losgefahren, er bekam, aus heiterem

Himmel, einen Wutanfall: »Sie sind die Tochter, Ihre Mutter will ein Buch schreiben. Ich würde mich jederzeit öffentlich wehren, wenn sie etwas sagt.« Was hatte Zenker zu verbergen? Eine falsche Diagnose? Eine falsche Behandlung? Die Fragen bleiben offen, wohl für immer.

Wielands Leichnam wurde am Tag nach seinem Tod nach Bayreuth überführt. Daphnes Notizen: »Biber kommt um $\frac{1}{2}$ 5 – alles am Kamin vorbereitet.« Der Sarg wurde in der Halle aufgestellt. Mutter und Kindern erschien es wie das Nachhausekommen eines Menschen, der viel in der Fremde umhergeirrt war. Sie hatten den Wunsch, an diesem Ort, den sie trotz allem als ihr Zuhause empfanden, lang und still neben ihm zu sitzen. Gertrud bemühte sich, die »Verzweiflung und Zerstörung« in ihrer Seele hinwegzudrängen, sich auf das Notwendige zu konzentrieren.

Die Aussegnung in »Wahnfried« war auf den 20. Oktober um halb zwei angesetzt. Die Kinder hatten die Mutter überredet, die private Trauerfeier ohne die anderen Familienangehörigen zu machen. Die Ausladung führte zu einem Sturm der Entrüstung und mußte rückgängig gemacht werden. Gertrud hatte einen ihrer Verwandten gebeten, die Zeremonie vorzunehmen. Der Mann war im Krieg Generalstabsoffizier gewesen, hatte danach aus tiefer Überzeugung Theologie studiert. Die Angehörigen erhofften eine innige stille Feier. Aber der Pfarrer war eine Enttäuschung. Er donnerte und salbaderte wie eine Mischung aus General und schlechtem Prediger auf die versammelte Trauerfamilie ein.

Die offizielle Trauerfeier fand am 21. Oktober statt. Gertrud hatte sie, im Geist alten Einvernehmens, von dem sie sich täuschen ließ, mit dem Schwager abgesprochen. Der hatte zuerst vorgeschlagen, sie im nächsten Sommer, zu Beginn der Festspiele, zu machen. Gertrud war dagegen: »Nein, jetzt sofort und so schön und so groß wie nur möglich.« Wolfgang erfüllte ihr für diesen Akt jeden Wunsch. Gertrud: »Er zauberte … alles her, was man sich nur wünschen konnte.« Die Feier fand im Festspielhaus statt.

Der Katafalk stand vor dem mit Kränzen behängten eisernen Vorhang auf der Bühne. Zu seinen Füßen lag die Totenmaske. Schon am Vortag waren Mitarbeiter und Bayreuther Bürger an der Bahre vorbeidefiliert. Bundespräsident Lübke hatte ein Beileidstelegramm geschickt. Landwirtschaftsminister Höcherl vertrat die Regierung. Aus München war der bayerische Ministerpräsident Alfons Goppel gekommen.

Pierre Boulez, Wielands erwünschter Zukunftspartner, eröffnete den Trauerakt mit dem Vorspiel zum »Parsifal«. Es folgten acht Ansprachen von Vertretern der Öffentlichkeit, von Musikern, von Freunden. Ernst Bloch betrauerte in dem Toten eine »anima candidissima«. Bewegend sprach Wolfgang Windgassen: »Unser Wieland ist nicht mehr in unserer Mitte ... Seine Ideen und Pläne waren unerschöpflich, mutig, ja sogar manchmal herausfordernd, in ihrer Wirkung markant und in der Erinnerung unauslöschlich.« Carl Orff rief ihm nach: »Lieber Wieland, dorthin, wo du uns vorausgegangen bist, kann dir zur Stunde nur unser Gedenken, unsere bewundernde Verehrung, unsere Liebe nachfolgen. Wir hier sind ohne dich um vieles ärmer, um vieles einsamer geworden.« Zuletzt sang der Festspielchor den Schlußsatz der »Matthäuspassion«: »Wir setzen uns mit Tränen nieder.«

Anschließend bewegte sich der Trauerzug durch Bayreuth zum Stadtfriedhof. Im Kreis der Familie fand die Beisetzung statt. Wieland kam neben seinen Vater Siegfried zu liegen, über dessen von Winifred mit Stiefmütterchen bepflanztes Grab er sich immer mokiert hatte. Wieder mußte Gertrud neben ihren totenblassen Töchtern, vom Sohn geführt, einem, wie ihr schien, unzulänglichen kirchlichen Ritual, der Aussegnung durch Dekan Walter Reissinger aus Wunsiedel, standhalten. Als der Sarg in die Tiefe gesenkt wurde, fiel die Starre, die sie in diesen Tagen gehalten hatte, von ihr ab, es überkam sie ein heftiger Wunsch, sich zu dem Toten ins Grab fallen zu lassen, mit ihm hinwegzuschwinden. Wolf Siegfried hielt sie fest.

Bei den Beileidsbezeugungen, die folgten, versprachen Wolfgang Windgassen und der Stuttgarter Intendant Schäfer Gertrud Unterstützung für die Zukunft. Schäfer machte ihr sogleich ein Regieangebot, fragte, ob sie den »Fidelio« einstudieren wolle. Gertrud sagte zu.

Die Familie bei Wielands Beerdigung

Am Abend kam, von ihr gerufen, ihr langjähriger Seelenarzt Dr. Kühnel angereist. »Meine Kinder brauchen Sie«, sagte Gertrud. Sie merkte mit Erstaunen, wie der Mann, der sie zehn Jahre durchs Leben geleitet hatte, für sie unwesentlich geworden war. Wielands Tod hatte den Helfer überflüssig gemacht. Sie nahm sich kaum Zeit für ihn, legte ihn ab »wie einen Mantel an der Garderobe«. Sie sah ihn nie wieder. Kühnel, ein starker Raucher, starb ein halbes Jahr später an Lungenkrebs.

Zu einem von Gertrud und ihren Kindern als Provokation empfundenen Auftritt kam es am Tag nach der Beerdigung. Friedelind, die zur Trauerfeier des Bruders angereist war, fiel gegenüber Gertrud in ihre alte Verräterrolle zurück. Zusammen mit Anja Silja begab sie sich an Wielands Grab. Die schwarz gekleidete Sängerin ließ sich von der Presse als »rechtmäßige Witwe« feiern, stilisierte sich in Illustrierteninterviews der folgenden Monate selbst dazu.

Was sie nicht wußte: daß Wieland veranlaßt hatte, ihre Briefe nach seinem Tod Gertrud zu übergeben. Sie lagen in seinem Reiseköfferchen, das die Taut nach »Wahnfried« brachte. Es wurde, da man darin ein Testament vermutete, im Beisein der Kinder und eines Rechtsanwaltes geöffnet. Drinnen befanden sich Wielands Paß, der Führerschein, andere Ausweise, eine zerbrochene Brille sowie, in Kuverts, ein Bündel handgeschriebener Briefe.

Sie waren von der Hand Anja Siljas und stammten aus den Jahren 1963 und 1964. Die Antworten spiegeln, was Wieland der Freundin geschrieben hatte. Sie deuten darauf hin, daß die Familie die Sexualität zwischen dem Paar überbewertet hatte; legen Zeugnis ab von einer nicht immer glücklichen, nicht erfüllten Liebe, von Trennungsversuchen, denen die Geliebte nicht stattgegeben hatte.

Warum hatte Wieland, der ungern Papiere aufbewahrte, diese Briefe aufgehoben? Warum hatte er Sorge getragen, daß sie nach seinem Tod Gertrud zugestellt wurden? Wollte er ihr zeigen, daß es Ausbruchsversuche gegeben hatte, daß er ein Gefangener gewesen war, der den großen Befreiungschlag nicht gewagt hatte?

Viele Rätsel gibt dieser Tod auf. Und was auf ihn folgte, war Chaos und neues Leid.

Die Türen fallen zu

Nun erwies es sich als verhängnisvoll, daß Wieland versäumt hatte, seiner Frau in der Öffentlichkeit und innerhab der Familie Stellung, Ansehen, Reputation zu verschaffen. Da sie außerdem überhaupt keinen strategischen Überblick hatte und gar nicht erkannte, wie prekär ihre Situation war, ergriff sie keinerlei Maßnahmen gegen das, was nun kam. Sie machte es ihren Gegnern – Wolfgang und Winifred Wagner – leicht, sie kaltzustellen.

In den folgenden Monaten wurde in Bayreuth unendlich viel konferiert. Gerüchte machten die Runde: Wieland habe kurz vor der Scheidung gestanden; vor allem Friedelind, die durch ihr öffentliches Auftreten mit Anja Silja dazu autorisiert zu sein schien, verbreitete diese Neuigkeit. Und Winifred ließ alle Welt wissen, Gertrud habe Wieland künstlerisch überhaupt nie verstanden, Anja Silja sei seine wahre Partnerin gewesen.

Die Alleinherrschaft von Wolfgang Wagner begann. Der angehende Opernregisseur Nikolaus Lehnhoff, mit Wolf Siegfried befreundet, sprach von ihm sarkastisch als dem »allmächtigen Wagner-Gott«. Die Mitarbeiter der Festspiele richteten ihren Mantel nach dem neuen Wind. Wielands Sekretärin Taut, die Gertrud versprochen hatte, ihr die Aufzeichnungen zu übergeben, die sie in den letzten Wochen in München gemacht hatte, wollte davon auf einmal nichts mehr wissen.

Aus Leichtsinn und Naivität hatte Gertrud ein Angebot Augsteins, das er sogleich nach Wielands Tod machte, ihr Geld und einen Rechtsbeistand zur Verfügung zu stellen, ausgeschlagen. Schon bald fühlten sie und ihre Kinder sich in die Enge getrieben; sie wurden aggressiv, trumpften auf: das geistige Erbe ihres Vaters gehöre ihnen, und allein seine Witwe sei in der Lage, dieses Erbe künstlerisch aufrechtzuerhalten. Fieberhaft wurde nach einem Testament Wielands gesucht. Doch es fand sich nichts.

In Wielands Jugend war das Wort »Das Testament« ein familiärer Grundbegriff gewesen. Sein Vater Siegfried hatte das seine rechtzeitig aufgesetzt, gerade weil Richard trotz seines schlechten Gesundheitszustandes keines hinterlassen hatte. Cosima war durch kein Testament gebunden gewesen. Sie war frei, die Festspiele weiterzuführen oder nicht. Wollte Wieland, der sich immer mehr mit dem Ahn identifiziert hatte, Gertrud die gleiche Offenheit zubilligen? Doch Gertruds Position konnte mitnichten mit der Cosimas verglichen werden.

Hatte Wieland also vor den juristischen Schwierigkeiten der Situation kapituliert? War es von ihm bloß lässig oder schlampig gewesen, die Testamentsfrage nicht zu regeln? Oder hatte er die Möglichkeit eines frühen Todes einfach nicht wahrhaben wollen? Gerade Menschen, die mit Todesgedanken kokettieren, ihre Familie damit unter Druck setzen, wie Wieland es tat, denken oft im tiefsten Herzen an nichts weniger als ans Sterben.

Der Schweizer Anwalt von Castelberg, der fünf Tage nach Wielands Tod in Bayreuth eintraf, berichtete Gertrud von einem solchen Gespräch, das im Vorjahr stattgefunden habe. Da wurde für den Fall, daß Wieland in die Schweiz übersiedeln sollte, über einen neuen Gesellschaftervertrag mit den Festspielen gesprochen. Dabei sei auch eine Regelung für den Fall des Todes eines der beiden Festspielleiter zur Sprache gekommen. Als der Rechtsanwalt seinen Mandanten darauf hingewiesen habe, daß auch er sterben könne, habe Wieland diesen Gedanken weit von sich gewiesen. Auf von Castelbergs hartnäckige Frage, wer denn in einem solchen Fall an seiner Statt die Festspiele leiten könne, habe er geantwortet: »Das könnte nur meine Frau – aber die lassen sie ja nicht ran.«

Sie – das waren der Schwager und die Schwiegermutter. Winifred stellte sich nun ganz auf die Seite des ihr verbliebenen Sohnes, dem ihr Mitgefühl in erster Linie galt. Als sie vom Tod Wielands erfuhr, war ihre erste Äußerung gewesen: »Der arme Wolfgang!« Wenige Tage nach der Beerdigung Wielands zogen sich die beiden zu einer

Familienkonferenz an den Chiemsee zurück. Einer der Beratungspunkte, das darf man mit Sicherheit vermuten, bestand darin, welcher Weg beschritten werden sollte, um Gertrud auszuschalten.

Es trat nun der Vertrag in Kraft, den die Brüder im April 1962 geschlossen hatten. Er sah vor, daß beim Ableben eines der beiden Gesellschafter der andere das Recht habe, die Festspiele fortzuführen. »Eine Auseinandersetzung mit den Erben des Verstorbenen findet in diesem Falle nicht statt.« Der Vertrag bestimmt, daß der Witwe vom »Übernehmer«, solange er die Festspiele fortführte, eine Versorgungsrente zu zahlen sei, deren Modalitäten genau festgelegt waren.

Wieland Wagner hinterließ Schulden in Höhe von mehreren hunderttausend Mark – Steuerschulden, Darlehen, nicht zurückerstattete Mehrentnahmen aus der Kasse des Festspielunternehmens. Abgesehen von einer Lebensversicherung, die sich auf 200000 Mark belief, war kein nennenswertes Barvermögen vorhanden. Das Haus in Keitum war noch nicht bezahlt. Die Lebensversicherung wurde nun, was im allgemeinen nicht üblich ist und die Familie im folgenden sehr erbitterte, zur Tilgung von Schulden herangezogen. Wolfgang Wagner verpflichtete sich, Gertrud für ein Jahr Wielands bisherige Bezüge zu bezahlen: rund 65000 Mark. Was er durch Gastspiele verdient hatte – zuletzt etwa jährlich 85000 Mark – entfiel. Die Familie, im Umgang mit Geld, vorsichtig ausgedrückt, unerfahren, sah sich plötzlich mit erheblichen finanziellen Problemen konfrontiert.

Sie klammerte sich also an die Vorstellung, Wielands »geistiges Eigentum« für sich nutzen zu können. Gertrud reiste von Ort zu Ort, zeigte, wo immer Inszenierungen Wielands auf dem Programm standen, »Flagge«. Mit Walter Legge, der ihr beistand, war sie in Zürich, um über das geplante Japan-Gastspiel zu verhandeln; sie fuhr nach Genf, nach Paris, richtete die Augen auf Köln, auf New York, wo an der Met Wielands »Lohengrin«-Inszenierung geprobt wurde.

Die in fahriger Schrift verfaßten Briefe, die sie in diesen Wochen an den Sohn richtete, sind sprachlich schlampig und aggressiv, sie spiegeln die Hektik und verborgene Angst einer Frau, die merkt, daß ihr der Wind ins Gesicht zu blasen beginnt. Sie hatte nicht das Zeug zur eisernen Witwe, wie Cosima, wie Winifred es gewesen waren. Und die Konstellation, in der sie sich befand, war ihr nicht günstig.

Gertrud hatte wohl angenommen, Wielands Tod werde den Konflikt mit Wolfgang Wagner heilen. In ihrer geradlinigen Art, ihrem ränkefreien Denken war sie im Herbst 1966 bereit, sich weiterhin in den Dienst der Sache der Festspiele zu stellen, sich in Bayreuth einzubringen, im Unternehmen »gebraucht« zu werden. Doch der Schwager dachte nicht im Traum daran, auf ihr Angebot einzugehen. Er fürchtete Gertrud als ernstzunehmende Konkurrentin, das war wohl sein erstes Motiv bei der Ausschaltung der Schwägerin als künstlerische Potenz. Ein zweites: er wollte sich allen Ärger mit der Familie seines Bruders ersparen.

Der Rufmord, der da getrieben wurde, zeitigte Früchte. Immerhin bot im Dezember 1966 Anja Silja an, mit Gertrud über die Inszenierungen Wielands zu sprechen, die sie nicht kannte, also Alban Bergs »Lulu« und »Wozzeck«; beide Frauen sollten dafür sorgen, diese Inszenierungen als Vermächtnis Wielands Wagners aufrechtzuerhalten. Doch die »zwei Witwen« als Konservatorinnen einer Theaterarbeit, das konnte nicht gutgehen. Schon Wieland selbst hatte seine Inszenierungen ständig verändert, eine Methode, die Anja Silja nie goutiert hatte.

Als Gertrud in Wielands »Salome«-Inszenierung einen anderen Schluß probte, bekam die Primadonna Schreikrämpfe. Dennoch ging die Premiere in Genf noch gut über die Bühne. Die Kritiker lobten die starke stilistische Geschlossenheit der Aufführung, ihr hohes musikalisches Niveau. In Wien aber kam es schon während der Proben zu Krächen, unter anderem, weil die Senta alternierend von Leonie Rysanek und Anja Silja gesungen werden sollte. Silja reiste ab. Bei der Premiere wurden die Regisseurin und der Dirigent – es war Heinrich Hollreiser – ausgebuht. Als Gertrud vor den Vorhang trat, hörte sie, wie die in der ersten Reihe sitzende Frau des Sängers Otto Wiener vernehmlich rief: »Die arme Witwe!« Nach dieser Erfahrung sagte sie den »Fidelio« in Stuttgart ab.

Überall waren bereits Bayreuther Machenschaften zu spüren. Als sie mit dem Chef der Wiener Oper telefonierte, sagte der, er wolle nicht in den Strudel der Familie Wagner hineinkommen. »Man muß

426

ja erst einmal sehen, wer überhaupt die Erben sind.« In New York verbreitete Gerhard Hellwig, der Leiter des Bayreuther Betriebsbüros, die Nachricht, Gertrud Wagner sei als Choreographin in Bayreuth und anderswo nicht befähigt, Inszenierungen von Wieland Wagner zu betreuen. Nach Stuttgart und Genf reiste der neue und man möchte meinen anderweitig beschäftigte Alleinherrscher Wolfgang Wagner selbst, um dort seine Meinung über die Schwägerin kundzutun. Die Intendanten Schäfer und Joucka teilten Gertrud mit, er habe ihnen dringend abgeraten, sie zu engagieren.

Gertrud hatte zunächst keineswegs die Absicht, dem Klischee »Arme Witwe« zu entsprechen. Doch von ihrem Schwager wurde sie in diese Rolle hineingezwungen. Sie hatte Witwe zu sein, sich zurückzuziehen – basta. Ihre Kaltstellung erfolgte in Etappen. Zuerst erhielt sie Redeverbot, dann Inszenierungsverbot, zuletzt Schreibverbot. Stets hieß die Drohung, immer mündlich am Telefon geäußert: wenn du redest, inszenierst, schreibst, sperr ich dir dein Geld! Das Geld, auf das Gertrud vor allem auch wegen ihrer noch in der Ausbildung befindlichen Kinder dringend angewiesen war, wurde zum Druckmittel, mit dem Wolfgang Wagner das Wohlverhalten der Schwägerin erzwang.

Die Öffentlichkeit erfuhr davon so gut wie nichts. Die Intendanten und Operndirektoren, die Sänger und Dirigenten, die ursprünglich durchaus bereit gewesen waren, mit Gertrud zusammenzuarbeiten, zogen, nachdem entsprechende Winke aus Bayreuth gekommen waren, ihre Angebote zurück.

Die Stationen dieser Auslöschung einer Frau als Künstlerin lassen sich nachzeichnen. Die erste Maßnahme bestand darin, Gertrud in Bayreuth auszubooten. Sie erfuhr aus der Zeitung, daß die Festspielleitung auf ihre Mitarbeit verzichte. Der nächste Schritt betraf die Substanz. Es ging um Wielands künstlerische Hinterlassenschaft, seine Inszenierungen. Es gab allerlei juristischen Disput darüber, ob den Erben die Bühnenbilder zustünden und ob diese von der Regieleistung zu trennen seien. Am Ende setzte sich Wolfgang Wagner durch: Gertrud wurden die Nutzungsrechte an den Inszenierungen ihres Mannes aberkannt.

Der Festspielleiter sprach diese Aberkennung bereits in einem

Brief vom 24. November 1966 aus, noch ehe es zu einer juristischen Klärung gekommen war. Allerdings ließ er noch ein kleines Hintertürchen offen, koppelte eine eventuelle Genehmigung an Wohlverhalten. Das Nutzungsrecht, schrieb er, könne Gertrud nicht zugestanden werden, insbesondere, solange bei den Erben seines Bruders vollkommen falsche Rechtsvorstellungen bestünden und diese einen Niederschlag in einer negativen Haltung der derzeit alleinverantwortlichen Festspielleitung gegenüber fänden.

Im Februar des folgenden Jahres legte Wolfgang Wagners Anwalt dem Anwalt der Wieland-Erben in einem langen Schreiben den Standpunkt seines Mandanten dar: »Ein Dualismus mit anderen Bühnen muß … unter allen Umständen vermieden bleiben.« Und: »Das künstlerische Erbe Wieland Wagners ist ›Bayreuth-gebunden.‹« Damit wurde die dritte Maßnahme angekündigt. Gertrud sollte auch außerhalb von Bayreuth keine der Inszenierungen ihres verstorbenen Mannes betreuen dürfen.

Bald erfolgte der vierte Schlag. Jetzt wurde bestimmt, daß für Wielands Erben, also insbesondere Gertrud und ihren Sohn Wolf Siegfried, den jungen, angehenden Regisseur, die Werke Richard Wagners überhaupt tabu sein sollten.

Am 19. April 1967 wurde Gertrud und ihren Kindern eine Vereinbarung mit Wolfgang Wagner vorgelegt, in der sie erklärten, bis zum 31. August 1969 keine Werke Richard Wagners zu inszenieren. Das wurde durch den Zusatz »Bühnenbild und Regie« präzisiert. Sie bekamen dafür im Tausch eine Beitrag »zur Bereinigung ihrer finanziellen Schwierigkeiten«, das heißt einen gewissen Schuldenerlaß. Da ihnen das Wasser bis zum Hals stand, unterzeichneten die Wieland-Erben das Papier.

Das Redeverbot war bereits im Dezember 1966 ergangen. Gertrud hatte am 5. Dezember im Beisein von Nike einem Mitarbeiter des NDR ein Interview gegeben, das drei Tage später gesendet wurde. Laut dpa sagte sie: »Ich werde das künstlerische Erbe Wieland Wagners außerhalb Bayreuths fortführen, weil ich mich als seine langjährige Mitarbeiterin, als diejenige, die seine Ideen vom Ursprung an mitentwickelt und realisiert hat, einfach dazu verpflichtet fühle.« Weiter sagte sie: »Ich weiß, was Wieland Wagner gewollt hat.

Niemand anders! Und für das, was er gewollt hat, werden sich meine Kinder und ich, seine unmittelbaren Erben, einsetzen.«

Schon am 13. Dezember stellte Wolfgang Wagner die Schwägerin im Beisein von Werner Fehr, dem Festspieldrucker und Ehemann von Gertruds Schwester Elfriede, zur Rede. Danach wurde eine schriftliche Abmachung getroffen, die Gertrud knebelte, Wolfgang Wagner jedoch überhaupt nichts abverlangte. Der Hauptpunkt lautet: »Es wurde ein Burgfrieden geschlossen, um der öffentlichen Publizistik keinerlei Möglichkeiten zu geben, aufgrund irgendwelcher Informationen interne Belange diskutieren zu können.« Das hieß im Klartext: Gertrud hatte zu schweigen. Sie wurde verpflichtet, auch bei ihren Kindern diese »notwendige Loyalität« zu erwirken.

Die Ratgeber aus dem Kreis der »Freunde Bayreuths« – Wirtschaftsführer wie der Präsident des Deutschen Sparkassen- und Giroverbands, Fritz Butschkau, der WMF-Direktor Burkhardt, Konsul Hilger – empfahlen ihr dringend, sich an diese Anweisungen zu halten, mit Wolfgang Wagner zu einer gütlichen Einigung zu kommen. Das hieß nichts anderes, als daß sie sich unterwerfen sollte.

Das Schreibverbot wurde in den siebziger Jahren ausgesprochen, als Gertrud Material für ein Buch über Wieland Wagner sammelte. Sobald Wolfgang Wagner davon hörte, griff er zum Telefonhörer, drohte der Schwägerin, falls sie etwas schreibe, sperre er ihr das Geld.

Die Ursachen für diese unglaublichen Vorgänge, die man getrost eine Vernichtungsaktion nennen kann, waren Rache, verletzte Eitelkeit, Minderwertigkeitsgefühle und nicht zuletzt ein tiefer Frauenhaß. Als Gertrud den Schwager schon bald nach der Beerdigung gefragt hatte: »Wolf, was hast du gegen mich, warum gehst du so mit mir um?«, war er im Beisein von Werner Fehr in Erregung und Erbitterung geraten und hatte, in fränkische Mundart fallend, geantwortet, was sich hochdeutsch so wiedergeben läßt: »Das will ich dir sagen. Als wir 51 zu den Proben zum Festspielhaus gefahren sind, da haben wir uns geschworen: Die Weiber kommen uns nicht rein. Und dich hat er mitgenommen – vom ersten Tag an!«

Eine brüderliche Liebestragödie kam da zum Vorschein. Gertrud wurde zum Sündenbock gemacht für die verhinderte Zweisamkeit der Brüder. Wieland, der bewunderte, lange geliebte, beneidete Bruder, hatte die künstlerische Partnerin gehabt, die Wolfgang versagt geblieben war. In seiner Jugend hatte dieser Wolfgang Wagner als asexuell gegolten. Lange hatten ihn Frauen nicht interessiert, er hatte keine Freundinnen. Als Heranwachsender hatte er immer nur abfällig über »die Weiber« gesprochen. Er heiratete, als Wieland heiratete. Er heiratete eine Tänzerin, so wie Wieland eine Tänzerin geheiratet hatte. Er ahmte den Bruder nach, wie es viele jüngere Brüder tun. Wieland war der eigentliche Gegenstand seiner Liebe gewesen. Sein Zerstörungwerk entsprang tiefen Verletzungen.

Zu den Maulkorb-Verboten kam eine weitere Zwangsmaßnahme: die Vertreibung aus »Wahnfried«. Am ersten Todestag von Wieland sagte Winifred zu ihrer Schwiegertochter, knapp zwanzig Jahre nach den Segenswünschen, die sie der Familie beim Einzug übermittelt hatte: »Wenn der Förster stirbt, hat die Förstersfamilie das Haus zu verlassen.« Der Satz klingt gut, war aber im vorliegenden Fall nicht unbedingt anwendungsfähig. Der neu-alte Förster Wolfgang Wagner hatte keineswegs die Absicht, in das Haus einzuziehen.

Gewiß, seit dem Kauf des Hauses in Keitum bewohnte Gertrud »Wahnfried« nur unregelmäßig, und die Kinder lebten überwiegend an anderen Orten. Doch dieses Haus war, sogar zu Zeiten der Affäre Wielands mit Anja Silja, für alle der Heimatboden, der Ort der Zuflucht, der einzige, an dem sie sich als Familie fühlten. Dies galt erst recht für die Zeit nach des Hausvaters Tod.

Schon bald gab es in »Wahnfried« Diebstähle und Akte des Vandalismus. So verschwand aus dem Haus die gesamte Kondolenzpost. Wielands Gemälde aus den Münchner Jahren – ein »Parisurteil«, ein Spanienbild – waren auf einmal nicht mehr da. Das Wasser, die Heizung wurden abgestellt – vielleicht in guter Absicht, um größere Schäden durch eventuelle Einbrecher zu verhindern. Doch die Kinder, wenn sie einmal »nach Hause« kamen, empfanden dies als unfreundliche Akte, die sie der »Festspielleitung« in die Schuhe schoben. Einmal fand Gertrud nach langer Abwesenheit bei ihrer Rückkehr einen Haufen zerbrochener Bühnenmodelle in ihrem Schlafzimmer.

Das Haus, so mußte die Familie denken, sollte ihnen verleidet werden. Unter normalen Umständen hätte man über die Angelegenheit gesprochen. Doch dies war nicht der Stil der Familie. Notwendigkeiten wurden mit Schikanen verbunden.

Am 5. Dezember 1968 schrieb Wolfgang Wagner an Gertrud und ihre Kinder, »Wahnfried«, das seit zwei Jahren so gut wie leerstehe, stelle eine Belastung für den Festspielbetrieb dar und müsse einer Verwendung zugeführt werden. Er lege den Adressaten des Briefes daher nahe, ihre Sachen herauszunehmen. Er denke daran, das ehemalige Haus Richard Wagners zu rekonstruieren, vorausgesetzt, daß dafür Gelder aufgetrieben werden könnten.

1973 ging »Wahnfried« in den Besitz der Stadt Bayreuth über. Die Gegenleistung für die Schenkung war die Rekonstruktion des Hauses. So waren also die Spuren der Familie Wieland Wagner getilgt. Von ihrem einstigen Heim gibt es nur noch Fotos.

Gertruds Kräfte waren in diesen Jahren durch das Haus in Keitum gebunden. Das hatte sein Gutes: sie war ein wenig abgelenkt. Im Winter 1966/67 baute sie dort eine richtige Heizung ein. Ohne diese wäre das Haus schwerlich vermietbar gewesen. Und auf die Vermietung war sie angewiesen, wenn sie das Anwesen halten wollte. Freilich, eine richtige Vermieterin war sie nicht. Sie wurde betrogen und bestohlen, so daß sie immer häufiger daran dachte, das Haus abzustoßen. Doch sie wußte nur zu gut, daß die Leere, die sie dort empfand, in ihr selbst steckte.

Sie wisse ja nicht, schrieb sie am 14. September 1967 an den »Ohm«, »wozu man da ist«. Dennoch, so fuhr sie fort, werde sie hier bleiben, »denn es zieht mich ja sonst nirgendswohin«.

Das war Gertruds Lebensgefühl in dieser Zeit. Sie war flügellahm. Anstatt die Verbindungen zu nutzen, die sie zu den großen Opernhäusern hatte, wo man ihre Arbeiten kannte, statt mit einer Tätigkeit als Choreographin, Repetitorin, musikalische Assistentin den Fuß in der Tür zu halten, bis sich wieder eine Möglichkeit ergeben hätte, Regie zu führen, zog sie sich auf die Insel zurück. Aber nicht das ungeliebte Haus in Keitum wurde ihr Verhängnis. Die Unfähigkeit, sich aufzuraffen, steckte in ihr selbst. Sie hatte die Verbote des »Wagner-

Gottes« verinnerlicht, sie hatte sich unterworfen, ihr Ausgegrenztsein zu ihrem unabwendbaren Schicksal erklärt.

Doch da tat sich unerwartet eine neue Perspektive auf. Im Winter 1967 erschien bei ihr ein junger Amerikaner namens Fred Koch, der von seinem Onkel viel Geld geerbt hatte. Einen Teil davon sollte er für kulturelle Belange ausgeben. Der Onkel, vermutlich ein alter Wagnerianer, hatte Bayreuth empfohlen.

Die Gespräche und Verhandlungen zogen sich hin. Gertrud, die inzwischen ahnte, daß sie als Regisseurin nur im Team mit Wieland wirklich gut gewesen war, dachte kaum noch ans Inszenieren. Sie hatte eine glänzende Idee, für die sie die richtige Person gewesen wäre: ein Ausbildungszentrum für angehende Opernregisseure zu eröffnen. Das Wieland-Wagner-Institut, getragen von der Fred-Koch-Stiftung, sollte in Münchnen im damals noch im Dornröschenschlaf liegenden Prinzregententheater errichtet werden. Wolfgang Sawallisch, mit Gertrud seit langem befreundet, war zum Präsidenten des Instituts ausersehen. August Everding wurde für die Idee gewonnen. Erste Gespräche mit dem Kultusministerium begannen.

Gertrud verlegte im Winter 1969 ihren Wohnsitz nach München. Und noch einmal lebte in Bayreuth das alte böse Gerücht auf: Gertrud, so hieß es, ziehe zu ihrem unehelichen Kind an die Isar. Sie bezog eine Wohnung in der Nähe des Prinzregententheaters. Doch schon bald, noch während das Projekt in der Planungsphase war, mußte sie erleben, daß unerwartet Barrieren und Hindernisse errichtet wurden, daß Türen zufielen, daß Männer, die ihr Unterstützung zugesagt hatten, schwiegen und sich zurückzogen.

Hatte wiederum der allmächtige »Wagner-Gott« in Bayreuth, der seine Augen und Ohren überall zu haben schien, zugeschlagen?

In der Zeit, da Gertrud diesen Widerstand erfuhr, verfiel sie in neue Hektik. Sie wollte sich noch nicht geschlagen geben. Sie schrieb Bettelbriefe an Sänger, die sie von den Festspielen her kannte, bat sie, ihr zu Inszenierungen zu verhelfen. Diese Männer – unter ihnen Wolfgang Windgassen und George London –, die ihr in Bayreuth einst ihre Liebe und Freundschaft versichert hatten, sandten ihr meistens nicht einmal Antwortbriefe. Das Vernichtungswerk, das Wolfgang

Wagner begonnen hatte, war gelungen. Resigniert mußte Gertrud feststellen: »Es ist, als habe es mich nie gegeben.«

Wieland Wagners Inszenierungen, soweit sie noch auf den Spielplänen standen, wurden in der Welt von ihrer einstigen Assistentin Renate Ebermann betreut. Diese gab sich jetzt als Wielands ehemalige Assistentin aus und bereiste mit »In memoriam Wieland Wagner«-Inszenierungen die Welt. Offen bekannte sie in einem Interview im Frühjahr 1969 über diese Aufführungen: »Wieland würde schaudern.«

Gertrud untersagte ihr daraufhin durch einen Anwalt, »Tannhäuser«, »Walküre«, »Salome«, mit denen sie in Barcelona, Palermo und sogar in San Francisco auftrat, als »Modellinszenierungen« oder »Original Wieland-Produktionen« auszugeben.

Ein einziges Mal machte Gertrud noch den Versuch, eine Oper auf die Bühne zu bringen. 1979 folgte sie einer Einladung des Intendanten des Königlichen Theaters in Kopenhagen, Henning Rohde, um dort den »Fidelio« zu inszenieren. Für kurze Zeit glaubte sie an die Möglichkeit eines neuen Weges. Sie hoffte, aus dem Fahrwasser Richard Wagners und der Bayreuther Machenschaften herauszukommen. Doch die Aufführung stand unter keinem guten Stern. Intendant und Dirigent – letzterer war Wolfgang Rennert – waren zerstritten, ein unguter Geist bestimmte die Arbeit. Rennert schrieb Gertrud ein Jahr später einen Entschuldigungsbrief, auf den sie ihrerseits erst ein Jahr später reagierte.

Gertrud, inzwischen im sechsten Lebensjahrzehnt stehend, gab sich geschlagen. Sie hatte es nicht geschafft, sich selbst als Künstlerin zu definieren, sie war nicht in der Lage, ohne männlichen Auftrag zu arbeiten. Der Sprung von der ancilla zur domina, von der Magd zur Herrin, die selbst bestimmt, wo und wie sie gebraucht wird, war nicht gelungen.

Gertrud nahm ihre Zuflucht zum Schreiben. Sie machte Notizen über ihre Kindheit, arbeitete kleine Szenen aus. Doch zum Ganzen wollten sich die Entwürfe nicht fügen. Der Grund dafür war ihr ambivalentes Verhältnis zu dem Toten, von dem sie nicht loskam. Sie wußte sehr wohl, daß er die Ursache ihres Unglücks war, aber sie brachte es nicht über sich, seinen Nachruhm zu beeinträchtigen, sein

Bild öffentlich zu beschädigen. Die eingeübte Rolle wirkte weiter. Gertrud trat hinter den Mann zurück. »Ich habe mir Schweigen auferlegt.«

Die Folge war eine schwere Krise, eine Lebenslähmung. Gertrud, die sich von Wieland über seinen Tod hinaus belegt fühlte, empfand sich als »wagnergeschädigt«. Doch wieder schonte sie den Toten. Sie sei, sagte sie, das Opfer einer Verschwörung – gemeint: von Wolfgang und Winifred. Aber sie sagte nie: Wieland hat mich zerstört, und ich habe es zugelassen.

CODA

Gertrud Wagner zog sich in ein privates Dasein zurück. Sie bewohnte ihr Inselanwesen, ihr Witwenasyl. Bereits im Sommer 1973 hatte sie München wieder verlassen. An den »Ohm« schrieb sie, sie sei »ein totaler Sylt-Bürger geworden. Den Irrtum München habe ich hinter mir.« Es war ihr gelungen, das geräumige Haus durch den Verkauf des vorderen Teils, der in mehrere Eigentumswohnungen aufgeteilt worden war, schuldenfrei zu machen.

Immer wieder für Unruhe sorgte die Versorgungsrente. Nachdem die Kinder auf eigenen Füßen standen, war sie auf vierzig Prozent gesunken. Sie war daran gebunden, daß Wolfgang Wagner die Festspiele leitete. Dennoch hatte der Bayerische Rechnungshof als Prüfungsbehörde des Festspielunternehmens, das ja öffentliche Zuschüsse erhielt, ein Wörtlein mitzureden. Er war der Ansicht, daß ihre Witwenbezüge zu hoch seien, daß sie die Rente der Witwe eines Regierungsdirektors nicht übersteigen dürften. Gelegentlich verzögerte sich die Anpassung, das heißt die Erhöhung der Rente, die sich an bayerischen Beamtentarifen orientierte.

Nie konnte Gertrud oder ihr Anwalt direkt tätig werden. Alles lief über Bayreuth, über den Tisch des Festspielleiters. Ständiges Wohlverhalten war also geboten.

In einem undatierten Brief, vermutlich aus der Mitte der siebziger Jahre, fragte Gertrud bei ihrem Anwalt an, ob die Rente gefährdet sei, wenn sie ihre Memoiren schreibe. Die Antwort lautete: Wenn Wolfgang Wagner dadurch »in rechtlich bedenklicher Weise« herabgesetzt werde, werde er zu prozessieren versuchen und die Rente als Druckmittel benutzen. Der Wink genügte. Gertrud schrieb nicht.

Gertrud und ihre Kinder

Noch einmal, am 10. Januar 1982, klagte sie bei ihren Anwalt: »Ich habe immer von Neuem die Peinlichkeit, ein Almosenempfänger zu sein.« Erst 1993, fünfundzwanzig Jahre nach Wielands Tod, gelang es, die Rentenangelegenheit so zu regeln, daß sie von Wolfgang Wagner unabhängig wurde.

Das Verhältnis Gertruds zu ihren Kindern war von wechselnder Ferne, wechselnder Nähe charakterisiert. Diese standen nun auf eigenen Füßen. Iris, künstlerisch vielseitig begabt, arbeitete als literarische Übersetzerin und Fotografin. Nike, zuerst Journalistin beim NDR, ließ sich später als Publizistin in Wien nieder. Wolf Siegfried machte sich einen Namen als Opernregisseur. Daphne, als erstes von Gertruds Kindern mit der Berufsausbildung fertig und als erstes verheiratet, hatte Engagements in Berlin, Wien, Hamburg und München. Gertrud hatte allen Grund, auf ihre begabten Kinder stolz zu sein. Und doch gab es immer wieder Verstimmungen und Kümmernisse.

Und immer noch war sie selbst voller Unruhe. Wieder drängte es den Zugvogel, dem es im Norden zu kalt, zu windig war, nach Süden. Im November 1980 ließ sie sich wiederum in München nieder. Dort wurde im Juni 1981 ihre Enkelin Luise, Tochter von Nike, geboren. Es war Gertruds zweites Enkelkind; Wolf Siegfrieds Tochter Joy war bereits 1970 geboren worden. Gertrud wohnte in der Oettingenstraße in der Nähe des Englischen Gartens.

In der Einsamkeit der Insel hatte sie es sich schön vorgestellt, wieder unter Menschen zu leben, in einer großen Stadt zu sein, in die Oper und ins Theater zu gehen. Doch jetzt, als sie da war, stieß sie die Hektik des Großstadtlebens ab. An einem Ort, wo alle Menschen einer Arbeit nachgingen, fand sie sich noch stärker ausgeschlossen als auf der Ferieninsel, noch mehr als Außenseiterin.

Bis zum Sommer 1983 blieb sie in München. Dann zog sie noch einmal für zehn Jahre auf die Insel zurück, um dort, wie sie einst dem »Ohm« geschrieben hatte, ihr »überflüssiges Dasein in der Natur zu verbringen«.

Sie las viel. Sie machte Reisen. Die Frustrationen ihres Lebens führten zu einer Krebserkrankung, Operationen. Mit ihrer kraftvollen Konstitution, ihrem vom Tanz durchtrainierten Körper überwand sie die Krankheiten.

Nach Bayreuth fuhr sie selten. Mit dem Argument, sie sei kein Stifter, verweigerte ihr der Schwager zunächst die Einladung zur Centenarfeier 1976. Im letzten Moment fand sich doch noch eine Karte für sie. Doch der Anblick des »neuen«, nun zum Richard-Wagner-Museum umgebauten »Wahnfried«, das sie noch im Urzustand gekannt hatte und das später ihr Familienheim gewesen war, entfremdete sie dem Ort noch mehr.

1975 war Hans Jürgen Syberbergs Film über Winifred Wagner

entstanden. Winifred legte darin ein glühendes Bekenntnis zur Person Adolf Hitlers ab, von der sie »das Dunkle«, das, »was man ihm heute zur Last legt«, völlig abtrennte. Man darf annehmen, daß sie es leugnete. Ihren Söhnen warf sie einen Mangel an Dankbarkeit gegenüber Hitler vor.

Gertrud schrieb am 5. Januar 1976 einen offiziellen Brief an Wolfgang Wagner. Sie fragte, wie er zum »grauenhaften Nazitum« seiner Mutter stehe und ob er sich in der Öffentlichkeit dazu geäußert habe. Sie kündigte an, sich öffentlich von Winifred distanzieren zu wollen.

Der Schwager antwortete umgehend. Selbstverständlich habe er sich nicht geäußert, und er rate ihr, dasselbe zu tun. Fast alle Presseberichte hätten zum Ausdruck gebracht, daß Neu-Bayreuth mit Wielands und Winifreds unüberlegter Haltung im Blick auf die nationalsozialistische Vergangenheit nicht in Zusammenhang gebracht werden könne. Damit distanziert Wolfgang Wagner sich von seinem Bruder und gibt das vom Naziwesen freie Neu-Bayreuth als seine Tat aus.

Nachdem Gertrud den Film, der ihr vorher nur durch Presseberichte bekannt gewesen war, im April 1977 gesehen hatte, schrieb sie einen empörten Brief an die Schwiegermutter, die sich damit »aus vollem Herzen zum Massenmörder unserer Zeit« bekannt habe. Die Gescholtene reagierte nicht. Im Herbst schrieb ihr Gertrud noch einmal. Es ist der merkwürdige Versuch, einzulenken. Da schreibt eine gekränkte Mutter an eine gekränkte Großmutter. Ihre Enkel, also Wielands Kinder, heißt es darin, hätten sich von Winifred abgekehrt, weil diese Gertrud ablehne.

Winifred schickte sogleich eine höfliche Empfangsbestätigung. Sie schrieb, sie werde sich später melden. Das geschah nie. Sie starb am 5. März 1980. Gertrud nahm an der Beerdigung teil. Desgleichen reiste sie, mit allen Töchtern, zu einer Trauerfeier für Friedelind, die am 8. Mai 1991 gestorben war, nach Bayreuth. Sie demonstrierte damit, daß sie zur Familie gehörte.

Mit Wolfgang Wagner kam es niemals zu einer Aussöhnung.

Gertrud in ihrem Haus in Keitum

Gertrud hat Sylt, das nordische Klima, das wilde nördliche Meer eigentlich nie gemocht. Nur Wieland zuliebe hatte sie sich darauf eingelassen. Nie war in ihr die Erinnerung an das leise, sanfte Strömen des Flusses ihrer Kindheit verblaßt. Ihr Herz hing am Süden. Und so zog sie noch einmal um, jetzt wohl zum letzten Mal. Es konnte gar kein anderer Ort sein, als der, der im Leben der Wagners und in ihrem eigenen neben Bayreuth immer der wichtigste gewesen war: München.

Am 1. Juni 1993 bezog sie ein hübsches Reihenhaus mit Garten in Bogenhausen, passend in der Meistersingerstraße gelegen. Ihre Bücher, ihre Papiere, die Entwürfe für die Memoiren fanden dort einen Platz. Im großen Wohnraum hängte sie das schöne Selbstporträt auf, das Wieland als Geschenk zur Geburt seines vierten Kindes von sich im Jahr 1946 gemalt und mit dem er Gertrud über seine Abwesenheit hinwegzutrösten versucht hatte.

439

BIBLIOGRAPHIE

Auswahl der zu Rate gezogenen Literatur

Adam, Peter: »Art of the Third Reich«. New York 1992

Adelsbach, Karin / Firmenich, Andrea (Hrsg.): »Tanz in der Moderne. Von Matisse bis Schlemmer«. Ausstellungskatalog. Emden 1997

Bauer, Oswald Georg: »Wieland Wagner. Sein Denken«. Aufsätze, Reden, Interviews. Bayreuth 1991

Borchmeyer, Dieter (Hrsg.): »Franz Wilhelm Beidler – Cosima Wagner-Liszt – Der Weg zum Wagner-Mythos«. Ausgewählte Schriften des ersten Wagner-Enkels und sein unveröffentlichter Briefwechsel mit Thomas Mann. Bielefeld 1997

Brantl, Sabine (Bearbeitung): »Haus der Kunst 1937–1997. Eine historische Dokumentation«. München 1997

Bullock, Allan: »Hitler – A Study in Tyranny«. London 1952

Ebermayer, Erich: »Magisches Bayreuth. Legende und Wirklichkeit«. Stuttgart o.J. (1951)

Freund, Michael: »Deutsche Geschichte«. Gütersloh 1960

Gregor-Dellin, Martin: »Richard Wagner. Sein Leben. Sein Werk. Sein Jahrhundert«. München/Zürich 1980

Günther, Dorothee: »Der Tanz als Bewegungsphänomen. Wesen und Werden«. Hamburg 1962

Jans, Hans Jörg: »Welttheater – Carl Orff und sein Bühnenwerk«. Tutzing 1996

Karbaum, Michael: »Studien zur Geschichte der Bayreuther Festspiele (1876–1976)«. Regensburg 1976

Kraft, Zdenko von: »Der Sohn. Siegfried Wagners Leben und Umwelt«. Graz 1969

Lafferentz, Verena: »Richard Wagners Partituren im Nußdorfer Boden«. In: Festschrift anläßlich der Einweihung des Dorfgemeinschaftshauses Nußdorf am 27./28.9.1986

Lindner, Edwin (Hrsg.): »Richard Wagner – Aussprüche des Meisters über sein Werk«. Leipzig 1912

Mack, Dietrich: »Der Bayreuther Inszenierungsstil«. München 1976

Mayer, Bernd: »Bayreuth – Die letzten 50 Jahre«. Bayreuth 1988

Mayer, Hans: »Richard Wagner in Bayreuth 1876–1976«. Stuttgart 1976

Meyer, Werner: »Götterdämmerung. April 1945 in Bayreuth«. Percha 1975.

Müller, Hedwig / Stöckemann, Patricia: »›… jeder Mensch ist ein Tänzer.‹ Ausdruckstanz in Deutschland zwischen 1900 und 1945«. Gießen 1993

Müssel, Karl: »Bayreuth in acht Jahrhunderten. Geschichte der Stadt«. Bindlach 1993

Nipperdey, Thomas: »Deutsche Geschichte 1866–1918. Band I: Arbeitswelt und Bürgergeist«. München 1990

Panofsky, Walter: »Wieland Wagner«. Bremen 1964

Pini, Udo: »Liebeskult und Liebeskitsch – Erotik im Dritten Reich«. München 1992

Ruppel, K. H.: »Wieland Wagner inszeniert Richard Wagner«. Ein Bildwerk. Konstanz 1960

Schäfer, Walter Erich: »Wieland Wagner. Persönlichkeit und Leistung«. Tübingen 1970

Schütz, Brigitte (Münchner Stadtmuseum): »München – Hauptstadt der Bewegung«. Ausstellungskatalog. München 1993

Siebenmorgen, Harald (Hrsg.): »Wenn bei Capri die rote Sonne … Die Italiensehnsucht der Deutschen im 20. Jahrhundert«. Karlsruhe 1997

Spitzer, Daniel (Hrsg.): »Briefe Richard Wagners an eine Putzmacherin«. Wien 1906

Spotts, Frederic: »Bayreuth. Eine Geschichte der Wagner-Festspiele«. München 1994

Wagner, Friedelind: »Nacht über Bayreuth. Die Geschichte der Enkelin Richard Wagners«. Köln 1994 (Heritage of Fire, o.O. 1944. Dt. Bern 1945)

Wagner, Gottfried: »Wer nicht mit dem Wolf heult«. Köln 1997

Wagner, Nike: »Wagner Theater«. Frankfurt 1998

Wagner, Richard: »Mein Leben«. Leipzig 1911.

Wagner, Richard: »An Mathilde Wesendonck, Tagebuchblätter und Briefe, 1853–1871«. Berlin 1904

Wagner, Siegfried: »Erinnerungen«. München 1923

Wagner, Siegfried: »Reisetagebuch 1892 – Den Freunden Siegfrieds zu Weihnachten 1935 gewidmet«. Privatdruck (Bayreuth 1935)

Wagner, Wieland (Hrsg.): »Hundert Jahre Tristan«. Neunzehn Essays. Emsdetten 1965

Wagner, Wolf Siegfried: »Die Geschichte unserer Familie in Bildern. Bayreuth 1876–1976«. München 1976

Wessling, Berndt W.: »Wieland Wagner – Der Enkel«. Köln 1997

Wagner, Wolfgang: »Lebensakte«. München 1994

Zelinsky, Hartmut: »Richard Wagner. Ein deutsches Thema«. Berlin/Wien 1983

Register

BILDNACHWEIS

Seite 13, Wilfried Hösl
Seiten 63, 118, 165, 222, Siegfried Lauterwasser
Seite 280, Bayreuther Festspiele, Rudolf Betz
Seite 350, Ernst Gebauer
Seite 439, Kai Gieser
Von drei Fotos konnten die Rechteinhaber leider nicht ermittelt werden.
Gleichwohl bleiben deren Rechte gewahrt.
Alle anderen Fotos stammen aus Privatbesitz.